古传形意拳秘谱汇宗

何欣委 编著

人民体育出版社

图书在版编目（CIP）数据

古传形意拳秘谱汇宗 / 何欣委编著. -- 影印本. -- 北京：人民体育出版社，2018（2024.7重印）
ISBN 978-7-5009-5182-7

Ⅰ.①古… Ⅱ.①何… Ⅲ.①形意拳－基本知识 Ⅳ.①G852.14

中国版本图书馆CIP数据核字(2017)第148464号

*

人民体育出版社出版发行
三河兴达印务有限公司印刷
新 华 书 店 经 销

*

787×1092　16开本　31印张　707千字
2018年3月第1版　2024年7月第2次印刷
印数：5,001—6,500册

*

ISBN 978-7-5009-5182-7
定价：86.00元

社址：北京市东城区体育馆路8号（天坛公园东门）
电话：67151482（发行部）　　　邮编：100061
传真：67151483　　　　　　　　邮购：67118491
网址：www.psphpress.com
（购买本社图书，如遇有缺损页可与邮购部联系）

序 言

中华文化，远大广博，源远流长，而技击一道，实为吾国固有之国粹，文化之精髓。前辈先贤妙合自然，契于天道，远取诸物，近取诸身，化而为拳，以为技击之用；虽为武技，亦为道功。大用可疆场杀敌，尽忠报国，小用亦可强身自卫，长生永年。

上溯远古，下接千载，历代先贤无不于此道孜孜以求，参天地之理，揽造化之功，转乾坤之机，合阴阳之道，皓首穷经，苦心孤诣，以期臻于至真至善之域。

稽之于史，《庄子》有心斋炼气之学，《礼记》载射御角力之文，《艺文志》录手搏剑道诸篇，管子重拳勇、齐人隆技击，此皆史载武技之斑斑可考者。

惟是古之传斯术者，大多武人不通文，文人不习艺，对外更轻易不露端倪。即便传习，亦多以口传身教之法私相授受，很少形诸于文字；且素有保守秘诀之陋习，传者又多秘其法，授艺而不授意，言术而不言理，致使习者多不能尽其术，以至无数绝技妙诀随时间而湮灭不彰，诚可惜也！

迨明代唐荆川之《武编》，始涉拳械理法，戚南唐之《纪效新书》，方有"拳经"传世；清初黄百家之《内家拳法》，微示武技奥妙，于是莘莘学子才得以稍有观摩之资、入门之径矣！

《中庸》云："人莫不饮食也，鲜能知味也。"传统国术，最贵得真，最贵师传；攻斯术者，若无明师指授，又无专书以考，必茫然如在云雾而不知所途，空怀向道之心，而难窥真实之蕴，良可慨也！

无奈去古弥远，后世又多失其真，纵得一鳞半爪，亦不足为参研之资。而吾辈生当晚近，不及私淑古人，欲求武学之真谛，实为难事也。

历代先贤有鉴于斯，本慈悲度世之宏愿，嘉掖后学之慈心，为使后进不迷失本宗，对武技之精微巧妙，均有精辟论述；抑扬玄理，阐发奥义，论之务详，言之务尽。所阐之拳术精论，解说多立足实用，立论亦本乎至理，句句皆从身体力行中体悟而出，对后世习斯技者，实具引路司南之用，按图索骥之功，足堪为习拳悟道之圭旨、入门进阶之梯航。

谚云"本固则枝荣"，儒谓"本立而道生"，一门武技之精微巧妙，须知其本而明其源，印其心而证其法，方不至流于枝叶而失其根本，而拳论则是其承上启下之机枢，不失本宗之圭臬。是以各门各派之大成就者，均多有拳论传世，为阐发其技之精微，可谓殚精竭虑，功莫大焉，而形意门之拳论则尤为宏富。

考形意一道，肇始于宋之岳飞。据传其素精兵法，枪技绝伦，功臻上乘。及其为帅时，为提振士气之勇，乃脱枪为拳，以教将士，用以抗金御敌，战无不胜、攻无不克，令金人闻

1

风丧胆，时发"撼山易，撼岳家军难"之慨！此后更结合征伐之经验，参研内经之真义，化生五行十二形之理，总合五纲十二目，统一全体之功用；因意以象形，因形以示意，以静为本体，以动为作用，得之于心，应之于手，创而为拳，是为斯术之所始也。

厥后岳飞遭奸佞构陷，岳家军亦四散无存，复历经金、元、明三代，其技鲜闻其名，几近失传。迨至明末清初之际，蒲东诸冯有姬公际可者，素有广大之志，心怀向道之心，访道问技于终南之巅，以至缘得《岳武穆拳谱》数编，于是参其玄理，澈其底蕴，得其精髓，融而化之，拳技遂臻于上乘。其后代有传人，其技大彰，历代宗师对其拳之精微巧妙均有升华阐发，并行诸文字，传于后世，以作为保持其血脉纯正、精髓不失之用。

无奈古时崇文抑武，拳术典籍，极少官刻，以至前辈先贤之拳术精论，或流于抄本，或散于经典，加之年久代远，笔墨传抄，讹错交杂，漫无统系，碎金珠玉，难成宝珠一串，非常不利后学者参研，实为憾事。长此下去，前辈宗师之宏论，亦必会随时间而湮灭不彰，则先贤之一番慈悲度世之苦心亦将付之东流，诚为可惜。

编者有感于斯，不惧资质鲁钝，将形意拳历代宗师之拳论，分门别类，汇而辑之；前后历经多本参同，数次精校，补其缺漏，正其讹错，循经、论、史、典之序，分章结集成册。庶使习此道者探卷可得骊珠，观之而睹奥义，则形意拳之理、法、诀、用，可无疑义矣。

学者手此一编，悉心体认，循序以进，悟拳中之三昧，窥法中之妙谛，则不啻如有祖师亲授，而收事半功倍之益；揣摩日久，自不难豁然贯通而阶及神明之境。

余不敏，对于斯术实未窥门径，以一己绵薄之力，行此万难之事，仅为此技略尽寸心而已；倘蒙海内外方家有以匡正，实所企幸，是为序！

内容提要

第一卷 古传形意拳经抄谱

此卷收录古传拳谱4篇。其中"岳武穆九要论"与"岳武穆形意拳术要论"系同一拳论之不同版本,读者可互参互证,以求有得。另外3篇为古传《心意六合拳祖谱》《五行拳谱》《内功四经》真本全书,均独立成篇。

第一部分 岳武穆拳论

1. 岳武穆九要论

此谱早期为手抄本传谱,亦是此拳论之通行本,在民间流传甚广。其内容行文流畅,言简意赅,在解说拳理方面更是条分缕析、层层递进,所述皆为精要而无一浮词。对于拳术之精微巧妙,阐述得非常详尽具体,可谓是字字珠玑、句句精要。

其立论分为九篇,看似独立,但阐述之核心主旨又互根互含,环环相扣,承上而启下,此所谓角度不同,理则一贯是也。此篇拳论虽文字不多,但对拳术之精微奥妙皆赅括靡遗,是一篇非常精辟的武学精论。

而细考其内容,则可看出,虽与"岳武穆形意拳术要论"大同小异,但其文字部分较"岳武穆形意拳术要论"为少;同时在阐述拳理方面,其语言也更为精炼且简洁明了。由此可见,"岳武穆九要论"应是此拳论较为原始之版本。

2. 岳武穆形意拳术要论

此篇拳论收录于民国八年李剑秋所著之《形意拳术》一书中,其跋文曰:"民国四年夏,余南归,过吾乡原公作杰家,取其所藏武穆拳谱读之,中有要论九篇,交手法一篇,虽字句间不无差误,然其行义瑰玮雄畅,洵为武穆之作,而论理精透,尤非武穆不能道,余曰此形意旧谱也。得此灵光,形意武术,其将日久而弥彰乎!急录之,携入京师,公诸同好。天下习武之士,与凡素慕武穆其人者,其守此勿失也可(济源后学,郑濂浦谨识)。"此段记录对此谱之来源做了简单的交代,而更早之渊源,则因流传时间之久远而不可追溯了。

细考本篇拳论之内容,可见其文字部分要较通行本"岳武穆九要论"为多,但在阐述同一拳理时,在用词方面又多有不同,这些细微的差别,即是值得我们去深入研究之处。

若从整个拳论大的篇幅来考究，此篇拳论较通行本多了"总论"和"交手法"两则内容，这两篇拳论所阐之拳理亦十分精辟简炼，且多为临敌制胜之秘要，此应是历代拳师根据其习拳心得和体会不断增益之故；这些增益内容，对于研习此道之学者亦有其特殊的研究价值。

基于以上两个原因，笔者特将此篇亦一同收录，有心之读者可将此篇之内容与前篇两两对照，参其异同，究其内涵，深入研究考证，以求有所收获。

第二部分　古传《心意六合拳祖谱》

此谱为手抄本传谱，乃古传心意六合拳之精髓，亦是心意古拳法之总纲，同时也是历代心意拳、形意拳习练者辗转传抄研习之祖本。其内容皆提纲挈领、直指心要，乃历代心意拳大成就者，经数代研究实践和深刻体认，总结提炼后的精论结晶，其间凝聚着他们集体的智慧和体悟，具有非常高的历史资料价值和学术研究价值。

古传心意拳传授历来均非常隐秘，早期仅在很小的范围内传承，很少行于纸笔，多为师徒间通过言传身教的方式递相授受，外人则很难得知其拳之内涵精要。而此谱之特殊价值，则在于其将历代口传心授之心意拳拳理阐述为有系统的文字精论，从而使此谱具备了纲领性的指导作用。因此，《心意六合拳祖谱》一直以来都被历代心意门人作为保持其拳法精髓不失、维护其传承血脉纯正之指导性经典著作。

但此谱由于传播年代久远，且历经数代心意门人辗转传抄，因此其版本也较为庞杂，错讹亦甚多。凡此皆因古代统治者崇文抑武，武术类典籍更是很少有官刻本出现，即有一二，亦多为兵法类著作，而拳法著作则非常稀少。因此民间武学传承之拳谱、拳论，大多仅能以抄本的形式传世，而抄本即难免会有不够严谨、缺漏错讹等弊端出现。此皆因历代抄写缮谱者遇到旧谱语句不通之文、无法辨析之处，若无别本参考，即只能因循抄之，或率意改之，时过境迁，即愈传而愈歧，豕亥鱼鲁，难分难辨了。这也是造成如今古传《心意六合拳谱》之文字内容多异、版本繁杂等现象出现的主因与根源所在。

而纵观民间各抄本，其内容粗看似大同小异，但若细究其文字细节，则又各有不同，凡此皆系历代传抄者因种种原因错抄、漏抄、误抄、修改等情况所造成。所以此谱整理起来，其难度也就不言而喻了。

笔者在整理此谱过程中可谓是字斟句酌，殚精竭虑，前后历经多本参同，数次校对，参阅了近二十多个抄本，相互比对研究，揆其文义，考其内涵，厘其正讹，方最终考订成稿。虽仍不尽完美，但前后语句呼应通顺，上下文义联络通贯，至少是一个相对准确的点校版本。有心之读者可在此基础上继续研究考订，以臻其完美。

第三部分　《五行拳谱》

《五行拳谱》为手抄拳械传谱，是一本较为罕见的拳谱珍本，即民间藏本亦极为稀少。此本抄写工整严谨，其中错讹也相对较少，版本亦不繁杂。其内容言简意赅，精辟显明，所阐述之拳理皆言简意深，体用兼备，不尚浮词，非常严谨而具体。

此本拳谱虽文字不多，但所阐之拳械体系却非常完备且清晰明了，其内容主要由拳、刀、枪、棍几大部分组成，且均为分章论述。谱中对于五行拳械之姿势、用法，均有着非常细腻精辟的论述，其间之微言大义皆显明直指，不尚隐晦，可谓是文简而义博，理奥而趣深，条理清晰，论述精到，堪为习拳悟道之司南、入门引路之明灯，是一份不可多得的珍贵武学资料。特收录于此，供广大读者深入研究学习。

第四部分 《内功四经》真本全书

《内功四经》真本全书，亦名《内功真传》，全本约3万余字，共分为4卷。第一卷，内功经。第二卷，纳卦经。第三卷，神运经（大力注解、合战八门）。第四卷，地龙经（散门正局、散门变局、总评、杂评、十二格式、制胜八决）。

《内功四经》是一部非常罕见的论述上乘武学修炼的拳学专著，其内涵深邃，阐述详尽，是一部不可多得的武术秘谱。此书出世之经历亦颇为神奇，据书中王南溪序言所述，此书最早由琅玡王南溪之祖父得自于水底。而在其友宗景房的序言中，对于此事则更有详细交代："余之友，南溪子，其祖为清初总宪，督抚江西、泊舟清江，见有商人舟覆，拯货水底，获一石函，中有二书。公欲视之，商人呈公。阅视之，一曰剑丹，一曰内功。内功之书正四篇，一曰《内功经》；二曰《纳卦经》；三曰《神运经》；四曰《地龙经》，后记云：贞观二年三月十五日录。公以重价购之。"我们由此段记录中，可知此书来源之颠末。

这部经典武学著作虽经此奇缘传于世间，但因其所述内容玄理渊奥，深邃难懂，不经解释，其义不明，纵得其书，亦有望洋兴叹之感。后南溪子与其友宗景房经过多年苦志研究，实证实修，在澈其底蕴后，为使后学能够参透其内蕴之玄机妙义，对其内容进行了详细的注解和阐释。其序言中曰："备问书之始末，南溪子具告之曰：此书多有不解者，今欲与吾弟细加注解以明之，而后人得而用之矣。"

此书自南溪子与宗景房详细注解后，一直仅在很小的范围内传播流通，前后历经数百年，皆隐而不彰，其内容则更是鲜为人所知。后此书因机缘巧合传入形意门中，才得以重放异彩，为世人所知晓。在形意拳宗师宋世荣先生所传之抄本跋文中有记曰："此书得自清初，总先士公得于水底石函之中，初无可解。百年之后，南溪子悟识参机，方知是仙传至宝，付于知己宗景房。学者用之，必须由内功入手学练，纳卦次之，神运又次之，地龙收功，大略不过如此也。尚望同志者详注参学是幸（北京 宋约斋得于燕都，刘晓堂先生得于沈阳工部库中）。"后此书经过形意拳一代宗师宋世荣先生的深入研究实践和大力推崇发扬而名闻武术界，尤其是"宋传形意门人"，则更是将此书奉为宝典秘录而研究珍藏。

此本虽珍秘如此，然民间亦有少量珍贵抄本流出传世。但因保守或其他原因，民间各版在内容上虽大同小异，在文字上却多寡不一，各有增删，或此多彼少，或此有彼无，致使广大武学爱好者多有难窥全璧之慨，深为惋惜。

笔者有感于此，经多方广泛搜集，机缘成熟，方将全本内容集齐。并对照多本，参其异同，校其错讹，汇而集之，碎金珠玉，终成牟尼宝珠一串。

笔者认为，当我们今天在欣喜研读这些前辈先贤所留精论之余，首先应感谢的是历代前辈宗师公开秘笈的一番拳拳苦心，若没有他们的无私奉献，恐怕我们今天也就很难看到这本体用兼备、系统严谨的武学经典了。正如《内功四经》序言所说："道自得天地之精髓，阴阳之秘蕴者，必不磨灭于默默之中，非偶然也。天必生奇人以知之，知之必著为书；不行于数百年之前，必行于数百年之后。必生一得书之人，不奇惜；必生一藏书之人。藏书之人不能行，必生人以力行之，不畏艰难，务求讲明古人真迹，以待于后世。又恐一人之力有所不能，尽而又生人以辅翼之，岂偶然哉？"信然！

第二卷　形意拳历代宗师拳论

形意拳历代理法通融之宗师，多为此拳之大成就者，这些前辈先贤将其毕生体悟之心得精华，浓缩为言简意赅的拳理、拳论。这些拳术精论，足堪为习拳之正轨、悟道之准绳，对于形意拳之后学来说，具有非常大的参考意义。

现将本卷中比较特殊的几篇拳论，做一个简要的介绍。

1. 李存义先生形意拳论

李存义先生为近代形意门之巨子，一代武学宗师，其人刚正行端，一身正气，武德十分高尚。倾其一生，对于形意拳之发展传承苦志经营，不遗余力；先后培养了非常多的优秀门人弟子，为形意拳的传承和发展做出了不可磨灭的功勋。

为更好地继承和弘扬形意拳之宗旨，避免其传承因年久而失真，李存义先生在培养后学之余，更是勤于著述，本慈心度世之发心，将其一生对武学之体认提炼总结，阐为文字，传播于后世，以起不失本宗、正本清源之用。

李存义先生一生所著之武学著作非常宏富，民国时期著名学者杨明漪先生在其著作《拳勇见闻录》一书中，有关于李存义先生的记录，书中云其"著拳谱二百余卷，皆手自编录图解"，由此段记录，即可知李存义先生著作之丰。但可惜的是，这些著作因受当时历史条件所限，大多仅以抄本传世，未能公开出版印行，致使李存义先生的多部著作散落湮灭于民间而罕为人知；其间遗失者则更是不可估计，实为形意门之憾事也。但即便如此，还是有不少著作因种种机缘得以侥幸存世，可谓片羽鳞光，弥足珍贵。

经笔者多方搜罗整理，钩沉起轶，将李存义先生拳学著作中所阐发之形意拳精论部分厘分出来，并据其内容，重新排序分段，以供广大读者参考学习，研究参悟。

2. 刘纬祥《行意拳谱——国术讲义》

刘纬祥先生，乃形意拳一代宗师郭云深之高弟子，从小经郭先生耳提面命，口传心授，因此深得郭云深先生之神髓，武学造诣颇深。刘一生更是任侠仗义，人生阅历非常丰富多彩，为促进当时不同武术门派之间的交流和发展，做了很多卓有成效的工作，对于不同拳种之间的交流融合，起到了积极的促进作用。但因其晚年大多时间都归隐于地方，在保定中学任国术教习，从事培育后学之工作，所以知其名者绝少；即形意门之后学，能知其名者亦绝少，而知其拳学著作者，则更属寥寥。

笔者则是在无意中得到刘纬祥先生所撰之拳学著作《行意拳谱——国术讲义》手抄本。细读之下，觉其内容朴实真切，字字皆为形意拳之精要，心中颇为惊喜。为防其因日久而失传，遂急录而校对之。

此本原就属内部发行之版本，因此印数极少，能保存至今，实属不易。吾辈唯有精而读之、研而悟之、体而用之，方不辜负前辈先贤辛勤著述嘉掖后学之一番苦心。

此本拳论最特异之处，则在于"行意拳"之名称。众所周知，此拳之发展，由心意拳而形意拳，可谓是一脉相承，名异而旨同；而"行意拳"一词，则为历代拳论著述中所不多见，因此就显得极为特别。而刘纬祥先生则在其著述中，对于"行意拳"命名之内涵及意义，有一番精辟的阐释和说明，由此可证，其"行意拳"之名既非抄写错误，亦非口音之讹，而实有其名也。此即需要吾辈去用心会意之处，亦可据此做进一步深入的探索和研究，以澈其底蕴。

心意拳作为一个优秀的拳种，历经数代传承发展，每代之大成就者均对其内容多有阐发，因此支派日繁，而其名称之更迭多异，亦是理所当然之事，实为发展衍化之必然也。但名异拳同，其间内蕴之玄机妙理，实堪吾辈研而究之。而"行意拳"之名，对于形意拳之衍化传承来说，自然也就更具有非常重要的历史意义和研究价值。

笔者在此仅为抛砖引玉，望达者顺流而穷源，详加考证，以求理清源流，明晰其衍进之轨迹、发展之脉络，从而为形意拳历史的重构和完善提供强有力的学术依据。

3.《心一拳术》理法精论

《心一拳术》系一部体系完整、拳械合一的武学专著，为河南心意六合拳大师马建章之高弟子李泰慧所撰，其内容罕见，版本稀有珍贵。早期此书系作为民国时期国立武昌商业专门学校之教学讲义，因此它的体系非常严谨具体，内容亦层层递进，有条不紊，且较为通俗易懂。

此书最显著之特点，即是"心一拳"的名称。实因此名为本书所首见，未见其他相关著述有此提法。而笔者经过对此书深入研读后，发现其"心一拳"之名称，既非别有他拳，亦非抄写错误，作者在书中对心一拳术之命名，更有着详尽合理的解释。由此，我们可知其"心一"与"心意""形意"，皆是拳同而名异，而"心一拳"之名称，亦为心意拳发展历史中之一难解公案也。

此书之第二大特点，即是对心意拳古拳经、拳论的详细注释。心意拳、形意拳历代宗师在其所阐发之拳论中，虽对部分古拳经之内容偶有涉及和引用，有时亦略为讲解，但均为即兴发挥、择要而注，或是蜻蜓点水、一笔带过，而很少逐条去注释讲解。但《心一拳术》中所述之拳经注解内容，则为专门注释，且为逐条系统详解，这在其他同类形意拳著述作品中是极为少见的，因此显得尤为稀有难得，其注解论述之内容亦非常值得后学去研究参考。

笔者在阅读《心一拳术》这部著作中还发现，此书在对心意拳古传拳经注解中所注释引用之原始拳经章句，亦与民间所传之通行本内容多有不同。孰为原文，孰为衍文，抑或别有深意，实难厘清，我想这也是前辈先贤们留给我们这些后学的重要研究课题，需要我们去抽丝剥茧，多本比对，参考研究其间之细微异同，或可另有发悟。而无论如何，此书中之原始拳经章句，能够通过这部著作得以完整保存下来，已是非常难能可贵之事，具有很高的历史价值和学术研究价值。

此外，《心一拳术》这部著作所涉及的内容，不仅有拳法，还有各种器械（岳家枪法十二诀、六合枪谱演法、单刀八法、姬家单刀谱、心一双铜谱、龙门棍法等）、点穴、跌打救治药方等珍贵资料。纵观全书，可谓是体系完整，拳械俱备。尤其是作者对各种器械之阐释，非常详尽且具体，充分体现出其技术体系完备的传承特点。这些资料对于整个武术界来说，均是非常珍贵稀有的独特史料，作者将这些珍贵的拳学资料撰写成书，造福后学，让吾辈能一窥前辈之武学精论，实厥功至伟也。

第三卷　形意拳之历史源流

一门优秀的武学传承体系，可以说凝聚了历代先贤大德们的集体智慧和深刻体认。而要想保持一门武学的持久纯正，则清晰且一脉相承的历史源流更是其不可或缺的重要组成部分。因此，笔者认为研究一门武学，不可不研究其传承之衍进史也。也只如此，方可以溯流而穷源，明宗而知祖，进而保持其传承血统之纯正与纯粹。因此，源流清晰，对于一门武学历史的完善和拳术的发展来说，均具有不可估量的促进作用。

通过研究拳史，一可以缅怀先辈之事迹，追慕前贤之艺业精神；二可以了解本门拳法之发展脉络和支派源流，以及随时间衍进过程中其拳法内容之取舍与增益变化，以达知其本而明其源之目的。这对于铭记历史、启迪学人、激励后学均具有非常重要的现实意义。

本卷所收录之形意拳历史源流资料，大多为形意门嫡系传人所撰写，因此其内容均非常严谨具体、详实可靠；所述之历史源流，亦均为形意拳嫡系之传人所熟悉和了解的史实，所以其可信度高、史料价值大。

期间不同作者所述之历史源流或偶有出入，皆因叙述之人所述之侧重点不同，角度亦会有所不同，但总体之源流脉络则大同小异。有心之读者可相互比对研究，以求理清头绪，澈本知源，从而更有利于这门武学的继承和发扬。

第四卷　形意拳名家序跋文献

清初著名医家程应旄先生曾言："古人作书大旨，多从序中提出；故善读书者，未读古人书，先读古人序。从序法中读及全书，则微旨大意，宛然在目。"诚哉斯言也，余深以为然。是以本卷内容主要收录了历代先贤所撰著作中有代表性的序言多篇，这些序言内容大多为同时代之武学大家、名人雅士所撰写，其间多为有见地、有思辨之真知灼见。

这些序言中所阐发的观点，亦均围绕国术之历史、文化、内涵等方面展开，大多文简而义博，理奥而趣深。往往同一件事情，经多人阐述，则呈现出多角度、多维度的风格特点，且时有独到之见解，精辟之论述跃然于纸上。期间或微言大义，直指关津；或浅尝辄止，发人深思；或秉笔直说，一语中的；或溯古论今，发人深省。

我们品读先贤之文字，即是与古人进行穿越时空的深层次对话与交流。读者仔细研读这些序言，一方面可了解史实，更可借助文字而感受前辈先贤之操守、先贤之信念、先贤之智慧、先贤之体悟。只要用心品味这些先贤序论，从中找到契心会意之处，则对于我们今人之提携激励意义，谅非浅鲜。

第五卷　形意拳代表性典籍撮要

民国时期，是中华民族处于内忧外患的一个非常特殊的历史时期，但也正是因为当时复杂多变的社会现实，使得传统文化在这一时期具备了自由发展的良好契机和土壤，进而得到了空前的繁荣和发展，甚至一度出现了百家争鸣的学术氛围，焕发出绚丽夺目的光彩。虽仅是昙花一现，但其对整个中华民族的文化传承与发展来说，却具有着持久深远的影响。

正是基于这样一个特殊的历史背景，也造就了民国时期注定是一个大师辈出的时代。在这一时期，各行各业都涌现出了很多卓有建树的大师级人物，而在武学方面，则尤为显著。究其原因，是与其特殊的历史基础和时代背景密不可分的。

民国时期，是我国处于一个列强欺凌、国力衰微的非常历史时期，强国强种的思想可以说在每一个有良知的国人心里都非常强烈，"欲强国，必强身；欲强身，必习武"已成为当时的全民共识。而通过习武强身来保家卫国，御敌抗侮，也就自然成为了这个时期爱国主义教育的重要组成部分，所以武术在这样的特殊历史背景下，也就得到了前所未有的发展和繁荣。

形意拳作为我国具有代表性的优秀拳种，更是涌现出了很多卓有成就、品德俱佳的武学大师。这些大师级人物都有着非常强烈的忧患意识和民族大义，他们的所思所想，亦无不与国家与民族的利益心心相系，他们均有着高尚的道德、远大的抱负和精湛的武学造诣。只要是对国家有益、强国利民之事，他们均会挺身而出且全力以赴，而对个人之名利得失，却很少去计较和关注。这些大师级人物除了孜孜不倦地为国家培养后进人才外，更是为保全其武学体系之完整及其技艺能够更广泛的传播而勤于著述，将其一生对武学的体悟，浓缩成文，著而述之，从而起到利国利人、以永流传之意。

另外，民国时期这些武学著作之作者，大多诚笃务实，且多为实证实修、炼养并重、有真才实学之嫡派传人，所以其著作大多不尚虚浮，言之有物，对于形意拳学之体用皆和盘托出，所阐发之论述亦皆鞭辟入里，解说详尽。因此这一时期之拳学著作，其内容之含金量均很高，正因如此，这些经典著作对于形意拳之后学则具有印证所学、提携引路之实效，极具参考价值。

此卷所列，大多为新中国成立以前之形意拳学专著及其详细出版信息，其间更有不少从未公开出版过之手抄珍本，亦在此一并列出，以利广大形意拳的爱好者们索引学习，研究考证。

凡 例

1. 本书是目前国内第一本心意拳、形意拳古拳谱拳论汇集本，也是心意拳、形意拳论的首次大结集。所收资料不少都是以前拳家秘而不宣的拳谱和珍稀资料，且不少资料都是首次公开，极具研究价值。

2. 全书按内容进行分类，共分为5卷。主要收录了新中国成立前后心意拳、形意拳历代宗师之拳经、拳论，以及相关历史源流、序跋文献、代表性典籍名录等珍贵资料，并对形意拳之拳经、拳论、历史、典籍进行了全面系统的提炼和分类梳理，在内容分类上层层递进，在汇辑上亦尽可能做到赅括靡遗。

这些珍贵资料的汇集和整理，对于形意拳的传承者和爱好者来说，必将具有教科书、工具书式的参考意义。

3. 为保证本书内容的含金量，在资料的甄别和选择上，大多选取新中国成立前后所出版之典籍内容。皆因当时之拳家，大多诚笃务实，不重名利，且均为实证实修者；其对拳术之阐述，亦大多从身体力行之体悟而来，并能够做到知行合一，所阐发之论述亦多为此拳之正知、正见，因此其著作对于后学之人来说，具有很强的实用性和指导性。参考学习这些前辈先贤之体悟，则可如祖师亲授而收事半功倍之益，从而在很大程度上避免出偏。

4. 古传拳谱大多以手抄本形式存世，其中一些拳谱因流传年代久远，难免会出现豕亥鱼鲁、错讹多见之情况。历代拳家有鉴于此，皆多有校正参订。所以在本书中偶有同一拳论由不同之拳家阐述和参订的情况出现，此非重复收录，乃因古谱原貌不可还原，而经多位有修证之拳家参订修证，可起厘正错讹、修残补缺之用。对于广大读者来说，亦可具多版比对、互参互证之功。此亦编者收录之本意也。

5. 为适应现代读者的阅读习惯，全书统一使用简化字横排的现代排版风格，并按内容进行分卷。针对部分古谱中无断句标点的抄本，则对原本谱文进行了重新句读，并采用现代标点方法进行断句标点，从而更方便读者研习。

6. 对于整理过程中，部分原始底本中有抄写之小错，或分辨不清的文字，若能辨认者或明显错误之处则径改，不另出校记；无法辨认或模糊不清者，则采取多本对照，并在此字后以括弧标注出其他版本之用字，以利广大读者自行对照研究。

7. 对于部分手抄拳谱中的生僻字，因古今用法不同或无对应规范简体的情况，为了适应更多的读者以及当代出版的规则和要求，则选用最接近底本字形的原意字或互通字做出相应修改。现将这些生僻字在此一并列出，供广大读者朋友自行辨析研究（左为古字，右为现代通用字）："工夫/功夫、式/势、蹚/趟、櫈/凳、棹/桌、鬭/斗、縐/皱、呌/叫、拘/勾、椿/桩、觔/斤、炼/练、掤/崩、捲/卷、衹/只、湾/弯、卅/三十、膁/裆、澈底/彻底、準/准、摧/催、稍/梢、峯/峰、元/玄、鑚/钻"。

8. 在本书整理点校过程中，对于原始底本内容中无法考证、无以参校者，均保持原文，不做任何人为改动。另外，对于简文中字形结构不明的字，均保留原形；对于读法不明的字，亦保留原字，阙疑待考。

9. 对于原谱文中之异文或无法理解其意之处，若无别本拳谱可对照参订的，均维持原貌，校注文字亦尽可能地忠实于底本，以利于广大读者在此基础上继续深入研究。

10. 在本书整理校对过程中，对于原谱中不分章节之抄本，在不影响其核心大旨和结构的前提下，则尽可能地分出章节，从而更方便广大读者阅读。

11. 由于手头资料的不足，加之编者水平有限，难免会有错误或不足之处，请广大读者多加批评指正，以利于再版时改正。

目　录

第一卷　古传形意拳经秘谱

第1部分　岳武穆拳论 …………………………………… 2

　　一、岳武穆九要论 ……………………………………… 2

　　二、岳武穆形意拳术要论 ……………………………… 6

第2部分　古传心意六合拳祖谱 ………………………… 13

　　一、心意六合拳序——戴龙邦 ………………………… 13

　　二、意拳目录 …………………………………………… 14

　　三、心意六合拳论（原根式） ………………………… 16

　　四、游艺引——枪棍诀十二首 ………………………… 27

　　五、杂技歌十四首 ……………………………………… 29

　　六、五行相生 …………………………………………… 31

　　七、五行相克 …………………………………………… 31

　　八、心肝脾肺肾 ………………………………………… 31

　　九、手中诀窍　十六把气功 …………………………… 32

　　十、用气诀法 …………………………………………… 32

　　十一、引气法 …………………………………………… 32

　　十二、周天法 …………………………………………… 32

　　十三、得真法 …………………………………………… 33

十四、十八般兵器…………………………………………………………… 33

　　十五、马战枪法……………………………………………………………… 33

　　十六、张飞闯帐……………………………………………………………… 34

　　十七、六枪对练法…………………………………………………………… 34

　　十八、五枪对练法…………………………………………………………… 34

　　十九、八卦刀对练法………………………………………………………… 35

　　二十、十三刀对练法………………………………………………………… 36

第3部分　五行拳谱

　　一、五行拳谱序……………………………………………………………… 37

　　二、五行拳法四梢各序……………………………………………………… 37

　　三、五行拳序——五行一站，浑身俱是法，奥妙无穷………………………… 39

　　四、五行拳谱——劈拳起势像图及落势像图……………………………… 40

　　五、攒拳像图——攒拳起势像图及落势像图……………………………… 40

　　六、崩拳像图——崩拳起势像图及回身像图……………………………… 41

　　七、炮拳像图——炮拳起势像图及落势像图……………………………… 41

　　八、横拳像图——横拳起势像图及落势像图……………………………… 42

　　九、生克由赞………………………………………………………………… 42

　　十、五行相生………………………………………………………………… 42

　　十一、五行相克……………………………………………………………… 43

第4部分　五行六合枪谱

　　一、劈枪像图——劈枪起势像图及落势像图……………………………… 44

　　二、攒枪像图——攒枪起势及落势像图…………………………………… 44

　　三、崩枪像图——崩枪起势及落势像图…………………………………… 45

　　四、炮枪像图——炮枪起势及落势像图…………………………………… 45

目 录

　　五、横枪像图——横枪起势及落势像图 ………………………………… 46

　　六、六门三角枪 …………………………………………………………… 46

　　七、五行枪退步扎对枪 …………………………………………………… 47

　　八、五行枪退步使法 ……………………………………………………… 47

　　九、岳武扎枪像图 ………………………………………………………… 47

第 5 部分　五行刀谱 ……………………………………………………………… 48

　　一、劈刀像图——劈刀起势及落势练法 ………………………………… 48

　　二、攒刀像图——攒刀起势及落势练法 ………………………………… 48

　　三、崩刀像图——崩刀起势及落势练法 ………………………………… 49

　　四、炮刀像图——炮刀起势及落势练法 ………………………………… 49

　　五、横刀像图——横刀起势及落势练法 ………………………………… 50

第 6 部分　五行棍谱 ……………………………………………………………… 51

　　一、劈棍像图——起势与落势练法 ……………………………………… 51

　　二、攒棍像图——起势及落势练法 ……………………………………… 51

　　三、崩棍像图——起势及落势练法 ……………………………………… 52

　　四、炮棍像图——起势及落势练法 ……………………………………… 52

　　五、横棍像图——起势及落势练法 ……………………………………… 53

第 7 部分　六合大枪一套 ………………………………………………………… 54

第 8 部分　用刀之秘法——闪闪摇银海，团团滚玉轮 ……………………… 55

第 9 部分　云龙拳 ………………………………………………………………… 56

第 10 部分　伏虎拳 ……………………………………………………………… 57

第 11 部分　《内功四经》真本全书（秘传抄本） ……… 58

一、前序 …………………………………………………… 58

二、总论 …………………………………………………… 58

三、内功四经 ……………………………………………… 59

　　卷一　内功经 ………………………………………… 59

　　卷二　纳卦经 ………………………………………… 64

　　卷三　神运经 ………………………………………… 68

　　卷四　地龙经 ………………………………………… 79

四、附录 …………………………………………………… 95

第二卷　形意拳历代宗师拳法精论

第 1 部分　曹继武先生拳论 ………………………… 100

十法摘要 …………………………………………… 100

第 2 部分　李洛能先生拳论 ………………………… 105

形意拳谱 …………………………………………… 106

第 3 部分　郭云深先生拳论 ………………………… 112

一则 ………………………………………………… 113

二则 ………………………………………………… 115

三则 ………………………………………………… 116

四则 ………………………………………………… 116

五则 ………………………………………………… 117

六则 ………………………………………………… 117

目 录

  七则 …………………………………………………………… 118
  八则 …………………………………………………………… 119
  九则 …………………………………………………………… 119
  十则 …………………………………………………………… 120
  十一则 ………………………………………………………… 120
  十二则 ………………………………………………………… 121
  十三则 ………………………………………………………… 121
  十四则 ………………………………………………………… 121

第 4 部分　白西园先生形意拳论 ……………………………… 123

第 5 部分　刘奇兰先生形意拳论 ……………………………… 125
  一则 …………………………………………………………… 125
  二则 …………………………………………………………… 126
  三则 …………………………………………………………… 126

第 6 部分　宋世荣先生形意拳论 ……………………………… 127
  一则 …………………………………………………………… 128
  二则 …………………………………………………………… 128
  三则 …………………………………………………………… 129

第 7 部分　车毅斋先生形意拳论 ……………………………… 130

第 8 部分　张树德先生形意拳论 ……………………………… 132

第 9 部分　刘晓兰先生形意拳论 ……………………………… 133

第 10 部分　李镜斋先生形意拳论 …………………………… 135

第 11 部分　李存义先生形意拳论 ············ 136

    意拳总论 ············ 137

    意拳养气学 ············ 142

    意拳原理 ············ 144

    形拳原理——岳氏意拳十六要诀 ············ 148

第 12 部分　田静杰先生形意拳论 ············ 153

第 13 部分　李奎元先生形意拳论 ············ 154

    一则 ············ 154

    二则 ············ 155

    三则 ············ 155

    四则 ············ 156

第 14 部分　耿诚信先生形意拳论 ············ 157

第 15 部分　周明泰先生形意拳论 ············ 158

第 16 部分　许占鳌先生形意拳论 ············ 159

    一则 ············ 159

    二则 ············ 160

第 17 部分　刘殿琛先生形意拳论 ············ 161

    总论 ············ 161

    第一章　丹田论 ············ 162

    第二章　练气说 ············ 162

    第三章　运动筋肉说 ············ 164

第四章　六合论···165

　　第五章　七疾论···166

　　第六章　起落攒翻横竖辨···168

第18部分　刘纬祥先生形意拳论···169

　　行意拳谱——国术讲义···170

第19部分　张占魁先生《形意武术教科书》·····························179

　　自叙···180

　　修身篇···180

　　武术篇···183

　　五行篇···186

　　八要篇···188

　　虚实篇···191

　　全体篇···195

　　阵法篇···198

　　形象篇···202

　　勇敢篇···205

第20部分　孙禄堂先生形意拳论···209

　　形意混沌辟开天地五行学·······································210

　　形意天地化生十二形学···214

　　形意拳谱摘要···218

　　国术名家孙禄堂先生自述练拳之心得
　　　　——亦名：练拳经验及三派之精意·······················220

　　详论形意、八卦、太极之原理···································221

　　论拳术内家外家之别···223

拳术述闻——孙禄堂 ·· 224

第 21 部分　薛颠先生形意拳论 ·· 226

　　形意拳术讲义 ·· 227

　　形意拳术总纲 ·· 228

　　五行拳术讲义 ·· 231

　　形意十二形讲义 ·· 233

　　象形拳法真诠 ·· 238

第 22 部分　李剑秋先生形意拳论 ·· 254

　　总论 ·· 255

　　第一章　拳术之功用 ·· 255

　　第二章　形意拳术之功用 ·· 256

　　第三章　形意拳术之基本——五行拳 ·· 256

　　第四章　进退连环拳 ·· 257

　　第五章　形意玄义 ·· 257

　　第六章　形意拳术之要点及其研究 ·· 258

　　第七章　形意拳术之特长处 ·· 259

第 23 部分　姜容樵先生形意拳论 ·· 260

　　形意拳之名称 ·· 261

　　形意拳之魂魄 ·· 262

　　形意拳之优点 ·· 262

　　形意拳奇正相生说 ·· 263

　　形意八卦合一说 ·· 264

　　形意五行拳说 ·· 264

目 录

　　形意拳相生相克说……………………………………………… 265

　　形意拳连环拳说………………………………………………… 265

第 24 部分　靳云亭先生形意拳论……………………………… 266

　　形意说…………………………………………………………… 267

　　形意拳一气……………………………………………………… 267

　　形意拳三体……………………………………………………… 268

　　形意拳四法……………………………………………………… 268

　　形意拳五纲……………………………………………………… 268

　　形意拳六合……………………………………………………… 269

　　形意拳七疾……………………………………………………… 269

　　形意拳七顺……………………………………………………… 271

　　形意拳八势……………………………………………………… 271

　　形意拳八要……………………………………………………… 271

　　形意拳九歌……………………………………………………… 273

　　形意拳总诀……………………………………………………… 274

　　五行拳要义口诀………………………………………………… 275

　　练习形意之要点………………………………………………… 278

　　形意拳练习须知………………………………………………… 278

第 25 部分　韩起群先生行意拳论……………………………… 280

　　行意拳基本姿势的要诀………………………………………… 280

　　技击术与生理学之关系………………………………………… 283

第 26 部分　宝鼎先生形意拳论………………………………… 289

　　形意拳寓意揭示………………………………………………… 290

第27部分　李泰慧先生心一拳术之理法精论　…… 295

第一编　入门须知（凡五论）　…… 295
第二编　拳术掇要（凡十章）　…… 298
第三编　真形释义（凡十种）　…… 301
第四编　拳术法语（凡十五篇）　…… 306
第五编　拳术谱注（凡五章）　…… 312
第六编　拳术谱注（凡七章）　…… 319
第七编　养气法　…… 325
第八编　练气法　…… 328
第九编　用力十法　…… 331
第十编　心一器械阐微　…… 335

第28部分　马步周先生《行意拳详解》　…… 341

行意拳之意义　…… 341
行意拳之一气说　…… 341
行意拳之两仪说　…… 342
行意拳之三体说　…… 343
行意拳之四梢说　…… 343
行意拳之四法　…… 344
行意拳之五行说　…… 345
行意拳之六合说　…… 346
行意拳之七疾说　…… 347
行意拳之七曜说　…… 348
行意拳之八字诀　…… 350
行意拳之八要说　…… 351

行意拳之九歌……………………………………………………………… 353

第29部分　田镇峰先生《行意拳论述微》……………………………… 355

第30部分　张侗轩先生《国术讲义》…………………………………… 374

　　第一讲……………………………………………………………………… 374

　　第二讲……………………………………………………………………… 376

　　第三讲……………………………………………………………………… 377

　　第四讲……………………………………………………………………… 378

　　第五讲……………………………………………………………………… 380

　　第六讲……………………………………………………………………… 383

　　第七讲……………………………………………………………………… 386

　　第八讲……………………………………………………………………… 388

第三卷　形意拳之历史源流

第1部分　形意拳溯源——高降衡《行意拳基本行功秘法》………… 394

第2部分　心一拳术源流谱——《心一拳术》…………………………… 395

第3部分　积健补形意拳师承记——宝显廷《形意拳谱》正续编…… 396

第4部分　行意拳之历史——刘纬祥《国术讲义·行意拳谱》……… 400

第5部分　形意拳之起源——吴图南《国术概论》……………………… 404

第6部分　形意拳史简述——姜容樵《形意母拳》……………………… 405

第7部分　形意拳之源流——靳云亭、凌善清《形意五行拳图说》……407

第8部分　形意拳术简史——刘殿琛《形意拳术抉微》序……………409

第9部分　行意拳史——马步周………………………………………410

第10部分　形意拳世系流传表…………………………………………412

第四卷　形意拳名家序跋文献

曹曰玮《武经（七书）汇解》序……………………………………414

李洛能《形意拳谱》自序……………………………………………415

李洛能《形意拳谱》又序……………………………………………416

宝鼎《形意拳谱正编》自序…………………………………………417

宝鼎《形意拳谱正编》张序…………………………………………418

宝鼎《形意拳谱续编》自序…………………………………………419

李存义《形意真诠》自序……………………………………………420

李存义《南北拳术教范》总说………………………………………421

孙禄堂《形意拳学》自序……………………………………………423

孙禄堂《形意拳学》陈序……………………………………………425

孙禄堂《形意拳学》赵序……………………………………………426

孙禄堂《形意拳学》艾序……………………………………………427

张兆东《形意拳讲义》自叙…………………………………………428

张兆东《形意拳讲义》乔序…………………………………………429

刘殿琛《形意拳术抉微》自序………………………………………430

刘殿琛《形意拳术抉微》王序………………………………………431

刘殿琛《形意拳术抉微》江序………………………………………432

李剑秋《形意拳术》自序……………………………………………… 433

李剑秋《形意拳术》蒋序……………………………………………… 434

孙禄堂《拳意述真》自序……………………………………………… 435

孙禄堂《拳意述真》陈序……………………………………………… 436

薛颠《象形拳法真诠》自序…………………………………………… 437

薛颠《形意拳术讲义》自序…………………………………………… 439

薛颠《形意拳术讲义》傅序…………………………………………… 440

薛颠《形意拳术讲义》曹序…………………………………………… 441

薛颠《形意拳术讲义》吕序…………………………………………… 442

薛颠《形意拳术讲义》卢序…………………………………………… 443

薛颠《形意拳术讲义》郭序…………………………………………… 444

姜容樵《形意杂式捶》黄序…………………………………………… 445

姜容樵《形意母拳》自序……………………………………………… 446

姜容樵《形意母拳》张序……………………………………………… 447

贾蕴高《宋约斋先生哀荣录》跋……………………………………… 448

靳云亭《形意五行拳图说》自序……………………………………… 449

刘纬祥《国术讲义·行意拳谱》韩序………………………………… 450

黄柏年《形意拳械教范》自序………………………………………… 451

李存义《岳氏意拳精义》董序………………………………………… 452

高降衡《形意拳基本行功秘法》自序………………………………… 453

高降衡《形意拳基本行功秘法》王序………………………………… 454

高降衡《形意拳基本行功秘法》李序………………………………… 455

高降衡《形意拳基本行功秘法》李序………………………………… 456

第五卷　形意拳代表性典籍撮要

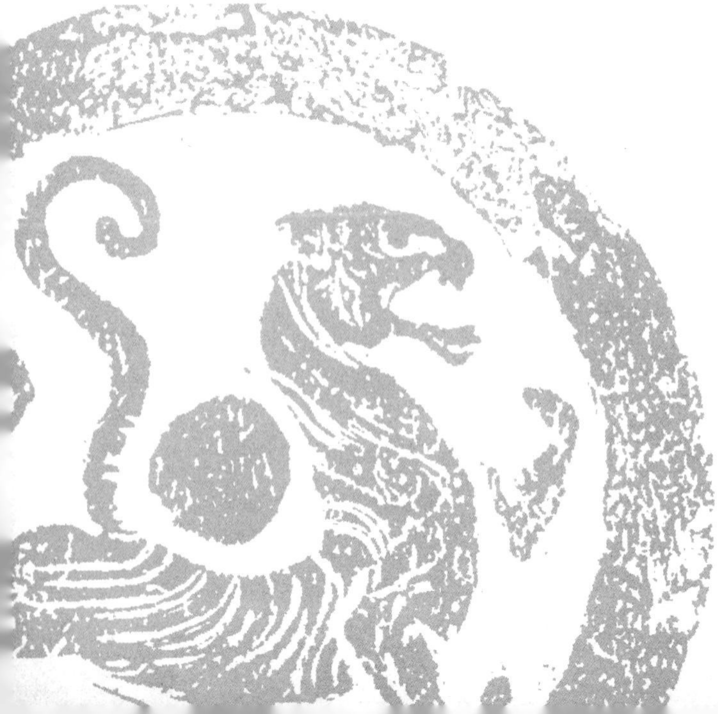

第一卷 古传形意拳经秘谱

第1部分　岳武穆拳论

一、岳武穆九要论

器上而通乎道，技精而入乎神。惟得天下之至正，秉天下之真精者，乃能穷神而入妙，察微而阐幽。心意之用，器也、技也。心意之体，道也、神也。

器、技常人可习，而至道、神，大圣独得而明。岳武穆王，精忠报国，至正至刚，其浩然之气，诚霈然充塞于天地之间，故心意之精，非武穆不能道其详。然全谱散佚，不可得而见，而豪芒流落，只此"九要论"而已。吾侪服膺心意，得以稍涉藩圉，独赖此耳。

此论共九篇，理要而意精深，词详而论辨明。学者有志，朝夕渐摹，而一芥之细，可以参天，滥觞之流，泛为江海，九论虽约，未始不可通微，何莫造室升堂也。

一要论

散之必有其统，分之必有其合。故天壤间众类群俦，纷纷者，各有所属；千汇万品，攘攘者，自有其原。盖一本可散万殊，而万殊咸归一本，乃事有必然者。

且武事之论，亦甚繁矣。要之诡变奇化，无往非势，即无往非气；势虽不类，而气归于一。

夫所谓一者，从首至足，内之有五脏筋骨，外之肌肉皮肤、五官百骸，连属胶聚而一贯者也。击之不离，牵之不散。上思动，而下为随；下思动，而上为领；上下动，而中节攻；中部动，而上下和。内外相连，前后相需，所谓一贯，乃斯之谓，而要非强致袭为也。

适时为静，寂然湛然，居其所而稳如山岳。直时为动，如雷如崩出也，忽而疾如闪电。且宜无不静，表里上下，全无参差牵挂之累；宜无不动，左右前后，概无遁倍犹豫之部。洵若水之就下，沛然莫御；炮之内发，疾不掩耳。无劳审度，无烦酌辨，不期然而然，莫之致而至，是岂无故而云。

然乃气以日积而见益，功以久练而方成。揆圣门一贯之传，必俟多闻强识之后，豁然之境，不废钻仰前后之功。故事无难易，功惟自尽；不可躐等，不可急遽，历阶以升，循序而进，而后官骸肢节，自能通贯；上下表里，不难联结，庶乎散者统之，分者合之，四体百骸，终归于一气而已。

二要论

论捶而必兼论气。夫气主于一，实分为二。所谓二者，即呼吸也；呼吸，即阴阳也；阴阳，即清浊也。

捶不能无动静，气不能无呼吸。吸则阴，呼则阳；静者阴，动者阳。上升为阳，下降为阴。盖阳气上升而为阳，阳气下行而为阴；阴气下行而为阴，阴气上行而为阳。此阴阳之分也。

何谓清浊？升而上者为清，降而下者为浊。清气上升，浊气下降；清者为阳，浊者为阴。要之阳以滋阴，阴以滋阳，统言为气，分言为阴阳。气不能无阴阳，即人不能无动静，口不能无呼吸，鼻不能无出入，乃对待循环者也。

然则气分为二，实主于一，学贵神通，慎勿胶执。

三要论

夫气本诸身，而身之节无定处。三节者，上、中、下也。

身则头为上节，身为中节，腿为下节。

头则天庭为上节，鼻为中节，海底（下颌）为下节。

中节则胸为上节，腹为中节，丹田为下节。

下节则足为梢节，膝为中节，胯为根节。

肱则手为梢节，肘为中节，肩为根节。

手则指为梢节，掌为中节，掌根为根节。

观于是，而足不必论矣。自顶至足，莫不各有三节也。要之，若无三节之所，即无着意之处。盖上节不明，无依无宗；中节不明，浑身是空；下节不明，动辄跌倾，顾可忽乎哉！

故气有所发，则梢节动，中节随，根节催。然此乃按节分言者。若合而言之，则上自头顶，下至足底，四体百骸，总为一节，夫何三节之有，又何三节中之各有三节云乎哉！

三节既明，而内劲发动之脉络即可知矣。盖指力源于掌，掌力源于掌根，故掌根催掌、掌催指，而劲乃出。手之力源于肘，肘之力源于肩，故肩催肘、肘催手，而劲可行。足之力源于膝，膝之力源于胯，故胯催膝、膝催足，而劲乃通。

然肩胯之劲源于全身，全身之劲源于丹田，故丹田为内劲之总渊源也。至于丹田之有劲与否，在于气之贯与不贯耳。果能气贯丹田，则丹田之劲足，其他各节之劲，均能催而出也。

至于催劲之法，即某节用劲，而心意之间即由丹田贯气循其脉络至某节也。至气之贯丹田也，亦是将呼吸之气出心意间走到丹田耳。

四要论

试于论身、论气之外，而进论夫梢者焉。夫梢者，身之余绪也。言身者，初不及此；言气者，亦所罕论。

捶以内而外发，气由身而达梢。故气之用，不本诸身，则虚而不实；不形诸梢，则实而仍虚，梢亦乌可不讲？然此特身之梢耳，而犹未及乎气之梢也。

四梢为何？

发，其一也。夫发之所系，不列于五行，无关乎四体，似不足立论。然发为血之梢，血为气之海。纵不必本论诸发以论气，要不能离乎血而生气；不离乎血，即不能不兼及乎发。发欲冲冠，血梢定矣！

抑舌为肉梢，而肉为气之囊。气不能行诸肉之梢，即无以充其气之量。故必舌欲催齿，而后肉梢足矣！

至于骨梢者，齿也。筋梢者，指甲也。气生于骨，而联于筋，不及乎齿，即未及乎筋之梢；而欲足乎尔者，要非齿欲断筋，甲欲透骨，不能也。果能如此，则四梢足矣。四梢足，而气自足矣！岂复有虚而不实、实而仍虚者乎！

五要论

拳者，即捶以言势，即势以言气。人得五脏以成形，即由五形而生气。五脏者，心、肝、脾、肺、肾，乃性之源、气之本也。

心为火，而象炎上；肝为木，而形曲直；脾为土，而势乃敦厚；肺为金，而有从革之能；肾为水，而有润下之功。此乃五脏之义，而有准之于气者，皆各有所配合焉。乃论武事，所不可离者，其在内也。

胸位肺，乃五脏之华，故肺动而诸脏不能静。两乳之中位心，而护以肺；盖心居肺之下、胃之上；心为君火，心动而相火无不奉合焉。

两胁之间，左为肝，右为脾，背脊骨十四节皆为肾位，分五脏而总系于脊。脊通身骨髓，而腰为两肾之本位，故肾为先天第一，尤为诸脏之原。故肾水足，而金、木、水、火、土，咸有生机。然五脏之存于内者，虽各有定位，而机能又各具于周身，领顶、脑、骨、背，皆肾也。两耳亦为肾。两唇、两腮皆脾也，而发则为肺。

天庭为六阳之首，而萃五脏之精华，实头面之主脑，不啻为一身之座督矣。

印堂者，阳明胃气之冲，天庭性起，机由此达。生发之气，由肾而达于六阳，实为天庭之枢机也。

两目皆为肝，细绎之，上包为脾，下包为胃，大角为心经，小角为小肠。白则为肺，黑则为肝，瞳则为肾，实为五脏精华所聚，而不得专谓之肝也。

鼻孔为肺，两颐为肾，耳门之前为胆经，耳后之高骨亦肾也。鼻为中央之土，万物资生之源，实为中气为主也。

人中乃血气之会，上冲印堂，达于天庭，而为至要之所。两唇之下为承浆，承浆之下为地阁，上与天庭相应，亦肾位也。

领顶颈项者，五脏之导（别本作"道"）途，气血之总会。前为食气出入之道，后为肾气升降之途，肝气由之而左旋，脾气由之而右旋，其系更重，而为周身之要领。

两乳为肝，肩窝为肺，两肘为肾，四肢为脾，两肩膊皆为脾，而十指则为心、肝、脾、肺、肾。膝与胫，皆肾也，两脚根为肾之要，涌泉为肾穴。

大约身之各部：突者为心，陷者为肺，骨之露处皆为肾，筋（别本作"觔"）之联处皆为肝，肉之厚处皆为脾。象其意，则"心如猛虎肝为箭，脾气暴发似雷电，肺经翕张性空灵，肾具伸缩动如风"。其用为经，制经为意，临敌应变，不识不知，手足所至，若有神会，洵非笔墨所能预述者也。

至于生克治化，虽有他编，而究其要领，自有统会。五行百体，总为一元；四体三心，合为一气。奚必断断于一经一络，节节而为之哉！

六要论

心与意合、意与气合、气与力合，内三合也。手与足合、肘与膝合、肩与胯合，外三合也。此为六合。

左手与右足相合，左肘与右膝相合，左肩与右胯相合。右之与左亦然。

以及头与手合，手与身合，身与步合，孰非外合？心与眼合，肝与筋合，脾与肉合，肺与身合，肾与骨合，孰非内合？岂但六合而已耶！然此特分而言之也。

总之，一动而无不动，一合而无不合，五脏百骸，悉在其中矣。

七要论

头为六阳之首，而为周身之主，五官百骸，莫不惟首是瞻，故身动头不可不进也。
手为先行，根基在膊，膊不进，则手却而不前矣！故膊贵于进也。
气聚于脘，机关在腰，腰不进，则气馁而不实矣！故腰亦贵于进矣。
意贯周身，运动在步，步不进，意则瞠然而无能为矣！故步尤贵于进也。
以及上左必须进右，上右必须进左，其为七进，孰非为易于着力者哉？要之，未及其进，合周身而毫无关动之意；一言其进，统全体而俱无抽扯游移之形。

八要论

身法为何，纵、横、高、低、进、退、反、侧而已。
纵，则放其势，一往而不返。
横，则裹其力，开括而莫阻。
高，则扬其身，而有增长之意。
低，则抑其身，而有扑捉之形。
当进则进，殚其身而勇往直冲；当退则退，领其气而回转伏敛。
至于反身顾后，后即前也；侧顾左右，左右岂敢当哉。而要非拘拘焉为之也。
察乎敌之强弱，运用吾之机关。有忽纵而忽横，因势而变迁，不可一概而推。有忽高而忽低，高低随时以转移，不可执格而论。时可宜进，故不可退而馁其气；时而宜退，即当以退而鼓其进。是进固进也，即退而亦实赖以进。

若反身顾后，而后亦不觉其为后；侧顾左右，而左右亦不觉其为左右矣。

总之，机关在眼，变通在心，而握其要者，则本诸身。身而进，则四体不令而行矣；身而却，则百骸莫不冥然而退矣。身法，顾可置而不论乎？

九要论

身之动也，以步。步乃一身之根基，运动之枢纽也。以故应战对敌，皆本诸身，所以为身砥柱者，莫非步。随机应变在于手，而所以为手之转移者，亦在步。

进退反侧，非步何以作鼓荡之机；抑扬伸缩，非步无以操变化之妙。所谓机关者在眼，变化者在心。而所以转弯抹角、千变万化而不至于窘迫者何？莫非步为之司命耶，而要非勉强以致之也。

动作出于无心，鼓舞出于不觉。身欲动而步为之周旋，手将动而步亦为之催逼，不期然而然，莫之驱而驱，所谓"上欲动，而下自随也"。

且步分前后，有定位者，步也；无定位者，亦为步，如前步之进，后步之随，前后自有定位。若以前步作后，后步作前，更以前步作后之前步，后步作前之后步，则前后亦自然无定位矣。

总之，拳以论势，而握其要者为步。活与不活，固在于步；灵与不灵，亦在于步。步之为用，大矣哉！

二、岳武穆形意拳术要论

前跋：

民国四年夏，余南归，过吾乡原公作杰家，取其所藏《武穆拳谱》读之，中有要论九篇、交手法一篇。虽字句间不无差误，然其行文瑰玮雄畅，洵为武穆之作；而论理精透，尤非武穆不能道，余曰此形意旧谱也。

得此灵光，形意武术，其将日久而弥彰乎！急录之，携入京师，公诸同好。天下习武之士，与凡素慕武穆其人者，其守此勿失也可。

济源后学　郑濂浦谨识

（一）九要论

一要论

从来散之必有其统也，分之必有其合也。以故天壤间四面八方，纷纷者，各有所属；千头万绪，攘攘者，自有其源。盖一本而散为万殊，而万殊咸归于一本，事有必然者。

且武事之论，亦甚繁矣。而要之千变万化，无往非势，即无往非气，势虽不类，而气归于一。夫所谓一者，从上至足底，内而有脏腑筋骨，外而有肌肉皮肤、五官、四肢百骸，相联而一贯也。破之而不开，撞之而不散。上欲动，而下自随之；下欲动，而上自领之；上下动，而中节攻之；中节动，而上下和之。内外相连，前后相需，所谓一贯者，其斯之谓欤？

而要非勉强以致之，袭为之也。当时而静，寂然湛然，居其所而稳如山岳；当时而动，如雷如塌，出乎（手）尔而，疾如闪电。且静无不静，表里上下，全无参差牵挂之意；动无不动，左右前后，并无抽扯游移之形。洵乎若水之就下，沛然而莫之能御；若火之内攻，发之而不及掩耳。不假思索，不烦疑义（拟议），诚不期然而然，莫之致而至，是岂无所自而云然乎？

盖气以日积而有益，功以久练而始成。观圣门一贯之传，必俟多闻强识之后，豁然之境，不废格物致知之功。是知事无难易，功惟自尽，不可躐等，不可急遽，按步就步，循次而进。夫而后官骸肢节，自有通贯；上下表里，不难联络。庶乎散者统之，分者合之，四体百骸，终归于一气而已。

二要论

尝有世之论捶者，而兼论气者矣。夫气主于一，可分为二。所谓二者，即呼吸也。

捶不能无动静，气不能无呼吸。吸则为阴，呼则为阳。主乎静者为阴，主乎动者为阳。上升为阳，下降为阴。阳气上升而为阳，阳气下行而为阴；阴气下行为阴，阴气上行即为阳，此阴阳之分也。

何谓清浊？升而上者为清，降而下者为浊。清气上升，浊气下降；清者为阳，浊者为阴，而要之阳以滋阴。

浑而言之，统为气；分而言之，为阴阳。气不能无阴阳，即所谓人不能无动静，鼻不能无呼吸，口不能无出入。此即对待循环不易之理也。

然则气分为二，而实在于一。有志于斯途者，慎勿以是为拘拘焉。

三要论

夫气本诸身，而身之节无定处。三节，上、中、下也。

以身言之：头为上节，身为中节，腿为下节。

以上节言之：天庭为上节，鼻为中节，海底为下节。

以中节言之：胸为上节，腹为中节，丹田为下节。

以下节言之：足为梢节，膝为中节，胯为根节。

以肱言之，手为梢节，肘为中节，肩为根节。

以手言之：指为梢节，掌为中节，掌根为根节。

观于是，而足不必论矣。然则自顶至足，莫不各有三节。要之，若无三节之分，即无着意之处。盖上节不明，无依无宗；中节不明，浑身是空；下节不明，自家吃跌，顾可忽乎哉！

至于气之发动，要皆梢节动，中节随，根节催之而已。然此，犹是节节而分言之者也。

若夫合而言之，则上自头顶，下至足底，四体百骸，统为一节，夫何三节之有哉！又何三节中之各有三节云乎哉！

四要论

试于论身、论气之外，而进论乎梢者焉。夫梢者，身之余绪也。言身者，初不及此；言气者，亦所罕论。

捶以内而发外，气由身而达梢。故气之用，不本诸身，则虚而不实；不形诸梢，则实而仍虚，梢亦焉可不讲。然此特身之梢耳，而犹未及乎气之梢也。

四梢为何？

发，其一也。夫发之所系，不列于五行，无关于四体，似不足论矣。然发为血之梢，血为气之海，纵不必本诸发以论气，要不可离乎血而生气；不离乎血，即不得不兼及乎发。发欲冲冠，血梢足矣。

抑舌为肉梢，而肉为气囊。气不能行诸肉之梢，即无以充其气之量。故必舌欲催齿，而后肉梢足矣！

至于骨梢者，齿也。筋梢者，指甲也。气生于骨，而联于筋，不及乎齿，即未及乎筋之梢；而欲足乎尔者，要非齿欲断筋，甲欲透骨，不能也。果能如此，则四梢足矣。四梢足，而气亦自足矣！岂复有虚而不实，实而仍虚者乎！

五要论

今夫捶以言势，势以言气。人得五脏以形成，即由五形而生气。五脏实为生性之源、生气之本，而名为心、肝、脾、肺、肾是也。

心为火，而有炎上之象；肝为木，而有曲直之形；脾为土，而有敦厚之势；肺为金，而有从革之能；肾为水，而有润下之功。此乃五脏之义，而必准于气者，以其各有所配合焉。此所以论武事者，要不能离乎斯也。

胸膈为肺经之位，而为诸脏之华盖，故肺经动而诸脏不能静。两乳之中为心，而肺包护之；肺之下，胃之上，心经之位也。心为君火，动而相火无不奉合焉。

而两肋之间，左为肝，右为脾，背脊十四骨节，皆为肾，此固五脏之位。然五脏之系，皆系于背脊，通于肾髓，故为肾。

至于腰，则两肾之本位，而为先天之第一，尤为诸脏之根源。故肾水足，而金、木、水、火、土咸有生机，此乃五脏之位也。且五脏之存于内者，各有其定位；而具于身者，亦自有所专属。

领、顶、脑、骨、背，肾是也。两耳亦为肾。两唇、两腮皆脾也，而发则为肺。

天庭为六阳之首，而萃五脏之精华，实为头面之主脑，不啻一身之座督也。印堂者，阳明胃气之冲，天庭性起，机由此达。生发之气，由肾而达于六阳，实为天庭之枢机也。

两目皆为肝，而究之，上包为脾，下包为胃，大角为心经，小角为小肠；白则为肺，黑则为肝，瞳则为肾，实为五脏之精华所聚，而不得专谓之肝也。

鼻孔为肺，两颐为肾，耳门之前为胆经，耳后之高骨，亦肾也。鼻为中央之土，万物资生气（之）源，实中气之主也。

人中为血气之会，上冲印堂，达于天庭，亦为至要之所。两唇之下为承浆，承浆之下为地阁，上与天庭相应，亦肾经位也。

领、顶、头、项者，五脏之道途，气血之总会。前为食气出入之道，后为肾气升降之途，肝气由之而左旋，脾气由之而右旋，其系更重，而为周身之要领。

两乳为肝，两肩为肺，两肘为肾，四肢为脾，两肩、背膊皆为脾，而十指则为心、肝、脾、肺、肾是也。膝与胫皆肾也，两脚根为肾之要，涌泉为肾穴。

大约身之所系：突者为心，窝者为肺，骨之露处皆为肾，筋之联处皆为肝，肉之厚处皆为脾。象其意："心如猛虎肝如箭，脾气力大甚无穷，肝经之位最灵变，肾气之动快如风。"其为用也，用其经。举凡身之所属于某经者，终不能无意焉，是在当局者自为体认，而非笔墨所能为者也。

至于生克制化，虽别有论，而究其要领，自有统会。五行百体，总为一元；三心四体，合为一气。奚必昭昭于某一经络，而支支节节言之哉！

六要论

心与意合、意与气合、气与力合、内三合也。手与足合、肘与膝合、肩与胯合，外三合也。此为六合。

左手与右足相合，左肘与右膝相合，左肩与右胯相合。右之与左亦然。

以及头与手合，手与身合，身与步合，孰非外合？心与眼合，肝与筋合，脾与肉合，肺与身合，肾与骨合，孰非内合？岂但六合而已哉！然此特分而言之也！

总之，一动而无不动，一合而无不合，五脏百骸，悉在其中矣。

七要论

头为诸（六）阳之首，而为周身之主，五官百骸，莫不惟首是赖，故头不可不进也。

手为先行，根基在膊，膊不进而手则却而不前矣！此所以膊贵于进也。

气聚中腕（脘），机关在腰，腰不进，而气则馁而不实矣，此所以腰贵于进矣。

意贯周身，运动在步，步不进，而意则索然无能为矣，此所以步必取其进也。以及上左必须进右，上右必须进左，其为七进，孰非所以著力之地欤？

而要之，未及其进，合周身而毫无关动之意；一言其进，统全体而俱无抽扯游移之形。

八要论

身法维何？纵、横、高、低、进、退、反、侧而已。

纵，则放其势，一往而不返。

横，则裹其力，开拓而莫阻。

高，则扬其身，而身若有增长之势。

低，则抑其身，而身若有攒捉之形。

当进则进，殚其身而勇往直冲；当退则退，领其气而回转伏势。

至于反身顾后，后即前也；侧顾左右，使左右无敢当我。而要非拘拘焉为之也。

必先察人之强弱，运我之机关。有忽纵而忽横，纵横因势而变迁，不可一概而推。有忽高而忽低，高低随时以转移，不可执格而论。时可宜进，故不可退而馁其气；时而宜退，即当以退而鼓其进。是进固进也，即退而实以赖其进。若返身顾后，顾其后而不觉其为后；侧顾左右，而左右以不觉其为左右矣。

总之，机关在眼，变通在心，而握其要者，则本诸身。身而前，则四体不令而行矣；身而却，则百骸莫不冥然而处矣。身法，顾可置而不论乎？

九要论

今夫四肢百骸主于动，而实运以步。步乃一身之根基，运动之枢纽也。以故应战对敌，皆本诸身，而实所以为身之砥柱者，莫非步。

随机应变在于手，而所以为手之转移者，亦在步。进退反侧，非步何以作鼓荡之机？抑扬伸缩，非步何以示变化之妙？所谓机关者在眼，变化者在心，而所以拐弯抹角，千变万化而不至于窘迫者，何莫非步为之司命欤？而要非勉强以致之也。

动作出于无心，鼓舞出于不觉，身欲动而步已为之周旋，手将动而步以早为之催逼，不期然而然，莫之驱而若驱，所谓"上欲动，而下自随之者"，其斯之谓欤？

且步分前后，有定位者，步也；然而无定位者，亦为步！如前步进焉，后步随焉，前后自有定位。若以前步作后，后步作前，更以前步作后之前步，后步作前之后步，则前后亦自然无定位矣。

总之，拳以论势，而握其要者为步。活与不活，亦在于步；灵与不灵，亦在于步。步之为用，大矣哉！

（二）总论

捶名心意。心意者，意自心生，拳随意发，总要知己知人，随机应变。心气一发，四肢皆动，足起有地，膝起有数，动转有位，合膊望胯，三尖对照。心、意、气，内三相合；拳与足合、肘于膝合、肩与胯合，外三相合。手心、足心、本心，三心一气相合。

远不发手，捶打五尺以内、三尺以外。不论前后左右，一步一捶，发手以得人为准，以不见形为妙。发手快似风箭，响如雷崩，出没如兔，亦如生鸟之投林，应敌似巨炮推薄壁之势。眼捷手快，骨节带势，踊跃直吞，未曾交手，一气当先，既入其手，灵动为妙。

见孔不打，见横打；见孔不立，见横立。上、中、下，总气把定；身、足、手，规矩绳束。既不望空起，亦不望空落，精明灵巧，全在于活。能去能就，能柔能刚，能进能退。

不动如山岳，难知如阴阳；无穷如天地，充实如太仓；浩渺如四海，炫曜如三光。

察来势之机会，揣敌人之短长，静以待动，动以处静。借法容易上法难，还是上法最为先。交勇者不可思误，思误者寸步难行。

起如箭攒落如风，隈催烹绝手搂手。皆合暗迷中，由路如闪电，两边挡防左右，反背如虎搜山。斩捶勇猛不可当，斩梢迎面取中堂，抢上抢下势如虎，好似雄鹰下鸡场。翻江倒海不须忙，丹凤朝阳才为强，云背日月天地变，武艺相争见短长。

步路寸开把尺，劈面就去。上右腿，进左步，此法前行。进人要进身，身手齐至是为真。发中有绝何从用，解明其意妙如神。鹞之钻林麻（莫）着翅，鹰捉四平足存身（鹰提小鸟势四平），取胜四梢要聚齐，不胜必因合射心（第一还要手护心）。计谋施运化，霹雳走精神，心毒称上策，手眼方胜人。

何谓闪？何谓进？进即闪，闪即进，不必远求。何为打？何谓顾？顾即打，打即顾，发手便是。心如火药拳如子，灵机一动鸟难飞；身似弓弦手似箭，弦向鸟落见神奇。

起手如闪电，闪电不及合眸；打人如迅雷，迅雷不及掩耳。五行本是五道关，无人把守自遮拦。左腮手过，右腮手去，右腮手过去，左腮手又来。两手束拳迎面出，五关之门关得严。

拳从心内发，向鼻尖落，从足下起（足从地下起），足起快向（时）心火作。五行金木水火土，火炎上而水就下，我有心肝脾肺肾，五行相推无错误。

（三）交手法

占右进左，占左进右。发步时足跟先着地，脚以十趾抓地，步要稳当，身要庄重，捶要沉实而有骨力。去是撒手，着人成拳。

用拳要卷紧，用把把有气，上下气要均停。出入以心为主宰，眼、手、足随之去，不贪不歉，不即不离。肘落肘窝，手落手窝。右足当先，膊尖向前，此是换步。

拳从心发，以身力摧（催）手，手以心把，心以手把，进人进步，一步一捶。一支动，百支俱随。发中有绝，一缩浑身皆缩（一握浑身皆握），一伸浑身皆伸。伸要伸得进，缩要缩得狠，如卷炮，卷得紧，绷得有力。

不拘提打、按打、烘打、旋打、斩打、冲打、铸打、肘打、膊打、胯掌打、头打、进步打、退步打、顺步打、横步打，以及前后、左右、上下，百般打法，皆要一气相随。

出手先占正门，此之谓巧。骨节要对，不对则无力；手把要灵，不灵则生变；发手要快，不快则迟误；举手要活，不活则不快；打手要狠（跟），不狠（跟）则不济；存心要毒，不毒则不准；脚手要活，不活则担险；存心要精，不精则受愚。

发作要鹰捉勇猛，外皮（静）胆大，机要熟运，切勿畏惧迟疑。心小胆大，面善心恶。静似书生，动如雷发。

人之来势，亦当审察。脚踢头歪，拳打膊体（午），窄身进步，仗身起发，斜行换步，拦打倒身，抬腿伸发，脚指东顾，须防西杀，上虚下必实者，诡计指不胜屈。灵机自揣摩，手急打手慢。俗言不可轻，的确有识见。

起望落，落望起，起落要相随，身手齐到是为真。翦子股，望眉斩，加上反背，如虎搜山。三尺罗衣，挂在无影树上。起手如闪电，打下如迅雷。雨行风，鹰捉兔，鹞鑽林，狮搏兔。

起手时，三心相对，不动如书生，动之如龙虎。远不发手打，双手护心旁，右来右迎，左来左迎，此为捷取。远了便上手，近了便加肘，远了便脚踢，近了便加膝，远近宜知。拳打踢膀，头歪（至）把势，审人能叫一思进。有意莫带形，带形必不赢。

捷取入法，审顾地形，拳打上风。手要急，足要轻，把势走动如猫行。心要正，目聚精，手足齐到定要赢。若是手到步不到，打人不得妙；手到步也到，打人如拔草。

上打咽喉下打阴，左右两胁在中心。前打一丈不为远，近者只在一寸间。身动时如崩墙倒，脚落时如树栽根。手起如炮直冲。身要如活蛇，击首则尾应，击尾则首应，击中节则首尾皆相应。

打前要顾后，知进须知退，心动快似马，臂动速如风。操演时面前如有人，交手时有人如无人。

起前手，后手紧摧（催）；起前脚，后脚紧跟。面前有手不见手，胸前有肘不见肘。如见空不打，见空不上。拳不打空起，亦不打空落。手起足要落，足落手要起。心要占先，意要胜人，身要攻人，步要过人。

前腿似跐，后腿似忝（镇），首要仰起，胸要现起，腰要长起，丹田要运气。自顶至足，要一气相贯。

胆战心寒，必不能取胜；未能察言观色者，必不能防人。必不能先动，先动为师，后动为弟。能叫一思进，莫叫一思退。

三节要停，三尖要照，四梢要齐。明了三心多一力，明了三节多一方，明了四梢多一精，明了五行多一气。明了三节，不贪不欺，起落进退多变，三回九转是一势，总要一心为主宰。统乎五行，运乎二气，时时操演，勿误朝夕。盘打时而勉强，工用久而自然。诚哉是言，岂虚语哉！

后跋

按：燕蓟形意，传自山右；而山右形意，传自中州。是则形意拳谱之散见于大河南北者，亦势使然也。

惟是年久代远，漫无统系，而笔墨传抄，尤多讹错。原家十篇，亦不足尽形意武术之全豹。然谱书全部既不可得，则此篇羽只鳞者，洵足宝已。

余不敏，敢执此以为吾道贺。

民国八年十二月

束鹿　李剑秋

第2部分 古传心意六合拳祖谱

一、心意六合拳序
——戴龙邦

天下之治道有二：曰德、曰威。天下之学术有二：曰文、曰武。然武之所重者，技艺也。况国家讲礼有法，蒐苗弥狩，各有其时，而其间精微奥妙，更有不容率意妄陈者。余尝拟著为论，公诸同好，时恐言论不精，贻（反）误后世，此心耿耿，曷其有极。

兹见岳武穆王拳经，意既精纯，语亦明畅，急录之，以志余爱慕之诚云。

王，讳飞，字鹏举，河南（相州）汤阴人也。王父早卒，侍母最孝。少负气节，优于将略，刚毅多谋，其智勇绝伦超群，当时名将无匹。

及长，应幕（慕）东京，留守宗泽与谈兵法，曰："如将军者，方可与言孙武（吴）。"此后屡立战功，遂成大将。善以少击众，尝自帅八百人，破王善等五十万众于南熏门。又八千人破曹城十余万众于桂岭。其战兀术于顺昌，则背后蒐八百，于朱仙镇五百人，破金兵十余万。凡有所举，必谋定而后战，故有胜而无败。猝遇劲敌，不为所动，故敌为之语曰："撼山易，撼岳家军难！"张浚尝问用兵之术于王，王曰："仁、信、智、勇、严，缺一不可。"

王平生好礼贤士，博览经史，雅歌投壶，恂恂然如书生。每战胜，必辞功曰："将士效力，飞何功之有。"而忠愤激烈，议论持正，不挫于人，卒以此得祸，余深为宋惜之。

当童子时，王受业于名师，精通枪法，以枪为拳，立一法以教将佐，名曰"意拳"，神妙莫测，盖从古未有之技也。

王以后，金、元、明数代，鲜有其技也。独我姬公，名际可，字隆风，生于明末清初，为蒲东诸冯人氏。访名师于终南山，得《武穆王拳谱》，后授余师曹继武先生于秋浦，时人不知其勇。

先生习武，十有二年，技勇方成。康熙癸酉科，联捷三元，钦命为陕西靖远总镇大都督，致仕归籍。余游至池州，先生以此拳授余，学之十易寒暑，先生曰："子勇成矣。"

余回晋，至洛阳，遇马公学礼，谈艺甚洽，属余为序。余不文，焉能当此，但见世有勇敢之士，未尝无兼人之力，及观其艺，再扣其学，手不应心，语不合道，此何也？不得箇中真传故也。

所谓真传者，名虽曰武，其实贵和。和者，智与勇顺成自然之谓也。岂近世捉拿、钩打、封闭、闪战，逗其跳跃，悦人耳目者可比。

而论此艺，其大要不外阴阳、五行、动静、起落、进退、虚实。而其妙矣，又须六合。六合者，手与足合、肩与胯合、肘与膝合、心与意合、意与气合、气与力合。

苟能日就月将，智无不圆，勇无不生。得乎之知理，会乎之知精（得乎知之理，会乎知之精），自然能去能就、能弱能强、能进能退、能柔能刚。不动如山岳，难知如阴阳；无穷如天地，充足如太仓；浩渺如沧海，元（编者按：应为"玄"，为清廷避讳故）曜如三光。以此视近世演武者，异乎不异乎？同乎不同乎？学者不可不详辩欤。是为序。

时在乾隆十五年岁次庚午荷月
书于河南洛阳马公学礼书屋

四把英雄非等闲，五行六合变势难。
学者要得真消息，全在动静两字间。

二、意拳目录

挑领鹰捉斩夫俱行（不是原式，是採手）

斩、截、裹、胯、挑、顶、云、领（採手），出势虎扑，起手鹰捉、鸡腿、龙身、熊膀、虎抱头。

寸（"足前"）蹼法

一寸（足步进也）

二（足前）（腿灵快也）

三蹼（缩身也）

四就（束身也）

五夹（如刀形打也）

六合（内外合也）

七疾（毒也）

八正（直也）

九经（摩也）

十胫（惊也）

十一起落（起打、落打也）

十二进退

十三阴阳（气上下也）
十四五行（一气也）
十五动静（作用也）
十六虚实（精灵也）

解要

寸：是步也。
（"足前"）：是腿也（是去也）。
躜：是身也（是进也）。
就：束身也，上下束而为一也。
夹：是剪也，两腿行如剪也。
合：内外六合也。外三合：手与足合、肩与胯合、肘与膝合；内三合：心与意合、意与气合、气与力合。内外如一，成其六合。
疾：是毒也。
正：是直也，看正却是斜，看斜却是正也。
经：手摩内五行（心）也。
胫：是惊起四梢也。火机一发物必落，摩经摩胫，意气响连声。
起落：起，是去也；落，是打也。起是打，落也打，起落如水之翻浪，方为起落也。
进退：进步低，退步高，进退不识枉学艺。
阴阳：何为阴阳，看阳而有阴，看阴而有阳。天地阴阳相合能下雨，拳之阴阳相合，能成其一块，皆为阴阳之气也。
五行：内五行要动（静），外五行要随（动）。
动静：静为本体，动为作用。若言其静，未漏其机；若言其动，未见其迹。动静正发而未发之间，此谓之动静也。
虚实：虚，是精也；实，是灵也。精灵皆有，乃成其虚实。

先哲曰：

精养灵根气养神，养功养道见天真。
丹田养就长命宝，万两黄金不与人。
六合自古无双传，多少玄妙在其间。
设若妄传无义人，招灾惹祸损寿年。
武艺都道无真经，任意变化势无穷。
岂知悟得婴儿顽，打法天下是真形。

天为一大天，人为一小天。
　　墙倒容易推，天塌最难擎。
　　雨洒尘灰净，风顺薄云回。

熊出洞，虎离窝，搕挞（硬崩）摘豆角，犁周（固）正之项，将有所去，虎形真势（虎闭其食），将有所取。

势正者不上，势远者不上，知远、知近、知老、知嫩、知宽、知窄，上下相连。

心动身不动，则枉然；身动心不动，亦枉然。

一场要把势吊鬼，闪展腾挪足底随。

明只八势打来真，打来亦算好武艺。

或问曰：尔以何艺为先？

答曰：我的场中，不执一定，或把或拳，望着就是。随高打高，随低打低，打遍天下，即如老鸡。行如槐虫，起如挑担，若遇人多，三摇两旋。

三、心意六合拳论（原根式）

起手横拳势难招，展开四平前后梢。

望眉（肩）斩夹反见（肩）背，如虎搜山截手炮。

俱行如风，鹰捉四平，足下存身，进步趾打莫容情。

抢上抢步十字立，剪子股势如擒拿。

进步不胜，必有寒势之心。

打人如走路，看人如蒿草。

胆上如风响，起落似箭躜。

遇敌要取胜，四梢俱要齐。

手起足不起，则枉然；足去手不去，亦枉然。

未起是摘子，未落是坠子。

三意不相连，必定艺儿浅。

拳去不空回，空回总不奇。

用兵行诡道，枪扎如射箭。

拳去一气，兵战杀气，无不取胜。

君与臣，将与兵，合一气，盖乾坤，并无反意。

远近一丈步位疾，两头回转寸为先。

早知回转这条路，近在眼前一寸中。

守住一心行正道，小路虽好车难行。

拳打遍身之法，脚踏浑身是空。

远去不发足，发足不打人。
见空不打，见空不上。
先打顾法，后打人。
何为顾法，浑身是法，俱打的是本身（上中下），随机应变。
手起莫要望空落，闪展两边，提防左右。
强退者，往后退（跟），拾连紧追。随高打高，随低打低。
起为横，落为顺，为其正方。
心不勇，手不推，搐（樯）不止，多出变化。
三存者不上，心有所悟，原来是本心不明四梢。
上节不明，浑身是空，
中节不明，多出七十二把神变，
下节不明，多出七十二法盘跌。
有反意，必有反气；有反气，必有反力。
言其形未动，必有异反之心。
面笑眉喜不动唇，提心防他，必有伶俐之能。
知其归一合顺，则天地之事无不可推矣！

姬寿云：文武古今之圣传，且系国家之大典，上有益于社稷，下能趋吉避凶，此生不可缺也。

今之习武者，专论架势，封闭闪法，不知日间了然在目，还可少用。若黑夜之中，伸手不见，如何用之？必至误于自身，悔何及哉！

惟刚大之气，养之于平素，而忽然发于一旦，依本心本性，直扑上去，逢左打左，逢右打右，不怕他身大力勇者，一动而即败矣。习艺者，其深察否！

手足法

眼要毒，手要奸，脚踏中门往里蹿。
眼有鉴察之明，手有拨转之能，脚有行逞之功。
两肘不离肋，两手不离心，出洞入洞紧随身。
乘其无备而攻之，由其不意而出之。
前脚趁后脚，后脚跐腿弯；后脚趁前脚，前腿拾后连。
起先前进右腿，右腿未落左腿随。
心与眼合多一力，心与舌合多一精。
先分一身之法，心为元帅，胳膊脚为五营四梢。左为先锋，右为元帅，手脚相顾。

准备万般一旦无，千着不如一着熟。
早知此理有应验，过后见识不如无。

十四处打法

头为一拳，肩为一拳，肘为一拳，把（手）为一拳，胯为一拳，臀尾为一拳，膝为一拳，足为一拳。

头打起落随足走，起而未起占中央，
脚踏中门抢地位，就是神手也难防。
肩打一阴反一阳，两手只在洞中藏，
左右全凭蓄势（盖世）力，束展二字一命亡。
肘打去意占胸膛，起手好似虎扑羊，
或在里胯一傍走，后手只在肋下藏。
把打起落头手挡（当），降龙伏虎霹雳张（闪）。
天地交合云遮月，武艺相战蔽日光。
胯打中节并相连，阴阳相合必自然，
外胯好似鱼打挺，里胯抢步变势难。
臀（胜）尾打落不见形，猛虎坐窝藏洞中，
摆（背）尾全凭精灵气，起落二字自分明。
膝打几处人不明，好似猛虎出木笼，
和身（风）展转不停势，左右分（明）拨任意行。
足打採意不落空，消息全凭后足蹬，
与人交勇无许备，去意好似卷地风。
足打七分手打三，五行四梢要合全，
气伏心意随时用，硬打硬进无遮拦。
腹打去意要粘（占）阴（肚腹打去意要隆），好似弯弓一力精。
丹田久练灵根本，五行合一见奇能。
起无形，落无踪；起如蛰龙登天，落如霹雳击地。
以上、以下、左右、十四处打法，俱不脱丹田之精。习艺者宜深玩之。

十二形练法

龙、虎、猴、马、鼍（剪子股也）、鸡、鮐（即兔虎也）、蛇、燕、鹞（鹞有并翅直前之勇，又有翻身盘旋之能。燕有啣泥掠水之巧，又有起落反侧之灵）、鹰、熊（二形合一处）

龙有搜骨之法、虎有扑食之勇、猴有纵山之能、马有迹蹄之功、鼍有浮水之精、鸡有欺斗之勇、鹰有捉拿之技、熊有竖项之力、鲐有竖尾之才、蛇有拨草之巧、鹞有入林之精、燕有抄水之灵。

束身而起，藏身而落，起如风，落如箭，打倒还嫌慢。

起如箭，落如风，追风赶月不放松。

论身法，不可前栽、后仰，不可左斜、右歪，往前一直而出，往后一直而落。

论步法，寸步、快步、践步，不可缺。

论足法，脚起而钻，脚落而翻，不钻不翻，以寸为先。

肩要催肘，肘要催手。腰催胯，胯催膝，膝催足。

五行合一法

远践、近钻，钻进合膝，沾身纵力。

手起如钢锉，手落如钩杆。

摩经摩胫，心一动浑身俱动。

心动如飞剑，肝动似火焰，

肺动成雷声，脾肾肋夹功，

五行合一处，放胆即成功。

起落二字自身平，盖世一字是中身。

身似弩弓，拳如药箭。

能要不思，莫要停住。

蛰龙未起雷先动，风吹大树摆枝摇。

上法须要先上身，手脚齐到才为真。

内要提，外要随，起要横，落要顺，打要远，气要催（丹田）。

拳似炮，龙折身，遇敌好似火烧身。

起踮（踽）（站）身平进中间，手起似虎扑，足去不落空。

拳打三节不见形，如见形影不为能。

能在一思进，莫在一思存。能在一气先，莫在一气后。

起横不见横，落顺不见顺。起不起，何用再起？落不落，何用再落？低之中望为高，高之中望为低。起落二字与心齐，死中反活，活中反死。

明了四梢永不惧，闭住五行永无凶。

明了四梢多一精，明了五行多一气；

明了三星（心）多一力，三回九转是一势；

势怕人间多一精，一精知其万事精。

万事只要围围精，身体围他（别本此处多"一势"两字）要围奇。

好字本是无价宝，有钱将往何处找；要知好字路，还往四梢求。

讲四梢，何谓四梢？舌为肉梢，牙为骨梢，手指、足指为筋梢，浑身毛孔为血梢。

四梢俱齐，五行乱发。血梢发起不知凶，牙梢肉梢不知情，筋骨发起不知觔（筋），身起未动先知情，才知灵心大光明。

两手出洞入洞紧随身，两手不离身，两肘不离肋。

手脚去，快似风行，疾上更加疾，打了还嫌迟。

天地交合，云蔽日月，武艺相斗，蔽住五行。

三起不见，三进不见，可见也好，不见也好，势占中央，最难变化。

与人交战，须明三前，眼前、手前、足前是也。

跐定中门去打人，如蛇吸食。内实精神，外示安逸；见之如好妇，夺之似猛虎。布形候气，与神齐住。急若脱兔，追其形，逐其影，纵横往来，目不及瞬。

大树成材在其柱，巧言莫要强出头。

架梁闪折不在重，有秤打起千百钧。

行其溺色之事，丢去虎狼之威，三思无心自己悔，保住身体现今福。

演艺者，思吾之道，依吾之言，永无大害，见其理而自尊。

交勇者，莫要思悟；思悟者，寸步难行。

血梢发足心，发起到天门，再无别疑真豪雄。

牙骨肉梢仔细评，评出理来是一通。

筋骨一气要以和，天地阴阳凭一气。

一气之通，万物皆通；一气之复，万物皆复，哪见痕迹？哪有阻隔？以和为始，以和为终，明天地，知吾之心意。不知吾之心意，还往四梢行。

目中不时常轮转，行坐不时要用心；

耳中不时常报应，语中不时常调和。

调和者，何也？调和万事吉与凶。吾有拢树之心，种苗之意，奈其人心不知。松柏，四时常青。牡丹虽好，开一时艳盛；松柏常绿，缘何严霜不打，因它根深心实故也。

人心若得人心意，意思之时不回头。可喜，孝、悌、忠、信、礼、义、廉、耻，再思学意而自中矣！

三思无路任纵行，日备晚上去避身，知吾思悟。

何为三思？

庄稼耕读万事用，只为仁义礼智信。

武艺但扫世不平，路途结交要用心；

若要晚间需防备，一切万事莫放松。

逢桥须下马，过渡莫先争。

一人莫上舟，搬稳且漫行。

宁走高岗十里远，不走低凹一步险。

未晚先投宿，鸡鸣早看天。

人量人来莫小量，可比韩信楚霸王。
黑夜烈风休行路，行路必有祸与凶。
十人易把一人擒，一人存心要占先。
有人参透这些语，万事有吉并无凶。

此艺三教三不教，三惧三不惧

何为三教？孝悌忠信者可教、有刚柔者可教（有情有义者可交）、机谋灵通者可教。

何为三不教？盗贼者不教、愚鲁者不教、无义气者不教。

何为三惧？能服尊长者可惧、年高有德者可惧、耍笑顽童者可惧。

何为三不惧？稍长者不惧、力勇者不惧、艺高者不惧。

我重其人，可将心意付与人，否则宁缺勿滥。

天下人多君子少，山上石多金玉缺，世上师众明师稀。

我重其人语，将心意付与他，曰不可，伊必见财有坏。

父母生身有恩，将心意付与他，亦不可，背毁有坏。

好树长在岸，将心意付与他，又不可，山崩有坏。

好地成苗，将心意付与他，又不可，天地有损坏。

长流水，将心意付与他，伊昼夜不眠，亦不可，未见海中水。

见一海中月，却亦光明，将心意付与他，亦不可，水潮有坏。

访一明师，将心意付与他，又不可，未见他人之心。

这心意无处不到，不如（明）自悟自身，见志而后行。

行到天堂无地狱，行到地底无谷生，行到人间得其志，行到家内无祸侵。

解劝世间人，总要习武艺，多吉少凶难以知，丢财惹祸，气在眼前。不知息气养身，却自千般巧计、万般设习者，可有破手在眼前？用好心肠一条，勇心胆宜具，事耳三思，最终可破也。

逢善则善，遇恶则恶，审时度势，凭其三生名自高，若还不依本命行，凶多吉少难以知（悔后迟）。常存仁义之心，能除万事之凶。

上天慈悲，大海水、长流水、山中饮泉、起山水、潮露水、天赐神水，万物聚成归一处，是海水。住山上，长流水，翻花山水不长久，口煎全（泉）无草露水，非力不动改来水。人人都讲长流水，却也难思其水意，有人悟透水中意，难得相逢遇知人。

世上有三不到头，行路不到头，妄交愚人不到头，不知鸟音不到头。

又有三到头，丁兰刻木行孝是到头，初世为人无知是到头，郭买斋僧是到头。

世上皆知，何以无益？养虎喂鹰是无益，不忠不孝是无益。

人人都有玩花意，不知花园里边有诡计。

满目观花尽是空，利名无边祸有根。

世人皆知好字意，便易哄住不得行。

未学武艺先学精，先学伶俐后学根。

不知讲理有法不用讲法，讲着伶俐不用疾，精细不是演武艺，可容可不容，指为何道？仁义为道，父母恩情不用报，不孝之人何学艺？

不知起落杠伶俐，不知进退杠学艺，

贫富原是天生成，何用精细去哄人。

万事归于善，不可有始无终、半途而废，即为有志之人也。

却说五虎群羊阵势，眼不精为一虎，耳不精为一虎，口无味为一虎，鼻不精为一虎，言不精为一虎。

不精者为虎，精者为风雨。这风雨洒遍乾坤，遇山遇林而不能阻隔，哪怕他泄世机谋，有一个古神紧随身带着，带他有何用处，带他若是真明白。

惊起四梢，四梢起，若要惧怕，人人齐明，言其五虎群羊阵势，是我那一时不明白了；有个青龙，缺少眼目，少头尾，无有爪牙，是我一时不明白了。此阵势，误伤此身，幸遇老天尊降下猛雨，出离了此阵势。以后不会用，莫要强用。

言不精，中了他排（桃）（挑）李边谋；眼不精，中了他飞沙计；耳不精，中了他声东击西诡计，跑在南，倒往北行；鼻不精，中了他麝香飞风（飞）气；舌不精，尝不出水里边什么滋味。

讲五虎，何为五虎？五行、五精，即此五虎。后世里，行营用计，如风雷疾，惊动四梢，四梢里紧要封闭。

蛰龙未起雷先动，风吹大树摆枝摇。

五行本是五道关，无人把守自遮拦。

无意求财去採花，难出大坑一阵间。

讲十面埋伏阵势，再意参想，莫想人间逞势强，好强一定受颠狂（欺枉）。人不能欺天灭地，究竟此阵之事，是我自己不明白，所失料理，到此阵，悔之晚矣！解此阵不明，是自己不明，知到三心不犯，不自（知）为戒律，既知巧手心不明，既知攻足心不明，既知蹬桥下自空。

论此桥事，有何缘故？此桥即是智谋，过此桥纯凶无吉，以何为故？以后理事，见是桥下有凶，如不小心，指轻为重，切莫中此桥之计。大将伤坏三十六位，以下（后）得千众有余，如不是拆桥计，齐伤他阵里。

未出净眼楼（未出睁眼），猛见三条路，脚前有窟井，后有火烧身。可往前进，不可往后退。幸遇拆桥之计，莫拆净，两空留一空，后人可行。逢一生、一风、一烛，非能见除恶，能议其（识此）好歹。

要务庄农先受苦，未至寒冬早备棉。

看书千卷备应考，武艺只论见识浅。

世事人情多一般，看人心专与不专。

有人留意数句话。命宜(意)求通亦不难。
言不明，艺不精，只怕误伤世上人。
百鸟飞投丛林会，一处求憩各自安。
蜜蜂采花调一处，或其为蜜人羡慕。
人彼开花树满红，不知结果几个成。
精密之言约立身，全其为人在明心。
心既明了万法灭，照破世间无罪孽。
己心明了万法终，自有贤人归吾宗。

四民均宜习武艺

士也，终日读书，宁无困倦之时，即择武艺学之，及精神顿起，再去读书。是武也，不病于士，而大有益于士也，胡弗学武？

农也，朝夕田间，宁无歇息时，与其胡顽，不如学武。是武也，不病于农，而有益于农也，胡弗学武？

工也，商也，劳碌终日，驰驱道途，宁无日落燕息时，当此之际，学习武艺，亦无妨工商之事耶。日记不足，月记有余，一旦精通，谁不另眼看待！设或有急危之变，岂不能自保自哉？是武也，不病于工商，而有益于工商也，胡弗学武艺？

第人各有职事，无多余暇，只于入手处，谨择三拳、三棍学之，身务必精熟，斯亦可矣，何用多学。

缓责工农　急责士商

试论工也，农也，不事武，可也。士也，商也，万毋轻视武也。

奈何士也，偏轻视武哉？士也，终日读书，朝斯夕斯，穷年矻矻，是以致筋力软弱。名虽男子，无异处女。幸而发迹，无弗可者，一困寒窗，攸往弗行。更可虑者，近无邻舍，远无乡党，其间明礼循义者固多，而顽梗奸滑之徒亦复不少，岂能尽远而尽绝之哉？或偶有接应，微有触犯，非口出不逊之言，即身肆不规之行，乃如此人，真正把人气杀。何不于读书之得闲时，兼习武艺，务令精熟，万一偶遇盗贼，变起仓猝，护身保命，岂不要哉？所以士也，勿轻视夫武。

商者亦然，将本求利，或居货，或行货，劳劳市廛，朴朴津梁，抛却妻子，寄栖他乡，犹后言者也。假使运阻时乖，本利交折，谁其悯之？如殖财获利之会，即或起旁人觊觎之心，有寅夜窃盗，有路途劫夺。商也，束手无策，惟仰天长叹而已；甚至得财伤主，尤堪恸伤。假令豫娴于武，只须手起棍落，使贼骨拆筋酥，垂首丧气，真人间大快事也。所以商也，勿轻视夫武。

余拟是言，非为迂阔，屡见世人，大抵皆然。人各有职，事无多余，暇只于入手三拳，务得精熟，斯亦足矣！何多事欤！总而言之，心有余力，则以学之。

三拳像

攒拳、裹拳、践拳，是也。
攒拳似闪电，裹拳类虎（"足前"），践拳似马奔，连环一气演。

三棍像

戳棍、炮棍、反背棍是也。
戳棍只要猛，炮棍似风行，
反背疾如矢，奥妙真巧在其中。

拳棍赞

三拳三棍非寻常，紧阵圆满是正方。
学此若至通神处，武艺之中状元郎。

习艺二勤

一曰腿勤。人之习艺，均有常师。即其所能者习之，要知艺之在人，本自无穷。有艺等量吾者，有识高超吾者，果其高超，弗畏山川之险，道路之遥，亲炙其人，诚心求教。我以诚心求于人，而人未有不诚心教我者，朝渐夕摩，何患不至高超之境。所谓一处从师，须要百处学艺。

二曰口勤。枪、棍、刀、拳，自有其真形实像，始而濛混不明，继必错杂难精，苟能虚己求教，而人未有不实心教我者。耳濡目染，何患不至明通之地。所谓专听莫若兼听之广。

习艺三知

一曰知明手。何为明手？或比枪，或比棍、比刀、比拳，真正猛勇短毒，疾恨利快，一见间，不觉便退避三舍。

二曰知明眼。大凡见人比刀、枪、拳、棍，或于十目不合，或于十三格言有违，即急为指点，曰此枪、刀、拳、棍出自何人，当时为此样，今差之毫厘，后必谬之千里。一经改正，不觉令人憬然服从。

三曰知明师。何谓知明师，其于历代枪、刀、拳、棍、法，一听其讲究，真正是有始终、有本末、有证有据，不觉令人豁然晓畅，如在梦中醒来。

习艺二戒

一曰戒自恃。枪、刀、棍，自有不易之准，过于不及，皆非得当。人是我非，须当舍己从人，若执迷自恃，终于无成。

二曰戒自满。枪、刀、棍、拳，本无尽境。习一艺，更有一艺相迫；得一着，更有一着相乘。侈然自满，则半途未尽之弊，终不免矣。

习艺者，果能勉二勤，励三知，禀二戒，其不至人步亦步，人趋亦趋，然而不成者，未之有也。

总结赞

旷览世间，许多习武艺汉，说什么二总、三毒、五恶、六猛，未及讲谈；说什么六方、八恶、十目、十三格言，不曾经见，即论眼前一百零三枪、九十一拳，如隔万重山，真正可怜，枉费许多功夫，究竟是两手空攒。

学人若肯依吾言，入手三拳、三棍。精熟时，取无尽，用无边。唤醒世间习武汉，急回转，莫迟延，何须仰着模糊脸。

五行相克

劈拳似斧，属金；崩拳似箭，属木；金尅（克）木，所以劈拳能破崩拳。
横拳起落似弹，属土；木尅（克）土，所以崩拳能破横拳。
攒拳似闪，属水；土尅（克）水，所以横拳能破攒拳。
炮拳似炮，属火；水尅（克）火，所以攒拳能破炮拳。
火尅（克）金，所以炮拳能破劈拳。

五行相生

金生水，所以劈拳能变攒拳。
水生木，所以攒拳能变崩拳。
木生火，所以崩拳能变炮拳。
火生土，所以炮拳能变横拳。
土生金，所以横拳能变劈拳。

生克由赞

拳法意来本五行，生克里边变化精。
学者要得真消息，只在眼前一寸中。

踏（趾）、扑、裹、舒、绝
——总打法

踏（趾）者，如踏（趾）毒物也。
扑者，如猫虎之扑物也。
裹者，如包裹之不露也。
舒者，舒展其力也。
绝者，抖绝也，一绝无所不绝也。

内外相见合一家

震龙兑虎各西东，朱雀玄武南北分。
戊己二土中宫位，意为谋引相配成。
眼耳口鼻外五行，手足四梢并顶心。
久练内外如一气，迅雷电雨起暴风。
拳无拳来意无意，无意之中是真意。
诚心炼养精气神，眼前变化此中存。
固灵根而动心者，是武艺也。
养灵根而静心者，是修道也。
动则为武艺，静则为神仙。

心仁、肝义、肺礼、肾智、脾信

夫将才有九：
道之以德，齐之以礼，而知其饥寒，悉其劳苦，此之谓仁将。
临事无苟免，不为利挠，有死而荣，无生以辱，此之谓义将。
贵而不骄，胜而不恃，贤而能下，刚而能忍，此之谓礼将。
奇变不测，动应多端，转祸为福，临危制胜，此之谓智将。
进有厚赏，退有严刑，赏不逾时，刑不择贵，此之谓信将。

足轻戎马，气盖千夫，善用短兵，长于剑戟，此之谓步将。
登高履险，驰射若飞，进则先行，退为后殿，此之谓骑将。
气高三军，志轻强敌，怯于小战，勇于大敌，此之谓猛将。
见贤若不及，从谏如顺流，宽而能刚，勇而多计（简而能详），此之谓大将也。

四、游艺引
——枪棍诀十二首

盘根

盘根三步岂无因，配合分明天地人。
要把此身高位置，先从本实练精神。

旋转

丈夫学得擎天手，旋转乾坤名不朽。
岂只区区堪小试，鸿功大业何难有。

旁通

不是飞仙体自轻，居然电影令人惊。
看他挑拨奇谋势，尽是旁通一片灵。

翻浪

从来顺理自成章，逆则难行莫强梁。
寄语聪明人习艺，水中翻浪细思量。

冲空

一波未定一波生，仿佛神龙水面行。
忽而冲空高处跃，声高雄勇令人惊。

熊意

行行出洞老熊形，为要防心胜不伸。
得丧只争斯一点，真情寄与有情人。

鹰势

英雄处世不骄矜，遇变（便）何妨一学鹰，
最是九秋鹰得意，擒完狡兔便超升。

虎风

撼山容易撼军难，只为提防我者完。
猛虎施威头早抱，齐心合意仔细阅。

鹏情

一艺求精百倍功，功成云路自然通。
扶摇试看鹏飞势，才识男儿高世风。

雷声

夺人千古仗（伏）先声，声里威风退万兵。
就是痴情天不怕，迅雷一震也应惊（声）。

风行

为学封夷力最神，拆花拗柳转风轮。
饶他七处雄兵远，一扫空生一路尘（一扫全无塞虏尘）。

葆真

六朝全盛庆升平，武事仍随文事精。
安不忘危危自解，与人何事更无争。

五、杂技歌十四首

麟角刀

钢经百炼始成刀,良将争功胆气豪。
真至(主)图形麟阁上,才知利器得名高。

另一版本:

刀添一角妙无穷,隐隐祥麟惠爱深。
杀以济仁仁德普,秋霜原不碍春风。

凤翅铛

军中凶器忽呈祥,两翅居然似凤凰。
可是仙禽还羽化,飞来阵上一翱翔。

另一版本:

出师谁见凤来仪,有器先呈全盛机(今日如何露羽仪)。
欲媲岐山鸣瑞美,洗兵天苑太平时。

盘根

根株相带阵相因,盘结多端赖有人。
猿臂封侯真可羡(猿臂封侯谁可限),千钧一举见其神。

旋转

翻身向天仰射手,左右旋转名不朽。
果毅既成岂小试,唐臣褒鄂功亦有。

旁通(用冷谦事)

何尔一瓶(顿)载若轻,诙谐上殿寺人惊。
任凭施尽弩弓法,仙籍旁通万变灵。

冲空

武襄勇力冠群生，夺得昆仑元夜行。
直凝将军天外降，冲空霹雳使人惊。

翻浪

落花水面亦文章，韬略无须畏强梁。
八阵翻浪千载仰，须臾变化孰能量。

熊意

桓桓现出老熊形，山麓藏身意欲伸。
只（祇）父爪牙聊一试，群惊辟易万千人。

另一版本：

缓缓走动稳如山，莫将老熊等闲观。
顾守全凭盖世力，几掌击出震宇环。

版本二：

山居野处性弥驯，攀槛窥屏意有因。
异日爪牙聊一试，群惊辟易万千人。

鹰势

风尘同处曷容矜，飞跃苍茫试学鹰。
势岂空拳爪力勇，擒拿奸兔不落空。

另一版本：

羽毛丰满快掀腾，飞擢应须暂学鹰。
势岂握拳空透爪，风云际会便高升。

虎风

风云成阵又何难，环卫储胥（晋）士卒完。

蒙马虎皮成霸绩，陈师牧野可同参。

鹏情

武穆天成百战功，不烦指教自然通。
翼云忠以金牌并，鹏亦因情转世风。

风行

飒爽英姿信有神，腾骞无碍轶双轮（飞腾无碍傍曦论）。
试看行止真暇整，指顾风生净翅尘。

雷声

谁将旗鼓壮军声，凯唱欢呼退敌兵。
岂是空谈三捷武（莫说英雄多妙算），闻雷失箸自应惊。

葆真

梯航万国颂承平，奋武揆文事业精。
缮性葆真洵可乐，行将雀鼠验无争（灵台智府息纷争）。

六、五行相生

金生水，水生木，木生火，火生土，土生金。

七、五行相克

金克木，木克土，土克水，水克火，火克金。

八、心肝脾肺肾

大指属火为心，食指属木为肝，中指属土为脾，无名指属金为肺，小指属水为肾。

心沉、肝圪、脾入、肺凛、肾敌。

九、手中诀窍　十六把气功

一阴到中，二阳开，三阴到中，四翻阳回乳，五阳出，六阴到中，七阳开，八阴到顶（鼎），九阳落耳，十阴出，十一翻阳，十二翻阴骑马，十三阴到中，十四回乳，十五举起，下地三墩，十六挑起，回乳三墩。

先定心立法，与平素一样。头顶天，足抓地。先定心，心定神宁，心安清静，清静无物，无物气行，气行绝象，绝象觉明，觉明则神气相通，万气归根，合成一气。

十、用气诀法

眼上翻属阴，阴气落在枕骨。
鼻一皱属阳，阳气落在腭角。
脾气紧，心气沉，肝气顶，肺气行。
肺气一努落肾经（轻），心沉一气自然成。

十一、引气法

目视鼻，鼻对脐，处处行迟不可移。
撒开二六连环锁，一点灵光吊在眉。

十二、周天法

紧撮谷道内中提，闾尾一起皱脊骨。
玉枕难过目视顶，来到丹田存消息。
往前又是雀桥路，十二时中降下池。
锁住心猿拴意马，要立丹田海底基。
一时快乐无穷尽，返本还原心自知。
久练自成金刚体，百病皆除如童子。

十三、得真法

混元一气吾道成，道成莫外吾（五）真形。
真形内藏真精神，精神神藏气轻轻。
如问真形求真形，须要真形合形（心）形。
真形合来有真诀，合道真诀得彻灵。
养灵根而动心者，敌将也。
养灵根而静心者，修道也。

武艺虽精窍不真，费尽心机枉劳神。
祖师留下真妙术，知者不可轻传人。

正不必一拳打倒门外汉，亦不必一脚踢翻陵阳判。
英雄好武本桢（横）干，况是将门三军冠。
羡君亲身来至算，英姿飒爽动里开。
每向射圃张弓按，壁上观者咸称赞。
更有盘根葆真算，旋转旁通功不断。
忽然冲空翻波浪，鹏虎鹰熊来天半。
雷动风行勇且悍，凡此诸法在平旦。
学步邯郸俱惊叹，工夫全贵不凌乱。
笑余学道未一贯，终日只知守书案。
安能与君游汗漫，博得伟躯好俱换。

十四、十八般兵器

矛、锤、弓、弩、铳、鞭、锏、链、剑、斧、钺、戈、戟、牌、棒、枪、杷、挝。

十五、马战枪法

分劈、对镫、摸鞦。
头趟——翼德神枪左为先，后留一尺倒坐鞭。

二趟——虎牢关前战吕布。
三趟——二郎担山换转肩。
四趟——崔杆堵好汉。
五趟——翼德英雄谁敢当。
六趟——万马营中闯大队。
七趟——金刚前刼进步枪。
八趟——霸王举鼎抖威风，变手先找顶门心。
九趟——太公执起钓鱼杆，专等鲤鱼把食诶，鱼儿不识其中意，一枪挑在鬼门关。

十六、张飞闯帐

身并足，前桥一步，双手捶出，拨回转身，五花抱势，打出札（扎）坐马势。
身奔走，向左面，打出上下势，回身向左扎坐马势。
立身向左，打出拉掌，扫身扎坐马势。
左手上下十二垂后渣步，回身转打二下，护膝纵出，立身掌上下打出，回身打（扎）坐马势。
立身向左，用捶打出，回身栓马势。

十七、六枪对练法

头趟——提立水。
二趟——滚手搓掌。
三趟——迎风豁挑。
四趟——白马分鬃。
五趟——太公钓鱼。
六趟——白蛇踏地照枪。
收式。

十八、五枪对练法

头趟——黄龙入洞。
二趟——提篮坐鞭。
三趟——迎风锉（挫）敌。

四趟——缠杆射斗。

五趟——双战吕布倒戈挑。

十九、八卦刀对练法

云裹川棱——一。
斗转换阙——二。
蛰龙升天——三。
英雄龇志——四。
乌龙探海——五。
鼎举观夕——六。
日闯三关——七。
移营限敌——八。
架梁闪折——九。
顺水推船——十。
败兵紧追——十一。
拨云见日——十二。
风行载顶——十三。
飘棱往来——十四。
转风扫腿——十五。
斜身探目——十六。
提腿入林——十七。
泰山压顶——十八。
青龙转身——十九。
转环扫低——二十。
白猿献果——二十一。
斗转星移——二十二。
文魁点第——二十三。
就地升天——二十四。
进步前次——二十五。
立石投澹——二十六。
寸步两行——二十七。
浮萍顺风——二十八。
泉水倒流——二十九。
抽身御敌——三十。

寒风扫面——三十一。
抱璧原归——三十二。
斜风浸面——三十三。
上步左刀——三十四。
换手右刀——三十五。
右转左刀——三十六。
撤底生云——三十七。
移踪抱柱——三十八。
急落迎面——三十九。
纵跃如风——四十。

二十、十三刀对练法

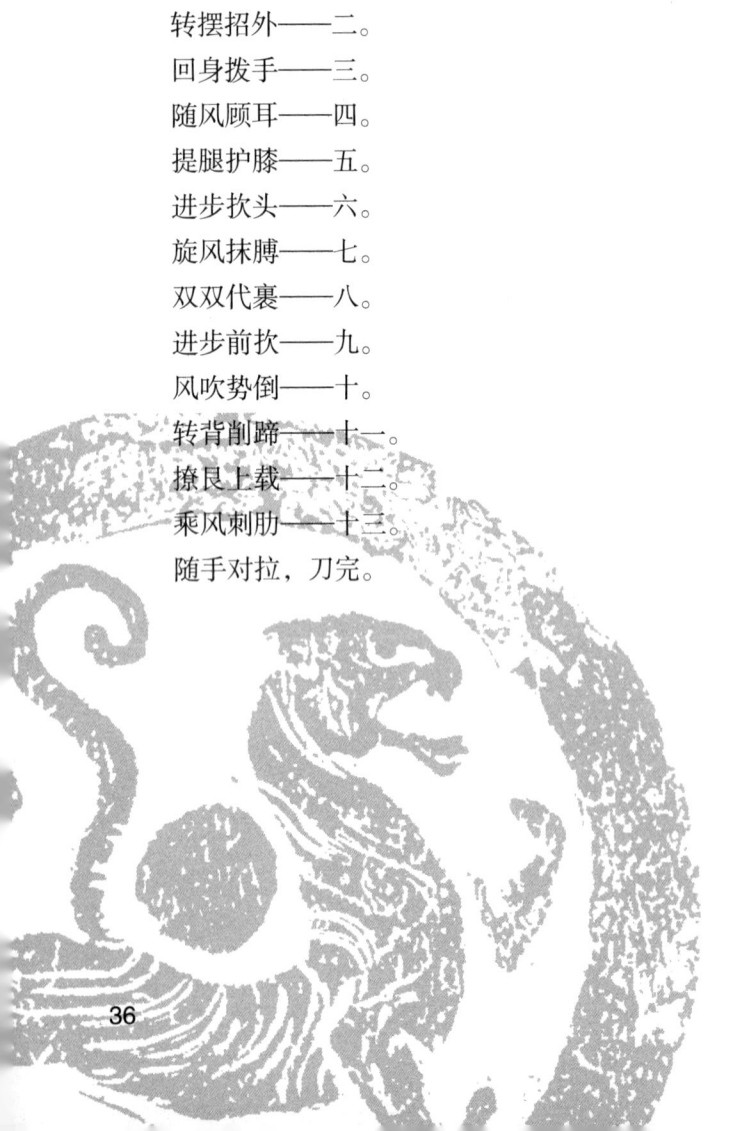

迎面招腕——一。
转摆招外——二。
回身拨手——三。
随风顾耳——四。
提腿护膝——五。
进步扽头——六。
旋风抹膊——七。
双双代裹——八。
进步前扽——九。
风吹势倒——十。
转背削蹄——十一。
撩艮上载——十二。
乘风刺肋——十三。
随手对拉，刀完。

第3部分　五行拳谱

一、五行拳谱序

五行，金、木、水、火、土也，内对五脏，外应五官。心为火，心急则力生；脾属土，脾动则力攻；肝属木，肝急火焰威；肺属金，肺动惊雷声；肾属水，肾动快如风。此五行之存于内也。

目通肝，鼻通肺，舌通心，耳通肾，人中通脾，此五行之着于外也。故曰：身如五道关，无人把守自遮拦，蔽住五行。此真确论也。

而所最宜知者，手心通心属火、鼻尖通肺属金，火到金回，亦自然之理也。其余可类推矣。

二、五行拳法四梢各序

四梢者，一身之法。盖发为血梢，牙为骨梢，舌为肉梢，手指筋、足指筋为筋梢。四梢要齐，则肉梢筋出（别本在此句后有："有说两手足为梢节"一句）。

舌尖上卷四梢全，脚心发起到天门，
出手用法凭四梢，放胆以勇即成功。
练习者，难明四梢。
明了四梢多　精，三回九转是一势，
拳法一站要灵通，浑身八字要分明。
四梢用力，则可变其常态，能使人生畏惧焉。

（一）八字

何为八字？一顶、二扣、三圆、四毒、五抱、六垂、七月、八停。
拳法一站，八字不却（编者按：疑为"缺"）也，拳分八字，八八六十四字，总归一字。

（二）三顶

头往上顶，舌尖顶上嗓，手掌往外顶，明了三顶多一力。
三顶身法：脚提起，肛门提起，似乎飞而起高行如（万）丈，身落如鹞子攒林。

（三）三扣

膀尖要扣，手背要扣，脚面要往下扣。
明了三扣多一精，三扣身法千斤力。

（四）三圆

脊背要圆，胸脯要圆，虎口要圆。
明了三圆多一妙，三圆身法归一势。

（五）三毒

心要恨（狠）毒是真武艺，
眼要恨（狠）毒是正行，
手要恨（狠）毒即是快。
明了三毒多一功；动手不恨（狠）是无艺。
拳动不留情，留情无有名。

（六）三抱

丹田抱，气为根，
心抱身为主，胳膊要抱四梢停，
明了三抱多一力，三抱身圆是一家。

（七）三垂

气垂丹田身为主，膀望下垂艺为真，
肘尖下垂肩为根。
明了三垂多一气，三垂身法是一功，
世人解开此中意，奥妙之中用无穷。

（八）三月

胳膊似弓不弓，要月牙；
手腕外顶，要月牙；
腿屈弯，似弓不弓，要月牙。
明了三月牙多一精，一艺精，百艺通，五行四梢要分明。

（九）三停

胸梗要停，有鉴（竖）像力，身法要停，四梢行，腿膝下行脚扣地。
艺人难明三停，明了三停多一法。
术人身有八法，三八二十四法归一法。
武艺全凭八个字，明了八字艺无穷。

三、五行拳序

——五行一站，浑身俱是法，奥妙无穷

两胳膊似直不直、似曲不曲；两腿似弓不弓、似直不直。
身法不可前栽，不可后仰；不可左落斜，不可右落歪；看正是斜，看斜是正。
脚尖、手尖、鼻尖，三尖相对，成其正方。
前手一直往外顶，后手只在肋下藏，
后手指翘肩下坠，前掌高低如心齐。
四指分开虎口圆，手背要扣，手心要凹。
头往上顶，舌尖顶上嗓，肛门要提。
前足不可裹扣，不可外横，望前以直而出，往后以直而退；后脚似顺不顺、似横不横，前脚后跟相对后脚华骨，前脚至后脚远近二尺相远。
身站正直，脚趾扣地，以气贯通，乾坤并无反意。

（一）五拳开势像图

头顶垂肩脚扣地，心动宁身气外发，
气摧（催）膀尖四梢行，膀摧（催）肘尖身法宁，
肘摧（催）手尖如刚钩，膀摧（催）膝尖似查根。

（二）五行拳叫嗓

立正头顶肩下垂，身站正直手指翘，
起势提步舌尖顶，左步提起六七寸。

（三）鸡形站功势

左掌朝前与心齐，右掌后边肋下藏，
落步鸡形望前看，前步后步二尺远。

四、五行拳谱
——劈拳起势像图及落势像图

两手紧抱口中出，小指翘上肘护心。
前拳上攒眉上顶，后拳随跟紧相随。
两肘抱肋肩下坠，气随身法落丹田。
脚手齐落后脚蹬，势落远近（编者按：原谱此处缺一字）字形。
脚手鼻尖三尖对，四稍（梢）分开虎口圆。
前手势完中心取，后手只在肋下藏。

打法序

劈拳用法望上攒，小指翘上如眉齐。
进步换势阴掌落，脚手齐落舌尖顶。

五、攒拳像图
——攒拳起势像图及落势像图

前手阴掌往下扣，后手阳掌望上攒。
拳往上攒鼻尖起，两手护心后足随。
眼看前手凭四稍，舌尖上顶身法宁。
攒拳换势身法动，前足先行后足跟。

步落总要三尖对，后手阴拳肘下藏。
使用全凭精灵气，一气贯通入丹田。

打法序

攒拳进步打鼻尖，小指翘上肘护心。
前掌扣腕望下横，进步掌翻打虎托。

六、崩拳像图
——崩拳起势像图及回身像图

崩拳出手三尖对，脚手鼻尖紧相连。
虎眼朝上如心齐，后手阳掌肋下藏。
前脚要顺后脚丁，后脚总要人字形。
崩拳翻身望眉出，身站正直脚提起。
脚提膝前横脚趾，脚心齐落剪子股。
前脚要横后脚顺，脚跟提起二三分。

打法序

崩拳用法舌尖顶，前手摆肘往下托。
进步出拳先打胁，后脚足连紧跟随。

七、炮拳像图
——炮拳起势像图及落势像图

起手炮拳鸡形势，两拳紧抱左脚提。
两手阳拳脐上抱，前拳要横后拳丁。
舌尖上顶势要稳，气落丹田身法宁。
炮拳落势平心去，拳打高低与心齐。
脚手齐落三尖对，虎眼朝上肩下垂。
后拳上攒眉上靠，虎眼朝上肘下垂。

打法序

炮拳用法脚提起，落步前拳往上攒。
脚手齐落腰步势，后脚足连紧跟随。

八、横拳像图
——横拳起势像图及落势像图

横拳起势身法宁，前拳要阳后拳阴。
换势出拳脚跟起，后拳总在肘下藏。
落势横拳往外打，小指翻上肘护心。
横拳落势剪子股，步落阳拳对三尖。
前拳小指往上顶，后拳翻阳往外拨。
左右换势两边闪，脚手鼻尖紧相连。

打法序

横拳出手身法宁，前拳要阳后拳阴。
脚手齐落舌尖卷，左右闪转往外拨。

九、生克由赞

拳法意来本五行，生克里边变化精。
学者要知真消息，只在眼前一寸中。

十、五行相生

金生水，所以劈拳能变攒拳。
水生木，所以攒拳能变崩拳。
木生火，所以崩拳能变炮拳。
火生土，所以炮拳能变横拳。

土生金，所以横拳能变劈拳。

十一、五行相克

劈拳似斧属金，崩拳似箭属木，金克木，所以劈拳能破崩拳。

横拳起落似弹，属土，木克土，所以崩拳能破横拳。

攒拳似闪，属水，土克水，所以横拳能破攒拳。

炮拳似炮，属火，水克火，所以攒拳能破炮拳。

火克金，所以炮拳能破劈拳。

第4部分　五行六合枪谱

天下之治道有二，曰文曰武。习文不知武，习武不知文，是何故也？世人不肯追究。文者不观武，武者不观文；文士以文安天下，武士以武定乾坤，此为人之本领。

自宋朝岳武穆王文武兼优，日后国家开科大典，前岁选举天下文武英雄，而岳帅又得见"孙武子兵书""五行六合枪法"。五行者，金木水火土也。五行相生枪，劈枪生攒枪，攒枪生崩枪，崩枪生炮枪，炮枪生横枪，横枪生劈枪，此五行枪也。

枪扎八字者：勾、挂、缠、挑、闪、展、擒、扎是也。

一、劈枪像图
——劈枪起势像图及落势像图

劈枪起势左足提，舌尖上顶身法宁。
前手卷腕往回领，后手阳拳胁下藏。
枪往前刺随身进，眼看枪头是正方。
劈枪落势三尖对，脚手鼻尖紧相连。
前手卷腕往里扣，后手阴拳裆下藏。
势落垂肩头上顶，气落丹田身法宁。

劈枪扎法

劈枪上下浑身劈，脚手齐落舌尖顶。
左右闪展随枪走，枪起枪落眼要观。
劈枪属金，攒枪属水，金生水，所以劈枪能生攒枪。

二、攒枪像图
——攒枪起势及落势像图

攒枪起势拉杆势，枪头点地闭住门。

两手攒杆阳拳势，眼望枪看站立停。
左腿脚尖要点地，右腿足连紧跟随。
攒枪落势身法随，枪往上挑后手追。
落势攒枪往外闪，右手朝前如心齐。
斜身腰步往前刺，要抱攒杆要法宁。

攒枪扎法

攒枪出势头上刺，左右闪躲龙身形。
抵变腰步两边闪，枪上枪下要眼观。
攒枪属水，崩枪属木，水生木，所以攒枪能生崩枪。

三、崩枪像图
——崩枪起势及落势像图

崩枪起势横身进，枪尖点地往外拨。
要步斜身往里闯，两手攒杆阴阳拳。
左手阳拳往外打，右手阴拳往上托。
崩枪落势心中刺，两手端平枪裹行。
前手阳拳把腕卷，后手攒杆紧相连。
眼望枪看舌尖顶，脚手齐去身法宁。

崩枪扎法

崩枪进步中心扎，身随枪走步法精。
枪扎空比不取胜，崩挑下拦生炮枪。
崩枪属木，炮枪属火，木生火，所以崩枪能生炮枪。

四、炮枪像图
——炮枪起势及落势像图

炮枪起势要步走，枪头点地身法宁。
前把外托往里闯，后把举起头上藏。

前脚里扣三尖对，换势外走往上攒。
炮枪落势横身站，要步斜身站立停。
枪往下指吊（钓）鱼势，眼望枪看身法宁。
前手攒杆往里裹，后手拧枪往下垂。

炮枪扎法

炮枪出手往眉刺，吊（钓）鱼枪势闭住门。
枪扎空比不取胜，退步拉杆望上攒。
炮枪属火，横枪属土，火生土，所以炮枪能生横枪。

五、横枪像图
——横枪起势及落势像图

横枪起势身点地，要步斜身往里行。
前手攒杆往外架，后手举起形上藏。
扎枪横身往枪看，前进后退身法宁。
横枪落势三尖对，脚手鼻尖紧相连。
前把阴拳左右用，后把阳拳裆下藏。
上下拨枪随手转，变换缠枪高低翻。

横枪扎法

横枪上下拨左右，粘连紧随枪法行。
回头败势挎枪走，营门虎将往里闯。
外走进步枪上挑，里走横枪把要提。
挎剑势起败势走，拗挂劈枪翻回头。

六、六门三角枪

盘枪三步起无因，闪步圈走扎六门。
转身飞走分左右，即用群枪身法宁。
练枪圈走图为定，六门完毕归正门。

七、五行枪退步扎对枪

一枪扎心要步刺，二枪下海顺步扎。
三枪扎胯折手刺，四枪刺膝顺步扎。
五枪川袖折手刺，只走月牙外边行。
六枪穿裆退出刺，变化折手要步形。
退步只扎下抖把，退步盖把往下封。

八、五行枪退步使法

退步折毛蛇他地，退步翻手进步扎。
拉枪祇（低）势脚提起，进步迎风搊挑枪。
退步黄龙枪粘杆，随风赶日里拿枪。
进步扎枪退步扣，青龙摆尾翻拿枪。
偷步踏杆闪门势，两腿跳起闭住门。

九、岳武扎枪像图

平枪出手脚提起，剪步即扎身法随。
阴手川脂往里闪，阳手川袖往外行。
进势扎枪两边躲，枪进枪退眼要观。

单踢扎枪序

五行六全扎枪势，扎枪（"足前"）步先动于。
枪扎进此似射箭，脚手齐大齐尖顶。

岳武立川枪序

换傍刦（劫）靠立枪使，左右开弓往里攒。
进步川枪杆立起，枪头只在肘下藏。
摇步拧身随枪走，捻枪粘杆不放松。
转身躲闪随脚走，长星步法翻回头。

第5部分　五行刀谱

一、劈刀像图
——劈刀起势及落势练法

劈刀出手用拘挂，两手举起头上藏。
右脚提起膝下靠，左脚扣地站立停。
拘挂左右往里进，脚手齐落车轮形。
劈刀落势往前闯，左右开弓往里行。
脚起刀拘身法动，两手擎刀两边分。
刀起刀落眼观看，舌尖上顶气下通。

劈刀用法

劈刀进退随脚起，身动刀行如车轮。
左右拘挂头上举，进步刀落似劈山。
劈刀属金，金生水，所以劈刀能生攒刀。

二、攒刀像图
——攒刀起势及落势练法

攒刀进步抽小势，两手只在胁下藏。
右腿脚尖要点地，左腿脚平身法宁。
进步壁刀龙绞柱，刀去剪腕左右翻。
攒刀落势外边闪，抽身小势眼要观。
退步宁身往前看，两手擎刀脐下藏。
进退闪展随身走，以气贯通入丹田。

攒刀用法

攒刀进身要剪腕，退步闪躲眼要观。
左右攒刀往上闯，五龙绞柱身法精。
攒刀属水，崩刀属木，水生木，所以攒刀能生崩刀。

三、崩刀像图
——崩刀起势及落势练法

崩刀出手三尖对，脚手鼻尖紧相连。
崩刀直出如射箭，刀法剪腕与心齐。
换势崩刀往前进，脚手齐落方为真。
崩刀落势往前进，前足行走后足跟。
刀向心刺力要勇，退步刀回左右分。
刀起刀落上下顾，舌尖上顶身法精。

崩刀用法

崩刀出手心中刺，左右进步往里行。
刀上刀下把腕剪，进退闪躲身法宁。
崩刀属木，炮刀属火，木生火，所以崩刀能生炮刀。

四、炮刀像图
——炮刀起势及落势练法

炮刀起势去撩腕，要步横身往里行。
右手擎刀朝上挑，左掌举起头上藏。
快势裹刀身法闪，刀步刀停眼要观。
炮刀落势七星步，左右闪展两边分。
闪身炮刀头上举，刀尖朝下站立停。
进步裹刀团膀转，以气贯通入丹田。

炮刀用法

炮刀起势两边闪，进步裹刀要占先。
进退刀法急又快，身随刀走上下翻。
炮刀属火，横刀属土，火生土，所以炮刀能生横刀。

五、横刀像图
——横刀起势及落势练法

横刀出手去剪腕，左右裹刀两边截。
顺势横刀往里进，退步换势身法宁。
右手擎刀进退剪，左肘上下随刀翻。
横刀换势刀立起，左手随在肘下藏。
进步脚手一齐落，退步宁身用裹刀。
上下刀顾随身走，气随身法落丹田。

横刀用法

横刀出手三尖对，脚手刀尖紧相停。
进身上步横剪腕，回头相生变劈刀。

第6部分　五行棍谱

一、劈棍像图
——起势与落势练法

起势劈棍用钩挂，两手举起背后藏。
左脚扣地站立稳，右脚提起要磨胫。
脚手齐落往下打，身落正直四梢发。
劈棍落势往前进，落势须要对三尖。
拘挂躲闪随身走，左右开弓上下翻。
进退使棍前后护，棍落停身眼要观。

劈棍用法

劈棍进身用拘挂，棍起脚提身后藏。
棍落进步往里闯，四梢俱齐身法精。
劈棍属金，攒棍属水，金生水，所以劈棍能生攒棍。

二、攒棍像图
——起势及落势练法

攒棍起势抽小势，退步横身往下墩。
两手攒棍怀中抱，眼向前看身法宁。
进步攒棍上下打，五龙绞柱左右翻。
攒棍落势往上闯，退步斜身闪外边。
抽身小势向前看，两手十架左右翻。
两肘护心随身转，气随身法落丹田。

攒棍用法

攒棍起手往上打，抽身换势往里攒。
进步棍打分左右，退步抽棍闪两边。
攒棍属水，崩棍属木，水生木，所以攒棍能生崩棍。

三、崩棍像图
——起势及落势练法

崩棍起势三尖对，手脚鼻尖紧相连。
进步拘挂崩棍打，退步回形大翻身。
崩棍势定身要稳，眼随棍走艺为真。
崩棍落势拘挂打，脚手齐去身法宁。
换势折手身摇动，前脚未行后脚蹬。
上下左右翻正打，放胆以勇即成功。

崩棍用法

崩棍出手直打去，退步拘（勾）挂身法精。
棍用全凭精灵气，眼毒手快随身行。
崩棍属木，炮棍属火，木生火，所以崩棍能生炮棍。

四、炮棍像图
——起势及落势练法

炮棍起势要步走，两手举棍形上藏。
进步换势去撩腕，缠形摇棍往里攒。
进退棍走眼观看，斜步横身左右分。
炮棍换势十字架，进步裹棍四梢发。
横进横退围身转，左右上下来回翻。
棍打起落眼要看，以气贯通落丹田。

炮棍用法

炮棍进步斜身打，换势裹棍往外拨。
棍打几处人不见，急快二字要占先。
炮棍属火，横棍属土，火生土，所以炮棍能生横棍。

五、横棍像图
——起势及落势练法

横棍起势往上举，两手阴阳左右分。
进步宁（拧）身剪步走，随身裹棍往里行。
落棍竖起横打腕，退步摇身往上翻。
横棍换势形上抱，进步宁（拧）身把腕挠。
抽身裹棍里外走，进退棍打上下翻。
起落顺摇中身护，回形连按劈棍生。

横棍用法

横棍进身分左右，斜身要走棍外发。
进退连忙用裹棍，步快身轻随棍行。

第7部分 六合大枪一套

头蹚（趟）——怀中抱月。
二蹚（趟）——崩拳。
三蹚（趟）——鹞子扑鹌鹑、狸猫扑鼠。
四蹚（趟）——万马营中闯大队。
五蹚（趟）——张飞闯帐。
六蹚（趟）——群战枪。

第8部分　用刀之秘法

——闪闪摇银海，团团滚玉轮

里引外传实而虚、虚而实，奇妙若托刀之计，不可轻传人也。

第9部分　云龙拳

青龙摆尾将水戏，匹马立功在当前。
巧猱就把桃来取，速似狂风折柳翻。
鹞子出林疾如电，捉擒进退雲时旋。
蛟龙出水云中跃，随心升降变多端。
返躬回首登海岸，狮吼雷声上九天。
驾雾腾云骨法变，学此无惭大力仙。
随着观音合掌相，收心敛气站立端。

第10部分　伏虎拳

跨虎登山似风忙，斜身绕步逞刚强。
上挑葵花式，下踢系马桩。
喜鹊登枝沿边跃，金鸡独立站中央。
霸王举鼎千觔势，童子翻身一炉香。
回头再作骑马势，随身变幻自主张。

第11部分 《内功四经》真本全书（秘传抄本）

卷一　内功经
卷二　纳卦经
卷三　神运经（大力注解、合战八门）
卷四　地龙经（散门正局、散门变局、总评、杂评、十二格式、制胜八诀）

一、前序

内功四经，余祖总宪公任江西时所购也。公殁后，迄今百余年，未有知此书作何用也。甲子，余于不意中，得之于藏之楼，开卷茫然，几于懈怠。后费尽心思，钻研数年，乃知此书为武技之宗派，而功夫真传也。

故内功已成，随法皆成妙招，谓资之弥而取之左右逢其源者也。然内功真传不求速，须费尽年月，方能有成；其不求速，内功经者顾属上。或有天资迟钝，急切不知之妙，与家道穷迫，不能日日用功，一入门即欲攻经悟道，岂不望洋而叹哉。

今就内功之见于外者，集为数篇，曰大力全局；曰内功合战；曰内功散门；反背顺逆，总和《内功经》关窍。由是一入门，经内道理亦可悟矣。至于间架招数，亦有其一二，然不知《内功经》，而于横竖骨节、顺逆相制之理，往往大相反矣。

嗟呼，"内功四经"埋没于世数百年矣，古人之迹既泯灭而不传，后之学此道者，岂不妄用心乎。

时壬午秋，与珠山友人景房话此意后，传兰香书室，因草之以序。

琅玡王南溪序

二、总论

拳勇之术，古来不下数十家，曰探马、曰鉴子、曰罗汉、曰太祖、曰佛爷、曰武子，一切可惊可骇之名，难以尽述。

承人陋习，学此则非彼，学彼则非此，纷纷聚讼，日甚一日。而要之，不得内功真传，拘家所纵，费尽苦功，终属下乘。犹之读书，不能反约、泛览、博务，何能明道？又凡物莫不有其本，得其本而末随之矣，所谓一以御万，简以御烦（繁）者也。

近来习此道者，忘其本之为一，而逐其末之不同，分门别户，捏造名色，往往自为誉曰："吾之术，近路也。"不询其一以御万、简以御烦（繁）之道，茫然罔觉，何怪其临敌溃哉。夫宇宙之正道，原未有近路也，不过有本末先后耳。后此变化无方，皆前此循序渐进有以致之也，何有近路之可言哉？

然则所谓本者何也？曰勋（别本有作"劲"，下同，不另注）也。顺可以制敌，退可以自守，往来上下，无不如意。松、小、背，不足以当敌，退不能自守，备多虚实，无非危机。由此言之，固要哉。然不知之纲领，不知之枢机，不知之归宿，虽有犹未尝也。

何谓之纲领？曰头也。头为诸阳之会，一身之纲领也。譬如物之有柄，事之有始，柄之不正，事之不裹，专望后之等哉？故头之为用也，欲向上提起，不欲向下堆积；欲生旺有神，不宜颓靡无气。一身之筋精劲，虽不在头，而头未始无关于之得失也。

何谓之枢机？曰肩也，肋也。肩为臂之本，肋为气之窟，上以头部之精神，下以足、腰、胯之威势，周身之大关会也。譬如室之有门，国之有关，门不开，不通往来出入。故肩之为用也，其要有八，曰：通、透、穿、贴、松、汗、合、坚。肋之为用也，其要有二，曰：开张舒展，紧弹聚敛，得此窍诀，中部之妙，思过半矣。

何为劲之归宿，曰：足也。足为百体之根，上载全身者也。譬如万物之生于土而履于地，衰旺体态，无不因乎地。苟非博厚，何能载物哉？故足为之出也，凡一放一松，无不从足底涌泉穴而起。勋之入也，一收一紧，无不从足底涌泉穴而伏，此下路之要诀，而工（功）夫之根基也。知此三者，可以得其大概矣。

犹有要专，何者也？曰气也。盖之生于气，犹木之生于水，木必待水润而得生，必得气养而后出自理也。欲愿养气，必开关窍以顺其气，不然而人身之关窍，皆为后天之浊气否塞尽矣，虽欲养气，可得哉？

必伸筋拔力以通之，而后真气自行。行是气可以养勋，可以济气矣。故用之初，气勋有交互相济之用，及其久也，有浑然如一之德。后之学者，潜心体会，必对予不妄评矣。

若夫气之浮沉、勋之松紧、首之开合、手之横竖、身之正侧，当求之《内功经》与夫十式局内，非一朝一夕之功能明也。

山左琅琊王南溪注解
海右珠山宗景房参订

三、内功四经

卷一 内功经

内功之传，脉胳甚真。

内功之要，第一必先知脉络。不知脉络，勉强用之，则无益而有损。

前任后督，气行滚滚。

任脉起于承浆，正直下行，胸腹分中，至前阴高骨而止。
督脉起于脊尾尽处，正直上行夹脊，过泥丸，下印堂至人中而止。
此二脉前后行气滚滚者，久而用之，气来之盛也。

井池双穴，发劲循循。

井者，肩井穴也，在肩头分中。池者，曲池穴也，在肘头分中，左右各有一穴，此周身向外发筋精劲（"筋精劲"别本作"劲"）之穴也。
用功之时，不可过于猛烈，须以从容为之。循循者，以渐而入之意也。

千变万化，不离其本。
得其奥妙，方叹无垠。

本者，自然之真气也。此总言内功之奥妙，千头万绪，难以尽穷，而其要旨，总不离乎自然之真气也。学人正要尝未有奥妙者。
用功之久，心有所悟，而后叹其奥妙无穷也。

龟尾升气，丹田练神。

龟尾者，尻骨尽头处也。用力向上翻起，则真气自然上升矣。
丹田者，脐下一寸二分。丹田穴用功之时，存想真气元神藏于此处，而神炼矣。此皆神化之机，可以意会想悟，不可形迹推求也。

气下于海，光聚天心。

小腹正中为气海，额上正中为天心穴。言真气既下，自然威光满面，诚中形外之验也。

既明脉络，须观格式。

格式者，入门一定之规也。承上文言，既明脉络，以后必须知周身一定之格式也。格式不知，脉络之言，亦空谈矣。

头正而起，肩平而顺，胸出而闭。

正头，以壮满面之神；顺肩，以活两背之势；出胸，以足周身之威。此上部之格式。
然正头须提项来；顺肩须四面平正，不可略有歪斜；胸虽出，而有收敛之意。此式中之真窍也，不可不知之者也。

足坚而稳，膝曲而伸。
裆深而藏，肋开而张。

步虽有上下，而足必须极力坚固稳住，不可摇动。

膝之为功，外曲内直，言其势虽曲，而必用意伸之。
前阴向后极力缩起，自然深藏也。
两肋骨缝俱要极力开张，以合出肋之势。

气调而匀，劲松而紧。
缓缓行之，久久功成。

用功之时，气如抽丝，自鼻出入，方不损伤脏气，此气之所以必用匀也。调之者，出入之息也。
劲必先松以用紧也。唯其松之极，故能紧之至也。故以松用紧，非以紧使松也。

先吸后呼，一出一入。
先提后下，一升一伏。
内有丹田，气之归宿。

承上文，言气调而匀，发明用气法，吸入呼出，勿使有声可闻，此调气之法也。
提之者，存想真气上升至顶也；下者，升气后，真气落下也；伏者，真气深藏于内，意想真气渐收渐小，坠于丹田，如龙之蛰，如虎之卧，潜伏不动也。

下收谷道，上提玉楼。
或立或坐，吸气于喉。
以意送下，渐沉至底。

承上文，言下气之法也。
谷道者，后阴也。收之者，惧气之泄也。
玉楼者，耳后高骨也。提之者，自然下气无阻碍也。
不拘坐立用气，皆自喉而入，方能得气之真路，以入肺，入心，入肝，入肾也。气虽入丹田，用意时，必存想真气沉至底之势方妙。

升有升路，肋骨齐举。
降有降所，俞口气路。

此言真气升降之经路也。升时，自两肋骨缝而升，故须极力开张，向上举之，自然得窍。降时，必自背脊俞口穴而入，透前心方得气之真路。
俞口穴，自脊骨上下数之第七节便是。

既明气窍，再释劲诀。通、透、穿、贴、松、汗、合、坚。
曰通，劲之顺也。
曰透，劲之递也。

承上文言，劲松而紧，言练气之法也。通透言自此至彼，往来无碍，"柔软"之意

61

为之。

曰穿，劲之连也。
曰贴，劲之络也。

穿贴者，横竖连络之谓也。横络为贴，竖连为穿，属阳，伸筋拔力，以刚坚凝结之意谓也。

曰松，劲之涣也。
曰汗，劲之萃也。

松者，柔之甚，软之极，养精蓄锐之意也。汗者，刚之甚，健之极，气血结收之谓也。松如绳之系，汗如冰之结，二者有交互相济之道，盖柔能济刚，刚能济柔也。

曰合，劲之一也。
曰坚，劲之能也。

合者，周身骨节，合而为一也。坚者，横竖之谓也。此视"穿、贴"二劲更进一层。

按肩以练步，逼胯以坚膝。
圆裆以坚胯，提胸以下腰。

此下步之真窍也。人皆炼（练）步，而不知炼（练）步之窍，在于按肩也。
按肩者，收肩井穴之劲，沉至足底涌泉穴也。
人皆知坚膝，而不知坚膝之窍，在乎逼胯者，将两臀极力贴住也。
人皆知坚胯，而不知坚胯之窍，在乎圆裆也，将裆极力向外挣横也。
人皆知下腰矣，而不知下腰之窍，在乎提胸也，将胸用力提起也。

提颏以正头，贴背以转斗，松肩以出劲。

颏骨用力向上提起，自然正项矣。
两背骨极力贴住，意其劲自膊下而出至六腑穴向外转出，至斗骨而回。
出劲之时，将肩井穴用极软之意松开，自然无阻碍也。

折天柱以下气，视合谷以立门。

天柱穴，在后高骨，上下气之时，极力贴之，自得其窍。
合谷穴，俗名虎口穴。遇敌之时，将手擎起，会与耳齐，专睛视之，此玄门之法也。

横劲竖劲，辨之分明。
横以济竖，竖以横用。

以一身而言，自井顶至于足底，竖劲也。自背骨至于手头，横劲也。

以一背而言，自腋至于两肩云门穴，竖劲也。自六腑转于斗骨，横劲也。
以一腿而言，自内胯至于足底，竖劲也。自膝至臀，横劲也。
总而言之，横中有竖，竖中有横。遇敌之时，横以克竖，竖以克横也。

五气朝元，周而复始。
四肢之首，收纳甚妙。

此总言内功一贯之道也。吸天地之精气纳入丹田，运丹田之真气自两腋升于顶。升气时，自有真气自俞口降于丹田，此一气朝元也。

运丹田真气，自裆内下于丹田足底，下气时自即有真气起于足底，自外裆升于丹田。左右合计，二气朝元也。

运丹田真气自背底下于丹田，左右合计，此三气朝元也，总共五气朝元也。

一升一降，一下一起，一出一入，并行不悖，周流不息，无住时也。久而用之，妙处甚多。此乃炼神之极，则反（返）本元之妙道也。

天地交泰，水升火降。
头足上下，交接如神。

承上文言，朝元功夫，久而精之，真水自然而升，其火自然而降。上下神气，炼得浑然如一，如天地交泰，有神化不测之景也。

静升光芒，动则飞腾。

承上文言，功夫在内之窍，此节言功夫形之验。真气足于内，气色于外，虽隐而不动。满面神光，精华远射，令人不能正视。此静之妙也。

气腾于形，形随乎气，以意帅神，以神帅气，以气帅形。故任神气所之，而形莫能为之累，如龙之腾云，如鸟之飞空，忽然而来，倏然而去，此功之妙也。

以上劲诀即详，下言调气之方。

每日清晨，静坐盘膝，闭目缄口，细调呼吸。一出一入，皆从鼻孔，而少时气定，遂吸一口气。但吸气时，须默想真气自涌泉发出，升于两胁，自两胁升于前胸，自前胸升于耳后，渐升于泥丸。

降手时，须默想真气由泥丸至印堂，降至鼻，鼻至喉，喉至脊背，脊背透至前心，前心沉至丹田。丹田气足，自能复从尾闾，达于脊背，上升泥丸，周而复始，从乎天地循环之理也。

卷二　纳卦经

乾坤：

> 头项法乎乾，取其刚健纯粹。
> 足膝法乎坤，取其静厚载物。

头统乾之体，有全身之总领，有"元"之义；提一身气血，有"亨"之义；宜随敌婉转，不宜直而无致，有"利"之义；宜健正高起，不宜歪斜倾倒，有"贞"之义。

太低，则有潜龙勿用之象；太仰，则有亢龙有悔之灾；不仰不低，中正得位，精神发越，可以遇大敌矣。

有九二曰见龙在田，飞龙在天，利见天人之象。虽然，此外象也，而非内义也。

九四曰或跃在渊，无咎。知此奥理，可以达头顶微义矣。

九四在上卦之下，下卦之上，有顶之象，周身之气心从顶内踊跃而上，以咸元首刚健之体，非得之于跃乎？然气之为物也，可得言、不可得而见也，深微莫测，非如渊之空洞乎？初九、九二、九五、上九，皆以龙言，而此爻独曰或者。鉴此爻之气，从初九之潜而上升于九五升降之所，浮沉之机，天理自然之流行，不可一毫执着于物。正如周身之气，自顶内一坠，真气上升于耳，后降于口，化为甘露，绝无形迹可指也。

头顶工夫外有九二、九五之象，而内有九四之义，可以无咎矣。而犹有义焉，盖此等功夫，深奥无穷，学者须潜心体会，顺其自然。倘浮躁妄进，徒损肢体，何益于事乎。然则终日乾乾，夕犹惕若，无论学道艺，不可不奉以为则也。

足膝欲沉静，不欲浮躁，取象于坤。夫人周身之功，全赖两足、两膝以收之，犹周天之万物，也全赖坤土以载之也。下卦为足，上卦为膝，初六履霜坚冰至，取其镇静之元，阴气凝炼，渐至坚固也。

六二直方大，不习无不利，言镇静之元，自然正直大方，不待勉强，而所经顺利也。六之含章可贞，或从王事，无成有终，言既含正大之体，内可以贞固自守，外可以从上之所事，虽不能自成其方，而能自保其终也。

六四括囊无咎无誉，言膝之为功，不可妄动以致誉也。六五黄裳元吉，言虎眼向外，委中向内，含乎中道而后元吉也。上天龙战于野，其血元（应为"玄，"当为避讳故也）黄，恐过于阴静，而伤其变化也。故阴极生阳，静极生动，外虽沉静，而其内之真气自涌泉滚滚而上，阳生众阴之下，有地雷复之义。

头之为功，正而不斜，伸而不缩，不反不侧，不俯不仰，此功之见于外者也。至于长丰采，壮仪表，扬威武，皆气为之也，须自视其虎口穴，以定侧身之格局。一扬颏，必先失之于仰；夹脊微起，不失之于低，须戒之。两耳后各有一卜骨高起，是提气穴。提气时，务向上直起，庶免反侧之患，然须左右一齐用气，不然失之于侧，必失之于反也。学者不知其窍，纵总有莫大之功夫，而丹田之真气不能上贯于头顶，何由得刚健纯粹之象也。

凡一出手，即当视虎口穴，前颏用力正平提起，不扬不卑，后夹脊穴用力塌下。丹田真气来时，直达提气穴，着力提住，由百会穴转过昆仑穴，下明堂，贯两目，其气欲往鼻空泄时，即便吸入丹田。两耳下，各三寸六分，谓之顶眼，用力向下载住，合周身全局，用之久，自知其妙也。

人之一身，唯有两脚着地，通身骨肉皆赖以负载。炼之不精，犹有颠蹶之患，况毫无力者乎。凡一动步，须将两足炼地，两足大趾用力向内，两踵亦用力向内，两大趾掌后高骨处是正穴，周身用力向地载住，膝有动而足无动，如风之撼树，摇其本而不能动其根也。

世之用功于膝者，不过立则直，坐则曲而已。即间有一二通局者，其功夫亦甚了了，岂知膝之为用，有四面大力乎。凡一用步，两外虎眼极力向内，两内虎眼亦极力向外，委中两大筋竭力要直，两盖骨复竭力要曲，四面相交，合周身之力，向外一扭，涌泉之气，自能从中透出矣。

炼者，如胶之粘物。一着则牢不可破，如火之炼金，一合则坚不能开。其中微妙，有不可言传之。学者细玩坤卦之理，自然有会于心也。

又两足十趾，皆用力向地抓住，然必用周身之全局，以为出入方妙。若有早晚先后，则不合法矣。

遇敌之时，凡用右步，则左膝不妨略直；凡用左步，则右膝不妨略直。虽不可拘法，亦不可太过，总以不失元气为要。由前而观，两膝若并；由后而视，尻尾若有所凭。比胸塌腰，既不失之前伏；坚膝合步，更不失之后仰，总以阴静为主。

巽 兑：

肩背宜于松活，是乃巽顺之意。
裆胯要宜靠紧，须玩兑泽之情。

肩背取象于巽，巽卦一阴伏于二阳之下，外虽强健，而内实巽顺也。
初六进退利武人之贞，全在济之以巽顺，而后劲有进退也。
九二巽在床下，用史巫纷若吉无咎，言能巽者，自下以动，而能如史巫之积诚，自可以通于鬼神也。
九三频巽吝，言劲（别本作"筋"）之进退，必出于自然，不宜过刚不中，频巽以致吝也。
六四悔亡田获三品，言频巽之后必有所悔，必待悔亡之后，而后所获也。
九五刚健中正，以健体而居巽之中道也，所以贞吉也。初虽无精义，而巽顺之久，自有此妙用，无论先后，无不利也。
上九巽在床下，丧其资斧，言不可过于巽而无撙节，以丧其元气也。
裆胯取象于兑，兑卦内刚外柔。柔腹象，刚股象；腹临于股，阴之乘乎阳也。恐阳之过乎刚，故直者济之以曲，以完其势，股之谓也。恐阴之过乎柔，故虚者补之以实，以壮其神，腹之功也。遇坎而为节，节者有所限，而不敢过也。

兑者，泽也；坎者，水也，外肾也，谷道也。水在泽，易于泄；气至腹，亦易于泄，故贵有节之。

遇离而为睽，睽者，递也，乖也。离者，火也，燥也，炎上也。裆宜精而藏，胯宜坚而稳，若炎上浮燥，必有乖递之象。然坚中欲活，静中欲动，又不过于固滞，故遇艮而为损。

艮者，山也。若山而不动则有损矣，必也动而不失其为静，静而不失其为动，坚而不失其为活，活而不失其为坚，故遇震而为随。

震者，雷也。雷动而雨施，泽水随之而满，其气下降之候也。泽水升而为云，真气上之时也。世之用肩背者，往往直则不能曲，曲则不能直；松则不能紧，紧则不能松，良由不知内刚、外柔之体，内巽外健之用。

须将肩井穴用力塌下，两肩向内贴住，两背通将出来。自（脊）骨内以意送出劲来，再将手头握得坚实，通身钳得完固，自能直中有曲，曲中有直，紧中有松，松中有紧。久而用之，此内柔外刚、内巽外坚之奥理，细玩巽卦爻义，自得其妙。

塌肩井穴，须将肩顶骨正直落下，与背尖骨相合，曲池穴比肩顶略低半寸，手腕直与眉前，背骨虽极力贴住，却是竖劲，不是横劲，以竖则实，以横则虚也。

下肩井穴，自骨底以直至于足底，故谓之竖。动右背，则须将左背之劲，自左背骨底以意透于右背，直送二扇门穴，故谓之横。两劲并用而不乱，元气升降如意，而巽之义得矣。

裆胯要方而紧，其气正直上行，不可前出，不可后掀。两胯须分前后，前胯用力向前，不可向下；后胯用力向下，不可向前，亦不可向后。涌泉穴之气来时，向上甚大，两胯极力按之，愈按愈出，愈出愈按。阴阳两窍用力收住，不使往来之气自足泄出，此中巧妙，总以骨口相对，兑卦外阴内阳，互于吞并。

高步以胯劲为主，以裆劲为佐；中步胯裆劲互于吞并；下步以裆劲为主，以胯劲为佐。裆劲竖，阴中阳也；胯劲横，阳中阴也。故须分上、中、下以用之。

裆为胯之枢机，胯为裆之直使，故裆静而胯动，胯走而裆守，毫厘不可散乱。久而行之，自能骨口相吞，而真气真劲无不通矣。

艮震：

艮象曰："时行则行，时止则止"，其义深哉。

胸欲竦起，艮山相似；肋有呼吸，震动莫疑。

胸取义于艮，艮者，山也。一阳于二阴之上，其象为山，人身之胸似之。本乎天者，亲上气也；本乎地者，亲下形也。气易过于浮，须有以镇之，胸内之义也。形易过于沉，须有提之胸外之义也。

胸气上通于头顶，头顶者，乾卦也，天也。故艮遇天而为大畜，气畜于中而升于上也。下通于足膝，足膝者，坤卦也，地也。故地临山上而为谦，言足之气抱乎胸，犹地虽卑而抱乎山，而山不得不让之也。

胁聚象于震。震者，动也，雷也。一阳动于二阴之下，雷出而奋乎上，胁似之，以上天之象也，以下地之义也。天地阴阳相交，则雷雨作而万物生；人身上下相合，则血气通而真劲出，理一而已。

胁气上交于头，故雷遇天而为大壮；真气上升于头顶，健以初则力自大壮也。胁气下交于足，故雷遇地而为豫；真气下降于足膝，顺以动，故神气豫悦也。一呼一吸，一升一降，外见之口鼻，而内需之心胸，其要总在胁也。

胸者，空也，空则不能力，须以气主之。然气由胁而来，不能用胁，焉能用胸？盖不等于动者，必不等于止。艮卦之象词曰："时行则行，时止则止"，其义深哉。

胁者，协也，如鱼有腮，一开一合，气有升降矣。合则下协于丹田，后协于两肾，中间一股大气，自盖骨下从两裆内直沉至涌泉穴而止，复向后由足大筋向上翻出，自两委中穴上由尾闾穴透入夹脊，则与胁相交。一开如雷之奋于地而升于天，其气自能上升。一股入胸、入中，一股入两背，底通于泥丸，竖则直达顶巅，横则贯于指末。

胁之开合，即气之呼吸，借之出入，周而复始，不可颠倒错乱。细玩艮卦、震卦上九、初九之义，自能其上下承接之妙。

胸虽出而不高，胁虽闭而不束、虽张而不开，此中玄妙，有难以口授者。胁须以意出、以气胜、以神率，则为合式，非出骨、出肉、出筋也。

用胁以气之呼吸也，为开闭，以手之出入为开闭，以身纵横为开闭。若求之于骨肉皮血之间，则左矣。

高步之劲在于足，中步之劲在于胁，下步之劲在于背，此又自然之理也。

坎离：

> 坎离之卦，乃身内之义也，可以意会，不可以言传。
> 坎离，为水火之象，水济火，火济水。
> 心肾，为水火之藏（别本作"脏"），水宜升，火宜降。

坎离之卦，此身内之义也，可以意会，难以言传。吾欲妄言，又恐此道废坠。今从不可言之内而勉强以言，学者须细心体会。

离者，火也；坎者，水也，在人身为心、肾。肾属于水，心属于火。火之为性，易升而难降；水之为性，易降而难升。故心动则火上冲，情动则水下降，是其验也。

夫火必济之以水，始不至阳亢而生病；水必济之以火，始不至阴盛而生灾。从来儒家之守身，道家之内丹，莫不本于此义，真奥妙无穷也，岂但为学拳而计哉。即以拳勇而论，亦有莫大之功。

今欲学勇，不得不讲劲；欲讲劲，不得不借助于气；欲借助于气，不得不讲明水火矣。盖水火不交，真气乃涣，气涣而疾病将生，身且不保，而况于劲乎。是以此于拳勇者，必讲劲，讲劲必养气，养气必调水火，此一定不易之理也。

离卦内阴外阳，火中有真水也；坎卦内阳外阴，水中有真火也。真火可以济真水，真水可以济真火，互相济补，而后真气得所养也。

用功之时，塌肩，提胸胁，反龟尾，皆欲肾气上交于心也。须以意导之，下气炼步足聚筋，皆欲心气下交于肾也。亦须以意导之，得译于运气格式。

凡初入门用气者，每日清晨，盘膝静坐，闭目钳口，细调呼吸，一出一入，皆以鼻孔而行。少时气定，遂吸气一口纳入丹田，助以津液，足三十六度，则真火自降矣。

但吸气时，须默想真气自涌泉发出，升于两胁，自两胁升于前胸，自前胸并于耳后，渐升于泥丸。降气时，须默想真气由泥丸降于印堂，由印堂降于两鼻孔，由鼻孔降落于喉，由喉降于夹脊，由夹脊透于前心，由前心直沉于丹田。丹田气足，自能从尾闾升于夹脊，升于泥丸矣。熟练后，再用收气、留气法也。

卷三　神运经

总诀四章

练形而能坚，练精而能实，练气而能壮，练神而能飞。

固形气，以为纵横之本；萃精神，以为飞腾之基。故形气胜而能纵横，精神敛而能飞腾。

第一章　言神运之体

先明进退之势，复究动静之根。进先（别本作"因"）伏而后起，退合而即离。动以静为本，故身虽急而心自暇，故气虽结而神自扬。既知往来闪烁之妙，当明内外呼吸之归。

纵横者，劲之横竖；飞腾者，气之深微。

第二章　言神运之式

击敌者，有用形、用气、用神之迟速；被攻者，有仆也、怯也、索也之深浅。以形击形，身到后而乃胜；以气击气，手方动而不（别本作"可"）畏；以神击神，身未动，而得入。

形受形攻，形伤而仆于地。气受气攻，气伤而怯于心。神受神攻，神伤而索于胆。

第三章　言神运之用

纵横者，胁中开合之式；飞腾者，丹田呼吸之间。进退随手之出入，来去任气之自然。气欲露而神欲敛，身宜稳而步宜坚，即不失之于轻，复不失之于重，探如鹰隼之飞疾，疾若虎豹之强悍。

第四章　言神用之义

山不汗则崩，木无根则倒，水无源则涸。功夫亦然。

学者欲用《神运经》，必须《内功经》《纳卦经》、十二大劲，周身全局，精习微妙，方可学此，否则不惟无益，而且有损。

凡用此功，切记不可用高步，更不可用单步。须立骑马式，稳住周身全局，足底更要着意，将丹田元气比住，一呼则纵，一吸则回。纵时两足齐起，回时两足齐落，此法永不可易。然用时因敌布阵，又当有高、低、远、近、虚、实之变化，亦不可固执。刚柔动静之间，成败得失之机系焉，可不慎乎！

须动身不动心，动心不动气。夫然后心静而步坚，气静而身稳，而精神得以飞腾变化矣。是知静之为静，动亦静也；知动之为动，静亦动也。盖以静用动，非以动用静也。是以善于神运者，神缓而眼疾，心缓而手疾，气缓而步疾。盖因外疾而内缓，内柔而外刚，知体用之妙矣。

是知所贵者，以柔用刚，方是真刚；以柔用疾，方是真疾。此中定静妙奥之用，得之于象外，非可以形迹求也。学者务要深详参究，久而久之，神运之法，自能悟其妙理。

神运即明，再言内功。

内功十二大力注解

十二大力法

一曰底练，稳步如山。二曰坚膝，屈直似柱。
三曰裆胯，内外凑齐（集）。四曰胸背，刚柔相济。
五曰头颅，正侧撞敌。六曰三门，坚肩贴背。
七曰二门，横竖用肘。八曰穿骨，破彼之劲。
九曰坚骨，封彼之下。十曰内掠，敌彼之里。
十一曰外格，敌彼之外。十二曰撩攻，上下内外如一矣。

第一大力　曰底练

底者，足也。练者，练之于地也。凡遇敌之时，百般用劲，稳然不动，皆炼底之功也。
用法俱在"内经"，外用有二：一勾敌人之手足，须（屈）曲吾足尖向内弯起，以外劲胜之。一封敌人之足，须将裆劲全坠于地，以内劲胜之。

第二大力　曰坚膝

坚者，用内功以后自然坚也。外用有二：凡敌近身上攻，则用提膝，下攻则用跪膝，俱视其势之平侧，随时变换，不可预定。

第三大力　曰裆胯

裆者，内裆也。胯者，外胯也。若两敌逼近，将周身大力一落，内裆外胯，俱可胜人，但须凑集合式，方可用之。若勉强做作，则失之远矣。

其详细俱见经内。

第四大力　曰胸背

内功已成，前胸、后背俱有大力，可以制人，无有甚巧。须封敌人之手，用后背，须让出敌人之手，防其攻吾也。

第五大力　曰头颅

内功已成，不但胸背可以制人，即头颅亦可取胜。其用有二：曰侧撞、曰正撞。

侧撞者，敌在吾前，吾侧身撞去也。正撞者，敌在吾上，吾正撞去也。亦必防敌人之手。

第六大力　曰三门

三门者，肩也。用肩之法，须垂吾双手，贴住两股，以小身法用之。或侧用，或平用，或用之于上，或用于下，俱在"合战散门"内，难以尽注。大抵有内功以后，方可用之。

第七大力　曰二门

二门者，肘也。此力在十二大力成之最速；其用有二：曰横肘，曰竖肘。

竖肘者，竖吾手头，在吾面侧，以肘攻人也。横肘者，横吾手头，在吾怀中，以肘攻人也。用法虽多，必本乎此。

第八大力　曰穿骨

敌自上路来，吾将全局极力一伸，向前穿之，彼之劲自破，吾自获全胜矣。但须斗骨侧起，后步墅往（别本作"住"）前步以极力向前穿之，不然与通捶混矣。

第九大力　曰坚骨

敌自下路来，吾以一手封其一手，将全局极力猛落，自得全胜矣。
但须斗骨侧起，方能得法，其坚之轻重，全在内功之深浅。

第十大力　曰内掠

敌自里来，须以掠劲胜之。其用有三：上掠，破敌人上路之劲；中掠，破敌人中路之劲；下掠，破敌人下路之劲。俱封其手以用之。

第十一大力　曰外格劲

敌自外门而来，须以格劲胜之。亦有上格、中格、下格之分。但内功已成，亦不必尽拘。敌远则格敌人之手，近则格敌人之身，无不可格之处，学者神而明之可也。

第十二大力　曰撩攻

将手头以内功炼得坚实，如撩物之势，以攻人也。此力若成，微一着手，即可攻人于数步之外。

手头不可太远，敌人仅隔寸许，然后撩之方妙。若与敌人相去甚远，须以步赶之。

其用有五：曰内撩，攻敌人之在里门者；曰外撩，攻敌人之外门者；曰上撩，攻敌人之高势者；曰下撩，攻敌之低势者；曰正撩，攻敌之正逢者。

其到身如何发劲、如何身法、步法，俱在经内。

内功合战八门

第一门

此门宜左步，右手向前，侧身而立方妥。

立骑马势：三尖直对，如骑马状。内功全局。

飞递右势：用出右步，飞上右手，击其左肋。右坚骨劲。

左手招上右手骑马势：用左手向外，分出彼手去，遂进右腿，单步骑马势。上右手，击当胸。左外格劲。

退步右手勾挂：用小步法退后，以右肘拖其右肘手腕，双勾挂。右内掠劲。

进肘：借彼勾挂之力进步，以右肘击其当胸。右二门劲。

左手封挣：先用左手用力封之，然后出右手挣其右手也。右坚骨劲。

右翻右手头进手：彼此挣住，遂翻右手头，自外入内，击其肋。右内掠劲。

左手堑：彼右手来，须将左手自下而上用力拖之。左穿骨劲。

再翻右手头进右手：彼用左手堑住，仍翻右手自外入内，击其左胁肋。右外格劲。

退小步右手挣：用小步拖出彼手，复以右手挣之。右坚骨劲。

吊：彼此挣住，须用右手自上而下击其右肋，招着亦然。右外格劲。

进肘：两人之手皆已下去，须就力进小步，以右肘击其腹。二门劲。

左手封：用小步，以左手力封其肘，右手上挽其手腕。右坚骨劲。

翻进左肘：右肘既不得进，须将左步一收，翻身进左肘，击其心窝。左二门劲背亦可。

双手封：来势甚猛，须左手先封其左手头，右手再封其肘，双手用力而彼无失。封拿劲。

封拿劲再回进右肘：左肘既不能进，更不得复还旧步，进右肘击其右肋也。右二门劲。

双手封：用右手封其手腕，以左手封其肘。右坚骨劲。

挣：彼此挣住。俱右坚骨劲。

进丢手：彼此挣住，遂将右手丢彼手，再单脚子进左手结颏。左撩攻劲。

左手封：右手被丢，遂用左手自上而下力封其手，使彼不能用力。右内撩劲。

进右手小骑马势：左手彼已封住，须将右手放开，挽彼右手而进小骑马势，上右手击其右肋。右坚骨劲。

用身法左手提上右手：须将全身向后一坐，闪出彼手，即用左手提，自上提住彼右手头上，右手击其右肋。右撩攻劲。

提右手遂进右手：将右手用力提出惊彼手，遂上步，进右手，击右肋。右撩攻劲。

以横劲拍出，再用力挣力：右坚骨劲。

吊肘封挣：手法劲法同上。

第二门

进右手：上右手击其顶门。右撩攻劲。

左手招、上右手：用左手向外招之，亦上右手，击其顶门。左外格劲、右撩攻劲。

进左手招：左外格劲。

双双退出：彼此皆无得失，只宜两家俱退。

挣、吊肘、挣：手法、劲法如前。

进丢手拔快：彼此挣住，须先用右手，将彼右手一丢，再用左手代之，以右手击其胸。右撩攻劲。

左手搀：将右膝一收，右肘用力向后，左手用力向前，单开膀子，以右手搀彼右手而进。左坚骨劲。

丢左手、上右手、打外门身法：彼左手搀来，即将左手丢彼左手，提起前步，收住后步。上右手，自其肘底横击其右肋下，用右腿自外入内击其腿，三劲一齐，名曰外身法。右外格劲。

进里门身法上右手：彼右手格采（採），须用身法将左肘向后用力一拖，拖出彼之右手，将膀子单开，再上右手高骑马势击其腹也。右撩攻劲。

进左手：使拧裆法，用左手出之。左坚骨劲。

提右手招：彼来时，将右手向上一提，即能招出彼手矣。右穿骨劲。

进右手：上右步，进右手击心窝。右内掠劲。

左手分提上右手高捷打：将右手自上而下自右而抱住彼手，遂用左手丢彼右手头向外一分，翻出右手，迎顶而进，击其面门。右内掠劲。

进左手拍挣：迎面打来，右手拓之不及，须用左手横劲拍出，再用右手挣之。左内掠劲、右坚骨劲。

进左手：单开膀子，进左手，击其右肋。左坚骨劲。

使右手拿胯进左手：将右手右胯向外一拿，拖出彼手，再单开膀子，进左手击心窝。左撩攻劲。

右手招：将右手分出。右外格劲。

进右手：上右步，进右手，击心窝。右内掠劲。

右手招：以右手向外拖出之。右内掠劲。

进左手：再单开膀子，进右手，击面门。左撩攻劲。

右手招：仍以右手向外分出之。右外格劲。

起右腿：先将左步稳住，再飞右腿，奔三岔。左底炼劲。

退小骑马势右手招：用小骑马势向后一坐，以右手击其虎胫骨。右内掠劲。

遂上高捷打：彼方欲击时，乘其势，将右腿向前稳住步，先用左手丢住彼右手，自上而下使高捷打击其右肋。右撩攻劲。

上高挣：须周身用力，以右手底劲向上高挣而起。

吊、肘、封、挣：用法俱如前。

第三门

此门宜二人背面而立，然后变步。

进右手：上右手，击面门。右撩攻劲。

右手高挣：变步，进右手，高挣彼手。右坚骨劲。

起右腿：压住右膀头，飞起右腿撩阴。左底炼劲。

坐小骑马势右手招：用小骑马势，以右手击其胫骨。措劲。

进右手：稳住右步，进右手，击心窝。右坚骨劲。

进右手挣：稳住骑马势，以右手挣之。封挣坚骨劲。

吊：用法如前。肘：亦如前。封：亦如前。

封右手打右手存坐：先用左手封其右肘，再落右手向外开，其虎眼名存坐。右内掠劲。

拿右胯右手挣：须将右胯向后一拿，右膝避去，即能闪出彼手，再进左手挣。左坚骨劲。

起左腿：将步一变，起左腿，击彼右肋。右底炼劲。

变步左手招：将右腿向后，左步向前，闪出彼腿，然后用左手击其胫骨。左内掠劲。

进左手：稳住左步，进左手，击心窝。左撩攻劲。

进左手挣：用左手向前，挣其左手。左坚骨劲。

吊：如前。挣：如前。肘：如前。

封左手、打左手存坐：先用右手封其左肘，遂进左手，向外开其虎眼。左内掠劲。

拿左胯左手挣：将左胯一拿，左膝避出，再左手挣起。左坚骨劲。

变步、进右腿、上右手：变右步向前，起右腿，击左肋；上右手，击心窝。左底炼劲。右撩攻劲。

变步、右手招挣：亦用变步，将左腿还后，右步向前，闪出彼腿。然后用右手先击其胫骨，再挣其手也。先用右内掠劲，后用坚骨劲。

丢右手、上左手，打外门腿：彼此挣起，先将右手丢彼右手，再进左手，向外击其右腿，用左步打外门腿。打腿时须上左步，自外向右，上下手腿务要三劲一齐。下底炼劲。上左撩攻劲。

拿胯左手搀：将胯一拿，右膀身后一躲，再用手用力搀去。左坚骨劲。

丢左手、上右手，打外门腿：彼左手来搀时，即用左手丢住，上右手向外击其左脚下，用跳步转过，右腿自右向外打其外门腿，上下一齐。下底炼劲。上右撩攻劲。

拿胯上右手挣：将胯一拿，左膀向后一躲，再用右手加仕力挣住。右坚骨劲。

进丢右手：彼此挣住，上右手丢其右。擒劲。

擒劲使劲拔快：右手被丢，须左手封其手腕，然后将右手用力翻起，压住彼右手，击其左肋。左坚骨劲。

挣：用法如前。吊：用法如前。肘：用法如前。挣：用法如前。

第四门

此门宜二人对面而之。

进右螳螂手：螳螂手者，不用捶，单用手掌击其耳根也。右撩攻劲。

退小尖步：用小尖步一退，以右手身外招出。右内掠劲。

进左螳螂手：用法如前。左撩攻劲。

退小尖步：仍用小尖步，以右手分出。右外格劲。

进右手大挣：再上右步，以右手大挣面门。右撩攻劲。

进右手骑马势：先将左手分出彼手，再进骑马势，上右手，击心窝。右撩攻劲。

拿右胯进左手搀：拿去右胯，单开膀子，进左手，搀其右肋。左坚骨劲。

右手分进左手：用右手向上分出彼手，使拧挡法，进左手，击前胸。左撩攻劲。

拿左胯进右手搀：拿回左胯，单开膀子，进右手，搀其左肋。左坚骨劲。

左手分、进右手：用左手向外分出，进右手揭颏。右撩攻劲。

进左手分：用左手分出。双退：如前。大挣：如前。劲法俱如前。

起左右连环腿：先起左腿攻其右肋，再起右腿直奔脐下。起左腿用右底炼劲，起右腿用左底练劲。

步左右手招：用骑马势以右手击其左胫，以左手击其右胫，上下齐招。左右俱坚骨劲。

进右手：稳住右步，上右手，击其右。右撩攻劲。

右手挣丢：用右手竭力挣住彼手，然后丢住。右坚骨劲变擒劲。

上劲拔快：彼方丢时，速将左手封其右腕，翻出右手，照其心窝打劲拔快。右撩攻劲。

右手挣：将右手加底劲挣出。右坚骨劲。

左手分进右手：将左手分出再上步，进右手击当胸。右撩攻劲，在外格劲。

左手接打：接打须用左手接彼右手，向外分丢，再进右手，击其当胸。右撩攻劲。

连二进：彼右手来时，亦用左手接住，再上右手击当胸。先格劲后撩劲。

如上打法：吾仍接住用上接打之法，彼必变法矣。

上右手小骑马势：彼则变法，将左手接吾右手，向外一分，进小骑马势，上右手，击小腿。左外格劲。右撩攻势。

上高连环：吾亦用变法，用左手擒其右肘，进高步，以右手击其面门。左内掠劲。右撩攻劲。

进右手挣上左手：须用手加底劲，用力挣出，再上左手，搀其右肋。俱坚骨劲。

上左手搀：亦将膀子单开，上左手搀之。

进右手：再将膀子单开，进右手搀其左肋。

右手搀：亦将膀子单开，用右手搀之。

大挣：加底劲自下用力挣出。

第五门

上右手：右撩攻劲。

左手分进右手：左外格劲，右坚骨劲。

上左手分：右外格劲。

双退出挣：对挣坚骨劲。

上左手：左坚骨劲。

上左手搂进右手：左外格劲，右撩攻劲。

上左手招进右手：左外格劲，右坚骨劲。

退左手招：左外格劲。

起右腿：左底炼劲。

左手招：内掠劲。

上双手：如前。俱坚骨劲。

双招双退出：如前。

挣：对挣坚骨劲。

进左手：坚骨劲。

上左手搂进右手：左外格劲，右撩攻劲。

退左手招进右手：左手格劲，右手坚骨劲。

退左手分：左手格劲。

起右腿：左底炼劲。

上右手招：右内撩劲。

上双手双退出挣：如前。劲法如前。

进丢手拔快：右撩攻劲。

左手搀：左坚骨劲。

再进左丢拔快：右撩攻劲。

提左手招进右手：左格劲，右撩劲。

上左手拍挣：左坚骨劲。

起右腿：左底炼劲。

右手抬亦起右腿：劲法如前。

右手招遂进右手骑马势：先用掠劲，后用撩劲。

右手招：内撩劲。

挣：坚骨劲。先翻出右手而后用劲。

上左手招进右手：左掠劲，右撩劲。

进手接打：先用左手招住彼之右手，再上右撩劲击胸。

上左手拍挣：进左手十字捶。俱坚骨劲。

左手搋：坚骨劲。

进右手：坚骨劲。

左手搋：挣，俱坚骨劲。

第六门

此门宜左步左手向前而立。

立门：将前左步放活而立。

飞递右手：飞递者，一人相隔尚远，须一跃而入，名飞递。上右手，击其左肋。用神运全局，进撩劲。

提左手连递左手：彼已招左手而来，即将左手向上一提，提出彼手，遂自其肘底连递左手击其右肋。左穿劲。

退步右手招：将原步略退，用右手向后一拖即招出。右内掠劲。

上步进右手：再上右步，进右手向前击其当胸。右撩攻劲。

下步左手搋：须变左步向前平开膀子，以左手搋之。左坚骨劲。

提右手连递右手：彼左手搋来，即将右手向上一提，提出彼手，遂自其肘底连递右手，击其左肋。右穿劲。

下步右手招：仍变回右步，向前以右手招之。右内掠劲。

进左手：单开膀子，急进左手，击其右肋。左坚骨劲。

提右手招：将右手向上一提，即能招出。右穿劲。

进右手：再上右步，进右手，击当胸。右内掠劲。

拖右手招：用右手自内向外，贴彼右手向一拖即出。右内掠劲。

再进左手：再单开膀子，进左手，击右肋。左坚骨劲。

提右手招：膀将右手向上提出，右穿骨劲。

再进右手：再上步进右手，击其当胸。右内掠劲。

进丢手：如前。

上劲拔快：如前。

右手挣：将右手加底劲，用力挣起。右坚骨劲。

起左腿：变右步向前，起左腿，击其右肋。右底练劲。

变步左手招：亦变左步向前，以左手击其胫。左内掠劲。

进左手：起腿以后，遂进左手，击其面门。左撩攻劲。

左手挣：击胫后，即翻左手挣，向上挣其左手。左坚骨劲。

起右腿：变回右步向前，起右腿，击其右肋。左底练劲。

变步右手招：亦变右步向前，以右手击其胫。右内掠劲。

上高捷打：用左手封其右肘，提其右手平空自上而下击其胸。右撩攻劲。

退倒身法：须先将右手拖出，遂即倒身向后若倒而立，即便闪出其手。

上小捷打：彼使倒身法闪出其身，更不能稳，遂进右步，直闯入内，用左手丢彼右肘，再上右手，力击其面门。右撩攻劲。

右手高挣急吊：用右手加底劲，连身带步，高挣而起，遂进吊捶击其腹。右外格劲。

左手封进右手：左手封其肘腕，进右手，击当胸。右撩攻劲。

左手拍挣：法如前。

进左手：单开膀子，进左手，击其右肋。右坚骨劲。

还左手十字捶：如前。

挣：如前。

第七门

进右手：上右手结颏。右撩攻劲。

右手拖：用右手向后一拖即出。右内掠劲。

进左手：上左手挂耳。左撩攻劲。

右手挂：将右手向外一挂即出。右外格劲。

上右手骑马势：进右手，上右手，小骑马势，击小腹。右撩攻劲。

进丢手拔快：用身法将左手丢彼右手，再上右手击其当胸，名曰丢手拔快。右撩攻劲。

挣：如前。

进左手：坚骨劲；还左右十字捶。

先左后右挣：如前。

吊：如前。

进左手大穿：大穿者，右手方吊时，遂将左手向上一翻，从自己脑后而出，击其天门。左撩攻劲。

退步身法右手招：须将步一（夏），提起右手，向上招之。右外格劲。

进右手小骑马势：彼右手向上招时，须进小骑马势，上右手，击心窝。右撩攻劲。

退倒身法拖右手招：将身而后虚倒而立，右手向外拖出之。内右撩劲。

走外门跪膝：将左步向前提起，进外门，上用右手，丢彼右肘，下用跪膝，顶其虎眼，再以右手横击其膀头，二劲一齐。上用撩攻劲，下用坚膝劲。

进右手高接打：彼来丢时，须先右手向后，亦将左手丢彼手，退出右手将身一跃，用右手击其左膀，名曰接打。右撩攻劲。

上步进右手：先将左手向外挂出彼手，再进右步，上右手，击心窝。左格劲右撩劲。

左手拍挣：如前。

起右腿：上用右手挣住，遂飞击其右肋。左底炼劲。

右手招退右腿：将右手用力招出彼腿，亦遂起右腿击其右肋。左底炼劲。

左手搀进右手骑马势：用左手搀出彼腿，再进骑马势，上右手，击心窝。右撩攻劲。

左手搤：将膀子单开，以左手搤出之，左坚骨劲。至右手丢打外门拔快。用左手丢彼左手，下用腿自右向左击其腿；上用右手，击其左膀子，三劲一齐。右撩攻劲。

进跪膝上右手：将左手向后力拖，即能拖出彼手。再用跪膝而进，上右手，击其腹。右撩攻劲。

亦进跪膝左手搤：亦必先跪膝顶住后，用左手搤彼右手。右坚骨劲。

丢左手打外门拔快：亦用左手丢彼右手，上右手打外门拔快如前，只去了腿。右撩攻劲。

上步进右手：亦将左手向后拖出彼手，再上右步，进右手，击其心窝。右撩攻劲。

左手拍挣：用法同上。

上左手：单开膀子，进左手，击心窝。左坚骨劲。

左右十字捶：用法如前。

挣、吊、肘、挣：用法俱如前。

第八门

此门左步向前而立。

立门：后腿稳住，前腿放活。

手递右：进右手，击当胸。右撩攻劲。

丢右手、上右手：左手丢彼右手，再上右手，击其右肋。左手格劲，右撩攻劲。

左手搤：单开膀子，进左手搤之。左坚骨劲。

丢左手、上右手：用右手向外一丢，遂仍进右手，击其左肋。右撩攻劲。

进右手搤：单开膀子，用右手，搤其心窝。右内掠劲。

上右手搤：亦用右手向其心窝搤去。右内掠劲。

右手拍挣：如前；上左手十字捶：如前。

还十字捶、左右挣：如前。

上左腿：右手挣住，上左腿，击其右肋。右底炼劲。

右手招：将步一用，右手招出。右外格劲。

再起右腿上下连环：先将右步稳住，再飞起右腿，自下而上。先撩阴，后击其心窝，名曰连环。右底炼劲。

退步法左右手招：领一步，以左手招下，右手招上。左下撩攻劲，右内撩攻劲。

进右手：稳住右步，进右手击胸。右撩攻劲。

右手挣：如前；小丢手：小丢手者，从以右手丢彼右手也。坚骨擒劲。

进步拔快：如前。挣：如前。进左手：进左手，击其左肋。

左手领进右手打火轮：先将左手领其左手，再进右步，上右手，横击其左肋，故名曰打火轮。三门劲。

拧裆身法进右手：将裆一拧，左肘向后，一拖即出。右撩攻劲。

右手搤：单开膀子搤之。左坚骨劲。左手领进右手打火轮：如前。

拧裆身法进右手：如前。

丢左手打小外门拔快：用左手丢彼左手，以右手击其左膀，须分有腿无腿，故名。右撩攻劲。

上右手：将膀子一单开即能招出，再上右手，击其心窝。右撩攻劲。

左手搀：左坚骨劲。

丢左手打小外门拔快：用法如前。

进右手：单开膀子退出，再进右手击其当胸。右撩攻劲。

左手拍挣：用法如前。

还左手十字捶：如前、挣。

卷四　地龙经

第一局

地龙真经，利在底攻。

无论敌人高矮、远近，功力大小，皆可以底攻劲胜之。

盖人上部多实，下部多虚。虽平人相角，攻下胜于攻上，况合内功大力者乎。然欲行此法，必先将《内功》《纳卦》《神运》三经摹炼熟娴，然后可用《地龙经》。不然空有式样，凡经内所藏诀窍，皆不能知其妙矣！遇敌安能必胜？

《地龙经》虽自成一局，然其中道理贯串、气脉连络处，皆与《内功》《纳卦》《神运》三经相为表里，学者不可不知。

地龙一局，"底攻"二字尽之矣。其中虽有无限议论、无限道理、无限法门、无限变化，悉于此两字发出。

第二局

全身炼地，强固精明。

遇敌非徒用底炼足也，全身倒地，尤能炼气、炼血、炼筋、炼神，能用周身之大力全局，然后可以制敌。

炼气则固，炼筋则强，炼血则精，炼神则明，其工夫全在平时，皆经内所译言者，勿用左道。

第三局

伸可成屈，住亦能行，
屈如伏虎，伸比腾龙，
行住无迹，屈伸潜踪。

此言敌来，吾即倒身于地，前用双手按于地上，后用双足梢着地，即将通身腾起悬地，然后遂敌所在，任意行法，此正格也。

若用屈，则合周身大力全局，以双手向后，力拖全身，自能屈而起立。伸则双足向前力挂，亦能伸而击敌。行住无一定之格，因敌施法，彼住吾行，全在使敌人不能窥吾踪迹。

偶将身一缩，手足俱皆不见，以全力覆蔽之。但以头伏于手上，窥敌虚实，如伏虎状。手足仍能击敌如故，起立如常。

腾则全身伸直，勿论反侧，皆能制敌。起立任意蜿蜒，伏如腾龙状。

故欲伏先腾，欲腾先伏。伏者腾之势，腾者伏之机也。一腾一伏，一伸一缩，变化见矣。

第四局

身坚似铁，法密如龙，
翻猛虎豹，转疾隼鹰。

此局专重坚、密、疾、猛四字。然不悟四经全局，必不能知其妙。须将四经体会明白，而后用之，方能任意。

盖不密则失，不坚则乱。身一着地，即使敌人入吾套中，而不能出。更须翻腾有虎豹之猛，婉转有如隼鹰之疾，方无遗漏。不然，敌虽中法，亦不能如意也。

反侧伏仰，为翻竖劲也；左右轮转，为转换劲也。转则两足伸直，翻则略曲一足，横竖劲方能分明不乱。

第五局

倒分前后，左右分明。

敌对面来，吾将全身向后扑去，直倒于敌人身后，使彼目不及瞬。然行法，谓之前倒，否则仰跌于地，使敌制吾则远，吾制敌则近。

以次行法，谓之后倒，若夫前后左右更属腾闪之功。敌人直攻来，吾将全身向外一闪，或左或右，务使敌人落空，遂即倒身在地。乘时行法，比及敌人收步变局时，已早中吾法矣。

一倒则胜敌，不待细分前后左右，方是此中化境。

第六局

门有变化，法无定形。

门者，吾所自立之门也。伏可变仰，仰可变伏，侧能成反，反能成侧，此皆随时立门之规矩，不可执一而不化。

至于行法，更无一定。有法从门者，有门从法者，甚至于法离门、门离法，俱由平日熟读四经，其中玄妙，无不洞达，临时方能应手而来。不然虽耳提口道，亦不能领略，况徒劳眼力乎。

反侧伏仰是门，手足攻击是法。门近则法变，法近则门变，婉转不穷，妙法层生。

第七局

前攻用掌，二三门同。

前攻者，敌在吾前，吾应顺势以吾前部攻之。须用掌，勿论左右。但一手封住彼踵，在上一手自内向外，力折其膝，否则用双手封住其足，上三门劲狠攻其三里穴。

倘敌人足近吾胸下，务要顺势曲吾三门，自上而下攻其足面，皆能取胜。

用二门法，最要迅速方妙。敌逼吾太近，防其以足攻吾也，以故散门中不敢轻用。

第八局

后攻用足，踵膝通攻（别本作"用"）。

敌在吾下，吾则顺势以吾下部攻。须用足，勿论左右。但一足缠敌一足，再进一足，力撞其膝，反侧俯仰，左右上下，皆可曲伸住行，皆可翻转腾挪。成功须曲尽其妙，不可稍有阻挡，方为合式。

用踵者，敌步稍远，吾足仅能到而不能缠，则亦不必用缠法。但提一足腾空，自上而下撞其足面。倘彼收回，吾即再飞起一足，仍力撞之。若敌人用步近吾裆下，可以不必转用前法，但以跪膝撞其足面，自能获胜。

以上六法，内功散门中亦曾言及，然皆本于此缠，非另有讲究也。

两足后高骨处，谓之踵，虽云自上而下，却是斜击，不是正击。跪膝，谓两膝是也。用时不可提得太高，太高则虚而无力矣。

第九局

远则追击，近则接迎。

倘敌人忽然退祛，不可任其自退，须追之。然追之亦不用变局高身法，须将两手按地，将裆悬起，使双足自裆向底前透递而出，以远为合式。若双足已合前局，须将全身屈起，用双手向前力扑而出，亦能赶到，仍以远为合式。

比及追之行法，须以上六法任意变换而行。若方才立法，敌即忽然而来，切不可向左右、前后闪避，顺势以法接之，不待敌人稳步合局，迅速迎上，方无不中之法。

追击之法，与《神运经》一理，全凭"悬裆"两字。通身若无大力，唯两手按地，裆必不能悬，况两足跳跃远追乎。须《内功》《神运》练熟，再用此功，方得其妙。

第十局

大胯着地，侧身局成。

大胯者，外胯骨也。大胯着地者，定侧身侧局也。

凡用侧倒局，须单胯骨尖着地，两手轻轻按地，足膝俱皆腾起，自能蜿蜒屈伸，翻转住行，悉于侧身局化出。用此局，全在手轻轻按地，一重则手成迂物矣。须时按时起，周身方能活动。亦可单用二门着地，随势腾出双手作法。

第十一局

仰倒若坐，尻尾单凭。

夫人仰倒于地，未有不以全臀坐地者。坐者，非用臀，坐而用臀，则成溃局。

要能行法，唯以臀骨尖着地，手足与身俱皆腾起，合住周身全局。向左则左转，向右则右转，任意行法，无不中窍。

亦可单用手按地，唯悬下部行法制人。但不如全腾之势，上可以用双手，下可以用双足，更玄而妙也。

照得此局，左右盘旋，随在中窍，其妙有不得胜言者。然须知所以然者，全在臀骨作枢机，若将臀实坐于地，则相去远矣。

第十二局

高低任意，远近纵横。

高低任意者，人意此法只能在地盘旋，不能起而高攻。孰知遂倒遂起，任意腾伏，原是此经本原，稍有牵强，不为合式。

凡用起法，须暗曲一足在底，合底练全局大力，加以双手或单手助之，勿论左右、反侧、俯仰、前后，自能遂倒遂起。

纵横者，用高身法跳出，用地龙经局收回，用地龙局纵出。一高则攻敌之上，一低则攻敌之下，总以不露形迹、坚密疾猛为要。

此局全是《神运经》道理。人能于《神运经》熟有读得，知其纵横飞腾之势，明其炼气、炼神之理，自能一贯豁然。

散门正局

第一局

敌进右步撩劲，吾用右手接住彼手，自上而下，顺势向外一摔，其肋自露。急进左底炼封住彼右步，以二门、三门全局，侧身攻之。

右第一章：此法须贴住背，以小身法向上提起而用方妙。敌来攻时，趁其伏身，速以右局步、全局底炼劲，用力向外一开，将右手飞起，以掠劲攻其背，三劲齐使，胜。

右第二章：此还上之法也。用时须将两腿极力伸直，运用周身之气，向后斜带之，方得。不然，恐敌有底炼之功，不轻易为吾所开也。受敌掠背，必倒而伏，遂将左足仍封住彼右足，用地龙倒地起法，以左格攻彼右腿，胜。

右第三章：此一还二之手法也。倒身之时，须有分寸，若一概落地，则难起矣。一说用三门更妙。敌方用地龙起身法，不待彼起，即将右步稳住底炼劲，提起左膝，攻彼左胁，胜。

右第四章：此二还一之手法也。须乘其将起未起时攻之。见敌起左膝，吾不前进，随其左膝向前而倒，顺势向外翻出全身，仍作伏龙法以胜之。

右第五章：此法须地龙功夫练熟，方能用之，不然起倒不明，徒取笑耳，焉能致胜。又倒后，须聚精会神，伺敌人动机，以施吾之攻击。若敌人见我伏，直上步以矮势出撩劲，我即用左格劲，格彼左手，再上右手，当胸攻之，胜。

右第六章：此接上之变局也，无甚深意，但须出得坚与疾耳。

第二局

敌上右步撩劲，吾用左格劲，自内向外丢住彼右手手腕，再进右底炼，自外向内封住彼右步，又以右擒劲丢住彼三门，三劲齐使，胜。

右第一章：此法用时，左丢手须极力提之，则彼足自然无根。又用时，手足齐上方妙，不然，彼必抽腿矣。若被敌人跌倒，遂用右足勾劲缠住彼右手，伏身合住地龙全局，两手按地，加左足底劲，撞彼右胫，敌自败。

右第二章：此法用时，右足极力要屈，左足极力要直，当运周身之气以用之方妙。倘敌进撩劲，吾退右步用格劲时，敌右手早已抽出，吾必落空。遂进步缠住彼左手，将身伏下，以左三门攻彼胁下，胜。

右第三章：此攻下之变局也，用时须敌人抽退时急攻之，勿令彼步法落实。此乘虚之法也。

第三局

敌进右步撩劲，吾暗上小左步，用左掠劲，撩彼右手，按身不动。敌若出左手，借彼出时，急将身一扭，伏于里门，合住劲，以左三门攻彼胁下，自胜。

右第一章：此法进左步时，已预为攻击之势，勿使敌知觉，方见其妙。

第四局

敌进右高步掠劲，吾用右手格劲，向上丢起，遂进左步，拦身擒之。

右第一章：此法须左底炼用的坚实，方能取胜，不然一遇强敌，恐与敌俱相仆矣。敌用左步封吾身，复以拔劲攻吾。吾复将身一扭，用坚膝劲，击敌人膝内。

右第二章：此还上之手法也。同时须趁敌人进左步时，迎而击之，若敌人擒住，即解之不及矣。敌用坚膝劲攻吾左膝，吾急将左步向外一开，将身一落，栽住项根，以项攻彼右胁。

右第三章：此一还二之手法也，同时须要稳住周身全局，以小身法攻之，方妙。

第五局

敌上高身法，以双手攻吾上路。吾以左手自下向上缠落其左手，以右手自下向上缠落其右手，暗进左步，踊身而入，以胸劲攻敌人前心。

右第一章：此以全身攻敌人之法也，不必拘于胸劲。若敌人自下路而进，亦可用此法。然须向下缠双手，如将封敌人手时，务要封住，勿使其抽出，得以变法攻吾也。敌以双手封吾双手，以胸劲攻吾，其势不得动手，又不得迟延，略一迟延，即为敌所败矣。须暗起右膝，迎裆攻之，胜。

右第二章：此坚膝撩阴也，须斟酌用之，稍重恐伤性命，慎之慎之。

第六局

敌上高右步撩劲，吾用右格劲丢起敌人右手，下用左底炼劲，封敌人右步，将身一扭，用三门劲攻胜。

右第一章：此法须运用周身之气，将肩背贴住，以短劲攻之。不待敌人用三门劲，以右手按住彼右手，接住彼左步，再以左手丢其右手，三劲齐使，向右摔去。

右第二章：此法用时，须不早不晚方妙。盖早则敌必惊疑而退，晚则吾不得其动身矣。须迎其势而攻之也。敌欲动足，吾急以右手丢其右手腕，以左手丢其右肘，仍用左足封其右步，向左摔去。

右第三章：此一章之所变以攻下也，盖以敌之法变而左用之也。摔时，须曲敌人之手于其胸上。

第七局

敌出骑马势，上右撩劲。吾即向右变步，用手合周身全局，向地用力扑，借势起身，使小身法，以双手击其腹。

右第一章：此法须以侧身之势，向上斜攻其平面，所谓以我之实、乘敌之虚也。

第八局

敌出右步撩劲，吾用左坚骨劲接住彼手，自内向外将全身一转，以左足自外向内，缠其右步，以左格劲力格其胸，三劲齐使。

右第一章：此法上下须用短劲。若用长劲，敌虽败，吾亦不能无恙矣。

敌上左步，将欲格时，吾即退出右手，亦左步向后一转，自外向内缠其左步，再以左手抓其右胁，向外力掠，二劲齐使。

右第二章：此还上之法也，须要闪得清楚，先立于不败之地。又抓劲时，须运全身大气以用之。

第九局

敌出低势，右手撩劲，吾进右手坚骨劲，封住其手；然后左手抓住其发，右手当胸，撮其颏，二劲齐使。

右第一章：此法有真巧存焉，用时勿使大劲。又封手时，以右足自外门封其步，令彼不得抽退。敌上右高步撩劲，吾自外门向内，用右手格劲格开彼手，顺势进左步，将左手自敌人胸后向前攀住敌人鼻峰，全局功夫，向后折其项。

右第二章：此上法之变势，用时务向敌人怀中折其项，不可向左，若向左，则敌人漏出矣。

第十局

敌出右步撩劲，吾进左步底炼，封其右足，自外向内，再进左手，自上而下丢彼右手，用力下撩，遂进右手，自上而下斜击其项。

右第一章：此法丢手时，倘彼用力向上，势难下撩，遂将彼右手自下而上后翻起，进右手击其面。敌进右手击时，吾手已被丢住，难于退出，遂伏身向里，进左步跪膝，合坚全局进右手，击当胸。

右第二章：此法须落左步时，闪出敌人右手，先立于不败之地，而膝又宜着力。敌欲击胸，遂将两手退出，退出后，向地而倒，全地龙伏身全局，用力向前一纵，以右足带彼右足。

右第三章：纵身时，须将脊骨用力塌下，右足作一步法，左腿伸直勾住，而后极力曲之方妥。敌带吾右足，吾必仰地而倒，不须待其起立，遂将身一侧，两手按地，意合地龙局，起左足击其左胫。

右第四章：此法宜极力伸直，左足自上而下斫之。

第十一局

敌出右步撩劲，吾即向后而伏，两手按地，合地龙局飞起右腿，自上而下击其脸。

右第一章：此法用时，务运周身之气，以坚骨劲攻之。若右手不中，即翻身以左足踵自内向外攻之，亦用自上而下之势。

第十二局

敌进右步撩劲，吾上右步，自内向外掠出彼手。再倒上左步，将两背贴彼胸下，屈身用双手拔其右足，以中部全局挫其膝。

右第一章：此法用时，务要贴得周密，令彼抽退不得。上左步须有分寸，令其右足适露在面前。挫膝时，令彼膝尖向上，有破骨之势，勿使其委中向上，令吾不得力也。敌欲挫吾膝时，吾即顺势抓住其发，以左手用力撮其颈，用两背全局，力折其项。

右第二章：须伺其抓上未定时用之，盖彼手但奔下路，吾乘其上之虚而攻之，无有不胜之理。但恐其使得飞疾，令吾不得措手耳。

第十三局

敌人持刃迎面而刺，吾且忌不可后退，急侧身进左步，用左手自外向内掠住彼右手腕，上右手击其面门。

右第一章：此法亦有中、食二指刺其鼻孔者，亦有用中、食二指击彼两目者，但视其势之缓急而用之。

第十四局

敌上右步撩劲，吾进左手採住彼手，伏身以右手捎其右胫骨。捎起时，双手将彼胫骨一扭，合周身全局，向彼一撞。

右第一章：如左手捎起，或左腿右腿，皆用此法胜。

第十五局

敌上右步撩劲，吾进右步，潜身以双手封其右足，以右三门劲，攻其虎胫骨。

右第一章：此法用时，封双足务要周密，防敌人乘势起足攻吾之面。敌封吾右足，欲以三门攻吾，吾乘其将落未落，急起右膝，以攻其右胁。

右第二章：此法若被其擒倒，不得用膝，即飞起右足攻之。

第十六局

敌出右步掠劲，吾以双手自下而上扭其右手，进右足，自外向内封其右足，合周身气力向左丢之。

右第一章：此法须竭力扭其右手腕，以破其劲，里外门俱可用。若用之于里门，以左足自内向外封之。

第十七局

敌人进右步撩劲，吾亦进右步用格劲，格出彼手，顺势而上，擒住其肩项（别本作"项"）。再进左手，抓住其足踵，合周身全局，向外一摔。

右第一章：此法用时，右步进在敌人里门；用格劲时，须自下而上从腹内翻出方可。倘被敌人摔倒，前胸切不可着地，但以双手按地，合地龙侧身局，飞起右手，横击其阴。

右第二章：飞足用地龙翻身之势，无甚深意，然必熟地龙之法，方可用之。

第十八局

敌进右步撩劲，吾不可前进，不可后退，但用左足底炼，稳住周身，飞起右腿，合全局直撞其胸。

右第一章：此法有功力者用之方妙。盖左足有底炼，方能自守；右足有底炼，方能得人。不然，亦胜负相半耳，何能必胜。敌以右步撞吾肋时，吾亦不可后退，即用双足底炼稳住周身全局，以胸胁功夫，向外撞其足。

右第二章：此法更须有功夫者用之，学者万勿效颦。

第十九局

敌出右步撩劲，吾将全身一侧，漏过彼手，顺势进吾右步，用右手格劲，格住其腰，再以左手抓住其发，向下力折其项。

右第一章：此法用格时，须自上而下。进步时，进在敌人里门，令彼不得抽退。若有功力，莫妙于用横格，格住其右手，逼在腰间，更胜。

第二十局

敌进右步撩劲，吾即伏身，先援以左手，缚其足踵，再用右手向外，力掠其膝。

右第一章：掠膝时，须掠其膝内，若掠其膝尖，必不得矣。敌来伏身击膝，吾亦伏身进左步跪膝，自上而下，用全局以击其背。

右第二章：此亦乘上之虚而击之，最妙。敌欲伏身击背时，不俟其成局，遂合周身全局，向上力起，以二三门攻其胸腹。

右第三章：凡伏身入下路，敌来伺吾上路时，皆可用此法。

第二十一局

敌进骑马势右掠劲，吾进右步，自外向内封其右手，用左手丢彼右手，填吾胁下，扭身进右手，击其项。

右第一章：进右步，进在里门。若上路被敌人左手格住，下路即可用坚膝劲，拿敌人膝内。

第二十二局

敌出骑马势，右手撩劲，吾用左手自上而下封住彼右手，侧身进左步底炼，斩其足背。

右第一章：用底炼时，令涌泉穴有向内之势，方得斩字之义。

散门变局

一变：敌用一局一章法，吾变十二局一章法破之。
二变：敌用一局二章法，吾变十局三章法破之。
三变：吾用一局五章法，敌来追击，吾变小身法，以双手攻之。
四变：敌用二局一章法，吾变左坚骨劲，丢其肩顶，右手向左，连身带手，一总撞之。

五变：敌用三局一章法，吾变六局二章法破之。

六变：敌用四局二章法，吾急将左步向外一开，伏身以左手丢敌人右膝，以右手擒其足踵，二劲齐使。

七变：敌用五局二章法，吾将身一侧提起，右膝迎之，其膝自然向外而去，吾即顺势变起右膝，击其阴。

八变：吾用六局三章法，或敌人力大急，切不可动，吾顺其势，伸其肘，向右摔之。

九变：敌用七局一章法，吾速进右步，自内向外，以坚膝劲折其左膝，变右手格劲，连胸带手，一总攻之。

十变：敌用八局一章法，吾若失机，为其所跌，急以八局二章法还之。

十一变：敌用九局二章法，吾不可坐待，急变全身向后顺转破之。

十二变：吾用十局一章法，敌人上路已有备时，吾伏身变双手拔其右足，以三门攻其肋。

十三变：敌用十一局一章法，吾急将右步向外一开，变其左足，踢敌内裆。

十四变：敌用十二局一章法，吾变右手，拦其左肩，向后力摔，右足挂彼左足，向前力带，二劲齐使。

十五变：吾用十三局一章法，敌用力向上时，吾急变回右手，自其肘底攻其肋。

十六变：吾用十四局一章法，敌人力大急切，不能挡起，急以左步封其身，彼变吾手自前擒之左足，以全局攻之。

十七变：吾用十五局一章法，敌人退步时，吾急变"地龙经"纵身法赶上，仍用十五局一章法攻之。

十八变：敌以十六局一章法丢吾右手，吾急用左坚骨劲，按吾右斗骨以破之。

十九变：敌用十七局一章，吾急用周身大力向后落骑马势。

二十变：敌用十八局二章法将吾跌倒，吾急变地龙侧身局，进右足，撞敌人胫骨。

二十一变：敌用十九局一章法攻吾，吾用大力格之，用其攻吾之法以攻之。

二十二变：敌用二十局一章法，吾变小身法，以双手攻之。

二十三变：敌用二十一局一章法，吾急仰身跌倒，提起右足，自下而上撞其腹。

二十四变：敌用二十二局，吾合周身全局，以格劲破之。

散门总局

吾进右步撩劲，敌人用左手格劲，格出吾手，欲向里进右手。击时且不可乱，上左手但合周身全局，以右手掠劲掠之。

右第一章：倘吾撩劲失机，已被左手击来，可以不必用掠劲，须上左手，迎其右手，以双手坚骨劲击之。

右第二章：吾出右手撩劲，倘敌人以右手封吾右手，欲进左步，左手击吾耳门时。不可乱用左手，但以右手格劲，向外格之。

右第三章：吾出右手撩劲，被敌人丢住，欲进左步以右手击吾面时，吾但用右背上下全局功夫，将二门全局屈回，力攻其肋。

右第四章：吾出右步骑马势劲，无论敌人欲用何法，但彼右手将近吾手，即以吾右手丢住，进左手攻其右肋。

右第五章：吾进右步撩劲，敌人用右手封吾右手，欲起右足出吾肋时，吾但稳住周身全局，翻出右手丢彼将足将急掌之。

右第六章：吾出右步撩劲，敌人以左手封吾右手，上右手击吾时，吾亦用左手封彼右手，退出吾右手，仍以撩劲击之，但须有全局功夫方妙。

右第七章：以上诸法，皆两敌相近时所用者。若相去尚远，不必待敌人近身，即以神运全局飞身而入，左手封住敌人右手，以右手撩劲击之。击而不中，即飞身而出，勿候敌人用法也。

飞身出后，稳住周身功夫，敌人来追，乘其未落步时，陡然击之。若击敌人，敌人退出，仍以神运全局，急急逐之。相其虚实，察其动静，或里门或外门，或上路或下路；因敌布局以用诸法。不可失时，不可妄进，此临敌之要诀也。必熟练神运功夫，方能知其妙。

内功散门杂评

一说

南溪子用功十二年余，所纂集之手法，不可胜计。唯此内功散门，皆其会合诸家手法而衷之于《内功经》，删烦即简，择其有自然克制趣者，而后定为法式，以公诸同好。

二说

内功散门，其上上下下之格式、里外反正之规矩，皆古人之定法，今人不得移易。至其中斗榫合缝，天然凑巧，皆南溪读《内功经》有悟，而后自出心裁者也，凡不见《内功经》者，皆不得与知焉。

三说

内功散门正局、变局，皆南溪子亲笔自著。唯正局中注解，则景房所著也，然必本于《内功经》与南溪子平日之论，而后敢下笔也。

四说

内功散门后所附之分诀，皆南溪子得之于师傅口授者也。而八诀注解，则南溪子所亲著者。

五说

内功散门正局、四十五手变局、二十四手总局、八手，通计七十七法，而上下左右、前后里外遍矣。苟能炼熟于身，无论敌从何来，皆有一法以胜之，故亦无取乎再尽也。

六说

内功散门正局，凡微通门路识句读者，细心揣摩之，必能有悟。至其中之神功巧妙，还须读《内功经》以后，方能知之。

七说

读《内功经》有悟，而后学散门尚矣。若不能悟《内功经》而能得明人亲传内功散门，再费日月精炼者，亦可制胜，不必尽拘于悟《内功经》也。

八说

内功散门，皆精妙无比手法也，而其神妙不测者，皆在变局中也。然学者不因正局熟娴，亦无从窥变局之神化也。

九说

学内功散门，第一要知劲之所在。敌人劲之所在，是敌人之所恃也。吾知其所恃而破之，彼焉有不败者哉。

十说

内功散门，第二要知其无劲之处。敌人无劲之处，是敌人畏人之处也。吾知其畏人而攻之，彼安得不败哉。

十一说

第三，要知其立门之处。敌人立门之处，是敌人陷吾之计也。吾知其陷吾之计而避之，彼焉能得胜哉。

十二说

第四，要知其无门之处。夫无门之处，是敌人无可奈何之处也。吾知其无可奈何而攻之，彼焉能得胜。

十三说

又必先知周身骨节反背、顺逆、开合、横竖之理，而后知劲与门也。

十四说

要熟周身骨节反背、顺逆、开合、横竖之理，而后能知劲与门无错讹也。

十五说

不知周身骨节反背、顺逆之理，虽费尽苦功，是学散门也，非内功散门也。

十六说

学内功散门，用底炼而不效，何也？

曰：必其用底，而不用炼也。若用底炼，焉有不效之理哉。

十七说

内功散门用坚膝，而不效何也？曰：必其用膝，而不能坚也。若用竖膝，焉有不效哉。

十八说

学内功散门，而不知内裆、外胯用劲，何也？

曰：必其未读《内功经》也。若读内功经，未有不知外胯、内裆用劲者也。

十九说

学内功散门，而不能以肩、背、胸、肋制人者，何也？

曰：必其不知贴劲、汗劲。若知贴劲、汗劲，未有不能以肩、背、胸、肋制人者也。

二十说

学内功散门，不知劲之所以贴、膝之所以坚、底之所以炼，何也？

曰：此必未深体《内功经》者也。若深体《内功经》，安有此弊。

二十一说

不知《内功经》，但学散门，亦能取胜否？

曰：内功散门中有功局、巧局。功局，非知《内功经》者，不能用也；若夫巧局，但知周身骨节反背、顺逆、开合、横竖之理，即能取胜，不必尽拘于内功也。

二十二说

若用内劲，有得而又熟于散门，何如？

曰：内功加之以散门，刚以济柔，柔以济刚，生克变化，阴阳虚实，望之如好女，提之如猛虎，难以形容其妙也。

二十三说

学内功散门，开卷茫然，不知其妙，何也？

曰：必其未经明人指示也。凡深奥之书，未经明人指示，未有不茫然者。试令景房口说其一二，未有不深获于心者。

二十四说

不得明人指示，亦能悟其一二否？

曰：不得明人指示，若能熟读精思，二人对局演之，再因聪明过人，至于用力之久，亦能豁然开悟。然较有明人指示，须百倍其功。

二十五说

聪明人学内功散门之外，必能开悟，不然亦无贵有此书。

二十六说

学内功散门，亦有一见即悟者否？

曰：一见即悟者，非欺人，即自欺也。景房颇有中人之才，亲承南溪子之诱导五六年矣，所得者较南溪子万分之一。今有一见即悟者也，景房直断之曰：非欺人，即自欺也。

二十七说

学内功散门，若是其难乎？

曰：以言其精妙，诚不易也；以言乎胜敌，则又最宜人者。试取而用之，必有奇验，但须三月苦功耳。

二十八说

内功散门，其中手法与世大相异矣。

曰：同是人也，同是身也，有何异乎？但周身骨节反背、逆顺、开合、横竖，微有不同，而胜负遂大相悬绝矣。

二十九说

内功散门，但凡用足，必将全身倒地，从不轻易立高步起足击人，是此门之异处。然取世之高步起足者，学内功者，必令其提足不起，此天生之奇事，景房不解其何故。

三十说

从来学此道者，非嗔目语难、骄傲懦弱，即深藏吝啬、誓不传人。而南溪子独持身儒雅，接人谦和，凡见有诚心领教者，无不说其原委。景房铭诸肺腑，不知海内同好，闻予言亦服否？

临敌制胜八诀

——山左南溪子

八诀：备、料、诱、激、疲、惑、追、因。

备敌法

临敌第一要诀曰"备"。唯知己之有备，而后可应人之攻；唯知伺敌之无备，而后可攻人之瑕。备之义，广矣哉。

有备之于功夫者，进之中有退劲，备敌之牵也；退之中有进劲，备敌之撞也；竖劲中有横劲，备敌之格掠也；横劲中有竖劲，备敌之门漏也。

有备之于散门者，击敌之上路，必先备敌之击吾下路也；击敌之里门，必先备敌之击吾外门也。引而伸之，不敢轻进，备敌之诱吾也；不敢心急，备敌之激吾也；不敢数动，备敌之疲吾也。

是"备"之一义，不可胜言，诚为自守之要道、攻敌秘诀也欤。

料敌法

临敌第二要诀曰"料"。能料敌之浅深，自能制敌之要害。能不为敌料其浅深，方不受敌之侮弄。料之义，远矣哉。

料敌之远近，以为进退；料敌之虚实，以为散门；料敌之强弱，以为刚柔。多方以料之，而后与之战也。

敌诱之以料其知，激之以料其度，疲之以料其力，因之以料其变。是"料"之一法，无不可施，遇敌之初，所必须者。

诱敌法

临敌第三要诀曰"诱"。遇敌时，强弱相当，手法无二，彼此皆知，自护其身。我不贪敌之瑕，必无瑕以予敌；敌不贪我之瑕，必不瑕以予我。是我无瑕可攻，敌无贪击之心，亦无可乘之机，以施吾攻击之术也。故真瑕不可有，假瑕不可无。若彼此无瑕，彼此无贪，安有胜负哉。

法在假与敌以可击之机，彼若贪击吾时，心有不备之处，吾乃出其不意而击之。故欲击敌之里门，必先诱敌之外门；欲击之敌下路，必先诱敌之上路；欲刚先柔，欲虚先实，欲实先虚，如理之明，而易悉者。然不先炼于平日，亦未必临时能用之也。

激敌法

临敌第四要诀曰"激"。非以言激之，以手激之也。盖诱者，是试之以虚也，激则动之以实矣。

若用诱之之法，敌无贪击之心，岂可对待无术乎？须做作发怒之势，近身逼之，以试其勇怯，而观其动静，然后施吾攻击之术。

故激其左，敌不得不向左以迎吾；激其右，敌不得不向右以迎吾，而敌之真情可得而见矣。此中奥妙，须要深体，万勿泥于世俗激将之说。

盖此等手法，以得敌之意用之，则为击；以探敌之意用之，则名激。总而言之，手实而意虚也。

疲敌法

临敌第五要诀曰"疲"。疲者，劳之也，病之也。令其怠，而后攻之也。

夫人一日之间，朝气锐，而暮气惰；一时之间，始气锐，而终气惰。初动之时，其气必锐，锐则力猛，动而不已，其气必惰，惰则气衰，必然之势也。

如遇强敌，敌欲急攻，吾谨合周身全局以待之；敌欲退步，吾用神运全局以挠之。或实中带虚，或虚中带实；或柔内藏刚，或刚内藏柔，无非欲其不得休息，久动而怠，怠而后击之也。

然用疲之时，须时时爱吾精神，惜吾气力，留之以攻敌。不然，久动之后，敌固疲矣，而吾则岂能独锐乎？

惑敌法

临敌第六要以诀曰"惑"。惑者，目眩也，心迷也。吾不为敌所惑，焉能为敌所胜；敌不为吾所惑，焉能为吾所愚。是惑不惑之间，胜负所由分也。故遇强敌，必多方以惑之，进而示之以无定，进而惑之也；退而示之以不测，退而惑之也。

我之所短，我藏之而不用；我之所长，我用之以当先，此惑愚之法也。匿我之长，以骄其志；炫我所短，以轻其心，此惑敌智之法也。

或故作无纪律之态，或故出奇异之状，欲用刚而先示之以柔，欲用柔而先尝之以刚，皆所惑之也。此术一行，敌未有不目眩心迷者，较疲之术更深矣。盖疲之第攻其力，惑之直攻其心耳。

追敌法

临敌第七要诀曰"追"。盖敌受吾疲之术，其力必怠；受吾惑之术，其心必轻。既妄且轻，敌不欲战矣。若不因此时而服其心，更待何时哉。

故又有追之之术法，近而追之以散门，远而追之以神运。敌用横劲以退，吾追之以竖劲；敌用竖劲以退，吾追之以横劲。缓追之，以防其诈；急追之，以乘其虚。

追之法不一，而俱不许敌行，其见可而追，知难而退之，智也。知此数法，可以得追敌之妙矣。

然又有连追带击之法，攻敌之无备也。追而不击之法，待敌之有瑕也，不可不知。

因敌法

临敌第八要诀曰"因"。因之一求，妙不可言。因物付物，因时立功，因人施法，古天人应变无穷，无非"因"字之妙。易所谓"变动不居，周流无虚"也。散门之随敌布阵，亦不外此一字。

盖以法制敌，敌无穷而法有尽；因敌立法，敌无方而法亦无方也。因之义，神矣哉。

敌欲攻吾上路，吾因其在上之势而攻之，如二十局第二章之法是也。敌攻吾下路，吾因其在下之势而攻之，如一局第四章之法是也。敌来势甚猛，吾因其来势甚猛，立法以攻之，如五局第二章之法是也。敌跌吾于地，吾因其跌吾于地，立一法以攻之，如十局第四章之法是也。

总而言之，吾用功之时，有无数成法在于胸中者，以古人之法至矣，我不能出其范围，不得不借成法以规矩也。

无一成法在于胸中者，因敌之劲立法，因敌之门以立法，因敌之势以立法，原不可一于法也。呜呼，知此妙义，方可许见内功散门。

四、附录

（一）周天法运义

法由内脏（藏），外无形迹，
仅可意会，难一言说。
徐徐引气，呼吸以鼻，
腿足并齐，身体直立，
头顶提项，谷道内敛，
目视正平线，耳听内消息，
气由丹田升降，两手守心自然。

（二）调息法运义

运用内功，最要调理气息，不定时地，不拘坐立，不言不动，妙从静出。

最注意者，将气归纳于丹田。口虚含，舌顶上腭，从鼻中呼吸，愈慢愈缓，细长而匀，不令有意，纯任自然，意静神安，安而自得，不可间断，不论时辰。初练宜渐渐加长，日久生动，其妙无穷。

（三）赤松子胎息诀

气穴之间，昔人名曰"生死门户"，又谓之"天地之根"。凝神于此，久之，元气曰充，元神曰旺。

神旺则气畅，气畅则血融，血融则骨强，骨强则髓满，髓满则腹盈，腹盈则下实，下实则行步轻捷，动作不疲，四体健康，颜色如桃李，去仙不远矣。此亦是拳术内劲之意义也。

（四）后序

道自得天地之精髓，阴阳之秘蕴者，必不磨灭于默默之中，非偶然也。天必生奇人以知之，知之必著为书。不行于数百年之前，必行于数百年之后，必生一得书之人，不奇惜，必生一藏书之人。藏书之人不能行，必生人以力行之，不畏艰难，务求讲明古人真迹，以待后世。又恐一人之力有所不能，尽而又生人以辅翼之，岂偶然哉？呜呼！若此诸人或相待于数百年之后，或相遇于数百年之中，其中离离合合，亦奇矣。

余之友，南溪子，其祖为清初总宪，督抚江西。泊舟清江，见有商人舟覆，拯货水底，获一石函，中有二书，公欲视之。商人呈公，阅视之，一曰剑丹，一曰内功。内功之书正四篇，一曰《内功经》；二曰《纳卦经》；三曰《神运经》；四曰《地龙经》。后记云：贞观二年三月十五日录。公以重价购之。

嗟呼！此书作于上古，藏于水底，盛之石函，可谓遂年湮矣。数百年埋没，而一旦传之于世，岂非此道之不可磨灭，而特生贾人以得之，总宪公，以藏之哉。

公得视书简，阅良久，见其理元（玄）妙，实正好之，然以贮膺。朝廷重命，方欲尽瘁，未暇研究。公殁，遂为世传。

公之后人，大抵以文、功名为重；其不读书者，又留心于身家生计，皆论不及此。间有阅及之者，开卷茫然，遂以为无用之物，甚至王氏之子孙，亦有不知家藏有此书者。唯吾友南溪子，生而颖悟，总读书不至功名，玩心于诗书之间，毫无世俗输积之计。

一日，忽得此书，见有印迹，叹曰：公神明人也，其不以重价沽无用之物也，明矣！此书必有弥意，但无有能知之者矣。乃细心推测，见其有言卦者，一似易经注解；有言周身经脉者，一似医家脉όs；有练神气者，一似道家丹书。推测至二三年，无以对其际。

后与管某闲谈，伊言其师，拳术精勇，妙艺绝伦等得之于《内功经》。因询之曰："《内功经》尚存呼？"管某曰："此书失之久矣，邵师盖得之于口授者，不过经中十之二三。"南溪子忽然有悟，盖明公所得之书也！又取而阅之，忽然略有所醒悟，乃益加钻研，才知可以开人之智慧；其次，亦可以疗病壮身，而遇敌可制胜，犹其功之小者。二年之后，出而遇敌，无不制胜。

嗟呼！百年以此书为无用之物，不有南溪子以推测之，终属于无用乎！古云："道为知己者传。"良不虚也！百余年之理埋没，而一旦发挥其蕴奥，岂非此道之不可磨灭，而特生南溪子以彰明之哉。

然此道弥奥无穷，南溪子自以为所能者，不过十中之半。恨无知己者，与之讲明，而切究之。欲终不传，又恐古人之宝书自此而没灭，甚为可惜。以此十数年之功，苦蕴于中，未发于外，常忧忧不乐。

丙子，余至其邑，与之甚者，以年相若而志相得。余之视彼如兄，而彼视之吾如弟。久闻其精于武技，适触所好，因再三致诘，而南溪子以交厚，绝不吝惜，因为余说大概。初闻之，以为拳勇之粗术耳。既而与馆于近村，与之朝夕相见，闻其功夫有壮身疗病之效，因求而用之。南溪子曰："此功夫非一朝一夕之故，恐不能持久，无益而徒劳耳。"余力请之，遂授吾一二，余取用之，数月未见功效，暗以为迂调，且将弃之。南溪子曰："吾言此功非朝夕之可及，君不信，而今何如哉？"余愧甚，又用数月，微有功效，甚喜，告南溪子曰："且请再益。"南溪子曰："不可，因后用之。"

数月之间，忽然得奇效，平时所患结核，至是痊愈，气力数倍于常。然后知南溪子不轻以授人者，非吝也，重此道也。因再拜求教，又得纤微，总甚少之，然后知其为人不少以言辞，亦遂不请。南溪子曰："此功用气之处，只有一经，若误入旁门，伤人不浅。"余总闻之而未着意，授而用之，渐有所悟。忽思天地间之术，莫非古人拟造之术，吾独不可杜撰乎？略有所增损，不数月，忽得拘挛病，窘甚以告。南溪子曰："此道之为功也，不可贪多，不可太急，不可妄有增损，内所增损，多与此正为者耳，不然吾弟岂有受专。"余惶恐无地，立誓悔过。

南溪子讲后其端的，数月之后，拘挛之病遂已。自此彼以为是者，日夜以求之；彼以为非者，日夜以去之。如是者二年，觉心中大有所悟，而气体间，浩浩乎，如囊日矣！余虽不言而心知，然相知之弥，每相忘于形骸。南溪子未以为功，余亦未尝出一言相附也。每谈及此，至忘寝食，而南溪子灼论风发，不后如问之与以少矣！

如是，又二年，南溪子忽授书二卷，而告余曰："此无上之宝书也，久欲传人之未得其人，今观矣非风尘者，愿以此相赠。其一曰《剑书》，此仙家之丹经，非凤业有慧根者不可转传；其二曰《内功经》，此能壮身疗病，多换气力，吾欲传于海内，公诸同好可乎？"余惊喜异常，投地再拜曰："此万金不易之术耳，羡之者，非能不甚？"而吾兄独以教弟，能对弟之弥，劳神以教弟，弟难报大德。今又传以宝书，且以传世，吾兄之力，心恕而无所私也，何不可之有因。"

备问书之始末，南溪子具告之曰："此书多有不解者，今欲与吾弟细加注解以明之，而后人得而用之矣。"余曰："数百年之理没，而一旦传于海内，岂非此道之不可没灭哉。天特生一不畏艰辛之人，务求讲明古人真迹，以传后世也哉。弟岂不才，敢竭鄙诚以辅翼吾兄，共成此，于是乎序。"

珠山宗景房序

（五）附跋

此书得自清初，总宪王公得于水底石函之中，初无可解。百年之后，南溪子悟识参机，方知是仙传至宝，付于知己宗景房。

学者用之，必须由"内功"入手学练，"纳卦"次之，"神运"又次之，"地龙"收功，大略不过如此也。尚望同志者详注参学是幸。

北京宋约斋得于燕都
刘晓堂先生得于沈阳工部库中

第二卷

形意拳历代宗师拳法精论

第1部分　曹继武先生拳论

曹继武，名曰玮，字继武，号秀山，安徽秋浦人（今安徽省贵池市）。父光国，倜傥有大志，始仕不遂，乃游都门，占籍京卫，授一子以文，授一子以武。

曹曰玮先生出生于康熙十年（1671年），卒于康熙四十五年（1706年）八月十五日，年仅三十六而卒。是心意拳始祖姬际可之亲传弟子。

曰玮先生幼习骑射，兼通经史大义，文武双全，由北场康熙癸酉中式武解元。康熙三十三年获甲戌科武进士第一，授二等侍卫。之后自侍卫接任参副，数年间即特放陕西总镇府。到任半年有余，时值汉江暴涨，州城被洪水吞噬，情况危机。曹曰玮先生作为地方长官，恪尽职守，亲督军士昼夜巡防，以致于积劳成疾，感染寒疾，不幸卒于任上，年仅三十六岁。当朝皇帝听闻曹先生为救灾捐躯，深为悼惜，即命大臣按钦赐仪轨祭葬。祭毕，葬于府东，地名"下湖西"，并入乡贤祠。

曹继武先生配刘氏夫人，生子一，名允耀，仍进京归，朝廷赐府第居住。卒后，则葬于柳和园祖坟。

曰玮先生在公退之暇，曾与黎利宾（观五）、夏仲龄（书城）三人纂辑古今之说，推阐隐秘，发挥奇奥，合著《武经汇解》一书，分为七卷，流传于世。是书乃清朝《武经三书》的第一个注本，因此具有非常重要的学术意义。

同时曹继武亦根据自身对武学之体悟，阐发心意拳术之隐秘，著有拳论《十法摘要》一篇传世。此篇拳论立论精详，说理透彻，历来被心意门人奉为主旨，为研习心意拳之必读经典。

曹继武先生技勇绝伦，冠绝一时，为早期心意拳承前启后之一代宗师，更是形意拳发展史中的里程碑式人物。因时过境迁，历史资料缺乏，关于其生平事迹的文字资料非常有限。

十法摘要

一曰三节

何为三节？举一身而言之，手臂为梢节，腰胯为中节，足腿为根节是也。

分而言之，三节中又各有三节。

如梢节之三节，则手为梢节，肘为中节，肩为根节。

中节之三节，则胸为梢节，心为中节，丹田为根节。

根节之三节，则足为梢节，膝为中节，胯为根节。

皆不外"起、随、追"三字而已。盖梢节起，中节随，则根节要追。三节相应，不至有长短曲直之病，亦无参差俯仰之虞，所以三节贵乎明也。

二曰四梢

何为四梢？盖浑身毛孔为血梢，手指、足趾为筋梢，牙为骨梢，舌为肉梢。

与人相搏时，舌顶上腭，则肉梢齐；手腕、足腕撑动，则筋梢齐；牙齿相合，则骨梢齐；后项撑动，则血梢齐。

四梢俱齐，则内劲发矣。所以四梢，尤其要诀耳。

三曰五行

五行者，金、木、水、火、土也。内对人五脏，外对人五官，均属五行。如五脏，则心属火，心急勇力生；脾属土，脾动大力攻；肝属木，肝急火焰蒸；肺属金，肺动成雷声；肾属水，肾动快如风。此五行之存于内也。

目通于肝，鼻通于肺，耳通于肾，口舌通于心，人中通于脾，此五行之着于外也。故曰：五行真如五道关，无人把守自遮拦。天地交合，云蔽日月，武艺相争，蔽住五行。真确论也。

又，手心通心，属火；鼻尖通肺，属金。火到金回，最宜注意，余可类推矣。

四曰身法

身法有八要：起、落、进、退、反、侧、收、纵是也。

起落者，起为横，落为顺。进退者，进走低，退走高。反侧者，反身顾后，侧身顾左右也。收纵者，收如猫伏，纵如虎放也。

大抵以中平为宜，以正直为要，与三节法相贯，不可不知。

五曰步法

步法，有寸步、垫步、快步、剪步是也。

如三尺远，寸一步可到，即用寸步。如四五尺远，即用垫步。快步者，起前足，带后足，平走如飞，并非踊跃而往也，犹如马奔虎践之意也。非意（乙）成者，不能用也。

紧（谨）记远处不发足。倘遇人多或有器械者，则连腿带足并剪而上，即所谓踩足二起，鸳鸯脚是也。

善学者，随便用之，总不可执。习之纯熟，用于无心，方尽其妙。

六曰手法、足法

手法者，单手、双手、起手、拎手是也。

起前手，如鹞子入林，须束翅、束身而起；推后手，如燕子抄水，往上翻，藏身而落。此单手法也。

如双手，则两手交互，并起并落，起如举鼎，落如分砖也。

至于筋梢发，有起有落者，谓之起手。

筋梢不发，起而未落者，谓之拎手。

总之直而非直，曲而非曲，肘护心肋，手撩阴起，而其起如虎之扑人，其落如鹰之抓物也。

足法者，起蹚落翻，忌踢宜踩。盖足起，膝起望怀，膝打膝分而出，其形上翻，如手起撩阴是也。至于落，即如以石攒物也，亦如手之落相同也。忌踢者，一踢浑身都是空也。宜踩者，即如手之落，鹰抓物也。

手法、足法，本自相同，而足之为用，尤必知其如虎之行无声、龙之行莫测也。

七曰上法、进法

上法以手为妙，进法以步为先，而总以身法为要，起手如丹凤朝阳是也。

进步如抢，上抢步、进步踩打是也。必须三节明，四梢齐，五行蔽，身法活，手足相连，内外一气，然后度其远近，随其老嫩，一动而即至也。

然其方法有六。六方者，工、顺、勇、急、狠、真也。工者，巧然也；顺者，顺其自然也；勇者，果断也；疾者，紧、急、快也；狠者，不容情也，心一动而内劲出也。真者，发心中得见之真，而彼难变化也。六方明，则上法、进法得。

八曰顾法、开法、截法、追法

顾法者，单顾、双顾、顾上下、顾左右前后也。

如单手顾，则用截捶；双手顾，则用横拳。顾上则用冲天炮；顾下则用扫地炮。顾前后，则用前后扫捶；顾左右，近用填边（别本作"透"）炮。拳一触即动，非若它门之勾连棚架也。

开法者，有左开、右开、刚开、柔开也。左开如里填，右开如外填，刚开如前六艺之硬劲，柔开如后六艺之柔劲也。

截法者，有截手、截身、截言、截面、截心也。

截手者，彼手已动而未到，则截之；截身者，彼微动而我先截也；截言者，彼言露其意则截之；截面者，彼面露其色而截之；截心者，彼目笑眉喜，言其意恭，我须防其有心，而迎机以截之也。则截法岂可忽乎哉？

追法者，与上法、进法贯注一气，则随身紧超，追风赶月不放松也。彼虽欲走而不能，何虑其邪术哉？

九曰三性调养法

何为三性？盖眼为见性、耳为灵性、心为勇性。此三性为艺中之妙用也。

故眼中不时常观察，耳中不时常报应，心中不时常惊醒，则精灵之意在我，所谓先事预防，不致为人所算，而无失机之虞也。

十曰内劲

夫内劲者，寄于无形之中，而接于有形之表，可以意会，而难以言传者也。然其理则可参焉。

盖志者，气之帅也；气者，体之充也。心动而气则随之，气动而力则赶之，此必然之理也。有谓为撞劲者，非也；有谓为攻劲、崩劲者，亦非也，殆实粘劲也。

窃思撞劲太直，而难起落；攻劲太死，而难变化；崩劲太拙，而难展招，皆强硬漏形而不灵也。

粘劲者，先后天之气，日久练为一贯也。出没甚捷，可使日月无光而不见形；手到劲发，可使阴阳交合而不费力。总之，如虎之蹬山，如龙之行空，方为得体。

以上十法，练为一贯，而武艺不已成乎？吾会其理、摘其要而释之，以为后学者训。

结论

闻子不语力、固尚德不尚力意之也，然夹谷之会，必用司马。且曰吾门有由，恶言不入于耳，是武力亦诚不可少矣。于是顾其身家，保其性命，有拳尚焉。

拳之种类不同，他门亦不悉创自何人，惟此六合意拳则出自宋朝岳武穆王，嗣后金元明代，鲜有其技。至明末，有山西姬隆风先生，遍访名师，至终南山，曾遇异人，以岳王拳谱传授。先生自得斯谱，如获异宝，朝夕摩练，尽悟其妙。而先生济世心切，犹虑人民处于乱世，出则持器械以自卫，尚可。若夫太平之日，刀兵伏鞘，倘遇不测，将何以御之？是除学技击外，无它法也。于是尽传其术，变为十二势，十二势仍归于一势。又曰三回九转是一势，且又有刚柔之分也。

刚者在先，固征其异；柔者在后，尤寄其妙，亦由显入微，由粗入精之意也。观世之练艺者，多感于异端之说，而以善走为奇，亦知此拳有追法乎？以能闪为妙，亦知此拳有截法乎？以左右封闭为得力，亦知此拳有动不见形、一动即至，而不及封闭乎？其能走、能闪、能闭、能封，亦必自有所见而能然也。其于昼间遇敌，尚可侥幸取胜，若黑夜之间，偶逢贼盗，猝遇仇敌，不能见其所以来，将何以闪而避之？不能见其所以动，将何以封而闭之乎？岂不反误自身也。

惟我六合意拳，练上法、顾法、开法于一贯，而其机自灵，其动自捷，虽黑夜之间，风吹草动，有触必应，并不自知其何以然也，独精于斯者，自领之耳。

然得姬老师之真传者，只有郑师一人。郑师于拳枪刀棍无所不精，会通其理，因述为论，乃知一切武艺，皆出于拳内也。

但世之学六合意拳者亦各不同，岂其艺之不同，究未得授真传，故差之毫厘，谬之千里，而况愈传愈讹，且不仅毫厘耳！

余幸得学于郑师之门，以接姬老师之传者也，故法颇精，而余得之尤详，就其论而释之，著为"十法摘要"。非敢妄行诸世，余意在保姬师之传，亦聊以诲与后进之人云尔。

曹继武识

第2部分　李洛能先生拳论

　　李洛能，讳飞羽，字能然，世称老能先生。生于清乾隆六十年，癸酉年（1795年）闰二月二十八日，卒于清光绪七年，辛巳年（1881年）闰七月初四日。祖籍为直隶深县。为我国著名的武术家，更是形意拳承前启后的一代宗师。

　　李洛能先祖为退役武将，家传战场拳法。早年曾习弹腿等外家诸拳，武学功底深厚，中年即具有很高的武术造诣，在未学习心意拳之前即已功力卓越。但李洛能先生精益求精，为探求武术之真谛，遍游全国，寻访高师，闻有名师，即求教益。

　　在经商山西太谷期间，慕祁县戴氏心意拳之名，遂往参拜，后经戴先生收为弟子，从学于戴龙邦先生。得其真传后，勤学苦练，日夜不辍，十年后，艺臻大成。

　　艺成回乡后，开风气之先，一扫保守陋习，广授门徒。业余时间则潜心于心意拳术之研究，在心意六合拳基础上，吸收道家之养生精髓和哲学思想，并结合平生之武术实践和体悟，取长补短，改革创新，形成了养生与技击并行不悖的独特风格。

　　由于李洛能先生拳艺精湛，功达化境，臻入中和之域，有不见不闻之知觉。与人较技，无形无相，其手法、身法均高深莫测，击人不见形，因此被时人称为"神拳李能然"。在当时，与八卦掌之董海川、太极拳之杨露禅，鼎足而三，威震武林。

　　李洛能先生习武亦通文，非常重视文人与上层人士对国术推广以及理法升华的促进作用，因此对外亦广泛交流研究，取长补短。而各方人士闻其大名，则更是争相请益，因此李先生对国术的发展起到了非常重要的带头作用，其时由其所培养出之形意拳名家众出，而形意拳之名亦广传于四方。

　　李洛能先生年八十余岁时，端坐椅上，一笑而逝。

　　李洛能先生一生桃李满天下，弟子甚多。其子李太和功夫精绝、技艺超群，能继承家学。李洛能先生入室弟子有：郭云深、刘奇兰、宋世荣、宋世德、车毅斋、白西园、李镜斋、张树德、刘晓兰、李广亨、贺运恒等。其中最负盛名、出类拔萃者有：郭云深、刘奇兰、宋世荣、车毅斋、白西园、李镜斋、张树德、刘晓兰等，被称为形意门之"八大弟子"。

李洛能先生除了悉心培养后学、专心武技之提升外，亦非常注重对拳理之研究。经其总结和提炼前人理论并结合自身体悟，融会贯通而著成之《形意拳谱》，则被形意拳后学奉为修学之主旨、习练形意拳之经典。

李洛能先生拳艺精湛，理法通融，为形意拳在山西的发展做出了巨大贡献，被称为形意拳之名家巨手、一代宗师。

形意拳谱

序

形意拳术之始，本乎天地之大端，与夫造化之原理。盖天地之辟于一无气也，万物之生于无知，形意之成本于无意。盖无意至极生有意，意诚心正乃至于静，静则察候六脉，溶煅二气，静极生动，动而震发四肢，贯通百骸，是谓先天存乎静，后天藏诸动也。故，意为体，而形为用；静属阴，而动属阳。体运动静，得阴阳消长生生之功，而真之一气生焉。

孔子曰：冬至养其阳，夏至养其阴，吾善养吾浩然之气，此皆修养正气之谓也。盖形意拳之原理，则培养天一之道，由后天而达于先天也。

重阳不重阴，太刚必折；重阴不重阳，过柔不坚，刚柔相济，乾坤之道乃成。古之传斯术者，多以心法口授，缺少记载，使后学者茫然不知途径，须以涵养正气为先，以为之序。

又序

盖夫体育一途，创自达摩老祖师。迨至宋朝岳飞，又精研内经之意义，化生五行十二形之原理，因名为形意拳，总合五纲十二目，统一全体功用，在内为意，在外为形。是术乃修身之原本，明心见性还原之大道，揽阴阳之造化，转乾坤之枢机，诚强身之捷径也。

十二形，实本天地万物化生之理，取世间禽兽之具有特能者，妙效其性能，摹效时久，自能精神入体。

形意拳术实与卫生关系至切，如能长习，则疾者能愈，弱者能强，男女老少皆可练习。既无折腰屈膝之痛苦，又无跃高纵险之危劳。斗室席地，长衣缓带也可演习。虽属武术，迹近文雅。

练习时，身分阴阳。以前心为阴，脊背为阳；手心为阴，手背为阳；大指朝上为阴阳掌。以右肩在前或左肩在前，皆为阴阳身；拳虎口朝上为阴阳拳。

初学入门规矩

练习拳术，不可自专自用而固执不通。若专求力，则凝滞不灵；专求重，则沉重不活；

专求气，则拘泥不通；专求轻浮，则神意涣散。

要而言之，身外形顺者，无形中自增力气；身内中和者，无形中自生灵气。若练至功深圆满之时，凝神于丹田，则身重如山；化神成虚空，则身轻如鹅羽。所以练习不可固执一端也。

果得其妙道，亦是若有若无、若实若虚、勿忘勿助之意。不勉而中，不思而得，从容中道，无形中而生，诚神奇矣。

练习三害

初学武术，谨当切忌三害。三害不明，练之足以伤身，明者自能得道。

三害者：一拙力、二努气、三挺胸拔腹是也。

如练出拙力，则四肢百骸血脉不能流通，筋络不能舒畅，全身发拘，手足亦不能活泼，身为拙气所滞，滞于何处，何处生病。

练时努气，则太刚易折，胸内气满，肺为气所排挤，易生满闷肺炸之诸疾。

挺胸拔腹，则气逆上行，终不能归于丹田，两足似萍草无根。例如心君不和，百官必失其位，拳法亦然，若不得中和，则万法也不能至中立地步。

故练习之时，谨忌三害。用以力活气顺，虚心实腹，而道心生。练之设能如此，久而久之，自然能练至化境也。

呼吸合道

夫人以气为本，以心为根，以息为元，以肾为蒂。天地相去八万四千里，人之心肾相离八寸四分。一呼百脉皆开，一吸百脉皆闭。

天地化功流行，亦不出乎"呼吸"二字。且呼吸之法，分有三节道理。

初节之道理：乃是色身上事，即练拳术之准绳。呼吸任其自然，有形于外，谓之调息，亦谓"炼精化气"之功夫。

二节道理：谓之身法上事，呼吸有形于内，注意丹田，谓之息调，亦谓之"炼气化神"之功夫。

三节道理：乃是心肾相交之内呼吸，无形无象，绵绵若存，似有非有，无声无息，谓之胎息，也就是"炼神还虚"之功夫。

呼吸有三节道理，拳术有三步功夫，谓之"明劲、暗劲、化劲"也。

明劲者，拳内之法，伸缩开合之势，有形于外。

暗劲者，动转神速，动则变，变则化，变化神奇，有形于内。

化劲者，无形无象之手法，不见而章，不动而变化之神化也。

此三步功夫，是练拳术之根本、实际之道理，也谓之练术合道之真诀。知此道理，可谓之性命双修也。

三步功夫

易骨者，明劲也。练时身体动转，必须顺逆，而不可悖逆。手足起发，必须整齐，不可散乱。为之筑基壮体，充足骨髓，坚如金石，而气质形容，如山岳之状，谓之初步功夫。

易筋者，暗劲也。练时神气圆满，形式绵绵，舒展应用，活泼不滞。为之长筋腾膜，全身筋络伸展，纵横联络，而生无穷之力，此谓之二步功夫。

易髓者，化劲也。练时周身运转，起落进退，伸缩开合，不可用力。将神意蛰藏于祖窍之内，身体圆活无滞，形如流水，其心空空洞洞而养其根，此谓之三步功夫。

七拳法

头、肩、肘、胯、膝、足、手是也。

八字诀

斩——劈拳，截——攒拳，裹——横拳，跨——崩拳，挑——践拳、燕形，顶——炮拳，云——鼍形，领——蛇形。

五行名称

五行者，金、木、水、火、土也。
人体内有五脏，外有五官，皆与五行相配。
心属火，肝属木，脾属土，肺属金，肾属水，此五行隐于内者。
舌通心，目通肝，耳通肾，鼻通肺，人中通脾，此五行着于外者也。
且五行有相生之道：金生水、水生木、木生火、火生土、土生金。
又有相克之义：木克土、土克水、水克火、火克金、金克木，此五行相克也。
五行相生，变化无穷。五行相克，取其为破他人之手势，盖拳术取名之义，基在此矣。
取诸于身，则使五脏充实，而全体无亏。运用在外，能使体舒和畅；运用在内，能使清气上升，浊气下降。坚实其内，整饰其外，以为平时练习之规则。

整体合一

易云：两仪生四象，四象生八卦，八八六十四卦之数，皆从太极分散而来。
太极者，天性之命，即人之心意也。意者，心之所发也。人为万象之灵，能通感诸事之应。是以心在内而理周乎物，物在外而理具于心。是故心意诚于中，而万物形于外。在内为意，在外为形，合于术数。

近取诸身，内为五行；远取诸物，外为十二形，内外相合而形生焉。故明斯理，则天地万物形体合一也，皆可默悟矣。

六合为一

心与意合、意与气合、气与力合，为内三合也；
手与足合、肘与膝合、肩与胯合，外三合也。
内外如一，谓之六合。
左手与右足相合、左肘与右膝相合、左胯与右肩相合。右者与左亦然。
以及头与手合、手与身合、身与步合、心与眼合、肝与筋合、脾与肉合、肺与皮合、肾与骨合。
总而言之，一合无一不合，一动无一不动，五行百骸，悉在其中矣。

三节合一

三节者，根、中、梢也。
以人言之，头为梢节，身为中节，腿为根节。
以头言之，天庭为梢节，鼻为中节，地阁为根节。
以身言之，胸为梢节，腹为中节，丹田为根节。
以下部言之，足为梢节，膝为中节，胯为根节。
以手言之，指为梢节，掌为中节，腕为根节。
换而言之，人之一身，无处不有三节。三节之动，不外"起、随、催"三字而已。盖梢节起、中节随、根节催。无有长短、曲直、参差、俯仰之病。三节之所以贵明，故分而有三，合而为一也。

四梢三心归一

盖人之一身有四梢，曰血梢、肉梢、筋梢、骨梢是也。此四梢者一动，而能变化其常态。
发为血梢，属心。
心怒气生，气冲血动。
血轮发转，精神勇敢。
毛发虽微，怒能冲冠。
气足血旺，力能撼山。
爪为筋梢，属肝。

手足之（指）功，手抓足蹬。
气力兼并，爪生奇功。
牙为骨梢，属肾。
化精填骨，骨实齿坚。
保齿之道，最忌热凉。
冷冬炎夏，唇包齿藏。
年迈耄老，上下成行。
舌为肉梢，属脾。
脾醒舌灵，胃健肉长。
增（坤）田气壮，肌肉成锤。
充实脏腑，刚柔悠扬。
三心者，手心、足心及心是也。用之手心要扣，足心要悬，人心要灵。
明乎四梢增神力，明乎三心生灵气（炁）。
四梢三心要合全，精神勇敢力推山。
气浮（伏）心意随时用，硬打硬碰（进）无遮拦。
遇敌要取胜，成功须放胆。
四梢三心归一体，运用灵活一混元。

步法、手法及五恶

步法者，寸步、垫步、剪步、快步是也。

一尺远近，则用寸步；三五尺远，则用垫步；六七尺远，则用剪步；丈八尺远，则用快步。步法中为快步最难，是起前足，则后足平飞而去，如马之奔、如虎之跃（"足前"）。

步法者，足法也。足之要义，是起、翻、落、躜。起者如手之上翻撩阴，落躜如石之沉水。夫足之进忌踢，进则用踩。踩者，如鹰之捉物也。

手法者，单手、双手是也。单手起，往上长身而躜，下落缩身而翻，形如鹞子穿林，束身而起，展身而飞。双手上起，两肱似直非直，似曲非曲，形如举鼎，手落似猛虎搜山。然其要者，有五恶：即抓、扑、裹、抖、舒也。

拳经云：抓为毒，扑如虎，形似猫扑鼠；裹为护，身不露；抖要绝，力展舒；心要毒，手如弩。

总而言之，手不离足，足不离手，手足不能离身。分而言之则万法，合而言之则仍归一气。三回九转是一势，正此之谓也。

上法以手足为妙，进步以手足为奇。以身为纲领，其运用进身而发势。

三节要明，四梢要齐，内五行要合，外五行要随。远近因时而用，心一动而即至，其理法行于外，发着于六合之远，承上接下，势如连珠箭，何虑他有邪术。知此道理，神奇技也。

战手要法

二人初见面，未交手前，要凝神聚气，审查敌人五行之虚实（精神体格），注意敌人之动静，站近敌人之身旁，成三角斜形式。站左进右，上右进左。进步退身，灵活要快，形似蛟龙翻浪。发拳要攥紧，拳紧增力气。发掌要扣手心，掌扣气力加。三节、四梢要相齐，心要虚空而狠毒，不毒无名，俗云："人无伤虎心，虎生食人意。"

气要上下三田联络往返，精气方能贯溉四肢。以心为主宰、以眼为统帅、以手足为先锋，不贪不歉，不即不离。胆要大，心要细，面要善，心要毒。静似书生，动似雷鸣。审查来人之形势，彼刚我柔，彼柔我刚，刚柔相济。

进步发掌，先占中门。肘不离肋，手不离心。束身而起，长身而落。随高打高，随低就低。远发手足，近发肘膝。上打咽喉下撩阴，左右两肋在中心。发手莫有形，身动勿有势。操演时，面前似有人；交手时，面前似无人。

拳经曰：打法定要先上身，足手齐到方为真。身似蛟（游）龙，拳打烈炮。起无形，落无踪，手似毒箭，身如返弓。遇敌好似火烧身，消息全凭后足蹬，进退旋转灵活妙，五行一动如雷声。风吹浮云散，雨打尘灰净，五行合一处，放胆必成功。

第3部分　郭云深先生拳论

郭云深，生于1838年，卒年不详，名峪生，字云深。直隶深县马庄人。家非富足，力食四方，兼访名师。

初郭云深先生访友至西陵，从孙亭立学"八极拳"及"猴拳"。孙亭立先生为沧州刘店庄人，于八极拳极有根底，并善梨花大枪。常谓郭云深先生曰："以后见着练半步拳者，提心防他。"所言之半步拳，即形意拳。

后遇李能然先生，谈及形意拳，见其姿势极简单，而寓意深奥，大喜曰："此真半步拳也。"欲拜门学艺，能然先生见其词意诚恳，遂收为门下，口传手授，不遗余力。而郭云深先生学拳亦颇有天分，聆听能然先生之教诲，往往能举一反三，心悟意会，并肯下苦功，身体力行，数十年如一日，对于形意拳体用规矩之奥妙、剑术刀枪之精巧，无所不至其极，遂臻上乘功夫。

郭云深先生学成后，即束装往还西陵。骤与旧友相见，几无识之者，因笑曰："郭云深，今载半步拳而归也。"

刘晓岚与郭云深乃谱兄弟，亦孙亭立之弟子。及郭云深先生返西陵，已逾十载，而独无弟子。刘晓岚遂命刘纬祥等弟子拜郭云深先生为师，因此郭云深先生自山西归来后，最初仅收刘纬祥、陈凤高、张品齐师兄弟三人。

后三年，郭先生曾一度返故里，示形意拳于刘奇兰。刘先生遂率其弟子李存义、耿继善等来西陵，同郭云深先生学习此拳，后刘奇兰亦拜李洛能先生门下，与郭先生成为师兄弟。于是每年刘奇兰先生必率其弟子来西陵一次，每次往返两月有余，与郭云深先生互相研究，互相切磋。

郭云深先生性格刚毅，好打不平，因铲除危害一方之恶霸，犯了人命官司。县令因爱其耿直，惜其才干，袒得其不死，判监禁三年。

郭先生虽在监牢，但仍苦练功夫不辍。及其刑满释放之时，县令问之曰："云深，拳功已荒乎？"曰："不敢荒。"见堂前有壁墙矗立，因用虎拳扑之，墙随手而崩。后郭云深以其精湛的武学造诣而名扬大江南北，并以"半步崩拳打遍天下"而著称。

郭云深文武双全，不仅拳法独步一时，同时又熟练兵书，精研兵法。对形意拳理论，更是进行过深入系统的研究和总结，著有《解说形意拳经》一书，可谓是理法通融，阐发详尽，可惜未流传下来。但孙禄堂先生在其著作《拳艺述真》中记载了郭云深先生之拳论。郭先生将先贤拳术理论进行了提炼总结，这些精辟的论述对研习形意拳之后学影响深远。

郭云深先生胸怀大志，才技绝伦，但生非其时，未能一展抱负。晚年隐居乡间，以传道授业培养后学而自娱。其弟子有李魁元、刘勇奇、许占鳌、刘纬祥、陈凤高、张品斋等。李存义、孙禄堂等亦受其教益甚多。

一则

形意拳术有三层道理，有三步功夫，有三种练法。

三层道理

1. 炼精化气；2. 炼气化神；3. 炼神还虚（练之以变化人之气质，复其本然之真也）。

三步功夫

1. 易骨

练之以筑其基，以壮其体。骨体坚如铁石，而形式气质威严，状似泰山。

2. 易筋

练之以腾其膜，以长其筋（俗云：筋长力大）。其劲纵横联络，生长而无穷也。

3. 洗髓

练之以清虚其内，以轻松其体。内中清虚之象，神气运用，圆活无滞，身体动转，其轻如羽（拳经云：三回九转是一式，即此意义也）。

三种练法

1. 明劲

练之总以规矩不可易，身体动转要和顺，而不可乖戾。手足起落要整齐，而不可散乱。拳经云："方者，以正其中。"即此意也。

2. 暗劲

练之神气要舒展，而不可拘。运用圆通活泼，而不可滞。拳经云："圆者，以应其外。"即此意也。

3. 化劲

练之周身四肢动转，起落、进退皆不可着力，专以神意运用之。

虽是神意运用，惟形式规矩仍如前二种，不可改移。虽然周身动转不着力，亦不能全不着力，总在神意之贯通耳。拳经云："三回九转是一式。"即此意义也。

详论明劲、暗劲、化劲

1. 明劲

明劲者，即拳之刚劲也。易骨者，即炼精化气，易骨之道也。因人身中先天之气与后天之气不合，体质不坚，故发明其道。

大凡人之初生，性无不善，体无不健，根无不固，纯是先天。

以后知识一开，灵窍一闭，先后不合，阴阳不交，皆是后天血气用事，故血气盛行，正气衰弱，以致身体筋骨不能健壮。

故昔达摩大师传下《易筋》《洗髓》二经，习之以强壮人之身体，还其人之初生，本来面目。后宋岳武穆王扩充二经之义，作为三经：《易骨》《易筋》《洗髓》也。将三经又制成拳术，发明此经道理之用。拳经云："静为本体，动为作用"。与古之"五禽""八段"练法有体而无用者不同矣。

因拳术有无穷之妙用，故先有易骨、易筋、洗髓，阴阳混成，刚柔悉化，无声无臭，虚空灵通之全体。所以有其虚空灵通之全体，方有神化不测之妙用。故因此拳是内外一气，动静一源，体用一道，所以静为本体，动为作用也。

因人为一小天地，无不与天地之理相合，惟是天地之阴阳变化皆有更易。人之一身，既与天地道理相合，身体虚弱，刚戾之气，岂不能易乎？故更易之道，弱者易之强，柔者易之刚，悖者易之和。所以三经者，皆是变化人之气质，以复其初也。

易骨者，是拳中之明劲，炼精化气之道也。将人身中散乱之气收纳于丹田之内，不偏不倚，和而不流。用九要之规模锻炼，练至于六阳纯全，刚健之至，即拳中上下相连，手足相顾，内外如一。至此，拳中明劲之功尽，易骨之劲全，炼精化气之功亦毕矣。

2. 暗劲

暗劲者，拳中之柔劲也（柔劲与软不同。软中无力，柔非无力也），即炼气化神、易筋之道也。先练明劲，而后练暗劲，即丹道小周天止火、再用大周天功夫之意。

明劲停手，即小周天之沐浴也。暗劲手足停而未停，即大周天四正之沐浴也。拳中所用之劲，是将形、气、神（神即意也）合住，两手往后用力拉回（内中有缩力），其意如拔钢丝。两手前后用劲，左手往前推，右手往回拉；或右手往前推，左手往回拉，其意如撕丝绵。又如两手拉硬弓，要用力徐徐拉开之意。两手或右手往外翻横，左手往里裹劲；或左手往外翻横，右手往里裹劲，如同练鼍形之两手，或是练连环拳之包裹拳。拳经云："裹者，如包裹之不露。"两手往前推劲，如同推有轮之重物，往前推不动之意，又似推动而不动之意。

两足用力，前足落地时，足根先着地，不可有声，然后再满足着地。所用之劲，如同手往前、往下按物一般。后足用力蹬劲，如同迈大步过水沟之意。拳经云"脚打踩意不落空"，是前足；"消息全凭后脚蹬"，是后足。"马有迹蹄之功"，皆是言两足之意也。两足进退，明劲、暗劲，两段之步法相同，惟是明劲则有声，暗劲则无声耳。

3. 化劲

化劲者，即炼神还虚，亦谓之洗髓之功夫也。是将暗劲练到至柔至顺，谓之柔顺之极处，暗劲之终也。丹经云："阴阳混成，刚柔悉化，谓之丹熟。"柔劲之终，是化劲之始也。所以再加上功夫，用炼神还虚至形神俱杳，与道合真，以至于无声无臭，谓之脱丹矣。拳经谓之"拳无拳，意无意，无意之中是真意"，是谓化劲。炼神还虚，洗髓之工毕矣。

化劲者，与练划劲不同。明劲、暗劲，亦皆有划劲。划劲是两手出入，起落俱短，亦谓之短劲，如同手往着墙抓去，往下一划，手仍回在自己身上来，故谓之划劲。

练化劲者，与前两步功夫之形式无异，所用之劲不同耳。拳经云"三回九转是一式"，是此意也。三回者，"炼精化气、炼气化神、炼神还虚"，即"明劲、暗劲、化劲"是也。三回者，明、暗、化劲是一式。九转者，九转纯阳也，化至虚无，而还于纯阳，是此理也。

所练之时，将手足动作，顺其前两步之形式，皆不要用力，并非顽空不用力，周身内外，全用真意运用耳。手足动作所用之力，有而若无，实而若虚，腹内之气，所用亦不着意，亦非不着意，意在积蓄虚灵之神耳。

呼吸似有似无，与丹道功夫阳生至足、采取归炉、封固停息、沐浴之时呼吸相同。因此，似有而无，皆是真息，是一神之妙用也。庄子云"真人之呼吸以踵"，即是此意，非闭气也。用工练去，不要间断，练到至虚，身无其身，心无其心，方是形神俱妙，与道合真之境。此时能与太虚同体矣。

以后炼虚合道，能至寂然不动，感而遂通，无入而不自得，无往而不得其道，无可无不可也。拳经云："固灵根而动心者，武艺也；养灵根而静心者，修道也。"所以形意拳术与丹道，合而为一者也。

二则

形意拳，起点三体式，两足要单重，不可双重。

单重者，非一足着地，一足悬起，不过前足可虚可实，着重在于后足耳。

以后练各形式亦有双重之式。虽然是双重之式，亦不离单重之重心，以至极高、极俯、极矮、极仰之形式，亦总不离三体式单重之中心。故三体式为万形之基础也。

三体式单重者，得其中和之起点，动作灵活，形式一气，无有间断耳。

双重三体式者，形式沉重，力气极大。惟是阴阳不分，乾坤不辨，奇偶不显，刚柔不判，虚实不明，内开外合不清，进退起落动作不灵活。

所以形意拳三体式，不得其单重之中和，先后天亦不交，刚多柔少，失却中和，道理亦不明，变化亦不通，自被血气所拘，拙劲所捆，此皆是被三体式双重之所拘也。

若得着单重三体式中和之道理，以后行之，无论单重、双重各形之式，无可无不可也。

三则

形意拳术之道，练之极易，亦极难。易者，是拳术之形式至易至简而不繁乱，其拳术之始终，动作运用，皆人之所不虑而知，不学而能者也，周身动作运用，亦皆平常之理。惟人之未学时，手足动作运用无有规矩，而不能整齐。所教授者，不过将人之不虑而知、不学而能、平常所运用之形式，入于规矩之中，四肢动作，而不散乱者也。果练之有恒而不间断，可以至于至善矣。

若到至善处，诸形之运用，无不合道矣。以他人观之，有一动一静、一言一默之运用，奥妙不测之神气，然而自己并不知其善于拳术也。因动作运用，皆是平常之道理，无强人之所难，所以拳术练之极易也。中庸云："人莫不饮食也，鲜能知味也。"

难者，是练者厌其拳之形式简单而不良于观，以致半途而废者有之；或是练者恶其道理平常，而无有奇妙之法则，自己专好刚劲之气，身外又务奇异之形，故终身练之，而不能得着形意拳术中和之道也。因此好高骛远，看理偏僻，所以拳术之道理得之甚难。中庸云"道不远人，人之为道而远人"，即此意也。

四则

形意拳术之道无他，"神、气"二者而已。丹道始终全仗呼吸，起初大小周天，以及还虚之功者，皆是呼吸之变化耳。拳术之道亦然，惟有锻炼形体与筋骨之功。

丹道是静中求动、动极而复静也；拳术是动中求静，静恒而复动也。其初练之似异，以至还虚则同。形意拳经云："固灵根而动心者，敌将也；养灵根而静心者，修道也。"所以形意拳之道，即丹道之学也。

丹道有三易："炼精化气、炼气化神、炼神还虚"。拳术亦有三易："易骨、易筋、洗髓"。三易即拳中"明劲、暗劲、化劲"也。练至"拳无拳，意无意，无意之中是真意"，亦与丹道"炼虚合道"相合也。

丹道有最初还虚之功，以至虚极静笃之时，下元真阳发动，即速回光返照，凝神入气穴，息息归根。神气未交之时，存神用息，绵绵若存，念兹在兹，此武火之谓也。至神气已交，又当忘息，以致采取归炉、封固停息、沐浴、起火、进退、升降、归根。俟动而复炼，炼至不动为限，数足满，止火，谓之坎离交媾。此为小周天。以至大周天之功夫，无非自无而生有，由微而至著，由小而至大，由虚而积累（编者注：疑为"实"之误植），皆呼吸火候之变化。文武刚柔，随时消息，此皆是顺中用逆，逆中行顺，用其无过不及、中和之道也。此不过略言丹道之概耳。

丹道与拳术并行不悖，故形意拳术非粗率之武艺。余恐后来练形意拳术之人，只用其后天血气之力，不知有先天真阳之气，故发明形意拳术之道，只此"神、气"二者而已。故此先言丹道之大概，后再论拳术之详情。

五则

练形意拳术有三层之呼吸。

第一层练拳术之呼吸。

将舌卷回，顶住上腭，口似开非开，似合非合，呼吸任其自然，不可着意于呼吸。因手足动作合于规矩，是为调息之法则，亦即炼精化气之功夫也。

第二层练拳术之呼吸。

口之开合、舌顶上腭等规则照前，惟呼吸与前一层不同。前者手足动作是调息之法则，此是息调也。前者口鼻之呼吸，不过借此以通乎内外也。此二层之呼吸，着意于丹田之内呼吸也，又名胎息。是为炼气化神之理也。

第三层练拳术之呼吸。

与上两层之意又不同。前一层是明劲，有形于外；二层是暗劲，有形于内。此呼吸虽有而若无、勿忘勿助之意思，即是神化之妙用也。心中空空洞洞，不有不无，非有非无，是为无声无臭，还虚之道也。

此三种呼吸，为练拳术始终本末之次序，即一气贯通之理，自有而化无之道也。

六则

人未练拳术之先，手足动作，顺其后天自然之性，由壮而老，以至于死。道家逆运先天，转乾坤，扭气机，以求长生之术。拳术亦然，起点从平常之自然之道，逆转其机，由静而动，再由动而静，成为三体式。

其姿势：两足要前虚后实，不俯不仰，不左斜，不右歪。心中要虚空，至静无物，一毫之血气不能加于其内，要纯任自然虚灵之本体，由着本体而再萌动练去。是为拳中纯任自然之真劲，亦谓人之本性，又谓之丹道"最初还虚"之理，亦谓之"明善复初"之道。

其三体式中之灵妙，非有真传不能知也。内中之意思，犹丹道之点玄关、《大学》之言明德、《孟子》所谓养浩然之气，又与河图中五之一点，太极先天之气相合也。

其姿势之中，非身体两腿站均当中之中也。其中，是用规矩之法则，缩回身中散乱驰外之灵气，返归于内。正气复初，血气自然不加于其内，心中虚空，是谓之中，亦谓之道心因此再动。丹书云："静则为性，动则为意，妙用则为神。"所以拳术再动，练去谓之先天之真意，则身体手足动作，即有形之物，谓之后天。以后天合着规矩法则，形容先天之真意，自最初还虚，以至末后还虚，循环无端之理，无声无臭之德，此皆名为形意拳之道也。

其拳术最初积蓄之真意与气，以致满足，中立而不倚，和而不流，无形无相，此谓拳中之内劲也（内家拳术之名，即此理也）。其拳中之内劲，最初练之，人不知其所以然之理，因其理最微妙，不能不详言之，免后学入于歧途。

初学入门，有三害、九要之规矩。三害莫犯，九要不失其理。手足动作，合于规矩，不失三体式之本体，谓之调息。

练时口要似开非开，似合非合，纯任自然，舌顶上腭，要鼻孔出气。平常不练时，以至方练完收势时，口要闭，不可开，要时时令鼻孔出气。说话、吃饭、喝茶时，可开口。除此之外，总要舌顶上腭，闭口，令鼻孔出气，谨要！至于睡卧时，亦是如此。练至手足相合，起落进退如一，谓之息调。

手足动作，要不合于规矩，上下不齐，进退步法错乱，牵动呼吸之气不均，出气甚粗，以致胸间发闷，皆是起落进退、手足步法不合规矩之故也。此谓之息不调。因息不调，拳法、身体不能顺也。

拳中之内劲，是将人之散乱于外之神气，用拳中之规矩，手足身体动作，顺中用逆，缩回于丹田之内，与丹田之元气相交，自无而有，自微而著，自虚而实，皆是渐渐积蓄而成，此谓拳之内劲也。丹书云"以凡人之呼吸，寻真人之呼处"，庄子云"真人呼吸以踵"，亦是此意也。

拳术调呼吸从后天阴气所积，若致小腹坚硬如石，此乃后天之气，勉强积蓄而有也。总要呼吸纯任自然，用真意之元神，引之于丹田，腹虽实而若虚，有而若无。老子云"绵绵若存"，又云"虚其心，而灵性不昧；振道心，正气常存"，亦此意也。此理即拳中内劲之意义也。

七则

形意拳之用法有三层：有有形有相之用，有有名有相无迹之用，有有声有名无形之用，有无形无相无声无臭之用。拳经云："起如钢锉（起者，去也），落如钩杆（落者，回也）。未起如摘子，未落如坠子。起如箭，落如风，追风赶月不放松。起如风，落如箭，打倒还嫌慢。足打七分手打三，五行四梢要合全。气连心意随时用，硬打硬进无遮拦。打人如走路，看人如蒿草。胆上如风响，起落似箭钻。进步不胜，必有寒食之心。"此是初步明劲，有形有相之用也。

到暗劲之时，用法更妙："起似伏龙登天，落如霹雷击地。起无形，落无踪，起意好似卷地风。起不起，何用再起；落不落，何用再落。低之中，望为高；高之中，望为低。打起落如水之翻浪；不翻不蹿，一寸为先。脚打七分手打三，五行四梢要合全。气连心意随时用，打破身式无遮拦。"此是二步暗劲，形迹有无之用也。

"拳无拳，意无意，无意之中是真意。拳打三节不见形，如见形影不为能"，随时而发；一言一默，一举一动，行止坐卧，以致饮食、茶水之间，皆是用；或有人处，或无人处，无处不是用，所以无入而不自得，无往而不得其道，以致寂然不动，感而遂通也。此皆是化劲，神化之用也。

然而所用之虚实奇正，亦不可专有意用于奇正虚实。虚者，并非专用虚于彼。己手在彼手之上，用劲拉回，如落钩竿，谓之实；己手在彼手之下，亦用劲拉回，彼之手挨不着我的手，谓之虚。并非专有意于虚实，是在彼之形式感触耳。

奇正之理亦然，奇无不正，正无不奇；奇中有正，正中有奇，奇正之变，如循环之无端，所用不穷也。拳经云"拳去不空回，空回总不奇"，是此意也。

八则

形意拳术，明劲是小学功夫。进退起落，左转右旋，形式有间断，故谓之小学。

暗劲是大学之道。上下相连，手足相顾，内外如一，循环无端，形式无有间断，故谓之大学。此喻是发明其拳所以然之理也。论语云："一以贯之。"此拳亦是求一以贯之道也。

阴阳混成，刚柔相合，内外如一，谓之化劲。用神化去，至于无声无臭之德也。孟子云："大而化之之谓圣，圣而不可知之之谓神。"丹书云："形神俱杳，乃与道合真之境。"拳经云："拳无拳，意无意，无意之中是真意。"如此者，不见而章，不动而变，无为而成，寂然不动，感而遂通也。老子云："得其一而万事毕。"人得其一，谓之大。拳中内外如一之劲，用之于敌，当刚则刚，当柔则柔，飞腾变化，无入而不自得，亦无可无不可也，此之谓一以贯之。

一之为用，虽然纯熟，总是有一之形迹也，尚未到至妙处。因此要将一化去，化到至虚无之境，谓之至诚、至虚、至空也。如此"大而化之之谓圣，圣而不可知之之谓神"之道理，得矣！

九则

拳术之道，要自己锻炼身体，以祛病延年，无大难法，若与人相较，则非易事。

第一，存心谨慎，要知己知彼，不可骄矜，骄矜必败。若相识之人，久在一处，所练何拳，艺之深浅，彼此皆知，或喜用脚，或善用手，皆知其大概，谁胜谁负，尚不易言。若与不相识之人，初次见面，彼此不知所练何种拳术，所用何法，若一交手，其艺浅者，自立时相形见绌。

若皆是明手，两人相较，则颇不易言胜。所宜知者，一觌面，先察其人精神是否虚灵，气质是否雄厚，身躯是否活泼；再察其言论或谦或矜；其所言与其人之神气、形体动作是否相符。观此三者，彼之艺能，知其大概矣。

及相较之时，或彼先动，或己先动，务要辨地势之远近、险隘，广狭、死生。若二人相离极近，彼或发拳，或发足，皆能伤及吾身，则当如拳经云"眼要毒，手要奸（奸即巧也），脚踏中门往里躜。眼有监察之精，手有拨转之能，足有行程之功。两肘不离肋，两手不离心，出洞入洞紧随身。乘其无备而攻之，由其不意而出之"。此是近地以速之意也。

两人相离之地远，或三四步，或五六步不等，不可直上，恐彼以逸待劳，不等己发拳，而彼先发之矣。所以方动之时，不要将神气显露于外，似无意之情形，缓缓走至彼相近处，相机而用。彼动机方露，己即速扑上去，或掌或拳，随左打左，随右打右，彼之刚柔，己之进退，起落变化，总相机而行之。此谓远地以缓也。

己所立之地势，有利不利，亦得因敌人而用之，不可拘着。程廷华先生亦云："与彼相较之时，看彼之刚柔，或力大、或奸巧，彼刚吾柔，彼柔吾刚；彼高吾低，彼低吾高；彼长吾短，彼短吾长；彼开吾合，彼合吾开。或吾忽开忽合，忽刚忽柔，忽上忽下，忽短忽长，忽来忽去，不可拘使成法，须相敌之情形而行之。虽不能取胜于敌，亦不能骤然败于敌也。总以谨慎为要。"

十则

拳经云："上下相连，内外合一。"俗云上下是头足也，亦云手足也。按拳中道理言之，是上呼吸之气与下呼吸之气相接也。此是上下相连，心肾相交也。

内外合一者，是心中神意下照于海底，腹内静极而动，海底之气微微自下而上，与神意相交，归于丹田之中，运贯于周身，畅达于四肢，融融和和。如此方是上下相连，手足自然相顾，合内外而为一者也。

十一则

练拳术不可固执不通。若专以求力，即被力拘；专以求气，即被气所拘；若专以求沉重，即为沉重所捆坠；若专以求轻浮，神气则被轻浮所散。

所以然者，练之形式顺者，自有力；内里中和者，自生气；神意归于丹田者，身自然重如泰山；将神气合一，化成虚空者，自然身轻如羽。

故此不可专求。虽然求之有所得焉，亦是有若无、实若虚，勿忘勿助，不勉而中，不思而得，从容中道而已。

十二则

形意拳术之横拳，有先天之横，有后天之横，有一行之横。

先天之横者，由静而动，为无形之横拳也。横者，中也。易云"黄中通理，正位居体"，即此意也。拳经云"起无形""起为横"，皆是也（此起字是内中之起，自虚无而生有，真意发萌之时，在拳中谓之横，亦谓之起）。此横有名无形，为诸形之母也。万物皆含育于其中矣。其横则为拳中之太极也。

后天之横者，是拳中外形手足，以动即名为横也。此横有名有式，无有横之相也。因（头、手、足、肩、肘、胯、膝名七拳）外形七拳，以动即名为横，亦为诸式之干也，万法亦皆生于其内也。

十三则

形意拳术头层明劲，谓之"炼精化气"，为丹道中之武火也。

第二层暗劲，谓之"炼气化神"，为丹道中之文火也。

第三层化劲，谓之"炼神还虚"，为丹道中火候纯也。火候纯而内外一气成矣。

再练亦无劲，亦无火，谓之"炼虚合道"，以致行止坐卧，一言一默，无往而不合其道也。拳经云："拳无拳，意无意，无意之中是真意。"至此，无声无臭之德至矣。

先人诗曰："道本自然一气游，空空静静最难求，得来万法皆无用，身形应当似水流。"

十四则

拳意之道，大概皆是河洛之理，以之取象命名，数理兼该，顺其人动作之作之自然，制成法则，而人身体力行。古人云：天有八风，易有八卦，人有八脉，拳有八势，是以拳术有八卦之变化。八卦者，有圆之象焉。

天有九天，星有九野，地有九泉，人有九窍九数，拳有九宫，故拳术有九宫之方位。九宫者，有方之义焉。古人以九府而作圜法，以九室而作明堂，以九区而作贡赋，以九军而作阵法，以九窍九数（九数者，即九节也。头为梢节，心为中节，丹田为根节；手为梢节，肘为中节，肩为根节；足为梢节，膝为中节，胯为根节。三三共九节也）而作拳术，无非用九，其理亦妙矣。

河之图，洛之书，皆出于天地自然之数。禹之范，大挠之历，皆圣人得于天地之心法。余蒙老农先生所授之九宫图，其理亦出于此，而运用之神妙，变化莫测。此图之道，夫妇之愚可以与知与能，及其至也，虽圣人亦有所不知不能矣。

其图之形式，是飞九宫之道，一至九，九还一之理。用竿九根布之，四正四根，四隅四根，当中一根。竿不拘粗细。

起初练之，地方要宽大，竿相离要远，大约或一丈之方形，或一丈有余，或两丈，不拘尺寸。练之已熟，渐渐而缩小，缩至两竿相离之远近，仅能容身穿行往来，形如流水，旋转自如，而不碍所立之竿。

绕转之形式，用十二形。或如鹞子入林翻身之巧、或如蛇拨草入穴之妙、或如猿猴纵跳之灵活，各形之巧妙，无所不有也。此图之效力，不会拳术者按法走之，可以消食，血脉流通；若练拳术，而步法不活动者，走之可以能活动；练拳术身体发拘者，走之身体可以能灵通；练拳术心中固执者，走之可以能灵妙。无论男女老少，皆可行之，可以祛病延年，强健身体，等等妙术，不可言宣。拳经云："打拳如走路，看人如蒿草。武艺都道无正经，任意变化是无穷。岂知吾得婴儿玩，打法天下是真形。""三回九转是一式"之理，亦皆在其中矣。

此图明数学者，能晓此图之理；练八卦拳者，能通此图之道也。此图亦可作为游戏运动。走练之时，舌顶上腭。不会练拳术者，行走之时，两手曲伸，可以随便；会拳术者，按自己所会之法则运用可也。无论如何运动，左旋右转，两手、身体不能动着所立之竿为要。此图不只运动身体已也，而剑术之法，亦含藏于其中矣。

此九根竿之高矮，总要比人略高。可以九个泥墩或木墩，将竿插在内，可以移动练。用时可分布九宫，不练时可收在一处。若地基方便，不动亦可。若实在无有竿之时，砖石分布九宫亦可；若无砖石，画九个小圈走之亦无不可。

总而言之，总是有竿练之为最妙。此法走练，起初按一二三四五六七八九之路，返之九八七六五四三二一。此图外四正、四隅八根竿，比喻八卦，当中一根，又共比喻九个门。要练纯熟，无论何门，亦可以起点，要之归原，不能离开中门，即中五宫也。走之按一至二，二至三，至九，返之九至八，八至七，又还于一之数。

此图一圈一根竿也。一至九，九返一，即所行之路也。名为飞九宫也，亦名阴八卦也。河图之理，藏之于内；洛书之道，形之于外也。所以拳术之道，体用俱备，数理兼该，性命双修，乾坤相交，合内外而为一者也。

走练此图之意，九竿如同九人，如一人敌九，左右旋转，曲伸往来，飞跃变化，闪展腾挪。其中之法则，按着规矩，其中之妙用，亦得要自己悟会耳。

其图之道，亦和于乾坤二卦之理，六十四卦之式，皆含在其中矣。在人，贤者识其大者，不贤者识其小者，得之莫不有拳术奥妙之道焉。

第4部分　白西园先生形意拳论

白西园（1819—1907），字讳五。原籍江苏，祖父辈落籍直隶大兴，遂定居于其地。

白西园精于医道，医术精湛，业宫廷御医。又因其高妙的武艺，为神拳李洛能的八大弟子之一，亦被称为三大圣手之一，即"白西园的巧，宋世荣的柔，郭云深的刚"。

白西园先生除了长于医道之外，又工于书法，其国学功底极为深厚，于儒、释、道皆有精深研究。因其知识渊博，医道精深，所以被清内廷录用，为宫廷御医。

白西园先生早年曾行医得遇李洛能先生，彼此交谈甚契，互相钦佩。因慕李洛能先生精深之武技，遂拜师李洛能习练拳艺，得其倾囊相授形意拳之真传正法，加之资质聪颖，肯下苦工，所以练就了一身精深卓绝的武艺。

据郭云深弟子刘纬祥先生在其著作中描述，白西园先生之拳法"刁滑抽撒，渺无踪迹，三摇二旋，不可捉摸"，其功已臻入化境，成为形意拳之圣手。

白西园先生除了医道、拳艺精湛外，对养生亦深有研究，据说他传授的养生功法，至今仍有传人保留传习。

白西园晚年自开药铺，悬壶济世，因其医术高明，颇得盛誉。工作闲暇之时，则喜研究形意拳术，深明拳理，并极重实践。与人比手较技，其身形柔化迅捷，谈笑间即胜出对手。更因其武德高尚，为人热忱，于武术界无一结怨者，被武林推为尊叟。

白西园虽拳术精湛，功臻化境，经其指点之学人甚多，但其入室弟子，从笔者所查阅之资料来看，则仅有齐德元、齐德林二兄弟。刘纬祥、孙禄堂等形意名家亦曾得到过白西园先生的指点传授。

练形意拳之道，实是祛病延年、修道之学也。余自幼年行医，今年近七旬矣，身体动作轻灵，仍似当年强壮之时也，并无服过参、茸保养之物。此拳之道，养气修身之理，实有确据，真有如服仙丹之效验也。

惟练拳易，得道难；得道易，养道尤难。所以练拳术，第一要得真传，将拳内所练之规矩，要知得的确，按次序而练之。第二要真爱惜。第三要有恒心，作为自己终身修养之功课也。除此三者之外，虽然讲练，古人云"心不在焉，视而不见，听而不闻，食而不知其味"，就是终身不能有得也。

就是至诚有恒心，所练之道理，虽少有得焉，亦不能自骄。所练之形式道理，亦要时常求老师或诸位老先生们看视。古人云"人非圣贤，孰能无过"。若以骄，素日所得之道理，亦时常失去。道理以失，拳术就生出无数之病来（即拳术之病，非人所得吃药之病也）。若是明显之病，还可容易更改，老师功夫大小、道理深浅可以更正也；若是暗藏错综之病，非得老师道理极深，经验颇富，不能治此病也。

错综之病，头上之病不在头，脚上之病不在脚，身内之病不在内，身外之病不在外，此是错综之病也。暗藏之病，若隐若现，若有若无。此病于平常所练之人，亦看不出有病来，自己觉着亦无毛病，心想自己所练的道理亦到纯熟矣，岂不知自己之病入之更深矣。非得洞明其理，深达其道者，不能更改此样病也。若不然，就是昼夜习练，终身不能入于正道矣。此病谓之俗，自然劲也，与写字用工，入了俗派，始终不能长进之道理相同也。

所以练拳术者，练一身极好之技术，与人相较，亦极其勇敢，倒容易练，十人之中可以练成七八个矣。若能教育人者，再自己功夫极纯，身体动作极其和顺，折（编者按：疑为"析"之误植）理亦极其明详，令人容易领会，可以作后学之表率，如此人者，十人之中难得一二人矣。

练拳术之道理，神气贯通，形质和顺，刚柔曲折，法度长短，与曾文正公谈书法，言乾坤二卦之理相同也。

第5部分 刘奇兰先生形意拳论

刘奇兰（1819—1889；一说1832—1905），字奇翡，河北深县城内西街人。清末著名武术家，李洛能先生八大弟子之一，为河北派形意拳最主要的传承者之一。

先生家中为书香门第，因此颇通书墨，亦兼擅武术。早年学少林拳，精通多种拳械，后经郭云深引荐从李洛能先生学习形意拳，每年必率其弟子来西陵一次与郭云深相见，每往返两月，互相研究，互相切磋，所以其拳技精纯，以"龙形搜骨"为绝技。

刘奇兰先生曾在深州城内开设"庆升镖局"。晚年后，隐居田庐，教授门徒，联络各派，无门户之见。且待人宽厚，教徒有方，因此名振一方。当时武林高手慕名拜访者颇多，略一交谈，即敬服不已。

刘奇兰之子刘殿臣（琛）得其精奥，著有《形意拳抉微》一书，阐发斯派之精义甚详。而其门弟子中，如李存义、张占魁、耿诚信、周明泰、田静杰等，皆为南北闻名之拳家，冠绝于当世。尤以李存义、张占魁二人，义薄云天，任侠除奸，指导韩慕侠，在北京战败俄大力士康太耳，名震中外，使中外咸知中华民族之不可欺。然饮水思源，不能不归功于刘奇兰先生之教导有方也。

刘奇兰先生一生精研形意，同时亦非常乐于指导后学，如当时名家孙禄堂等人，皆曾上门问学请教，得其指点，受益甚多。其弟子李存义，更是创立天津中华武士会，将形意拳推广至全国各地，使得刘奇兰先生这一系的形意拳成为最盛行的拳种之一。

一则

形意拳术之道，体用莫分。自己练者为体，行之于彼为用。

自己练时，眼不可散乱，将视一极点处；或看自己之手，将神气定住，内外合一，不可移动，要用之于彼，或看彼上之两眼，或看彼之中心，或看彼下之两足。不要站定成式，不可专用成法，或掌或拳，望着就使，起落进退，变化不穷，是用智而取胜于敌也。

若用成法，即能胜于人，亦是一时之侥幸耳。所应晓者，须固住自己神气，不使散乱，此谓无敌于天下也。

二则

形意拳经云：养灵根而静心者，修道也；固灵根而动心者，敌将也。敌将之用者，"起如钢锉，落如钩竿。起似伏龙登天，落如霹雷击地。起无形，落无踪，起落好似卷地风。束身而起，长身而落。起如箭，落如风，追风赶月不放松。起如风，落如箭，打倒还嫌慢。打人如走路，看人如蒿草。胆上如风响，起落似箭蹲。遇敌要取胜，四梢俱要齐（是内外诚实如一也）。进步不胜，必有胆寒之心"也。此是固灵根而动心者，敌将所用之法也。

三则

道艺之用者，心中空空洞洞，不勉而中，不思而得，从容中道，而时出之。

"拳无拳，意无意，无意之中是真意"。心无其心，心空也；身无其身，身空也。古人云："所谓空而不空，不空而空，是谓真空。"虽空，乃至实至诚也。

忽然有敌人来击，心中并非有意打他（无意，即无火也），随彼意而应之。拳经云"静为本体，动为作用"，即是寂然不动，感而遂通，无可无不可也。此是"养灵根而静心者"所用之法也。

夫练拳，至无拳无意之境，乃能与太虚同体，故用之奥妙而不可测，然能至是者，鲜矣。

第6部分　宋世荣先生形意拳论

宋世荣，字约斋，号镜泉，京兆宛平（今北京大兴）人。生于清道光己酉年（1849年）七月初九日，卒于民国十六年（1927年）岁次丁卯九月十九日。

宋世荣赋性慷慨，急公好义，有古侠士之风。自幼聪颖好学，性喜读书，于《四书》《五经》、诸子百家及儒、道、释之学，无不广泛涉猎，深究苦研。同时他禀性至孝，爱众亲仁，情趣广泛，多才多艺，擅围棋，好昆曲，而尤嗜武技。

他于十七岁迁居山西省太谷县，以修理钟表为业。于次年拜在形意拳名家李能然名下，从学形意拳术，得到李能然厚爱而倾囊相授。由于他刻苦练功，精心研究，对形意拳术之精义造诣极深。

宋世荣先生嗜好茶道，泡茶非常讲究，每泡必用甘泉之水。距其所住城东南有凤山一座，山中有泉水甘冽。每日凌晨城门尚未打开时，先生即越城而出，去凤山汲取甘泉之水，待城门开启时，守城门卒已见先生手提一瓮泉水伫于门外，门卒多感惊诧，疑为神人。

由于宋世荣精通儒释道、阴阳八卦等传统学说，后来又得到了友人刘晓棠相赠之《内功四经》秘本，经过多年潜心研究，反复精研习试，并结合家藏《易筋》《洗髓》二经，所以在内功方面研究极深。其后又融会贯通太极、八卦诸拳，形成了其内功精深、发劲独特、别具风格的宋氏形意拳。史料记载宋世荣的武功已至出神入化、盘根冲空之境。其高足贾蕴高先生称："宋世荣先生体貌魁伟，须似戟；目光似闪电，精光四射，声若洪钟；身如介鹤寒松，仙风道骨，精灵抖擞，气凛寒霜，使人望之立起肃然有敬畏之意。"

宋世荣先生武功卓绝，艺臻化境，其为人则更是赋性慷慨，急公好义，侠骨仁风，燕赵古侠之风常溢于面背，有"小孟尝""玉麒麟""义侠"之称。昔日，河北李存义先生因事远走山西，即得先生热情款待并慷慨资助。

宋世荣先生一生视拳艺如珍宝，择徒甚严，不轻易传授于人。其教徒则更严，毕生只教徒二十余人，但个个都非常出众，如宋虎臣、宋铁麟、贾蕴高、任尔琪等人，都是当时省内外形意拳之名手。

世荣先生虽身怀绝技，但为人平和、淡泊名利。平日除悉心授徒外，遇有同门请益者亦用心点拨，诲人不倦。著名武术家孙禄堂、郭云深弟子刘纬祥等人，都曾经得宋先生的悉心指导和指授。

一则

形意拳之道，是先将拳术已成之着法，玩而求之，而有得之于心焉。或吾胸中有千万法，可也；或吾胸中浑浑沦沦，无一着法，亦可也。

无一法者，是一气之合也，以致于应用之时，无可无不可也。有千万法者，是一气之流行也，应敌之时，当刚则刚，当柔则柔，起落、进退、变化，皆可因敌而用之也。

譬如千万法者，是一形一着法也。一着法之中，亦皆能生生不已也。譬如练蛇形，蛇有拨草之精，至于蛇之盘旋曲伸、刚柔灵妙等式，皆伊之性能也。兵法云："常山蛇阵式，击首则尾应，击尾则首应，击其中则首尾皆应。"所以练一形之中，将伊之性能，格物到至善处，用之于敌，可以循环无端，变化无穷，故能时措之宜也。一形之能力如此，十二形之能力皆如是也。

内中之道理，物之伸者，是吾拳之长劲也；物之曲者，是吾拳之短劲也，亦吾拳之划劲也；物之曲曲湾转者，是吾拳之柔劲也；物之往前直去猛快者，是吾拳之刚劲也。虽然一物之性，能刚柔曲直、纵横变化、灵活巧妙，人有所不能及也。

所以练形意拳术者，是格渐十二形之性能，而得之于心，是能尽物之性也，亦是尽己之性也。因此练形意拳者，是效法天地化育万物之道也。此理存之于内而为德，用之于外而为道也。

又内劲者，内为天德；外法者，外为王道。所以此拳之用，能以无可无不可也。

二则

形意拳术，有道艺、武艺之分。有三体式单重、双重之别。

练武艺者，是双重之姿势。重心在于两腿之间，全身用力，清浊不分，先后天不辨。用后天之意，引呼吸之气，积蓄于丹田之内，其坚如铁石，周身沉重，站立如同泰山一般。与他人相较，不怕足踢、手击。拳经云："足打七分手打三，五行四梢要合全。气连心意随时用，硬打硬进无遮拦。"此谓之浊源，所以为敌将之武艺也。若练到至善处，亦可以无敌于天下也。

练道艺者，是三体式，单重，无姿势，前虚后实，重心在于后足，前足亦可虚、亦可实；心中不用力，先要虚其心，意思与丹道相合。丹书云"静坐要最初还虚"，不还虚，不能见本性；不见本性，用工皆是浊源，并非先天之真性也。拳术之理亦然，所以亦要最初还虚，不用后天之心意，亦并非全然不用。要全不用，成为顽空矣。

所以用劲者，非用后天之拙力，皆是规矩中之用力耳。还虚者，丹书云"中者，虚空之性体也；执中者，还虚之功用也"。是故形意拳术起点，有无极、太极、三体之式，其理是最初还虚之功用也。丹书云"道自虚无生一气，便从一气产阴阳，阴阳再合成三体，三体重生万物张"，是此意也。

三体者，在身体，外为头、手、足也；内为上、中、下三田也。在拳中形意、八卦、太极三派之一体也，虽分三体之名，统体一阴阳也。阴阳总一太极也，即一气也，亦即形意拳中，起点无形之横拳也。

此横拳者，是人本来之真心，空空洞洞，不挂着一毫之拙力，至虚至无，即太极也。所谓无名天地之始，但此虚无太极，不是死的，乃是活的，其中有一点生机藏焉。此机名曰先天真一之气，为人性命之根、造化之源、生死之本也。此虚无中含此一气，不有不无，非有非无，非色非空，活活泼泼的，又曰真空。真空者，空而不空，不空而空，所谓有名万物之母。虚无中，既有一点生机在内，是太极含一气，一自虚无兆质矣。此太极含一气，是丹书所说的静极而动，是虚极静笃时，海底中有一点生机发动也。邵子云"一阳初发动，万物未生时"也。

在拳术中，虚极时，横拳圆满无亏，内中有一点灵机生焉。丹书云："一气既兆质，不能无动静。"动为阳，静为阴，是动静既生于一气，两仪因此一气开根也。动极而静，静极而动，劈崩攒炮，起攒落翻，精气神，即于此而寓之矣。故此三体式内之一点生候发动，而能至于无穷，所以谓之道艺也。

三则

静坐功夫，以呼吸调息，练拳术，以手足动作为调息。

起落进退，皆合规矩，手足动作，亦俱和顺。内外神形相合，谓之息调。

以身体动作旋转，纵横往来，无有停滞，一气流行，循环无端，谓之停息，亦谓之脱胎神化也。

虽然一是动中求静，一是静中求动，二者似乎不同，其实内中之道理则一也。

第7部分　车毅斋先生形意拳论

车毅斋（1833—1914），讳永宏，字毅斋，山西太谷贾家堡人。因在家中排行老二，人称"车二师父"。

幼年拜形意拳宗师李洛能先生为师，得形意拳之神髓，拳艺精湛，功深力厚，在武学造诣上达到了炉火纯青的地步，技艺臻入神化之境。每与人较技，无不随心所欲，手到成功，为李洛能最为得意的门徒之一。

车毅斋先生淡泊于名利，一生除务农外，以保镖护院为业，闲暇时间则教授门徒形意拳，传道授业解惑，培养后学，不遗余力，孜孜然不倦，因此声望卓著，远近知名。亦曾为朝廷效力，获得"清华翎五品军功"之殊荣。

车毅斋先生在武学上孜孜以求，功臻化境，在技击方面更是独树一帜。经过多年的苦心钻研和练功实践，形成了自己独特的风格，逢人较技，皆轻松取胜，因此名震武林，四方拜师学艺者甚众。就连有"半步崩拳打天下"之称的李洛能高足郭云深先生，亦慕名专程前往太谷与车先生切磋技艺。经切磋比较，郭云深对车毅斋先生的技艺非常钦佩，赞叹不已，盘桓多日而不忍离去。

车毅斋先生诚笃忠厚，武德高尚。虽身怀绝技，但从不伤人之身，更从不谈人之短，炫己之长。其为人沉静寡言，待人谦和，慷慨仗义，视富贵如浮云，对于恤贫济孤一事从不吝惜，尽其所能，扶危救困，因此颇受世人所尊重。

车毅斋先生曾游历于天津，有一日本武士，闻知毅斋先生大名，约其比较剑术。相约比赛之时，日本武士奋然攻击，毅斋先生则漫然相应，轻松击败对方，令日本人羞愧而钦服，愿出重金拜毅斋为师，当场即被毅斋婉言谢绝。人问其故，毅斋曰："岂可使吾国绝技而传之外人耶？！"由此可见，其赤胆忠心蕴于内，而其民族气节则沛然现于外焉。

先生自得道后，淡泊于名利，隐居田间，教授门徒甚多。能发明先生之道者，以李复贞为最，朱福贵、陈际德、吴宝玉、武承烈、乔映庚、孟立嗣等亦为其徒之佼佼者。

毅斋守一乐道，始终如一，年八十余而终。车先生逝世后，弟子王凤翔等为之立碑纪念，其生平事迹亦被收录于《太谷县志·方伎传》内。

形意拳之道，合于中庸之道也。其道中正广大，至易至简，不偏不倚，和而不流，包罗万象，体物不遗，放之则弥六合，卷之则退藏于密，其味无穷，皆实学也。

惟是起初所学，先要学一派。一派之中，亦得专一形而学之。学而时习之，习之已熟，然后再学他形，各形纯熟，再贯串统一而习之。习之极熟，全体各形之式，一形如一手之式，一手如一意之动，一意如同自虚空发出。所以练拳学者，自虚无而起，自虚无而还也。到此时，形意也、八卦也、太极也，诸形皆无，万象皆空，混混沦沦，一浑气然，何有太极，何有形意，何有八卦也。

所以练拳术不在形式，只在神气圆满无亏而已。神气圆满，形式虽方，而亦能活动无滞。神气不足，就是形式虽圆，动作亦不能灵通也。拳经云"尚德不尚力"，意在蓄神耳。用神意合丹田，先天真阳之气，运化于周身，无微不至。以至于应用，无处不有，无时不然，所谓物物一太极，物物一阴阳。中庸云"鬼神之为德，其盛矣乎。视之而弗见，听之而弗闻，体物而不可遗"，亦是此拳之意义也。

所以练拳术者，不可守定成法而应用之。成法者，是初入门教人之规则，可以变化人之气质，开人之智识，明人之心性，是化除后天之气质，以复其先天之气也。以至虚无之时，无所谓体，无所谓用。拳经云"静为本体，动为作用"，是体用一源也。

体用分言之：以体言，行止坐卧，一言一默，无往而不得其道也；以用言之，无可无不可也。

余幼年间，血气盛足，力量正大，法术记得颇多，用得亦熟、亦快。每逢与人相比较之时，观彼之形式，可以用某种手法正合宜。技术浅者，占人一气之先，往往胜人；遇着技术深者，观其身式，用某种手法亦正合宜，一至彼之身边，彼即随式而变矣。自己的旧力未完，新力未生，往往再变换手法，有来不及处，一时进退不灵活，就败于彼矣。以后用力之久，而一旦豁然贯通，将体式、法身全都脱去，始悟前者所练体式，皆是血气；所用之法术，乃是成规。先前用法，中间皆有间断，不能连手变化，皆因是后天用事，不得中和之故也。

昔年有一某先生，亦是练拳之人，在余处闲谈。彼凭着血气力足，不明此拳之道理，暗中有不服之意。余此时正洗面，且吾洗面之姿势，皆用骑马式，并未注意于彼。不料彼要取玩笑，起身用脚，望着余之后腰用脚踢去。彼足方到予之身边，似挨未挨之时，予并未预料，譬如静坐功夫，丹田之气始动，心中之神意知觉，即速又望北接渡也。此时物到神知，予神形合一，身子一起，觉腰下有物掤出，回观，则彼跌出一丈有余，平身躺在地下。予先何从知彼之来，又无从知以何法应之，此乃拳术无意中抖擞之神力也，至哉信乎。拳经云"拳无拳，意无意，无意之中是真意"也。

至此，拳术无形无相，无我无他，只有神之灵光，奥妙不测耳。拳经云："混元一气吾道成，道成莫外五真形，真形内藏真精神，神藏气内丹道成。如问真形须求真，要知真形合真相，真相合来有真诀，真诀合道得彻灵。养灵根而动心者，敌将也；养灵根而静心者，修道也。武艺虽真窍不真，费尽心机枉劳神，祖师留下真妙诀，知者传授要择人。"

第8部分　张树德先生形意拳论

张先生，字树德，直隶祁州人。幼年好习武术。张树德与郭云深先生为金兰交，因此早期先从郭云深先生习形意拳。后经郭云深介绍，并请示李洛能先生同意，张树德被收在李洛能先生名下，成为李洛能的弟子，而郭云深则代师传艺，所以张先生之拳艺除得自李洛能外，大多由郭云深所教授。

张树德先生于形意一门，深研数载，功臻上乘，且能将拳与剑、刀、枪各术合为一气，以拳为剑，以剑为拳，器形合一，随心所欲而用之，无不融会而贯通。而其所用之枪法，亦极为精妙绝伦，远近闻名。有慕名来访先生比较枪法者，一经交手，皆为先生所挫败。

张树德先生恬淡自足，晚年隐居田间，以教授形意培养后学自娱，所教授门徒弟子颇多。门徒中能承先生之技艺者，亦颇不乏人，其徒有张茂隆、吴耀科等。

先生至八十余岁而终。

形意拳之道，不言器械。予初练之时，亦只疑无有枪、刀、剑术之类。予练枪法数十年，访友数省，相遇名家，亦有数十余名，所练门派不同，亦各有所长。予自是而后，昼夜勤习，方得其枪中之奥妙。

昔年用枪，总以为自己身手快利，步法活动，用法多巧。然而与人相较，往往被人所制。后始知不在乎形式法术，有身如无身，有枪如无枪，运用只在一心耳（心即枪，枪即心也）。

枪分三节八楞，用眼视定彼之形式，上、中、下三路，或梢节，中节，根节，心一动而手足与枪合一，似蛟龙出水一般，直到彼身，彼即败矣。方知手足动作，教练纯熟，不令而行也。

予自练形意拳以来，朝夕习练，将道理得之于身心，而又知行合一，故同一长短之枪，已觉自己之枪昔用之似短，今用之则长。更觉善用者，不在枪之形式长短，全在拳中神意之妙用也。又方知拳术即剑术、枪法，剑术，枪法亦即拳术也。拳经云"心为元帅，眼为先锋，手足为五营四哨。以枪为拳，以拳为枪，枪扎如射箭"即此意也。

故此始悟形意拳术，不言枪剑，因其道理中和，内外如一，体物而不遗，无往而不得其道也。

第9部分　刘晓兰先生形意拳论

刘晓兰（岚）（1821—1906），又名张晓兰。直隶河间府南里店村（今河北省任丘市南里店村）人。

自幼喜拳术，曾学过多种拳法，并学跤法，尤善实战，与人比手，从未失败。后在直隶河间市府境内之潮海寺中与高僧善八极拳者比手较技，并由此相识，遂拜八极拳名家孙亭立为师，习练八极拳。其八极拳功夫最为精纯，根底亦极为深厚，远近闻名，无有匹敌。

后经商得遇李洛能先生，因李先生系直隶深县人氏，乃近乡人也，二人一见如故，非常投缘。经试技，刘晓兰先生觉形意拳灵动多变、神妙莫测，以前所学无所施为，遂拜李洛能先生为师习形意拳。经十几年研炼，终臻大成，功力卓绝，为李洛能先生"八大弟子"之一。

刘晓兰先生不但在拳术上造诣精深，在事业上也是一个成功者。先生早年为贾于易州西陵，经营粮店、百货铺、肉铺、长途运输等生意，其弟子们亦多是其经商中的骨干力量，师徒齐心，所以买卖兴隆，家大业大，这给河北形意拳以易州西陵为中心，奠定了非常重要的经济基础和物质条件。

刘晓兰先生不但功力卓绝，拳艺精湛，还非常重视提携后学，在培养人才方面不遗余力，孜孜不倦。经其所授之门人弟子众多，功夫有成者有石振发、刘立山、刘凤伦、杨福、刘凤、朱春芳、李云山、南云标、王老者、孙宝和、张聚川、陈凤高等人。

其弟子中最出类拔萃者有三人，由刘晓兰先生按"山"字命名。刘晓兰自号"彩山"，光彩居中之意。改刘立山叫刘维山，是维护彩山之意；改杨福叫杨扶山，是扶助彩山之意；改刘凤伦为刘轮山，是围绕彩山，轮转服从之意。这三人合称"三山"，以示本派核心传承之意。

形意拳之道无他，不过变化人之气质，得其中和而已。从一气而分阴阳，从阴阳而分五行，从五行而还一气，十二形之理，亦从一气阴阳五行变化而生也。朱子云"天以阴阳五行化生万物，气以成形，而理即敷焉"，即此意也。

余从幼年练八极拳，功夫颇深，拳中应用之法术，如挎肘、定肘、挤肘、拐肘、等等之着法，亦极其纯熟，与人相较，往往胜人。其后遇一能手，身躯灵变，或离或合，则吾法无所施，往往拘守成法而不能变，尚疑为自己功夫不纯之过也。其后改练形意拳，习五行生克应用之法则，如劈拳能破崩拳，以金克木；攒拳能破炮拳，以水克火。习至数十年，方悟所得之道，知行合一之理，心中极其虚灵，身形亦极其和顺，内外如一。

又知五行拳互相生克。金克木，木亦能克金；金生水，水亦能生金。古人云："互相递为子孙之意也。"以前所用之法则，而时应用，无不随时措之宜也，亦无入而不自得也。因此始知形意拳，是个中和之体，万物皆涵育于其中矣。

第10部分　李镜斋先生形意拳论

李镜斋，直隶新安县人。李洛能先生门下著名弟子之一。以孝廉历任教授，为当地著名的学者。虽为文人，却性好拳术，但直到六十三岁方遇李洛能先生，因慕其武学之精深，遂拜李能然先生为师习形意拳。但其与郭云深先生相处最久，常常一起互相研究拳术，交流技艺。练至七十余岁时，理法通融，豁然开朗，深得拳术之奥理，云："至此方知拳术与儒学之道理，并行不悖，合而为一者也。"

李镜斋先生作为国学功底深厚的文士，又经刻苦钻研，从而彻悟形意拳术之真谛，这对于继承和发扬李洛能先生之拳义精髓，起到了不可估量的积极作用。因古代对于武术来说，大都靠口传身授，而具有较高水平的文人精修武学，这在当时的武术界和同辈中亦极为少见。而先生以文士之身且高龄学拳，同时又能融会贯通，理法通融而克臻大成，殊为难得稀有。

李镜斋先生一生好武，每日练拳不辍，精益求精。在其七十余岁时，仍能动用轻灵，一如壮年，而无衰老之态，可谓是炼养并重，深得形意之神髓者。

先生寿至八十余岁终。门下入室弟子有李应勋、于殿奎、侯星五等。

常有练拳术者，多有体用不合之情形。每见所练之体式，功夫极其纯熟，气力亦极大。然而所用之法则，常有与体式相违者，皆因是所练之体中形式不顺，身心不合，则有悖戾之气也。

譬如儒家读书，读得极熟，看理亦极深，惟是所作出之文章常有不顺，亦是伊所看书之理，则有悖谬之处耶。虽然文武不同道，其理则一也。

第11部分　李存义先生形意拳论

李存义，原名存毅，字肃堂，亦字聚金，后改名存义，字忠元。河北省深县南小营村人。生于清道光二十七年丁未（1847年，月、日不详），卒于民国十年辛酉（1921年）二月二十八日，享年七十五岁。

少时家贫清苦，以帮人赶车为生。及长，则遍习长短拳技，并周游各地巡师访友，开拓视野。中年，师著名形意拳名家刘奇兰学艺，后至京，与八卦掌名家程廷华等为友，并兼从八卦掌宗师董海川习八卦掌，但其八卦掌技艺多为程廷华所授。精研武技数十年，实力大进，名扬武林，又精于刀术，故有"单刀李"之称，在北方武术界威望甚高。

先生体健魄壮，性情豪爽，为人厚道，轻财好义，与武林名家大刀王五、程廷华等过从甚密，与"闪电手"张占魁亦情同手足，其武德与为人均被时人所称颂。

清光绪甲午年，先生从刘坤一为朴刀教授，继而屡经督队，因剿匪有功，遂被保举为两江总督督标把总。由于李存义先生洞彻官海风涛，淡于仕途，觉区区微职，不足以遂其平素抱负，于是依然辞去此职，至保定开设万通镖局，接纳四方英豪，以武会友兼收徒授艺。

庚子之岁，八国入侵，洋兵到处掳掠，奸淫烧杀，民不聊生。当时有血气者，号称义民，组织义和团奋起抗击。先生当时年五十四岁，即参与该团张德成、刘十九所部，单刀上阵，每战必先，勇猛杀寇，血透重衣。尤在天津老龙头火车站一役，摧枯拉朽，洋兵披靡，遗尸盈野，弃曳而窜，时人称快，誉先生"单刀李"而不名，"单刀李"之称，实由此始。

先生深感国人志气颓唐，恒以挽回狂澜、振作民力为宗旨，故于教授生徒、培养人才、倡武树人方面，不遗余力，孜孜然不倦。民元创中华武术会于天津，亲任会长，广传形意，有教无类，学者遇之，辄依依不忍离，聆其一二语，终身修持，无铢粟失，大河以北皆宗之为形意之正统。河北之有形意拳，固自李洛能先生始，而光大形意而传于河北者，则李存义先生可谓功不可没。

先生晚年在家乡南小营村传授拳术，村前街、后街都设有练武场，村民习拳练武蔚然成风。其一生所授弟子众多，经其指点的更是不计其数。著名弟子有黄柏年、郝恩光、尚云祥、马玉堂、李星阶、傅剑秋、陈泮岭、田鸿业、薛颠等。

李存义先生一生为普及国术不遗余力，著述亦颇丰，前后著有拳谱二百余卷，洋洋几十万字，由其手编木板本之《五行拳谱》及《连环拳谱》，则更是形意拳之正宗经典之作。但众多未正式出版之著作，由于时过境迁，加以文革期间的运动，遗失不少，殊为可惜。如今可见的有《五行拳谱》《连环拳谱》《岳氏意拳五行精义》《岳氏意拳十二形法精义》《五行剑谱》《飞跃剑谱》《八字功谱》《拳术教范》等著作。

李存义先生于1921年去世，终年75岁。门人为之立碑，以纪念先生一生之艺业春秋。

意拳总论

意拳者，拳之内家者也。用合天地，化生万物之形；体本五行，循环生克之意。盖天地之初，混混沌沌，茫然大气，既无归宿之可指，复无界限之可言。逮岁月嬗递，略就范围，渐成一气，继则轻清上浮，重浊下降，阴阳剖判，阴阳再合，遂成三体，于是五行循环，化生万物，此天地进化之大概也。

夫人身配天而生者也，其于养生之术，运动之道，须准天地进化之自然，而潜心顺修，复按五行生克之意，而动静不乖。尤复旁参万物之变，而交推互证，庶几揽阴阳，夺造化，生生不息，幻变无穷，此意拳之妙用，抑亦养生不可须臾离者也。

若形意之拳，静原浑虚，动充四体，翩若惊鸿，婉若游龙，敛而不局，放而不肆，约而不迫，张而不疏，神恬而不涉于寂，体静而不沉于枯。还精于周身，清神以积中，祛欲启蔽，长年益寿，神完而气定，捍邪侵而避物秽，是超艺而进于道者也。

至应变无方，接物无形，不虚不妄，不馁不葸。鬱勃如风云，声呼如雷霆，出入如鬼电。重如山隤，轻如风扫，攻坚杀敌，毫不经意者，尤其末焉者耳。

第一章 不动姿势

凡事有动必有静。动者，静之效；静者，动之储也。舍动言静，其失也怵；离静言动，其失也愕。

然静为动之源，而运动者，尤必先致力于静，如是则气内充，而力外裕矣。意拳者，以气行而不动姿势，实为入门初步，建本清源之道，学者应三致意焉。

第一节 无极势

两足跟并齐，两足尖分度约九十，两臂切身下垂。此时当无思无欲，无形无像，无物无我，一气浑沦，无所向意，顺天地之自然，茫若扁舟泛巨海，静若木鸡植中庭，是之谓无极。

第二节　虚无含一势

由无极势半面向左，左足在前，靠右足胫骨，两足尖分约四十五度，两臂紧垂，腕曲掌摺，舌顶上腭，肛门上提，将浑沦之气，略加收聚，是谓虚无含一气，亦即吾人先天真一之气，而为形意拳之内劲。

第三节　太极势

由前势左足跟靠右足胫骨，足尖分四十五度，两足跟向外扭劲，足尖抓地，两腿徐直下弯，约百二十度。

两胯平均扣劲，腰挺直，两肩扣垂，两肘紧抱两肋，两手抱心，左手在下，右手在上，左手食指前伸平直，右手中指亦前伸平直，两指叠合。颈直竖，头上顶，身不可前俯后仰，不可左右歪斜，眼突、舌卷、气降，心中平定，不可努气。

心与意合，意与气合，气与力合。心意诚于中，而肢体劲于外，一气流行，是谓太极。

第四节　两仪势

由太极势，左足前进二尺许，足尖直前，右足不动，足尖向右约三十度，左足踵直，右足胫骨成大人字形。同时左手前伸，右手退后，左手伸至极端，高与口齐；右手虎口内向，与脐接，而小指外翻，腕曲掌揭，手足齐落。左臂似曲非曲，似直非直，微向上内弯，由腕至肘水平；右臂弯曲如新月，肘意内抱，手指均须离开，稍圆曲，如爪如钩，切忌局弯着力。

左手大指横平，食指前伸，余指及腕掌如右手，两目注视虎口玦形。两肩、两胯皆均力垂扣，两肘力垂，两膝挺扣，两足跟力向外扭，是谓肩与胯合，肘与膝合，手与足合。

此时上身正直，不可俯仰，心气平静，不可助长。身则看阳而有阴，看阴而有阳。气则呼出为阳，吸入为阴；清气上升为阳，浊气下降为阴；诚于内者为阴，形于外者为阳。呼吸、上下、内外三者，以象阴阳，故谓之两仪。

第五节　三体势

由两仪呼吸相应，上下相贯，内外如一，谓之阴阳相合，阴阳相合，而三体生焉。

三体者，天、地、人，三才之象也。在人为头、手、足。头以象天，手以象人，足以象地，取其聪明睿智，才力气魄，广大精奇，足以相配也。

夫天地间形形色色，大哲学家未能盖知；事事物物，大博物家未能悉辨。然以归纳法括之，均不外天地之化生，人工之制造也。

换言之，意拳之精微奥妙，大拳师未必尽其能；生克变化，大方家未能尽其用。然以归纳法括之，均不外头、手、足之伸缩运动也。

故欲知天地间之物，尽意拳之妙，先致力于三体，庶几得其要矣。三体为意拳之基础，如操练之立正，凡百运动，皆基于此，故分条详论于后。

第二章

第一节　三节

全身分为三节：头为上节，身为中节，股为下节。
各节复分三节：
以头言之，天庭为上节，鼻为中节，海底为下节。
以身言之，胸为上节，腹为中节，丹田为下节。
以股言之，足为梢节，膝为中节，胯为根节。
以肱言之，手为梢节，肘为中节，肩为根节。
以手言之，指为梢节，掌为中节，掌根为根节。
三节即明，而内劲发动之脉络，即可知矣。

盖指之力源于掌，掌之力源于掌根，故掌根催掌，掌催指，而劲乃出。手之力源于肘，肘之力源于肩，故肩催肘，肘催手，而劲乃行。足之力源于膝，膝之力源于胯，故胯催膝，膝催足，而劲乃通。

然肩胯之劲源于身，身之劲源于丹田，为内劲之总源也。

第二节　四梢

人有血肉筋骨，血肉筋骨之末端曰梢。盖发为血梢，舌为肉梢，爪为筋梢，牙为骨梢。四梢用力，则可变其常态，而令人畏惧焉。

血梢

怒气填胸，竖发冲冠。
血轮速转，敌胆自寒。
毛发虽微，摧敌何难。

肉梢

舌卷气降，虽山亦撼。
肉坚比铁，精神勇敢。
一舌之威，落魄丧胆。

筋梢

虎威鹰猛，以爪为锋。
手攫足踏，（踏）气力兼雄。
指之所到，皆可奏功。

骨梢

有勇在骨，切齿则发。

敌肉可食，皆裂目突。

惟牙之功，令人恍惚。

第三节　八字诀

四梢之外，又有八字，三体一站，八字具备。皆所以蓄力养气，使敌我者，失所措也。此亦五行拳所特有者。

八字之名称：一曰顶，二曰扣，三曰圆，四曰毒，五曰抱，六曰垂，七曰曲，八曰挺。而八字者，又各有三事，共二十四事也，分述之如下。

一、三顶

头上顶，有冲天之雄；手外顶，有推山之功；舌上顶，有吼狮吞象之容。是谓三顶。

二、三扣

肩扣，则气力到肘；掌扣，则气力到手；手足指扣，则周身力厚。是谓三扣。

三、三圆

脊背圆，则力催身前；胸圆，则两肱力全；虎口圆，则勇猛外宣。是谓三圆。

四、三毒

心毒如怒狸攫鼠，眼毒如觑兔之饥鹰，手毒如捕羊之饿虎。是谓三毒。

五、三抱

丹田抱气，气不外散；胆量抱身，临敌不变；两肘抱肋，出入不乱。是谓三抱。

六、三垂

气垂，则气降丹田；肩垂，则力催肘前；肘垂，则两腕撑圆。是谓三垂。

七、三曲

两肱宜曲，曲则力富；两股宜曲，曲则力凑；两腕宜曲，曲则力厚。是谓三曲。

八、三挺

挺颈，则精气灌顶；挺腰，则力达全身；挺膝，则腿竖马稳。是谓三挺。

第四节　九歌

九歌者，乃三体之九事，分条研究，以资熟练也。其九事即身、肩、肱、手、指、股、足、舌、肛门是也。分列于左。

身

前俯后仰，其势不劲。
左侧右欹，皆身之病。
正而似斜，斜而似正。

肩

头欲上顶，肩须下垂。
左肩成拗，右肩自随。
身力到手，肩之所为。

肱

左肱前伸，右肱在肋。
似曲不曲，似直不直。
曲则不远，直则少力。

手

右手在脐，左手齐心。
后者劲塌，前者力伸。
两手皆覆，用力宜均。

指

五指各分，其形似钩。
虎口圆开，似刚似柔。
力须到指，不可强求。

股

左股在前，右股后撑。
似直不直，似弓不弓。
虽有支绌，每见鸡形。

足

左足直出，欹侧皆病。
右足势斜，前踵对胫。
二尺距离，足趾扣定。

舌

舌为肉梢，卷则气降。
目张发竖，丹田愈壮。
肌肉如铁，内坚腑脏。

肛

提起肛门，气贯四梢。
两骹缭绕，臀部肉交。
低则势散，故宜稍高。

此一节，自三体势至此，为意拳之格式。格式者，入门一定之规也，无论五行、十二形皆以此为主。

意拳养气学

气者，勇之实也，养气即所以养勇。黝舍之流，不肤挠，不目逃，视不胜犹胜，刺王侯若刺褐夫，视三军如无物。

盖习养有素，气充乎四体，而溢乎其外，见乎其勇，而不自知也。然此特气之粗者，抑犹有其精者存焉。至大至刚，配义道而无馁，塞天地，溢四海，故孟轲养之以成贤，文天祥守之以遂忠。盖磅礴凛冽，是气常存，足以助精魄，强神明，不随生死而变灭。此所谓大勇者，宁可与黝舍同论哉！

夫粗者，魄气也；精者，魂气也。魄气生于体，魂气生于天。魂气清明而富于仁，魄气强横而偏于贪。神人不以体魄用事，故养魂而弃魄；愚夫只知有身，故养魄而去魂。圣贤重魂轻魄，故以魂制魄；勇士重魄轻魂，故以魄制魂。此养气之大别也。

形意之养魂气乎？魄气乎？抑魂制魄，或魄制魂乎？曰：此皆非形意养气之道也。

形意以身体为运动，故不能舍魄以养魂。然其养生之术，须准天地进化之序，生克变化之方，必按五行循环之意，化生万物之形。苟舍魂以养魄，复不能尽形意之能事也，然则何为而后可，曰：魂气灵明，形意之生克变化，赖以神其用者也；魄气浑厚，形意之实内充外，赖以壮其动者也。轻魂则变化不灵，轻魄则实力不厚，必魂魄并重，乃尽形意养气之要功也。

第一节　意拳养气之必要

或曰身体之伸缩也，四肢之变化也，端赖乎筋肉骨血，而五脏之主动于内者，似与气无涉，曰是不然。人得五脏以成形，复由五脏而生气。五脏之于人，犹轮船之气房、火车之锅炉，运动变化，固赖乎此。然无蒸汽以促动之，则机关虽灵，终无以善其用，气之于人，犹是也。

故五脏之动，赖乎气。气之强弱虚实，可使人壮老勇怯。况形意为内家运动之一，而变化灵捷，实力充厚，非魂魄并养，不为功使。非培而裕之，扩而充之，又何足供吾人无量之用哉。

第二节　意拳养气之功用

气始生于一，终分为二，即魂魄也，阴阳也。魂气属阳，灵明轻清，可虚实刚柔，循环变化。神乎神乎，至于无形；微乎微乎，至于无声，此阳气之妙用也。

魄气属阴，浑厚重浊，可坚强猛烈，不挠不逃，雄魄毅分可摧壁，气刚大之而拔山，此阴气之妙用也。

武术专家，技臻绝顶者，其攻人也，无迹可寻，虽稠人广象，千目共睹，莫能见其手之所至，足之所履，身之所止，谓为玄无，乃魂气充有以致之也。

其被攻也，手触其身，如金城，足冲其股，如铁柱。当之者，颓狼狈却退，乃魄气厚有以成之也。

昔武穆用兵，先谋后动。其动也，灵妙变化，飘忽猛烈，莫可推测；其静也，严整庄重，如山岳坚实，莫可撼移。兵家谓"不动如山岳，难知如阴阳"，非魂魄二气修养有素，何克臻此。

故武术之精者，必精于气；精于气者，必精于兵，养气之道，何可忽乎哉。

第三节　意拳养气之法则

形意之讲养气者多矣，或胸中努力，或腹内运气，是皆不明本根，而特齐其末，如告子之不动心者，虽直接而易为，终无补于实际。

夫根本者，何也？曰：循理集义，明三节，讲四梢，练八字，熟九歌是也。盖气分魂魄（阴阳），魂气生于大，根于义理；魄气生于五脏，根于四事，如水之有源，木之有本，清源而水流，培本而木茂，自然之理也。若夫孟贲穿窬，童子不支，夏育为盗，懦夫不抗，是乃背理丧义，魂气全失，而猛怯资殊也。

江湖无赖，弄姿摆势，然每被击于粗汉；世俗拳师，旋舞跳跃，然每被扑于伧父。倘四事修明，魄气坚实，何至于此。

故形意之善养气者，非理无动，非义无往，自反而合理，虽万人无惴；自反而非义，虽褐夫亦惧。动必以理，趋必以义，而魂魄自盛矣！举措动静，必合四事，三节不合，弗措也。四梢不明，弗措也。八字、九歌未熟练，弗措也。

人一己百，人十己千，如是而谓魄气不强者，未之有也。然必有事焉，勿助勿忘，过用心则助，助则暴而气乱矣。不用心则忘，忘则荡而气散矣。果明此义，则内家要术，毕尽乎斯，又岂独形意哉。

意拳原理

拳以意名者，以意为诸拳之母，凡百运动，皆渊源于此也。夫心者，人之宰也，耳、目、口、鼻、四肢，皆听其指挥。心之发动曰意，意之所向为拳，而五行循环，生克变化出焉！

天地进化，以五行为始，以化生万物为终。而人之运动，亦以意为始，以形为终。故意拳不明，而形拳亦无由而成。

意拳包五行、连环二部，学者须三致意焉（形拳即十二形法）。

第一章　五行解

五行者，金、木、水、火、土也。内有五脏，外有五官，皆与五行相配。心属火，脾属土，肝属木，肺属金，肾属水，此五行之隐于内者。目通肝，鼻通肺，舌通心，耳通肾，人中通脾，此五行之着于外者。

五行有相生之道焉，金生水，水生木，木生火，火生土，土生金。又有相克之义焉，金克木，木克土，土克水，水克火，火克金。五行见于洪范，而汉儒借之以解经，后人每讥其于义无取，而生克之理，究不为不当也。拳之以是取名，用以坚实其内，整饬其外，取相生之道，以为平时之习练；取相克之义，以为对手之破解云尔，非必沾沾于古说也。

第二章　五拳解

夫拳以五行名者，崩、钻、劈、炮、横，五拳之名称也。崩拳之形似箭，性属木；炮拳之形似炮，性属火；横拳之形似弹，性属土；劈拳之形似斧，性属金；钻拳之形似电，性属水。

由相生之说论之，故横拳能生劈拳，劈拳能生钻拳，钻拳能生崩拳，崩拳能生炮拳，炮拳能生横拳也，万物生于土，故横拳能生各拳。

由相克之说论之，故劈拳能克崩拳，崩拳能克横拳，横拳能克钻拳，钻拳能克炮拳，炮拳能克劈拳也。

第一节　劈拳

劈拳属金，其形似斧，有劈物之意。五行之中，以土为主，盖土生万物，内包四德，准其循环之理，而土生金，此劈拳所以为五拳之首也。

然金于五脏相肺，拳之顺逆，肺气之通塞，与有关焉。

第二节　崩拳

崩拳属木，其形似箭，有射物之意。木于五脏相肝，故此拳顺则肝气舒，谬则肝气郁。

学者倘于此而加以精研，最足以助精魄，强筋骨，且简捷而应用，前人恒以专此一拳而名家也。

第三节　钻拳

钻拳属水，其形似电，有曲曲流行之意。水于五脏相肾，拳顺则肾气足，否则肾气虚。倘于此研究有得，足使阳气上升，阴气下降，化拙为巧，变滞为灵，而直劲出矣。

第四节　炮拳

炮拳属火，其形似炮，水平威力甚大，有加农之性焉。

火在五脏而相心，故拳顺则心中灵明，拳乖则心中朦昧，甚矣！此拳之不可忽也。

第五节　横拳

横拳属土，其形似弹，土在五脏相脾。其拳顺则脾胃和，拳乖则脾胃弱，而五脏亦必失和矣。

盖土为五行之本，脾为五脏之本，根本不固，枝叶必枯，自然之理也。故横拳者，五行拳之主也，学者宜注意焉。

第三章　五行生克

五行生克者，二人相对之拳也。其相生也，金生水，水生木，木生火，火生土，土生金，如是生生不已，变化无穷。即劈拳变钻拳，钻拳变崩拳，崩拳变炮拳，炮拳变横拳，横拳又变劈拳。临机应变，一在乎学者之熟练，与自己之运用耳。

其相克也，金克木，木克土，土克水，水克火，火克金。即劈拳破崩拳，崩拳破横拳，横拳破钻拳，钻拳破炮拳，炮拳破劈拳。

若两人对练时，甲生之，乙克之；乙生之，甲克之，循环不息，所以应用也。

第四章　进退连环拳

连环拳者，五行合一之势也。分演之为五行，合演之为连环，以其势皆循环连贯，故以连环名之。

然此拳以五行为母，五拳未习熟，不必学连环也。且既熟五拳，亦非习连环无以明变化之妙，而收应用之功。

至其分合，总不外起钻落翻，阴阳动静，习者深心揣摩，自能领悟矣。

第五章 变化

拳虽有五，而实有神妙之功用。自其变化言之，则劈拳有六，钻、炮、横各有七，崩拳有九，共三十六套。以下分述之，凡前所有者，皆列每段之首。

一、劈拳

正步劈拳，进步劈拳，退步劈拳，摇身劈拳，转身劈拳，捋手劈拳。

二、钻拳

顺步钻拳，进步钻拳，退步钻拳，摇身钻拳，转身钻拳，拗步钻拳，捋手钻拳。

三、崩拳

左骸崩拳，进步崩拳，退步崩拳，摇身崩拳，转身崩拳，十字崩拳，顺势崩拳，右骸崩拳，捋手崩拳。

四、炮拳

拗步炮拳，进步炮拳，退步炮拳，摇身炮拳，转身炮拳，顺步炮拳，捋手炮拳。

五、横拳

拗步横拳，进步横拳，退步横拳，摇身横拳，转身横拳，顺步横拳，捋手横拳。

第六章 总论

武术以试验为主，盖其奥妙，必切实练习，方能有成。而其理论，亦不过如航行之指南耳。

世间致用之学，在熟练，不在精巧；在实行，不在冥想。即圣门精一之传，犹贵一心守约，况形意为运动之一道，绝非理想之所能得，故练习尚焉。

然练习亦必有道，兹分节详论于后。

第一节 练习之注意

练习之注意，约分三期。一曰练习前之注意，二曰练习中之注意，三曰练习后之注意。

练习之前，勿饥勿饱，勿构思，勿忿怒。盖饥则无力，饱则伤胃，构思则脑易昏，忿怒则气暴而易乱也。

练习之中，勿谈笑，勿唾涎，勿出虚恭。盖谈笑则神散而不凝，唾涎则喉干而炎升，出虚恭则气泄而力散矣。

练习之后，勿饮食，勿排泄，勿卧。盖饮食而易滞，排泄则气溃，卧则气抑而不疏矣。凡此三者，当熟记而不可忽也。

第二节　练习之法则

练习约有二法，一曰两段之练习也。拳之每组，分为二段，第一段宜柔和徐缓，所以疏展筋骨，诱导气力也。第二段宜刚猛迅速，所以发扬内劲，适于应用也。

二曰三段之练习也。前段宜柔缓，中段宜刚猛，后段宜平和。如行文然，首段提纲挈领，包罗全局，笔势缓而柔，宽而博。中间独伸己见，议论纵横，如长江大河，一泻千里。后段结束上文，和平委宛。此文家之妙，而武术之练习，亦何独不然？

以上二法，精粗各自不同。前者粗，适于初学；后者精，适于久练。然无论何法，必以动作迅速，而间隔判然为宜。

第三节　专练

习拳术者，对己者十八，对人者十二耳。故曰：壮身者其常，胜敌者其暂也。专言壮身，无论何拳，均可习练，至于胜敌，则五形拳专擅其长焉。

且胜敌之道，贵精不贵多，胜一人用此势，胜人人亦可用此势。务博而荒，求繁而乱，身体无确切之磨练，应敌无纯熟之技艺，此两失也。

人情之所乐观而致意者，在浓不在澹，在博不在约，在急不在缓。孤干无枝之乔松，固不若鲜花翠柳之快意，迨经酷霜冒严雪，孰为后凋？可断言矣，形意多单势，平时练习之正则也。

第四节　久练

深无止境，广无崖涘者，惟拳术为然。得其浅者一人敌，得其最深者，何尝不可万人敌也？

习拳固宜虚心，而浅尝辄止，忽作忽辍，亦不可望其深造。且形意拳尤不易为，数月已自可观，十年亦非绝艺。浅者视之，容有后不如前，久不如暂者。盖熟化之至，内力充、外力缩也，非多历年所熟，复而无间断，未足以瑧此极境。瑧极境者，一出于虚心，一出于恒性也。

论者恒谓拳术多私，每有请而不告，告而不尽者，夫岂其然。其心易满者，或轻试而招祸，或好争而欺人，自亡之媒也。其性无常者，一知半解，自视已足；朝兴暮止，自谓已成。至于试之无效，不曰我师欺我，则曰所习已误，不惟传授失人，而拳术亦为一世所轻矣，岂私也哉？

形拳原理
——岳氏意拳十六要诀

形者，天地化生万物之形也。万物生于天地，各得其一体，虽间有偏而不全，然亦能各尽其性，以随时起止，而不稍负其形。

人为万物之灵，享受独厚。心思形骸，耳目手足，聪明睿智，才力气魄，广大精奇，无所不备，足以配天地，本神明，赞化育。故孟子曰：万物皆备于我，若舍形骸而不治，弃聪明而不用，是辜负天地赋我之形，谚之所谓错受人形也。孟子曰："惟圣人然后可以践形。"形拳者，亦践形之一端也。

第一章 十二形

十二形者，一曰龙，二曰虎，三曰猴，四曰马，五曰鼍，六曰鸡，七曰鹞，八曰燕，九曰蛇，十曰鲐，十一曰鹰，十二曰熊。

盖诸物受天地之精，各得其一体，其形虽偏，然绝利一源，独得天地之妙。且形虽十二，却能概括万物之理，实为万形之总纲。

吾人倘能尽十二形之妙，即尽万形之妙矣。况万物舞蹈，常法人形，而人反不能格万物之理，以全其形，则人不如物矣，夫岂可哉。

第一节 龙形

龙为最灵最神之物。有升降之形，为刚柔之体；有搜骨之法，有大小之化。其劲起于承浆之穴（即唇下陷坑处），与虎形之气，轮回相接。

其拳顺，则心火下降，身体灵活；其拳谬，则阴火烧身，绝无活泼之希望。学者不可忽也。

第二节 虎形

虎有伏身离穴之势，又有扑食之勇，又有坐窝之能。其劲发于臀尾。

其拳顺，则清气上升；其拳谬，则浊气不降，则诸脉不通。医家谓督脉为百脉之源，督脉通，则诸脉通。督脉，即臀尾也。

第三节 猴形

猴物之最灵巧者也。达尔文以人生进化，皆始于猿猴。盖其身体各机关之组织，脑筋之灵活，与人相去不远也。

猴形有缩力之法，有踪（纵）山之能，在腹内则为心源，在拳为猴形。

其拳顺，则心神定静，而形色纯正；其拳谬，则心摇神乱，而形色失和。学者须注意焉。

第四节 马形

马之性最驯熟，马之形最勇敢。且有疾步之能，富于衡力，世人用以充军，良有以也。在腹内则为意，在拳则为马形。

其拳顺，则意定气平；其拳谬，则意妄气乖，而手足不灵矣。

第五节 鼍形

鼍为水族中最伶之物，此形有游泳之能。在腹内为肾，能散心火，消饮食，活泼周身之筋骨，融化身体之拙气、拙力。

其拳顺，则筋骨能转弱为强，易拙重为轻灵；其拳谬，则手足拘束，而筋骨固滞不通，可不慎哉。

第六节 鸡形

鸡有独立之能，有振翼之威，有奋斗之勇，且司晨报晓，最有益之家畜也。

此形能起足跟之劲，使之上升；能收头顶之气，以之下降；且能散真气于四体之中。

拳顺，则上可补脑筋之不足，下可医腿足之疼痛；拳谬，则脑筋不足，手足麻木不仁。此不可不注意也。

第七节 鹞形

鹞形者，最锋利、最锐敏之形也，飘忽猛鸷，不可方物。诚以鹞之为物，有束翅之法，有入林之能，有翻身之巧，在腹内能收心藏气，在拳内能束身缩体。

拳顺，则能收先天之气入于丹田，且能束身而起，藏身而落；拳谬，则心努气乖，而身亦捆束不灵矣。

第八节 燕形

燕者，最灵巧之物也，此形有跃身之法，有抄水之妙，有轻捷之灵。在腹内能取肾水与心火相交；在拳能活动丹田之气，充塞周身。

拳顺，则四窍开，精神足，脑筋强；拳谬，则丹田气滞，身体拙重，而气亦不通矣。

第九节 蛇形

蛇者，最活泼之物也，能屈能伸，能吸能放，能绕能蟠，能柔能刚，在腹内即为肾中之阳。

在拳为蛇形，能活泼腰中之力。

拳顺，则内中真阳透于外部，而精神焕发；拳谬，则阴气拘束，拙劲不化，身体不能活泼，心窍亦不能通澈矣。

第十节　鸰形

鸰之为物，性最直，气最猛，有竖尾之精，有展翅之能。上起可以超升，下落足以捣物。

此形在腹则通肝肺，在拳则为鸰形。

拳顺，则肝舒气固，且能活肩活足；拳谬，则肝不舒，气不固，而两肩亦拘滞不活矣。

第十一节　鹰形

鹰之为物，性最狠烈，其精在爪，其神在目，有攫获之能。其目能视微物，此形外阳而内阴，在腹能起肾中阳气升于脑中。

在拳则为鹰形，能复纯阳之气。

拳顺，则真精补还于脑，而眼目光明；拳谬，则真劲不能贯于四肢，阴火上升，而头眩眼赤。学者当注意也。

第十二节　熊形

熊之为物，性最钝，而形则最威猛，有竖顶之力。此形在腹，能使阴气下降，还于丹田。

在拳则为熊形，能复纯阳之气，与鹰形之气相接；上升为阳，下降为阴，二形相合，谓之鹰熊合一。

第二章　形意合一（杂式捶）

形意合一者，合五纲十二目统一之全体也。在腹内能使全体无亏，在拳中则四体百骸，内外之劲，浑然一致。

其拳顺，则内中之气伸缩往来，循环无穷，充乎周身而无间。其劲不见不闻，洁内华外，洋洋流动，上下左右，无乎不在。古人云"是拳无拳，是意无意，无意之中是真意"，此之谓也。

第三章　形意全体大用之挨身炮

形意全体大用者，二人相对之拳也。以体言之，其大无外，其小无内。以用言之，可以不见而章，不动而变，无为而成。

在拳为大德、小德。大德者，内外合一之劲，其出无穷；小德者，如拳中之变化，生生不已也。学者倘于此深心揣摩，庶几体用兼备，而尽形意之能事矣。

形意拳阐微二则

一则

拳经云："静为本体，动为作用，寂然不动，感而遂通。"是化劲炼神还虚之用也。明、暗劲之体用，是将周身四肢松开，神气缩回而沉于丹田，内外合成一气，再将两目视定彼之两目或四肢，自己不动，而为体也。

若是发动，刚柔曲直，纵横圜研，虚实之劲，起落进退，闪展伸缩，变化之法，此皆为用也。此是与人相较之时，分析体用之意义也。

若论形意拳本旨之体用，是自己练蹚子为之体；与人相较之时，按练时而应之，为之用也。虚实变化，不自专用，因彼所发之形式而生之也。

二则

余练习拳学，一生不知用奸诈之心。先师亦常云："兵不厌诈。"自己虽不用奸诈，然而不可不防他人，终身未尝有意一次用奸诈之胜人，皆以实在功夫也。若以奸诈胜人，彼未必肯心服也，奸诈心有何益哉？

与人相较，总是光明正大，不能暗藏奸心。或是胜人，或是败于人，心中自然明晓，皆能于道理有益也。虽然奸诈自己不用，亦不可不防。惟是彼之道理，刚柔、虚实、巧拙，不可不察也（此六字是道理中之变化也。奸诈者，不在道理之内，用好言语将人暗中稳住，用出其不意打人也）。

刚者，有明刚，有暗刚；柔者，有明柔，有暗柔也。明刚者，未与人交手时，周身动作、神气皆露于外；若是相较，彼一用力抓住吾手，如同钢钩一般，气力似透于骨，自觉身体如同被人捆住一般。此是明刚中之内劲也。

暗刚者，与人相较，动作如平常，起落动作，亦极和顺。两手相交，彼之手指软似棉，用意一抓，神气不只透于骨髓，而且牵连心中，如同触电一般，此是暗刚中之内劲也。

明柔者，视此人之形式动作，毫无气力。若是知者视之，虽身体柔软，无有气力，然而身体动作身轻如羽，内外如一，神气、周身并无一毫散乱之处。与彼交手时，抓之似有，再用手或打或撞，而又似无，此人又毫不用意于己。此是明柔中之内劲也。

暗柔者，视之神气威严，如同泰山。若与人相较，两手相交，其转动如钢球，手方到此人之身似硬，一用力打去，则彼身中又极灵活，手与鳔胶相似，胳膊如同钢丝条一般，能将人以粘住或缠住，自己觉着诸力法不能得手，此人又无有一时格外用力，总是一气流行。此是暗柔中之内劲也。

此是余与人道艺相交，两人相较之经验也。以后学者若遇此四形式之人，量自己道理之深浅、神气之厚薄而相较量。若是自己不能被彼之神气欺住，可以与彼相较。若是觌面先被彼神气罩住，自己先惧一头，就不可与彼较量。若无求道之心则已，若是有求道之心，只可虚心而恭敬之，以求其道也。兵法云："知己知彼，百战百胜。"能如此视人，能如此待人，可以无敌于天下也。并非人人能胜，方为英雄也。

虚实巧拙者，是彼此两人一觌面，数言就要相较。察彼之身形高矮，动作灵活不灵活；又看彼之神气厚薄，一动一静，言谈之中，是内家是外家。先不可骤然取胜于人，先用虚手以探试之，等彼之动作或虚或实，或巧或拙，一露形迹，胜败可以知其大概矣。被人所败不必言矣。若是胜于人，亦是道理中之胜人也。就是被人所败，亦不能用奸诈之心也。

余所以练拳一生，总是以道服人也。以上诸先师亦常言之，亦是余一生所经验之事也。以后学者，虽然不用奸诈，不可不防奸诈，莫学余忠厚，时常被人所欺也。

第12部分　田静杰先生形意拳论

田先生，字静杰，直隶饶阳县人。性好拳术，拜形意拳名家刘奇兰先生为师，勤学苦练，精研数载，功臻上乘。

艺成后，从事保镖护院多年，其生平经历丰富，所遇奇事甚多。因与其有关之资料缺乏，故未能详述之。

据孙禄堂先生在《拳艺述真》中言："先生七十余岁，在田间朝夕运动，以乐晚年。"

形意拳术之理，本是不偏不倚，中正和平，自然一气流行之道也。拳经云："身式不可前栽，不可后仰，不可左斜，不可右歪。"即不偏不倚之意也。

其气卷之则退藏于密（即丹田也），放之则弥六合（心与意合、意与气合、气与力合，是内三合也。肩与胯合、肘与膝合、手与足合，是外三合也）。练之发着于十二形之中（十二形为万形之纲也）。

身体动作，因着形式，有上下、大小之分，动静、刚柔之判，起落、进退之式，伸缩、隐现之机也。虽然外体动作有万形之分，而内运用，一以贯之也。

第13部分　李奎元先生形意拳论

李殿英（1838—1916），字魁元（奎垣、奎元），直隶涞水县山后店上村人。自幼工书法，尤善小楷，极喜拳术。先在易州从许二把先生习学弹腿，后从罗四把先生习八极拳，功夫纯熟，力量颇大，往来南北，颇获盛名。

许二把先生与郭云深先生是金兰之交。经许二把引荐，得以与郭云深相见。李奎元为验证所学，与郭云深先生试技。奎元先生善于用腿，先生之脚方抬起，见郭云深先生仅仅用手一划，李先生身后有一板凳，先生之身体即从板凳跃过去两丈余远，倒于地下。先生起而谢罪，深感钦服，遂拜为门下，侍奉郭云深先生如父子般，颇得郭先生之喜爱。经数年倾心教授，自己昼夜习练，其于形意拳械，无不至极，臻于化境。

李奎元先生年七十余而终，一生所授弟子甚多，其中最为著名的弟子为孙禄堂。

一则

形意拳术之道，意者，即人之元性也。在天地则为土（土者，天地之性；性者，人身之土也），在人则为性，在拳则为横。横者，即拳中先天圆满中和之一气也。内包四德，即劈、崩、钻、炮也，亦即真意也。

形意者，是人之周身四肢动作，从其规矩，顺其自然，外不乖于形式，内不悖于神气。外面形式之顺，是内中神气之和；外面形式之正，是内中意气之中。是故见其外，知其内；诚于内，形于外，即内外合而为一者也。先贤云"得其一而万事毕"，此为"形意"二字大概之意义也。

坐功虽云静极而生动，丹田之动，是外来之气动，其实还是意动，群阴剥尽，一阳来复，是阴之静极而生动矣。丹书"炼己篇"云："己者，我之真性。静则为性，动则为意，妙用则为神也。"不静则真意不动，真意不动，而何有妙用乎？所以动者，是真意。练拳术到至善处，亦是性至静，真意发动，而妙用即是神也。

至于坐功静极而动，采取火候之老嫩，法轮升降之归根，亦不外性静意动，一神之妙用也。

二则

　　练形意拳术，头层明劲，垂肩、坠肘、塌腰，与写字之功夫，往下按笔，意思相同也。

　　二层练暗劲、松劲，往外开劲、缩劲，各处之劲，与写字提笔意思相同也。顶头蹬足，是按中有提、提中有按也。

　　三层练化劲，以上之劲，俱有而不觉有，只有神行妙用，与之随意作草书者，意思相同也。

　　其言拳之规则法度、神气结构、转折形质，与《曾文正公家书》论书字、言乾坤二卦，并礼乐之意者，道理亦相同也。

三则

　　形意拳术之道，勿拘于形式，亦不可专务于形式，二者皆非正道。先师云："法术规矩，在假师传，道理巧妙，须自己悟会。"故练拳术者，不可以练偏僻奇异之形式，而身为其所拘，亦不可以练散乱无章之拳术，而不能通其道。

　　所以练拳术者，先要求明师、得良友，心思会悟，身体力行，日日习练，不可间断，方能有得也。不如是，混混沌沌一生，茫然无所知也。俗语云："世上无难事，就怕心不专。"

　　世人皆云拳术道理深远，不好求，实则不然。《中庸》云："道不远人，人之为道而远人。"天地之间，万物之理，皆道之流行分散耳。人为一小天地，亦天地间之一物也。故我身中之阴阳，即天地之阴阳也；万物之理，亦即我身中之理也。《大学》注云："心在内，而理周乎物；物在外，而理具于心。"《易注》云："远在六合以外，近在一身之中，远取诸物，近取诸身。"天地之大，六合之远，万物之理，莫不在我一身之中。

　　其拳始言一理，即形意拳中之太极三体式之起点也。中散为万事，即阴阳五行十二形，以至各形之理，无微不至也。末复合为一理者，即各形之理，总而合之，内外如一也。

　　放之则弥六合者，即身体形式伸展，内中神气放开，圆满无缺也。高者如同极于天也；远者如至六合之外也；卷之则退藏于密者，即神气缩至于丹田，至虚至无之意义也。

　　远取诸物者，譬如蛇之一物，曲屈夭矫，来去如风，吾欲取其意也。近取诸身者，若练蛇形，须研究其形，是五行拳中（即劈、崩、躜、炮、横也），何行合化而生出此形之劲也。

　　劲者，即内中神气贯通之气也。所以要看此形之行动，头、尾、身，伸缩盘旋，三节一气，无一毫之勉强也。

　　物之性能，柔中有刚，刚中有柔。柔者，同丝带相似；刚者，缠住别物之体，与钢丝相似。再将物之形式动作，灵活、曲折、刚柔之理，而意会之。再自己身体力行而效之，功久自然得着此物之形式性能，与我之性能合而为一矣。此形之性能，格物通了，再格物他形之性能，十二形之理亦然。以至于万形之理，只要一动一静，骤然视见，与我之意相感，忽觉与我身中之道相合，即可仿效此物之动作，而运用之。

所以练拳术者，宜虚心博问，不可自是。余昔年与人相较枪、拳之时，即败于人之手，然而又借此他胜我之法术，而得明我所练之道理也。是故拳术即道理，道理即拳术，天地万物，无不可效法也，即世人亦无不可作我之师与友也。

所以余幼年练拳术，性情异常刚愎，总觉己高于人。自拜郭云深先生为师，教授形意拳术，得着门径，又得先生循循善诱，自己用功，昼夜不断，又得良友相助，豁然明悟，心阔似海。回思昔日所练所行，诸事皆非，自觉心中愧悔，毛发悚惧，自此而知古人云"求圣求贤在于己，功名富贵在于命"。练拳术者，关于人之一生祸福，后学者不可不知也。

自此以后，不敢言己之长，议人之短，知道理之无穷。俗云："强中自有强中手，能人背后有能人。"心中战战兢兢，须臾不敢离此道理，一生亦不敢骄矜于人也。

四则

形意拳之道，练之有无数之曲折层次，亦有无数之魔力混乱，一有不察，拳中无数之弊病出焉。

故练者，先以心中虚空为体，以神气相交为用，以腰为主宰，以丹田为根，以三体式为基础，以九要之规模为练拳之具，以五行十二形为拳中之物。故将所发出散乱之气，顺中用逆缩回，归于丹田，用呼吸锻炼，不用口鼻呼吸，要用真息积于丹田。

口中之呼吸，舌顶上腭，口似张非张，似胸非胸，还照常呼吸，不可有一毫之勉强，要纯任自然耳。所以要除三害（挺胸、提腹、努气，是练形意拳之大弊病也）。或有练的规矩不合，自己不知，身形亦觉和顺，心中亦觉自如，然而练至数年功夫，拳术之内外，不觉有进步，以通者观之，是入于俗派自然之魔力也。

或有练者，手足动作亦整齐，内外之气亦合得住，以旁人观之，周身之力量，看着亦极大无穷，自觉亦复如是。惟是与人相较，放在人家之身上，不觉有力，知者云：是被拘魔所捆也。因两肩根、两胯里根不舒展，不知内开外合之故也。如此虽练一生，身体不能如羽毛之轻灵也。

又有每日练习，身形亦和顺，心中亦舒畅，忽然一朝，身形练着亦不顺，腹中觉着亦不合，所练的姿势起落、进退亦觉不对，而心中时觉郁闷，知者云：是到疑团之地也。其实拳术确有进步，此时不可停工，千万不可被疑魔所阻，即速求师说明道理而练去，用力之久，而一旦豁然贯通，则众物之表里精粗之无不到，而吾拳之全体大用无不明矣。

至此，诸魔尽去，道理不能有所阻也。邱祖云："经一番魔乱，长一层福力也。"

第14部分　耿诚信先生形意拳论

耿继善（1860—1928），字诚信，河北深县人。幼习花拳。及长，拜刘奇兰为师学形意拳，每年随师到易州西陵习拳数月，深得刘之真传，于形意一门研究极深，功臻化境。其形意大枪亦精湛绝伦，在江湖上素有"粉面金刚耿大枪"之称，驰名南北，与李存义并为刘奇兰最著名弟子。

耿先生艺成后，游历北京，与八卦掌名家尹福、程廷华、刘德宽等过从密切，后又入八卦掌门，研习八卦掌。并在北京创设"四民武术社"传授武术，后应聘于河北赵县中学，任武术教师。1928年逝于武昌其子霞光处。

耿先生素性恬淡，不重名利，晚年隐居乡间，以道为乐，传授门徒多人。入室弟子有其子耿霞光与弟子邓云峰、赵德祥、刘彩臣、董秀升、张秀、赵振尧、张辅卿等人。

幼年练习拳术之时，肝火太盛，血气甚旺，往往与人无故不相和，视同道如仇敌。自己常常自烦自恼，此身为拙劲所拘，不知自己有多大力量。有友人介绍深州刘奇兰先生，拜伊为门下，先生云："此形意拳，是变化气质之道，复还于初，非是求后天血气之力也。"

自练初步明劲之功夫，四五年之时，自觉周身之气质、腹内之性情，与前大不相同。回思昔年所作之事，对于人所发之性情言语，时时心中甚觉愧悔。自此而后，习练暗劲，又五六年，身中内外之景况，与练明劲之时又不同矣。每见同道之人，无不相合，遇有技术在我以上者，亦无不称扬之，此时自己心中之技术，还有一点吝啬之心，不肯轻示于人。

嗣又迁于化劲，习之又至五六年功夫，由身体内外刚柔相合之劲，而渐化至于无此，至此方觉腹内空空洞洞，浑浑沦沦，无形无象，无我无他之境矣。

自此方无有彼此之分，门户之见，遇有同道者，无所不爱。或有练习未及于道者，无不怜悯而欲教之。偶遇同道之人相比较者，并无先存一个打人之心在内，所用所发，皆是道理，亦无入而不自得矣。

此时，方知形意拳是个中和之道理，所以能变化人之气质，而入于道也。

第15部分　周明泰先生形意拳论

周先生，字明泰，直隶饶阳县人。幼年在刘奇兰先生家为书童，以其性喜拳术，遂被刘奇兰先生收为弟子，跟从刘奇兰先生习形意拳，勤学善悟，精习数载，功臻上乘。

艺成后，遂从事保镖多年。

周明泰先生拳艺精湛，同时重视培养后学，在直隶莫州一带所授门徒颇多，能继先生之拳艺者亦复不少。

周明泰先生年六十余岁而终。

形意拳之道，练体之时，周身要活动，不可拘束。拳经云：十六处练法之中，虽有四就之说。就者，束身也，束身非拘也，是将身缩住，内开外合，虽往回缩，外形之式要舒展，顺中有逆，逆中有顺。是故形意拳之道，内中之神气，要中正相交；外形之姿势，要和顺不悖，所以练体之时，周身内外不要拘束也。

练体之时，不可拘束。然而所用之时，外形亦不可有散乱之式，内中不可有骄惧之心，就是遇武术至浅之人，或遇不识武术之人，内中不可有骄傲之心存，亦不可以一手法必胜他人。务要先将自己之两手，或虚或实，要灵活不可拘力；两足之进退，要便利不可停滞。或一二手，或三五手不拘，将伊之虚实真情引出，再因时而进之，可以能胜他人也。

倘若遇武术高超之人，知其功夫极深，亦见其身体动作神形相合，己心中亦赞美伊之功夫，亦不可生恐惧之心。务要将神气贯注，两目视定伊之两眼之顺逆，再视伊之两手、两足，或虚实、或进退。相交之时，彼进我退，彼退我进，彼刚我柔，彼短我长，彼长我短，亦得量彼之真假灵实而应之，不可拘定一成法而必胜于人也。如此用法，虽然不能胜于彼，亦不能一交手，即败于彼也。

故练拳术之道，不可自负其能，无敌于天下也。亦不可有恐惧心，不敢与人相较也。所以务要知己知彼，知己不知彼，不能胜人；知彼而不知己，亦不能胜人。故能知己知彼，可以胜人，而亦能成为大英雄之名也。

第16部分　许占鳌先生形意拳论

许先生，名占鳌，字鹏程，直隶定县人。家境富裕，幼年读书，善八法，性喜拳术。家中重金为其专门聘请善拳术之名师，教授其练习长拳、刀、枪、剑术等技艺。

后经人介绍，又拜形意名家郭云深先生为师，遂专研形意拳术。经郭云深先生悉心教授，功力极高，深得形意之真谛，并形成了自己独特的风格，其身体活泼轻灵似飞鸟，知者皆以"赛毛轻"称之。

许占鳌先生注重人才之培养，所授门徒弟子颇多，对形意拳之普及和发扬，做了不少卓有成效的促进工作。

先生年六十余岁而终。

一则

练形意拳之道，万不可有轻忽易视之心。五行十二形，以为七日学一形，或十日学一形，大约少者半年可以学完，多者一年之功夫足以学完全矣。如此练形意拳，至于终身不能有所得也。所会者，不过拳之形式与皮毛耳。

或者又知此拳之道理精微，不易得之于身，而有畏难之心，总疑一形两形，大约三年五年，亦不能得其精微，若于全形之道理，大约终身亦得不完全矣。

二者有一，虽然习练，始终不能有成也。二者若是全无，再虚心求老师传授。

第一，三害之病不可有。第二，九要之规矩要真切。第三，三体式要多站；九要要整齐，身子外形要中正，心中要虚空，神气呼吸要自然，形式要和顺。不如此，不能开手、开步练习也。

若是诚意练习，总要勿求速效。一日不和顺，明日再站；一月不和顺，下月再站。因三体式是变化人之气质之始，并非要求血气之力，是去自己之病耳（拙气、拙力之病）。所以站三体式者，有迟速不等，因人之气质禀受不同也。

至于开手、开步练习，一形不顺，不能练他形。一月不顺，下月再练；半年不顺，一年练，练至身体和顺，再练他形。非是形式不熟，亦是内中之气质未变化耳。一形通顺，再练他形，自易通顺，而其余各形，皆可一气贯通。拳经云：一通无不通也。

所以练形意拳者，勿求速效，勿生厌烦之心；务要有恒，作为自己一生始终修身之工课。不管效验不效验，如此练去，功夫自然有得也。

二则

　　形意拳术三体式者，天、地、人三才之象也，即人身中之头、手、足也，亦即形意、八卦、太极拳三派合一之体也。此式是虚而生一气，是自静而动也；太极、两仪至于三体式，是由动而静也。再致虚极静笃时还于本性，此性是先天之性，不是后天之性，此是形意拳术之本体也。此三体式，非是后天拙力血气所为，乃是拳中规矩传受而致也。此是拳术最初还虚之道也。此理与静坐之工相合也。

　　静坐要最初还虚，俟虚极静笃时，海底而生知觉，要动而后觉，是先天动。不可知而后动，知后而动，是后天妄想而生动也。俟一阳动时，即速回光返照，凝神入于气穴，神气相交，二气合成一气，再有传授，文武火候老嫩，呼吸得法，能以煅炼，进退升降，亦可以次而行功也。因此是最初还虚，血气不能加于其内，心中空空洞洞，即是明心见性矣。

　　前者自虚无至三体式，是由静而动，动而复静，是拳中起钻落翻之未发，谓之中也。中者，是未发之和也。三体重生万物张者，是静极而再动，此是起钻落翻已发也。已发，是拳之横拳起也，内中之五行拳、十二形拳，以致万形，皆由此而生也。中庸云："天命之谓性，率性之谓道。"不动是未发之中也。

　　动作能循环三体式之本体，是已发自和也。和者，是已发之中也。将所练之拳术，有过由不及而之气质，仰而就，仰而止，教人改气质，复归于中，是之谓教也。故形意拳之内劲，是由此中和而生也。

　　俗语云：拳中之内劲，是鼓小腹，硬如坚石，非也。所以形意拳之内劲，是人之元神、元气相合，不偏不倚，和而不流，无过不及，自无而有，自微而著，自小而大。由一气之动，而发于周身，活活泼泼，无物不有，无时不然。《中庸》云："放之则弥六合，卷之则退藏于密。"其味无穷，皆是拳之内劲也。善练者，玩索而有得焉，则终身用之，有不能尽者矣。

　　三体式，无论变更何形，非礼不动（礼即拳中之规矩姿势也），所以修身也。故一动一静，一言一默，行止坐卧，皆有规矩，所以此道动作是纯任自然，非勉强而作也。

　　古人云"内为天德，外为王道"，并非霸术所行，亦是此拳之意义也。

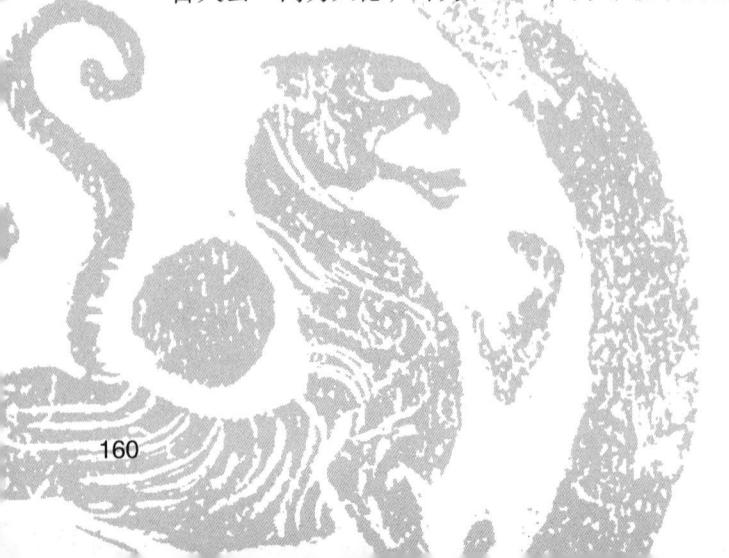

第17部分　刘殿琛先生形意拳论

刘殿琛，字文华，河北省深县人，形意拳名家刘奇兰之子。其拳得其家传，由其父刘奇兰先生亲自调教指授，加以勤学善悟，深得形意拳之三昧，其对于形意拳械更是无所不通，功力深厚。

刘殿琛先生早年曾应深县人张恩绶之荐，任北洋法政学校武术教员。先后在陆军武术技术教练所、京师第四中学、清华学校等处任武术教员，并曾任天津中华武士会总教习。

刘殿琛先生一生积极推广形意拳，倡导武术强国的思想，对于民国初年京、津等地学校武术活动的广泛开展，起过积极的促进作用。

刘殿琛先生拳艺精湛，理法通融。为阐发形意之真意，遂将其对形意武学之体悟并结合家学，著成《形意拳术抉微》一书。其书立论精详，讲解透彻，甫一出版，即洛阳纸贵，颇受形意拳习练者所推崇，成为形意拳经典著作之一。

总论

总论者，形意各项技术之总根柢也。夫战争之道，往往以白刃相加，双手抗敌为最后之胜利。则武技一门，实行军之命脉也。

然武技种类甚多，门分派别，各是其是。要言之，大概分内、外两派。外派之长，不过练习腰腿灵活，捉拿拘打、封闭闪展、腾挪跳跃诸法，以遇敌制胜。而其弊则在于虚招太多，徒炫人耳目，不切于实用。惟内家拳法，纯本于先天，按阴阳、五行、六合、七疾、八要诸法以成其技，此则总根柢，不能不先为培植也。

夫人非气血不生，气血充足，则精神健旺。若先天气亏，后天即须补救。补之之道，要在充其气、养其血。但培养气血，必先聚气于丹田，使丹田气足，然后内达于五脏，外发于四肢，再加以练习之功，血脉贯通，筋骨坚壮，内外如一，手脚相合，动静有常，进退有法，手不虚发，发则必胜；心不妄动，动则必应。正所谓晬然见于面、盎于背、施于四肢,随意所适,得心应手,以成百战百胜之技者也。以下将各项总要之事分别言之。

第一章　丹田论

丹田者,阳元之本,气力之府也。欲精技艺,必健丹田;欲健丹田,尤必先练技艺,二者固互为因果者也。

吾道皆知丹田为要矣。顾先师有口授而少书传,后之学者,究难明其所以然。谨将受之吾师与二十年所体验者略述之。所谓欲精技艺,必先健丹田者,盖以丹田亏则气不充,气不充则力不足。彼五拳十二形,空有架势,以之为顾法,则如守者之城池空虚;以之为打法,则如战者之兵马羸弱。故必于临敌挫阵之际,常若有一团气力,坚凝于腹脐之间,倏然自腰而背、而项,直贯于顶。当时眼作先锋以观之,心作元帅以谋之,攒翻、横竖、起落,随时而应用。龙、虎、猴、马、鹰、熊,变化而咸宜,毫忽之间,胜负立判,此丹田充盈而技艺所以精也。

何谓欲健丹田,必先练技艺?释之如下:

或曰:丹田受之先天,人所固有,自足于内,无待于外,但能善自保养足矣,何待于练?

窃谓不然,凡人不溺色欲,不丧肾精,保养有方,则元气自充。如是者,亦可延年益寿,然究不能将丹田之气力,发之为绝技也。欲发之为绝技,必自练始。

练之之法,一在于聚,一在于运。聚者,即八要中所谓舌顶、齿叩、谷道提、三心并诸法也。

又必先去其隔膜,如心、肝、脾、肺、肾之五关,层层透过,一无阻拦,八要中之所谓五行要顺也,行之既久,而后气始可全会于丹田。然聚之而不善,运亦未能发为绝技,必将会于丹田之气力,由背骨往上回住于胸间,充于腹、盈于脏、凝于两肋、冲于脑顶,更兼素日所练之身体异常,廉干手足异常活动,应敌之来而架势即变;应架势之变,而气力随之即到;倏忽之间,千变万化,有非言语所能形容者,此所谓善运用也。

总其所以聚之、运之者,要在平日之勤练技艺,非求仙者之静坐练丹也。古之精于艺者,以一人而敌无数之人,其丹田之气力,不知如何充足。究其所以然之故,无一不自勤习技艺以练丹田始。后之学者,即"丹田说"而善领会之,则可与入武道矣。

第二章　练气说

武技一道,有形者为架势,无形者为气力。架势者,所以运用气力也,无气力则架势为无用,故气力为架势之本。然欲力之足,必先求气之充,故气又为力之本。予论丹田,曰聚、曰运,前已言及,但练气为吾道之要诀,非前说所能尽用,再详细言之。

夫演艺者，以八要为先。八要者，形意拳术之母也。内以之练气，外以之演势，无论五拳十二形，虚实变化，起落攒翻，皆不可须臾离之。

八要者何？一，内要提。二，三心要并。三，三意要连。四，五行要顺。五，四梢要齐。六，心要暇。七，三尖要对。八，眼要毒也。

兹分论之如下：

内要提者，紧撮谷道，提其气使上聚于丹田，复使聚于丹田之气，由背骨而直达于脑顶，周流往返，循环无端，即谱所谓"紧撮谷道内中提"也。

三心要并者，顶心往下，脚心往上，手心往回也。三者所以使气会于一处，盖顶心不往下，则上之气不能入于丹田；脚心不往上，则下之气不能收于丹田；手心不往回，则外之气不能缩于丹田。故必三心一并，而气始可归于一也。

三意要连者，心意、气意、力意，三者连而为一，即所谓内三合也。此三者，以心为谋主，气为元帅，力为将士。盖气不充则力不足，心虽有谋亦无所用。故气意练好而后，可以外帅力意，内应心意，窃谓三意之连，亦以气为先也。

五行要顺者，外五行为五拳，即劈、崩、炮、攒、横是也。内五行为五脏，即心、肝、脾、肺、肾是也。外五行之五拳，变化应用，各顺其序，则周中规、折中矩，气力之所到，而架势即随之，架势之所至，而气力即注之。故气力充，则架势为有用，架势练而气力乃愈增。至内五行之五脏，即谱所云"五行本是五道关，无人把守自遮拦"。

余初学技艺时，颇学运气，如肩垂、项竖、齿叩、舌顶、内提等，如法习之数日。一作势，渐觉气可至于心间然，即周身倦怠，四肢无力。强习数日，则气渐觉稍往下行，而又有周身倦怠之弊。如是者数次，而后始能一经作势，气即直达丹田，此即五行为五关之说。非精习前进，打破遮拦，不能聚气于丹田，运气于四肢，为一气充力足之武术家。是五行要顺者，即所以顺气也。

四梢要齐者，舌要顶、齿要叩、手指脚趾要扣、毛孔要紧也。夫舌顶上嗓，则津液上注，气血流通；两齿紧叩，则气贯于骨髓；手指脚趾内扣，则气注于筋；毛孔紧，则周身之气聚而坚。齐之云者，即每一作势时舌之顶、齿之叩、手指脚趾之扣、毛孔之紧，一齐如法，为之无先后迟速之分。盖以四者有一缺点，则气散而力怠，便不足以言技也。

心要暇者，练时心中不惶不忙之谓也。夫惶有恐惧之意，忙有急遽之意。一恐惧，则气必馁；一急遽，则气必乱，馁乱之时，则手足无所措矣。若素日无练习之功，则内中亏虚，遇事怯缩，临敌未有不恐惧、不急遽，而心暇逸者。故心要暇，实与练气相表里也。

三尖要对者，鼻尖、手尖、脚尖相对也。夫手尖不对，鼻尖偏于左，则右边顾法空虚；偏于右，则左边顾法空虚；手与脚、脚与鼻不对，其弊亦同。且三者如甚相偏斜，则周身用力不均，必不能团结如一，而气因之散漫。顶心虽往下，而气不易下行；脚心虽往上，而气不易上收；手心虽往回，而气不易内缩，此自然之理也。故三尖不对，实与练气有大妨碍也。

眼要毒，夫眼似与练气无甚关合，不知毒有疾敏之意，非元气充盈者，不能有此。尝谓吾辈技艺，不独武人宜习，即文人亦宜习之。盖每日练力，则可以健身体，练气则可以长精神,丹田凝聚,五脏舒展,此人之精神必灵活,脑力必充足,耳口鼻等官必能各尽其妙,而目尤必神光炯然,有芒射人,谁谓眼之毒非气为之哉?

际此弱肉强食之时,东西各国,皆注重技艺。良以射击之远近,全在器机之良窳。而击之中否,则在持器械者之心力、手力与眼力。故气力馁者,观测虽准,而射击之时心战手摇,即不能中的。是则必赖平日练习之殷勤,筋骨强健,气血充足,内外如一,方可以匡其弊也。

或曰气行于内,力现于外,子言气何如言力?

曰从外人观之,则力易见;自我练之,则气易领会。且气力本为一体,气足则力可知矣。

或又曰子纯言气力,不几略架势乎?

曰练势,必求气充;而练气,尤必先讲架势。是"气、势"二者,互相为用者也。

然势形于外,有迹可寻;气运于内,深微莫测。故学者恒注意架势,而于气之运行每多忽略。吾于架势之外,独于气力再三致意者,职是故耳。

第三章 运动筋肉说

形意武术之运动,与普通运动不同。普通运动之用力,只于一平面活动,或只运动筋肉之一部,故简单明了,易于领悟。形意武术则不然,全身之关节皆沿数运动轴以回转,而其筋肉之收缩程度不张不弛,务使各方面筋肉同时收缩,无松缓者,方为圆满做到。故进可以攻,退可以守,无隙可乘,无暇可摘也。

然全身筋肉甚多,非分部言之,难期详尽,故逐次分述如下:

甲 头部

眼宜由前头筋之收缩而扩张眼孔,然后由眼轮匝筋收缩紧张。眼睑则凝眸谛视,绝无颤动之虑。

口宜由口轮匝筋收缩,向内闭锁口吻,牙则紧叩,舌用力贴着口,盖微卷向后,若此则颊部颜面下腭诸部之皮肤皆紧张矣!

颈则由阔颈筋之收缩扩张颈部皮面,更依项部深处后大小直头筋之作用,及前述口部之协力,使头部挺直,帽状腱膜前后紧张,更因两肩下垂之力,延展颈部面积。

乙 胴部

肩胛宜极力下垂,更因前大锯筋之收缩,上掣肋骨,以拓张胸廓。同时大胸筋、僧帽筋前后牵引肩部,使固定不移。臀部用力下垂,下腹筋肉掣骨盘于前下方,大臀筋亦用力收缩成外转大腿之势，肛门括约筋亦缩小，肛门使向内上方。

腰部宜用方形，腰筋及横膈膜收缩之力反张脊柱下部，使上身重点落于骨盘正中线上。

丙　四肢部

（一）上肢基部宜用力内转，二头膊筋与三头膊筋平均收缩，俾前后相抵抗。肘向体中线扭转，前膊与上膊常成九十至一百七十度之角，并因回前圆筋之收缩，使腕部侧立。手则由深浅屈指筋之收缩，依次屈各指。俾拇指与食指成半圆形，并使拇指基部与小指基部极相接近，俾小指亦与他指平均用力。

（二）下肢大腿内面之内转股筋、缝匠筋向内牵掣膝关节，大中小诸臀筋亦收缩，俾大腿有外转之势。四头、二头股筋亦同时收缩，俾下腿与大腿成百五十度之角，前后保持平均态度。下腿在前者，后面之二头腓肠筋与深层之比目鱼筋相伴收缩，使脚跟与下腿后面有相接近之势；在后之腿更因二头股筋用力收缩及屈趾筋之作用，使膝关节屈向前内方，而两脚皆宜四面向下用力，使体重平均集于两脚之中心。两脚之方向常成四十五度。

惟龙形九十度之角，后足之内踝与前足之后跟须在一直线内，此全身用力之大概情形也。

然各部筋肉纵横交互，关系复杂，纷纭委曲，殆有不可以言喻者。心悟神会，以尽精微，则存诸其人矣！

第四章　六合论

吾尝言夫丹田矣，丹田盈而后艺精。更详夫练气矣，练气足而丹田益充。此皆得之于内，而应之于外者，六合与七疾必不可不讲矣。

七疾姑于下论之。所谓六合者，手与足合、肘与膝合、肩与胯合，是为外三合。心与意合、意与气合、气与力合，是为内三合。内外相关，统之曰六合。

谱云："手去脚不去，则罔然；脚去手不去，亦罔然。"又曰："上法须要先上身，脚手齐到才为真。"又曰："手与脚合多一力。"又曰："脚打踩意莫留情，消息全凭后足蹬。"读此可见手足相关之意。

盖演艺时，手一伸，肩催肘，肘催手；足一进，胯催膝，膝催足。手足也，肘膝也，肩胯也，其各点皆遥遥相对。肩、肘、手在于上，胯、膝、足在于下。而人之一身，下犹为上之本，譬诸大树，腿其根也。故胯一动而肩随之，膝一进而肘随之，足一趋而手随之。于是乎，合演艺时，身法最贵乎整，上下连而为一，无前仰后合、先后错乱之病，是为整。

苟将整字作到，真有"撼山易，撼岳家军难"之势。然四肢之动，果何所主使乎，人莫不知其为心。心之动是为意，意有去意、来意、攻意、守意之别，原之于心，动之于意，故曰"心意须相合"。否则主宰者不力，手足即不听指挥，而耳目无所施其聪明矣。

意之所发，谓之气；气之所使，任乎意，相关相生，故须曰合。然当进退腾挪之时，固曰以心意主宰之，以气行使之。然气之表见者，力也；力借以表见者，四肢也。吾人忌任气，特就行事而言，即吾辈武人，猝遇事变，亦不可胡乱使气。若如去头苍蝇，瞎懵瞎冲，行见其心惶意乱，而力无所用，手足失其所措，敌人乃可乘隙而入，必败无疑也。故心与意合，意与气合，而气与力犹须相合，盖合不合全视气如何也。

按气有督催之功，力有取舍之能。故有气方能有力，练武者苟舍其气，则无须其力矣。吾辈武人，培养丹田，积精蓄锐，一旦有事，应敌之来，心意一动，手足相应，肩胯相合，肘膝随之而到，而周身之气不运自运，不聚自聚。内外如一，成其六合，一团凝气，精神饱满，耸然巍然，如泰山之不可推移。而身法既整而活，是则全恃平日练习有素，非只就交手而言也。

第五章　七疾论

七疾者，眼要疾、手要疾、脚要疾、意要疾、出势要疾、进退要疾、身法要疾也。

习拳者，具此七疾，方能完全制胜。所谓纵横往来，目不及瞬，有如生龙活虎，令人不可捉摸者，惟恃此耳。

眼要疾

眼为心之苗。目察敌情，达之于心，然后能应敌变化，取胜成功。然交手之时，瞬息万变，眼不疾，即不能察其动静，识其变化，焉能出奇制胜哉？

谱云："心为元帅，眼为先锋。"盖言心之变动，均恃眼之迟疾。然则眼之疾，实练艺者之必要也。

手要疾

手者，人之羽翼也。凡捍蔽进攻，无不赖之。但交手之道，全恃迟速，迟者负，速者胜，理之自然。故俗云："眼捷手快，有胜无败。"

谱云："手起如箭落如风，追风赶月不放松。"亦谓手法敏疾，乘其无备而攻之，出其不意而取之，不怕其身大力猛，一动而即败也。

脚要疾

脚者，身之基也。脚立稳，则身稳；脚前进，则身随之。形意拳中浑身力整，无一处偏重，脚进身进，直抢敌人之位，则彼自仆。

谱云："手与脚合多一力。"又云："脚打踩意莫容情，消息全凭后足蹬；脚踏中门抢他位，就是神手也难防。"又曰："脚打七分手打三。"由是观之，脚之疾，更当疾于手之疾也。

意要疾

意者，体之帅也。前言眼有监察之精，手有拨转之能，脚有行逞之功，然其迟速紧慢，均惟意之适从。所谓立意一疾，眼与手脚均得其要领，故眼之明察秋毫，意使之也；手出不空回，拳之精，意使之也；脚之捷，亦意使之捷也。然则意可不疾乎？

出势要疾

夫存乎内者为意，现乎外者为势。意既疾矣，出势更不可不疾也。事变当前，必势随意生，随机应变，令敌人迅雷不及掩耳，张皇失措，无对待之策，方能制胜。

若意变甚速，而势疾不足以随之，则应对乖张，其败必矣。故意势相合，成功可决；意疾势缓，必负无疑。习技者，可不加之意乎？

进退要疾

此节所论，乃纵横往来、进退反侧之法也。当进则进，竭其力而直前；当退则退，领其气而回转。

至进退之宜，则须察乎敌人之强弱。强则避之，宜以智取；弱则攻之，可以力敌。要在速进速退，不使敌人得乘其隙，所谓高低随时，纵横因势者是也。

身法要疾

形意武术中，凡五行、六合、七疾、八要、十二形象等法，皆以身法为本。谱云："身如弩弓，拳如箭。"又云："上法须要先上身，手脚齐到方为真。"故身法者，形意拳术之本也。

摇膀活胯，周身辗转，侧身而进。不可前俯后仰，左歪右斜；进则直出，退则直落。尤必手与足合，肘与膝合，肩与胯合（即外三合）。

务使其周身团结，上下如一，虽进退亦不能破散，故必作到疾而不散，而身法之疾，乃见完成，不特速胜迟负之空理而已也。

第六章　起落攒翻横竖辨

　　按五拳十二形之"起、落、攒、翻、横、竖"数字，学者最易模糊，即教者亦未易明白指示，盖一手倏忽之间，而六字皆备焉。谱云："起横不见横，落顺不见顺。"又云："起无形，落无踪。"言神乎技者之巧妙无踪，受之者与观之者，俱不能知其所以然也。

　　然使学者于初学时，即不辨其孰为起落、孰为攒翻、孰为横竖，则用力从何处着手？心又从何处领会？此等处教人者，亟须辨之。窃谓手之一动为起，由动而直上出为攒；攒之后，腕稍扭为横；由扭而使手之虎口朝上时为翻；既至虎口完全朝上，则为竖矣；至竖而近于落矣。然又未必能遽落也，或离敌稍远，再以手前去而逼之，此前出之时，即为顺。谱中"攒翻、横竖、起落"之外，又有落顺不见顺之"顺"字，即此也。

　　及乎学者既精诚，有神乎其神不可捉摸之处；惟初学时，则不可不逐条分别详细言之耳。如谱云"束身而起，藏身而落"，此即一身之伸缩变化而言也。"起如风，落如箭，打倒还嫌慢"，又即一身与手足击人而并言之也。

　　又云"不攒不翻，一寸为先"，盖敌已临身，时机迫促，无暇攒翻，且不及换步，则将何以攻之乎？曰在手直出然。但手直出，周身之力又恐不整，故以寸步为先。寸步者，即后足一蹬，前足直去，惊起四梢，如此则浑身抖擞之力，全注于不攒不翻之手，敌人始能仰卧数步之外。以上皆"顺"字之效也。

第18部分　刘纬祥先生形意拳论

刘纬祥（1864—1936），名凤伦，字纬祥，号伦山。河北省沧州市河间县南店村人。

刘纬祥先生自幼酷爱武术。幼年拜刘晓兰为师，习八极拳及刚猛猴拳、地躺拳。清光绪三年随师去易县清西陵经商，师将其介绍给郭云深，郭云深颇为蔑视刘纬祥之功。刘纬祥不服，欲与其比试，结果刚触郭身，即被挤出丈余；又触，被挤出更远。刘纬祥即心服口服，拜郭云深为师，习形意拳法，朝夕苦练，数十年如一日。

之后又随刘奇兰、宋世荣、白西园等名家深造，各得其精微奥妙，将郭先生之刚、宋先生之柔融会贯通，遂成名手。

后遍历黄河南北，从白西园先生游，复在北平联络同志，相与探讨，以发扬拳术之真义。其为人耿直，性极侠义，故国术名家无不耳其名者。

1898年，刘纬祥与太极拳家刘德宽、八卦拳家程廷华、形意拳家耿继善订立"金兰谱"，结为兄弟，将形意、太极、八卦合为一家，统称内家拳，消除界限，相互传授，打破了分门别派之陋见，此乃为武术发展之一大盛举。

1900年，由他们四位武术家发起，在北京地安门火神庙成立了"四民武术社"，由耿继善之弟子邓云峰负责，孙禄堂、尚云祥、吴图南等名家也经常来这里活动。

当年的四民武术社，在团结武术界人士、发扬武术运动、培养武术人才方面起到了非常积极的推动作用，而刘纬祥等诸前辈可谓功不可没。

之后的十多年间，刘纬祥先生遍历黄河南北，走访名师高手，一路行侠仗义，广交朋友，开阔眼界，使他的武技和阅历都得到了很好的历练和提高。

1915年，应河北省保定中学之聘，担任国术教师，继兼前河北大学、河北省立保定师范国术教师。自河北大学改组保师易长后，辞去二校兼职，专任保定中学之事。

1932年，清苑县保定市国术馆成立。刘纬祥先生被聘为副馆长，秘书由他的弟子韩超群担任，馆长由当时的清苑县县长担任，馆址设在保定市县学街文庙内。

当年的国术馆规模很大，分成年组、女子组和少年组。教授形意、太极、八卦、少林和摔跤等，为保定地区的国术发展和传承起到了非常重要的作用。

刘纬祥先生为培养人才不遗余力，先后从学者甚众，其徒有：韩超群、李国生、范国珍、孙百奎、刘雨楼、孙跃清、谢德全、康西华、崔书田、王占恒、郭方州、刘书琴、郭玉琢、马晔峰、田振声、马礼堂、刘宝珍、谢潭嬴、戎飞、陈景玉、孟兆兹、马君骥、刘凤岐、岳毓奇、刘惠来等。

刘纬祥先生年届七旬时，仍精神矍铄，不减于当年，而其热心教诲，尤足令人钦敬。在教授之余，每道及当年侠义之事，娓娓动听，殊足令人兴起，并特讲行意拳之精奥、意义、源流、支派、练习步骤及应用方法，亦不厌其详。后由其弟子韩超群将其日常讲稿整理汇集后，纂成保定中学《国术讲义·行意拳谱》一书，印行于世。也因此举，将其一生之习拳体悟得以文字留存，可谓是片羽鳞光，弥足珍贵！

行意拳谱——国术讲义

第一章　行意拳之意义

行者，行动也；意者，心意相合也。行意者，即行动与心意结合相化之谓也。亦即力行其心意，而见诸实行也。

按行意拳本不讲什么拳套，专讲求它的功用，或用以养身，或用以制敌。譬如练的时候可以按着拳套，而对敌的时候还按什么拳套？且一手一式，练的时候是一样的练法，使的时候又是一样的使法。盖见于架势者，固为拳；即不显于架式者，亦为拳。如能使各种动作与心意相合，只要气有所归，而意有所止，则随时可发而为拳，随地即显其功用。此所谓意自心生，而拳随意发也。

彼拳本无定势，无论有套数者及无套数者，都成其为拳。先师尝云："行走即是拳，行走即是练拳。"将拳练得像走道路一样的随便，行走的时候也一样的练拳，即将拳练得不加思考，而应付自如。心动即意动，意动即气动，气动即力动，将心、意、气、力合而为一，拳自能发得出而使得上。

故行意拳之练习，只要心意自然，气力随和，胸襟展开，随时操演，随时可以应用。为气往下沉，扶住丹田，而力贯周身，不必胡乱用力，即能得到许多益处。无论或坐、或卧、或立、或走，只要扶住丹田，而气有所归，意有所止，百病自消，身体自健，寓拳术于坐卧行走之中，用意斯深，为旨斯功。

第二章　行意拳与形意拳

"行意"与"形意"，名虽异趣，拳则为一。现在许多人，将行意拳的"行"字，改用形象的"形"字，而曰"形意拳"。他们的意思是说内意而外形，或在内为意，而在外为形，就是将心意形之于外表，或表示之于形象，这自有他们的道理。而我们自来用"行"而名曰"行意拳"，其意为此较深刻。去行意拳之至极，必须姿态、神气、动作合而为一，练成"形为猴像"，即所谓拳打子午真形。子午形即猴像，乃还得人之原本面目，即功夫愈大、程度愈深，其打法、用法，都有猴的奸猾、抽撤、灵实、伶俐之妙趣，即一举一动，亦莫不为这种神气。只要能做得出来，岂不是把心意实行出来了吗？苟非动作与心意相合而相化者，曷能臻此？

若只是表显一种样子，专模仿猴的表面姿态，而不能显出猴的真正精神来，则失却拳之本来意义了。

所以吾人主张以为"形"字的意思，不甚彻底。因"形意"是将"心意"拿形象来表示，但表示的形象，有时不真切，是皮毛的，不是从心坎里发出来的，就是表示了一种样子，而不是一种精神。因此谓"形意"为"行意"，将"心意"实行出来，就是说随便的走路，也不要忘了相合的"心意"。

第三章　行意拳与内家拳

拳术分为内家、外家。内家讲内功，专讲练气；外家讲外壮，专讲练力。内家练气力相合，力之所到，即气之所到，使力有所寄托、气有所着落，则力自用之无穷，而气自充乎周身。

譬如，拳出而臂膊不许伸直，伸直则力已散去；又不许太曲，太曲则力未发出。宜取似直不直、似曲不曲，则力自含蓄不尽，便于进击退守，而应付自如矣。

譬如，练拳的时候，必须气沉于丹田。即休息的时候，宜使气充于丹田，使它慢慢散去，或使它仍回环而不散，否则气必立即散去，丹田不固，全体必定松懈无力了。

外家拳是不注意气之为何，专注重力之大小。练的时候只求急促忙迫，以至气吁喘息，亦在所不计，及休息的时候，更不管气之所在。操演时，只去用十分的力量，将臂伸得直直的，拳打得远远的，唯恐打不着人。岂知此种打法，敌人极易闪避。此时之拳，再进实无不进了，进必发跌；再退更誉不退，退必迟缓。此所谓不易进攻、不易退守之法也。

故谓气力有着落的为内家拳，而无着落的为外家拳。拳术本无所谓内家及外家，最初都是一家，即是同源。其所以有派别的原因，乃是后来因经过久远的年代，渐渐演化蜕变而成的，受环境的支配，那是自然的趋势。

譬如，同是一个祖师传下来的拳，有得精粹的，有只得皮毛的。有练的功夫大的，也有功夫下得大而且得精粹的人，再教人乃不失真传。彼功夫小而只得皮毛的人，则愈传愈坏，愈失本来面目，此所谓"萝洞传萝洞，一传三不醮"了。不但此也，彼所得乃差也，而所教亦当然不好，犹可原谅。如彼所学而真有独得之处，仍秘而不宣，即所谓"留下几手"，以致使某拳失传，那就是大大的错误。但是以"非得其人而不传"也有一番苦心，仍可原谅。

此某某学了这种拳，就致力于此种拳；某某学了那种拳，就致力于彼种拳，将各有所增益而传之，愈往下传，越不像一类拳了，久之派别遂分，而门户乃见。推求其根源，乃是一类拳，当然是一家。既是一家，何必再有派别之分呢？因为按拳术的趋势，是自然形成的，我们不能讳言，不过拳术家最大的毛病，有固执成见，而有传统的思想，皆以自己所练为是，而以他人为非，即所谓门户之见。如真正不错，犹有保守发扬的余地，如实在不好，那何必自诩自夸呢？

我的意思是各种拳有各种拳的好处，优点多者，保存之；优点少者，去其劣点而存其优点，互相比较，互相补益，以期得一完整的、精粹的发扬而光大之。总想我练的是某种拳的奥妙处、实在处，才能明了拳之真义，才能取得到拳之妙用哩。

譬如外家拳，何尝不想练气？但不着想于气，而只想于力，而将气就不管了。假如他不但管力，而且管气，使气得到着落，那么外家拳与内家拳，又有什么区别？锻炼内家拳，如只管拳套胡乱有力，却把气忘到九霄云外，那么内家拳与外家拳又有什么区别呢？

吾曰：注意练气，哪一种拳不属于内家拳？忘了练气，哪一种拳又岂非外家？练的路数相同，採的意义一样，即都成了一家。若一同循着一样的路子去走，岂不达到了一定的目的？那就得到拳的真意义了。

第四章　扶住丹田论

人身肚脐下三寸处，是为丹田。将小腹下垂，运气力于丹田，使之含蓄而不散，贯注而不懈，既不特别鼓努，又不故意松弛，使腹实而若虚，力有而若无，自能心意相合，神气清澄矣。

然则，气何能运至丹田，而力又何必注于丹田呢？盖吾人体腔以内，有一横膈膜，位于胸腔与腹腔之间，而心脏、肺脏存于胸腔以内，肝、脾、胃、肠等，均位于腹腔之中。然横膈膜本筋肉质，向上穹窿，呈伞盖状。为求横膈膜收缩，则减其穹窿之度而下降，以压迫胃肠肝脾，腹腔之内脏，际受压迫，则必压迫腹壁，而腹壁部筋肉，因之用力，而下沉于丹田。夫腹内之压力既增，则其内脏（肠胃等）中之血液必从而向外分散，而返于心脏，以周流全身。又此等内脏因互相挤压，而位置安定，当有进退动作之时，庶不致受若何振荡。且腹部及腰部的筋肉因用力而紧张，则营养良好，必至发达。

盖吾人对于腹部素不注意，不知运腹筋为何事，以致腹腔内脏营养不良，腰腹筋肉多不发达，因之，内有淤积，百病俱生矣。今欲免除此弊，非力注丹田不可。

不过，力欲注于丹田，必借于横膈膜之收缩，以压迫肠胃等内脏，更使内脏压迫腹筋肉，则力自下沉，乃注于丹田。又因横膈膜收缩而下降，则胸腔之底部增深，而胸腔之容积增大。此时肺脏借自己之弹力而向下膨胀，肺内之容量必大，则吸入之气体必多。而吾人之呼吸量以增，因此氧气之摄入量及碳气之排出量远大于寻常，于是促进血液之循环，而得良好之营养。

应注意之事，即横膈膜欲下凸，肺得以膨胀，而气可多量吸入，为事理之当然；反之，如多量吸气，使之下沉肺底，则肺亦可膨胀，而下压横膈膜，至力达于丹田，亦为事理之常情。

夫所谓运气于丹田者，观以上之说明，乃是使气沉于肺底，因横膈膜之收缩，而力注于丹田。周身之气力相合，上下一贯，故谓力注于丹田固可，即谓气运至于丹田，亦无不可。惟练习既久，气力于不知不觉之中即贯注于丹田矣。

凡物体之重心低降者，恒较安定。吾人平时，全体之重心实在胸部，重心既高，稍受外力之撞击，则易跌蹶。今丹田用力，其重心必低降至于腹部，重心既低，故身体安稳。彼挺胸（胸部前凸）、抽腹（腹壁故意后吸）者，每使气易上浮，重心提高，小腹不能用力，丹田不能充实，身体并得不到较大利益，吾人当以此为戒。

但腹宜向下塌住，决不许往前腆；胸宜自然放置，决不许往后拱。腹前腆则成凸腹，胸后拱则成伛偻。总之，要使躯干正直，不前栽、不后仰、不左歪、不右斜，而后气管通顺，气往下沉于肺底，力往下注于丹田。彼挺胸、抽腹、伛背、凸腹者，皆躯干部矫枉过正之姿势也，乃内家拳之大忌也，慎勿犯此病。

行意拳之练气力，除养内脏（心、肝、肺、肾）外，在谋全体筋肉一致的发达、同时的联络。故每一动作，全体筋肉即同时收缩，即同时运用，决非专注重于局部。然欲使头及四肢一致的用力，非腰腹用力不可。腰为全身之基础力，腹为发力之枢纽，故力注于丹田，腰腹乃能充实，后使力发于肩膀，由肩膀发于四肢，达于头颈，全体百骸，自能一气相连，五行（即五脏）四梢自能聚齐合一，成其一块矣。

夫丹田之下塌，其关键即在于横膈膜之下降，呼吸气之下沉，则吾人对于呼吸方面及此横膈膜，不能不特别注意。即横膈膜不可过于用力收缩，过用力则易感疲劳，内脏反过于受压迫。所呼吸之气不可过于使之下沉，过下沉则易于闭闷，气道反不能舒适。

务使气缓缓沉于肺底，呼吸仍属自然，横膈膜收缩以后，不使恢复原状，自然之气力乃能归于丹田，于是体力充实，心气沉着，而精神镇定矣。否则横膈膜一松弛，丹田之力必懈，肺中之气上浮，喘息不定，神气不能安静，心意必不相合，气力失调，百弊滋生，故曰"拳打自然"，即使练拳者，顺其自然之气，而练养丹田也。

今以保养丹田之故，能使五脏调合，腰腹充实，身体安定，精神镇静。于是体内自然清虚，百骸自觉轻快，身体动转自灵，拳法运用自活，能超凡入圣，祛病延年。故云："精养灵根气养神，养功养道见天真；丹田养就长命宝，万两黄金不与人。"诚哉斯言。

全身之力，发自腰腹，而源于丹田。而丹田之力，由于气之下沉之下沉，故发力必须运气，是为气力相合。吾人每于练拳之时，固不许特别鼓努，亦不许忽然懈力。鼓努，则力困聚于内，而发不出来，心中好似聚了多大的力量，其实毫未及于四梢。懈力，则心气往往变弱，而膨体松弛，再行操练，则拳就发不毒了。

不但练拳的时候宜扶住丹田，即使行立坐卧之中，亦宜扶住丹田，气力永远不能使浮动，是随和的，是一贯的。心意永远不能昏乱，是清朗的，是灵动的，这样身体自能健壮，脑力自能充足，心意、气力，乃能合而为一，上下表里，自然联络贯通。

特丹田之扶住，非短时期所能达到，必安心久练，始可成功。不可操之过急，不可一曝十寒，宜按部就班，循序渐进，日积月累，以抵于成。最初是有意的，久则成无意的，即是已达豁然之境，诚不期然而然，莫之致而致，习惯成自然，无意之中是真意矣。

第五章　丹田呼吸即自然呼吸说

前言因横膈膜下降，而肺向下膨胀，以肺内面积大，而吸入之气体多。此时仍自然呼吸，量必较平时增加，是此种丹田呼吸，实为自然的深呼吸也。

其与寻常深呼吸不同之点：寻常深呼吸皆是强吸强呼，只注意气体出入肺脏之量，以多为尚，而不管力量能否达到丹田，故每一深呼吸必张肩于后，凸胸于前。每一强呼，必前屈其胸，压缩其腹，且吸之不能再吸，而后呼又呼之不能再呼，而后吸。此种呼吸法，自有相当的用处，毋庸细述。不过，在内家拳，不能采用这寻常深呼吸法，也不必采用这种作法。

用丹田呼吸的好处，前边业已说过，实在丹田呼吸就是自然的深呼吸。譬如，练拳的时候，拳法能起落，皆能由两肩筋肉的伸缩，于无意中牵掣胸壁，以扩展胸部，增加呼吸量，且同时气得沉，力注丹田矣。故于拳法中，处处是深呼吸，更于不知不觉中实行了深呼吸，得到了深呼吸的许多好处、许多妙用。吾们为何不练习这自然的深呼吸——丹田呼吸？

第六章　五行拳及十二形拳

五行拳及十二形，为行意拳之基础、拳套之纲领。其他拳套如连环拳、八式、四把、杂式捶、十二连捶等拳，其一手一式，无论怎样的连续、怎样的变化，打来打去，皆出不了五行拳及十二形拳几个式子。不过其中之起落进退、灵巧奥妙，要视其人之功夫大小而定。

五行拳及十二形拳，既为拳法的基础、拳套的纲领，故吾人欲将行意拳练好，宜先从根本上求功夫，将五行拳练整，十二形练妙。及至有了相当的根基，再于他拳上下功夫，就不难循序渐进，以达化境了。

第一节　五行拳

五行拳为劈拳、崩拳、攒拳、炮拳、横拳，用以内养五脏——肺、肝、肾、心、脾（故劈拳可养肺，崩拳可养肝，攒拳可养肾，炮拳可养心，横拳可养脾），外涵五德：礼、义、智、仁、信（故肺气和而为礼，肝气顺而为义，肾气通而为智，心气足而为仁，脾气协而为信）。故久练者，内经（内脏）清虚、全体舒畅而身躯自健，且脑力充足，正气常存，而道德自高矣。

然五行拳之拳法，要皆取法扬之性理，即合乎物之性，以致拳法用之，故以五行金、木、水、火、土，而配劈、崩、攒、炮、横，乃五行拳之由来也。

是以劈拳似斧，属金，取金从革之能；崩拳似箭，属木，取木曲直之形；攒拳似闪，属水，取水润下之功；炮拳似炮，属火，取火炎上之象；横拳似弹，属土，取土敦厚之势。然五行有生克，即五拳有变化。要使拳法生生不已，循环无穷，久练功成，自达奥妙之境。故曰："拳法从来本五行，生克里边变化精，习者要知真消息，近在眼前一寸中。"吾人要三复斯言了。

五拳：劈、崩、攒、炮、横。

五脏：肺、肾、肝、心、脾。

五德：礼、义、智、仁、信。

五行：金、木、水、火、土。

五物：斧、箭、闪、炮、弹。

总之，五行拳可以内养脏腑，外壮筋骨，补养神经，变化气质。求不拘不迫、不矜不诈、至大至刚、自自然然之正气，以演起无形迹、落无踪影、变化无穷、奥妙莫测之拳法，故从拳中求法。

而打拳时练气，无论初学者或久练者，动作或是缓慢或是迅速，气力总要和顺，出入总要灵活，即所谓"拳打自然"，则心意气力，方不至乖戾，内脏必觉爽快，全身自觉舒畅，精神亦就焕发，而心胸非常豁亮。自己即是清清亮亮，雍雍乐乐，所以亦就觉得宇宙间所有的东西都是有趣味的，可以欣赏的，那种情不自禁、怡然自得的神情，真能发于中而露于外。手之舞之，足之蹈之，这种表情极其真挚，极其自然，绝无丝毫的牵强，你看多么天真。

五行拳中各拳之一手一式，即为一套，故吃功夫处亦在一手一式里边，而奥妙处亦含在这一手一式里边。故打拳时，那一手一式都要求其实在，不可轻易放过。为一拳练好，有一拳之特长；一手练妙，得一手之功用，此专一之效也。为一手一式不苟，则各手各式皆能切实也。

行意拳不必汲汲于拳套为何为何，即拳套之多少、长短都无关系，只要于拳法下了功夫，使气力与心意相合，使拳法受心意使用，就算得了拳中之妙趣。故行意拳不讲拳套，而又何必讲拳套哉？

第二节　十二形拳

十二形拳为龙形、虎形、猴形、马形、鼍形、鸡形、鹞形、燕形、蛇形、鲐形、熊形、鹰形，乃取法各种动物的动作，以补益行意拳的拳法。

夫龙有搜骨之精，虎有扑食之勇，猴有纵山之灵，马有迹蹄之功，鼍有浮水之能，鸡有欺斗之勇，鹞有入林之威，燕有抄水之灵，蛇有拨草之功，鲐有竖尾之能，熊有竖项之力，鹰有捉拿之功。其搜骨、扑食、纵山、迹蹄、浮水、欺斗、入林、抄水、拨草、竖尾、捉拿，乃龙、虎、猴、马、鼍、鸡、鹞、燕、蛇、鲐、熊、鹰，各自为本能，天然之动作，故种种姿势，皆是顺适的自然姿势，而毫不勉强。种种动作，皆是必要的一贯的举动，而毫不忸怩之种种神气，皆是从心坎里发出来的，是非常集中的，而毫不散漫。如是则精神、动作、姿势，可以打成一片，而心意、气力、手足，必然内外相结合，既有贯注的精神、正确的姿势、灵妙的动作，则无往不利，而攸往咸宜。先师观俯家禽，寻究其形迹踪，探讨其妙义，发明十二形之拳法，运用于人，以加惠后学，良有以也。

凡练十二形之拳法，无论练哪一形，即舍身处地地去练，把自己的动作练得就俨然是那一种动物的动作，拳法与意义相合，练习得惟妙惟肖，精神贯注，神气十足，自然得各形之诀窍，各拳之妙用。总要使神气与动作一致，是为"神""法"合一，亦即"内""外"相合。练到神气将人吸住，拳法无迹可寻，变化起来，使人捉摸不着，而莫知所措。此所谓"拳打不见形色也"，故能知己知彼，百发百中。

十二形拳总称"十形练法"，如龙形、虎形、蛇形、鼍形、骀形、猴形、燕形、鹞形、熊形、鹰形这十形拳，还可以按正蹚子去练，按正蹚子去打。至于"马形"拳法，只在迹蹄那一点，而鸡形拳法只在欺斗那一渺。"马形"纯为胯功，动作为马掀蹄；"鸡形"要在鸡腿，前进为鸡啄架。鸡形与马形，不按正蹚子去练，但此二形的妙义，已存于各拳之中，不必单练。

但是"鹰形"与"熊形"已经融合在一个蹚子里，是为鹰熊合演，名曰"步步鹰熊"。其打拳要在"起为熊"，而"落为鹰"，起落相随，是为"鹰熊斗志"。

至于"燕形"只一式，取抄水之灵；"鹞形"只取一法，取入林之威。燕子掠形，鹞子钻天，其神速只在一渺之间，曰"燕无形""鹞无踪"。至于"鹞形"归于八式里去练，而燕形归入杂式里边去打，故燕鹞无形，也不单打了。然当宋世荣先生时，对于燕形仍教单练。每练时，向下一仆，身子扶地一晃，即能在板凳下钻过，然后身子向后一纵，又从板凳上跃回落地，为是循环不已，身子绕板凳而旋转，好似缠住一般。故燕形一式，打来打去，不动原处，非取轻妙的身法，而得抄水之灵。因此"十形练法"中，直能按蹚子而练者，不过为龙形、虎形、鼍形、骀形、鹰形、熊形（鹰熊二形虽合为一，按两形计算）、蛇形，七形而已，是为"七形练势"。

至于猴形中之"爬杆""挂印""叨绳"三式，那是相续的动作，然其要，总在求纵山之灵，也即以一纵为要诀。故猴形虽有一定的练法，不能归到正蹚子里边。然自有它固定的式子，固定的练法，任何人不许改篡的，不许更易的。

按"龙形"有两种练法。宋世荣先生按直蹚打，即一式一进步，再转身打回。郭云深先生则不动原地，将身纵起，将步交换，打来打去，仍不离原地。二位先师练龙形的法子虽不同，然其取意为一，即龙有搜骨之精，故无论怎样去打，总要取一"搜"字的意思，即按"搜劲"去打。打的时候，"用一整劲"，嗖的一下，脚已蹬出，手已发出，身法亦已改变。当宋世荣先生练龙形时，后脚一蹬，身子已向前跃去一丈有余。故取直蹚打法的"龙形"，其为用处，便于前攻，而着力处在于后脚。当郭云深先生练"龙形"时，双足齐蹬，身子能向上纵起数尺之高，故守原地。故守原地的打法的"龙形"，其为用处，便于升腾，而着力处在于两腿。总之"龙形"拳，打时可以练腿上的力量，把筋揪活，身子就觉得轻快。但正打的时候，千万不要懈劲，一懈劲，就打不出"搜劲"来了。

"虎形拳"除"虎扑"外，尚有"虎抱头""虎出窝""虎探爪""虎爬山""虎托子""虎撑子"六式，但仍以"虎扑"为主。"虎扑"拳，取其势之猛，取其气之正，故手起"出似猛虎扑羊"，严（演）为"饿虎扑食"；手落则"脾肾协夹攻"，是"出法入法"，打法是"搂斜擢正"。出则"手抱胸膛"，止则"两手为抱膝"，五指散开，虎口要圆，是为"怀中抱月"。拳打激神，两手摩抄而上，"囊劲"即所谓"肺动成雷声"，乃得虎形之真谛矣。

按行意拳皆有一定的打法，无论为何，不许越了一定的"规则"。历代先师，经若干年的考究发明，乃归纳出这五拳、十二形最捷便的拳法，哪许后人妄自改篡？

十二形中，你会哪一形就练哪一形，就教那一形，为其不会，就认为不会，切不可将他派中的式子，拿来充数，更不可随便瞎编个式子，拿来塞责，否则你编我篡，以致鱼目混珠矣。

第七章　七步功夫及习艺须知

练行意拳有七步功夫：一学会，二习熟，三求稳，四灵巧，五神似，六奥妙，七无穷。练拳一途，不可急遽，不可躐等，应按部就班，努力去练，日积月累，乃见功夫，乃见真功夫，自然可达于奥妙无穷之境。

第一，要心界开活，第二，要按照规距，第三，要有恒不懈。

心界开活

学贵触类旁通。故练拳时，老师指点的手法如何出入、步法如何变化，都要吃在心里，加以揣摩，以期融会贯通。

他人操练的是好是坏，好在何处，坏在何方，观察清楚，与自己练习作个比较，把坏处赶快改了，照着好的去学，自己乃有进步。

如每日练习时，不管三七二十一，只胡练一气，不过白费力，白劳神，亦得不到什么好处。

按照规距

不以规矩，不能成方圆。行意拳的拳法，是有一定的规矩的，手之起落，足之进退，身之反侧，皆有确实的法则，毫厘不许差错。

夫运用之妙，固存于一心。但初练时，要养成一种守规则的习惯，找出捷便的路子，用的时候，自能不觉不由地从心所欲不逾矩矣。

凡见练行意拳者，一看他的姿势是否整齐合一，起落是否出法入法，便知他是否合乎规矩。不越规矩，乃算真正学会了行意拳，否则只打着行意拳的幌子，有何意味呢？势必至自误而误人也。

有恒不懈

"学而时习之",乃能进步,乃有成就。如一曝十寒,则前功尽弃,永远不能成功,岂非白费力气?

每日,不必卖死力地傻练,只要求其心平气和,气顺力随,气注于丹田,而力发于四梢,全身的力量很正,心胸中感觉快活就行。练的时侯长久了,定有相当的进步。

功夫、功夫,原来都是一天一天积累起来的。然世上练拳者,之所以不能成功,大都吃了无恒心的亏。

先贤规劝后学,这几句说得好:"一树开花满树红,将来结果几个成;可见无才终何用,可惜奇才不多生。"这是何等的感慨,如何的警惕,我们为何不急速努力,培养自己,以抵于成,以期结得端正的美好果实呢!

第19部分　张占魁先生《形意武术教科书》

张占魁（1865年8月—1938年7月），字兆东，河北省河间县后鸿雁村人。形意拳、八卦掌大师。

早年在家务农，从一王姓拳师习少林拳，以及迷踪艺等拳。光绪三年（1877年）秋，因华北大旱，张占魁进津谋生，以贩卖瓜果蔬菜为生。在此期间，有幸结识河北深县李存义，并结为金兰。后经李荐，拜于形意名家刘奇兰先生门下，习形意拳法。

刘奇兰与郭云深是中国形意拳鼎盛时期的代表性人物，武功卓绝，世人敬仰。郭云深喜爱浪迹四海，以"半步崩拳打遍天下"。而刘奇兰则恰恰相反，习惯隐居乡间，以培育形意门徒为娱。其知名门徒除李存义外，还有周明泰、耿继善、刘殿琛等。张占魁在刘奇兰和李存义两位拳术大师的悉心指点下，进步神速，拳臻上乘。

光绪七年（1881年），在京结交八卦掌名家程廷华，并有意拜于八卦掌宗师董海川先生门下学艺。因当时董已年迈，其八卦掌技艺多由程廷华传授。1882年冬，董海川去世，张占魁坟前递帖，程廷华代师传艺。后成为近代武术史上一代巨匠，其形意拳、八卦掌技艺均炉火纯青，功力独到，有"闪电手"之称。

1900年后，在天津历任县衙"马快"、营务处头领，拿贼捕盗，成绩卓著，江湖人称之为"赛天霸"。

1911年，参与创建天津中华武士会，并亲身执教。

1918年9月，与李存义一道携门人韩慕侠、李剑秋、刘晋卿、王俊臣等十余人进京，参加在中山公园举行的"万国赛武大会"，挫败俄国大力士康泰尔，此举在当时轰动全国，京津等多家报刊均有记载。

晚年，张占魁在天津家中颐养天年，日以授徒为乐。1929年杭州国术游艺大会、1930年上海市运动会、1933年青岛第十七届华北运动会、南京第五届全国运动会、第二届国术国考、1934年天津第十八届华北运动会上，张占魁均应当时南京中央国术馆馆长张之江邀请，出任总裁判长或评判委员之职，每次赛事皆有张之江驱车亲自接送。

民国二十七年仲夏（1938年7月），因患食道癌在天津去世，享年73岁。

张占魁先生一生传授门徒学子甚巨，前后达数千人。知名者有：韩慕侠、王俊臣、刘晋卿、裘稚和、李剑秋、赵道新、姜容樵、钱树樵、张雨亭等。张占魁先生为后世形意拳、八卦掌的发展与传播贡献极大。

编者注：

《形意武术教科书》创作于民国时期的特殊历史背景下，所以我们从文字中除了可以感受到张占魁先生的一番拳拳赤子之心外，其强国强种的爱国思想亦跃然纸上。而时过境迁，如今早已处于太平社会，民国时期之语境以及文中的很多表述，似于当今社会已格格不入了。

但编者认为，此文虽是在特殊的历史时代背景下所撰写，但这篇文字所彰显出的民族精神和民族大义，作为爱国主义教育的重要组成部分，还是很值得我们去学习的；同时文中对形意拳学而阐发的精彩论述，亦是很珍贵的拳理历史资料，故收录于此，以与武林同道共参之。

自叙

将欲转弱国而致之强，必先有以强其民，此武术之所以提倡也。在民国二年时，前冯大总统方督直隶，余始纠合同志，呈请冯总统得立"中华武士会"于天津。

越二年，冯总统任江苏督军，余在南京，复纠合同志呈请冯总统又立"中华武术研究社"于南京，事属创办，多经困难，两会幸能成立。迩来海内同志新学形意者以万数，其有志欲学而未得师者，尤加多焉。欲皆使之通明此拳，又岂亲授之所可得哉！是不可不作书也。

昔在南宋时，武穆王岳飞始传此拳，及明末有蒲东人姬公际可者，始得王所著谱。深州刘奇兰先生习之此拳，始传于直隶。先生以传于其子殿琛及李存义与余。余师事刘先生，幼而读姬公所得谱，以为其文深，人多不能明其言，不宜作今日之教科书也。而余以不文，不能自作书，因口述以言，请洴阳乔善宜先生笔之成文，润色之得十三篇，百有三十章。文不避繁，而求其详；言不避浅，而求其明。庶海内同志新学此拳者，与欲学而未得师者，披而观之，了然而悟，皆得以通明此拳，而体力日增，则武术将日益发达矣！

夫武术之日益发达，则是强健之国民日益加多，而吾国其庶几强乎？至书中不无错谬，尚望海内通人指而正之。

中华民国四年直隶河间张兆东序

修身篇

修身篇第一章

身为五行百体之原，具有当尽之天职，若不赋完全体态，实有愧盛世之国民。每见当世之人，论品格，天资明敏；观家道，富有仓箱，而未及中年，而一身疵累百出，不能寿享期颐者，何故？

惜乎！世人但知有身，而不知修之。故《大学》云："壹是皆以修身为本。"《中庸》亦云："修身则道立。"以此观之天下，无论具何等资格，皆不可以不修身。果然，家道昌明，子孙繁衍，国亦因之而强盛，人何惮而不为之？

修身篇第二章

修身之道虽不一，然无非令人身体强壮，作为有用之国民。然皆宜以身修身，不可惑于异端邪说。昔汉武帝好神仙之术，欲求延年益寿之方，天下遍求方士，殿前竖铜柱高数十丈，上置承露盘以接天浆，和金玉之屑而饮之，遂亡。是欲求长生，反促其寿。

是知有修身，而不于身内求修身之法，别求异外之方，是知有修，而不得其修之真法，究与一身何益？后世之学者，宜以此为前车之鉴。

修身篇第三章

盖身以气为主。孟子曰："我善养吾浩然之气。"昌黎公亦云："气盛，则言之长短，与声之高下皆宜。"为文如此，修身亦然。

身内有五行，外具四肢。以五行致四肢，内外相合，动静有常，举步有法，令其血脉贯通，筋骨活泼，未有不寿享遐龄者。

孟子云："苟得其养，无物不长；苟失其养，无物不消。""至于夭寿不贰，修身以俟之，所以立命。"此诚古今来不可易之常经，诸君何不三复斯言？

修身篇第四章

修身之道，关系国家之强盛，使以修身之法，一人传百人，百人传之千万人。我华国四万万人民，无不讲修身之法，其强可加。

坏球之上，无如华人事事仿于西人。西人修身之法，虽有专门，而普通之人，无论士农工贾，均六日做事，一日休息，以抒其脑力，似不枯寂，正《易经》所谓"七日来复"之意。

目下华人，除官场军警学等界，均有休息，农工商贾，仍守其旧，何不于正事之余暇，学习武术？此亦修身之一端。

修身篇第五章

我中华肇造伊始，列强林立，耽耽虎视，趁我国基础未固，皆有窥伺我疆土之心。我华人惟以修身之术，父以勉其子，兄以劝其弟，互相联络，固结团体。四万万同胞，均如身之使臂，臂之使指，保守我中国，众擎易举，安见孱弱之中华，不变为强盛之中华！

自兹之后，庶几与列强永结盟好，保无四分五裂之虞，是修身自强与我中华有密切之关系，人亦何惮而不修身。

修身篇第六章

身为一己之身，修之可以保其全体。常见我华人，自知识一开，即骄奢淫佚，自损其天年，放荡自恣，毁伤其肢体。未及中年，即四肢不仁，五官倒置，此以有用之身，置之无用之地，有识者惜之。

谚云："苦海无边，回头是岸。"我同胞极宜猛省，兢兢业业，以守其天真。曾子云："如临深渊，如履薄冰。"而今而后，吾知勉夫后之修身者，当以此为龟鉴。

修身篇第七章

身为父母所生之身，修之可为克家令子。吾身自父母降生以来，顾复之情，无不曲尽，提携保抱者数年，出入扶持者数年。

为父母者，莫不望其子寿享百年，永无灾害。及至成立，父母唯其疾之忧，犹无时或释。朝出而不归，父母必倚闾而望；日暮而不还，父母亦必倚闾而望。为人子者，亦宜仰体亲心，省身克己，以慰父母奢望之心。

奈何世人不察，亏体辱亲，令父母风烛残年，抱终天之遗恨。人必修身，方无愧家庭之孝子。

修身篇第八章

身为天地肇造之身，吾修之，可为天地之完人。天地之生物不齐，动植飞潜，而于人钟灵独厚。故含齿戴发，异于群生，五官四肢，全其本象，天地若故示其优异，以显造物之奇之。

在人者，亦宜仰上帝之心，报答独厚。内则存心养气，保其天真；外则蹈矩循规，以全其耳目，芸芸虽众，宇宙间岂有弃材？

愿世自甘暴弃者，急宜修身，方无负造物栽培倾覆之美意。世人奈何甘为天地之弃材，而不修身？

修身篇第九章

身为中华民国之身，吾修之可为有用之国民。我中华四万万同胞，除妇女之外，身体精壮之男子，不过十分中之五六，然较之西洋各国之人，尤多数倍。使人人归真返本，保其固有之天真。

我中华，地大物博，人知自强，环球当列为第一，何至交涉之际，着着退步，财政困难，罗掘俱穷，似强盛之华国，变为危弱华国，夫果谁任其咎要？皆华人不修身有以致之，我同胞何仍作睡狮，而不猛然警醒哉！

修身篇第十章

综之，修身一端，处于今日之时局，将有迫不及待之势。外则强邻压境，侵我封疆；内则蟊贼内讧，摇乱我基础，四面楚歌，前途几难设想。惟赖我五族同胞，振刷尚武之精神，努力齐心，共捍卫我疆土。

若仍醉生梦死，朝不虑夕，瓜分祸起，奴隶性成，国破家亡，坠巢之下，难求完卵，岂不步越南、高丽后尘？当斯之时，欲脱奴隶之籍，则已晚矣！

或有问于予曰："修身尚武，当以何者为先？"予应之曰："亦惟习形意武术云。"

武术篇

武术篇第一章

自古立国家者，有文事，必有武备。况当竞争时代，弱肉强食，若无武备以佐之，几难立于环球之上。当此之时，而仍以笔墨争长，一纸贤于十万师，则谬矣！

我中华自变法以来，兵学亦有专家，而步法整齐，阵图严明，亦自尽善尽美。而于体操一门，尚多未讲，纵有跳高纵远之法，然不过近于游戏，而于养身之道，尚有憾焉。

养身之道，当以何者为急务？亦惟岳武穆王所遗形意拳术，诚良法也！

武术篇第二章

世之业技艺虽多，然亦不过练习腰腿灵活，眼捷手快，五花八门，腾挪闪展，徒炫阅者之耳目。究于实用，无所裨益。安能久而不变，踰世弥彰哉！

王，宋人也，世居河南相州，为童子时，得武术真传。然数百年湮没而未彰，直至清初，经诸冯姬公名际可者，始阐明其术。

术盖本先天，按阴阳、五行、三才、六合、七疾、八要、十二形象之法，以成之其术。大之可捍卫社稷，次之可趋吉避凶，诚至善之术。较世业技艺之流，则有不可同年而语矣！

武术篇第三章

术以养气为本真，以先天养后天，以后天补先天。丹田气足，内达于五行，外发于四肢，正所谓睟然见于面，盎于背，施于四体，加以练习之功，朝乾夕惕，血脉贯通，筋骨坚壮，内外如一，手脚相合。动静有常，进退有法，手不虚发，发则必胜；心不妄动，动则必应。所谓百战百胜者，此武术也。

际此群雄较力之秋，有强权，无公理。我华人人练习武术，何难转弱为强，在五洲之中，首屈一指。中华欲优于列强，舍武术其何以。

武术篇第四章

孔子云："仕而优则学。"此盖学夫治世之道，而非令学保身之道也。然仕者于保养身体一端，亦不可不急。讲内则各部，外则各省，官虽不同，理则一致。

于公事之暇，携二三秘友，花天酒地，麻雀妓馆，居楼番馆等处，以为开智识、长精神，洞天福地，而不知徒耗心术，挥霍洋元而已。而于一身，有何益哉！

何不于公余，学习形意武术，一旦有警，贾其余勇，讲励人民；荷戈持戟，保卫疆土，黎民赖以治安，方尽公仆之责任。仕者何不急学武术。

武术篇第五章

古者寓兵于农，故春蒐夏苗、秋猎冬狩，皆于农隙以讲武事，虽则治兵，不妨农事。自商鞅相秦，井田之法废，兵与民遂分为两歧，于是兵不务农，农不知兵。自兹以后，财政困难，国家从此多事矣！然际此华国反正之时，农人于武术一事，犹不可稍缓须臾也。

夫农人于春耕夏耘、秋收冬藏之余，尤欲施其有余之力，以舒筋骨，何如于朝夕风雨之暇，学习武术，可以防己，可以保家。倘有不虞，亦可持梃以御暴客。农人习此，有百益而无一害，何惮而不习之？

武术篇第六章

百工居于艺场之中，劳其筋骨，困其体肤，犹必切磋琢磨，以求制之愈精，而益求其精也。

然少年好事，尚不觉其疲惫，以其筋脉灵活，血气贯通，稍缓须臾，即可复元。及其老也，血气既衰，未有不伛偻其身、拳曲手足者，是未知学练形意武术之过也。

诚能于日省月试之余，灯影月光之际，勤习武术，外不废其职业，内不倦其精神，诚一举而三得也。

凡人劳其形者，疲其神；悦其神者，忘其形，管子不云乎哉！愿工人及早学之。

武术篇第七章

商家携数万金钱，南天北地，东奔西驰，以谋三倍之利。倘有不虞，亦惟束手无策，仰屋兴嗟，徒亏耗资本，人不带伤，亦云幸矣！尚有何策以处之，商家于此，亦惟思患预防。

勤习形意武术，动静有常，刚柔互济，手不空回，出则必胜。若遇敌人，施展三拳三棍之法，使敌人头破血出，抱头鼠窜，此亦人生大快事也。若苏子瞻值此，必浮一大白。商家何忍轻折其股本，而不急学武术，养身体，保财产，均善法也。

武术篇第八章

兵，凶器也，可以百年而不用，不可一日而不备。际此时代，若无军旅以佐之，其国几难立于五洲之上。

历观十九世纪，各统兵大员，亦均以技艺武术为重，每当挑选数军作管带亲勇，然所学，亦不过花刀花枪，徒糜粮饷，究无补于实用。

当我中华实事求是之秋，盍不于各军操演之余，学习武术，进退有法，击刺有方，若遇敌人，未有不出奇制胜者。曩者，日俄失和，兵端衅起，日所以胜俄者，由击刺之法精也。我军人当有鉴之。

武术篇第九章

巡警之设，专为保护人民，所以有捕盗捉贼之责，若无武术以保身，难免有不虞之虑。若当白日青天之下，尚可施其计巧，若黑暗之时，我明彼暗，纵有枪械，亦无所施。困兽犹斗，况贼人生死相关，安得不拼命逃走者乎！是当之者死，遇之者伤，致贼人漏出罗网，岂不可惜！

惟有学形意武术，设有是警，挺身而出，三拳三棍将贼擒，保人民治安，尽警士责任。惟望警界方面诸公，于各区聘请武术教员，众警士于勤务之暇，均得学习武术，于治安之策，亦不无小补云。

武术篇第十章

学界为各界萌芽之始，必令其据有根基，方可为幼学壮行之实迹。目下各学堂于学生功课之余点，亦设有抛球、打蛋、蹦高、纵远、跳濠、走浪桥、行木，种种杂技，以抒其筋骸，此皆以有用之精神，置之无用之地，辜负光阴，无所取益。不如学习武术一门，尚庶几乎。

日后不论居乎仕农工商、军警学等界，均绰绰有余，不必再起炉灶，自能各尽其职。学者于形意武术，亦当急于进取，不可稍宽也。

五行篇

五行篇第一章

五行以金为首。金者，坚物也，金、银、铜、铁、锡，皆属焉。于四方则在西，四时为秋，五味作辛，五脏从肺，五官属鼻，于物则从革，于武术之中则可作劈法之用。

学者欲学劈法，则前手伸出，似直非直，微形弯曲，手指骨节亦然，后手至肚脐，亦如前手。前手若动，脚亦随之而动，后手亦如是。至术所谓手与足合，循环往返而不息。

久之，周旋中规，折旋中矩，心一动，手足随之而动。所谓成法在心，借形于手，学者解此，则于形意武术之功，料得梗概矣！

五行篇第二章

金既为坚物，可作刀斧之用，劈法属金，如手持砍刀劈物之状，或持刀戟斧剑，亦如空手之状，不必改其初衷。

若与人对敌，前手落空，后手即随之而到，正是换手不换着，步亦随之走。术谱有云："三回九转是一势。""势怕人间多一精，一精知奇万事精。"取之不尽，用之不竭，是在学者善于变通耳。

然金能克木，是以劈法能破崩法，何也？崩法属木，故也。

五行篇第三章

其次是木，木是柔中坚物也。植于土者，皆其属焉。于四方则在东，四时为春，五味作酸，五脏是肝，于物则作曲直，在武术之中宜作崩术。

欲学崩法，两手握拳，亦如劈法之状。两腿向前迈步，极力用力，如将泰山推倒之势。正所谓："上法须要先上身，手脚齐到才为真。"

至习练既久，丹田气足，手与心合，动静如一，得心应手，学者于形意武术，已思过半矣。

五行篇第四章

木为柔中之坚物，其材可作栋梁之选。武术崩法属木，用之者，亦如以手持物，作崩人之状，如手持长杆、短棍，使用亦如空手相同，不必令生他法。

若与敌相持，即双手握拳，随高打高，随低打低。术谱云："两手出洞入洞紧随身，两手不离身。""手脚去，快似风，疾上更加疾，打了还嫌迟。"其法正所谓：始如处女，终如脱兔者。学者推行尽力，鼓舞尽神，神而明之，存乎其人矣！

然崩法能破横法，横法属土，是以木克土也。

五行篇第五章

中央属土，万物皆育其上焉。于四方则在中，五味属甘，五官属鼻，在武术之中则为横法，以其横亘于天地之中。

学者欲练横法，舒身下气，垂肩坠肘，两手握拳或掌均可。前手用掌、后手用拳，彼以直来，我以横往；要步斜身，纵横往来，目不及瞬。所谓"起横不见横，方为善用横；武术离却横，诸法不能行"。

是武术必用横，犹人不可一日离土也。学者解此，已得横法真传矣！

五行篇第六章

土生于火，静物也，金、木、水、火皆寓其中焉。学者欲用横法，或持刀戟，或用空手，势虽不同，理则一致。

若无对敌，彼一往直前，我以横法刲其力，使不得伸，我可以蹈隙而入。敌人虽有伎俩，亦无所施，我得以上下其手，展其余力，令敌人捉摸不定，此百战百胜之真诀也！

土生于火，是横法，来自炮法，然亦能破钻法，钻法属水，是亦以土克水也！

五行篇第七章

水柔物也，江河湖海均蓄焉。四方则在北，四时为冬，五味属咸，五脏属肾，形则润下。在武术之中则为钻法，因其有隙，即入与水相同，故属水也。

欲学钻法，肩肘手腕横生裹力，使人不能攻入。此与横法均是顾法，又曰守法。术谱云"先打顾法后打人"，此之谓也。

武术必用钻法，钻属水，犹人不可一日无水也。学者解此，顾法不遗余力矣！

五行篇第八章

水生于金，柔物也，而刚则不能胜焉。其法本生于劈，而崩法又寓其中。其术膝肘相合，用压裹之力，任敌人劈胸而入，坚强不屈。我用柔化其刚，彼力一懈，我即蹈隙而入，随步进取，所谓："出其不意，攻其不备也。"

纵敌封固甚严，闭关自守，亦难当无微不入之水。所以古人用水以胜人者，比比然也。钻法能生崩法，又能破炮法。炮法属火，是亦以水克火也。

五行篇第九章

火生于木，属于阳，明三昧之真俱在焉。四方是南，四时为夏，五味属苦，五脏是心，形象炎上。在武术之中为炮法。

论炮法之原委，在古为石，今则变为铜质。用法：内注焰硝硫磺、杂于炭质，燃火，既发而能远，有直无曲之象也。武术之炮法亦然。

欲学者，两手握拳，步作剪股之状，发左手迈右步，发右手迈左步。一手向前直发，一手向头，作保护之势，左右变换，有进无退。学者明于炮法，五行之意，已得其全焉！

五行篇第十章

火为飞腾之物，性属于直，如人有正直之性，则命之曰爆竹，取其正直无私也。

武术中之炮法，亦取其发而必中之意。如与敌人相对，我握拳吸气，静以待之。彼手一发，即一手保护，一手进攻。手一进，身步俱随之而进，一往直前，如炮之有速率，远攻远取，敌人纵有撑拒之力，亦难当此开山凿险之功也。

炮生于崩而本于横，而专能破劈。劈属诸金，以其火能克金也！

八要篇

八要篇第一章

学者，不志其大，虽多而何为，苏子不云乎哉！以予观之，为文如斯，习武亦然。前篇五行所言劈、崩、炮、钻、横，不过于武术之大纲，撮其极要，若不细言夫条目，似学者入手无由，茫茫大海，亦徒望洋而叹，难得津涯。

惟明挈其要领，学者得所指归，简练揣摩，不致悮入歧途，以后入室升堂，庶几得个中真趣，岳武穆之功，于焉不朽。

由是观之，是非先讲八要不为功。八要为何？试为学者缕析言之。

八要篇第二章

第一，学者三星，要明何为三星？两眼与心也。人之一身，心为元帅，眼为先锋。心为一身之主，故比之三军司命，众之死生，国之存亡系焉。必得明鉴万里，算无遗策，所谓运筹帷幄之中，决胜千里之外，方称主帅之责任。

眼有鉴察之能，可比冲锋踏阵之首领，亦不可徒凭血气之勇，必先窥对阵之虚实，察敌人之短长，方能往有功也。术谱有云："明了三星多一力。"盖眼不明，手足无所措；心不明，一身无所依归也！

八要篇第三章

二曰：三尖要对。何为三尖？鼻尖、手尖、脚尖是也。三尖如三峰，对峙无所偏倚于其间。鼻不对手，是上节不明；手不对脚，是中节不明；脚不对手鼻，是下节不明。

上节不明，是气不贯顶；中节不明，是腹腰均慵；下节不明，两腿斜倾。譬如鼎有三足，缺一不可。术谱中身法论云："不可前俯，不可后仰，不可左斜，不可右欹；往前一直而出，往后一直而退。"此正言三尖必对之法也。

学者解此，自无身体不正之患矣！

八要篇第四章

三曰：三意要连。何为三意？进意、顾意、蹚意是也。

有进无顾，进亦罔然；有顾无蹚，顾亦不坚；有蹚无进，顾蹚亦无功。所谓手动脚不动，则罔然；脚动手不动，亦罔然。术谱有云："三意不相连，必定艺而浅。"又云："脚踏中门抢地位，就是神手也难防。"

由是观之，三意相连，可比三人同心，力可断金，此必然之势也，学者不可不知。

八要篇第五章

四曰：三前。要知何为三前？眼前、手前、脚前是也。

眼前不明，有法难行；手前不明，拳出无功；脚前不明，踏处尽空。此武术家之大害也。

术谱有云："眼要毒，手要奸，脚踏中门往里钻。"又云："眼有鉴察之精，手有拨转之能，脚有行逞之功。"即此推之，三前不明，诸法难行；三前若明，武术均通。

学者欲讲形意武术，离却三前，尚何以哉！

八要篇第六章

五曰：内要提。内，五内也。谚云：腹内不精，手脚均慵；腹内一精，四梢皆平。是内提为至要也！何以为之？

学者必垂肩坠肘，吸气开胸，中腕要催，丹田气满，上贯至顶，肛门自然提起，浑身血脉灵通，无丝毫涩滞。所谓："心一静，腹内皆静。"《大学》"诚意正心"之功，亦不外乎此。

此"慎独"之功，莫见莫显，学者不可因其隐微而忽之也！

八要篇第七章

六曰：外要随。外，四梢也。要随，是不可与内隔阂也。

心为元帅，四梢为将官。心动身不动，所谓将帅不合，往必无功，取败之道也！盖心一动，浑身俱动。心动身不动，则罔然；身动心不动，亦罔然。

术谱有云："五行合一处，放胆即成功。"所谓五行，言内外五行也。若能相合，内外如一，何愁不动则即胜哉！

惟望学者诚中形外，勤加训练，无负此谆谆告诫之苦心也！

八要篇第八章

七曰：齿要叩。达摩《易筋经》言："学者欲练此术，必先叩齿三通，然后依法演习。"因齿为骨梢，齿一动，浑身俱动，如人睡觉闻声警醒是也。武术言叩齿，是令闭口，使气不得由口而出，是养丹田第一要着也。

人要动力，无论何事，综（总）宜合齿吸气，力方能伸。即人开跑步，若张其口，数步之间，人必上喘，此一明证也！诸公不信，请尝试之，方知此不诬也。

学者解此，已得武术中之快捷方式矣！

八要篇第九章

八曰：舌要顶，是以舌尖顶上腭。舌为肉梢，是周身血脉所关也。舌一顶腭，浑身血脉均活，又为心梢。谱云"舌与心合多一精"，于此可见矣！

此与上篇叩齿俱系暗功。俗云："明力易练，暗功难学。"不明乎此，虽朝乾夕惕，练习四肢，难进易退，安能久而不变哉！

譬之战阵，军将之功，非关旗鼓之力，然旗倒鼓息，军将勇力，因之不振，此必败之道。

学者解此，自明齿与舌之要处，不可稍缺其一。

八要篇第十章

以上四篇作为初级，为学者入道之基础，故以修身为主脑，武术次之，五行、八要又次之。学者由此入手，已得形意武术之大略，亦行远自迩、登高自卑之意，尤必勤加训练，日就月将，熟能生巧。

孟子云"梓匠轮舆，能与人规矩，不能使人巧"，盖自寓于规矩之中也，学形意武术诸公，其勉旃。

虚实篇

虚实篇第一章

且天地之大，万物皆育其中焉；事虽不同，而理则一致，惟"虚实"二字足以赅之。

先有虚而后有实，有实方显其为虚；无虚则无实，无实焉能有虚，虚之中寓实，实之中生虚。

至于始则是实，终变为虚；始则为虚，终则是实。又有看则是虚，而实则是实；看去是实，实则是虚。兵法有云："虚者实之，实者虚之。"此诸葛武乡侯先生之长技也。虚虚实实，实实虚虚，变化无穷，令人几不辨何者为虚，何者为实，斯为善用虚实者矣！

古往今来，凡事如斯，而练形意武术者，亦何独不然。练则是虚，用则是实。至于彼则用虚，我则用实以当之；彼则用实，我则虚心以待之。人虚我实，人实我虚，为练艺极要之一端。人必明夫虚实，而后无愧乎练艺者矣！

虚实篇第二章

治世之道，不离文武两途。文能经邦，武能济世。文人执笔，亦等于武士练艺，遇极难下笔之处，必先四面烘托，而后用实事以志之，所谓之先虚而后实，若一口咬煞，必至死于句下。

若武士对敌，遇强大有力之人，力举千钧，我则百钧而不胜，非用虚实之法，此取败之道也！试观楚汉争雄，项羽百战百胜，汉王三战三北，孤身逃走，几无立锥之地，是汉王不明虚实之道也！

自得淮阴之后，虽仍败如故，兵马并无损伤，是淮阴深明夫虚实之理也！项王叱咤风云，力敌万夫，若与较力，如以卵击石，必不能完全。所以项王一见淮阴必大骂，胯夫敢战三合。淮阴必虚掩，一战败下，以避其锋，此彼实而虚也。至九里山十面埋伏，一战成功，是彼虚而我实也。

若非淮阴深明虚实之理，未知鹿死谁手。练艺者曷谂之。

虚实篇第三章

第一，进退宜明夫虚实也！术谱云："进步要高退步低，不知进退罔学艺。"是"进退"二字，为练形意武术最要之关键，即"虚实"二字，亦为练形意武术之本源。

彼进而我退，是避其实也；彼退而我进，是导隙以击其虚也。即武子兵书所谓避实击虚之法。

若不明虚实，彼进而我亦进，以实击实，力强者胜，危弱者败。大者关乎国家之存亡，小者关乎一身之性命。至彼退而亦进，更宜察其虚实也。彼用引诱之法，我则误入网罗，必致身命不保。术谱有云"见空不打，见空不上"，正谓此也。

至于"进步踩打莫容情"，是言其实也；"退步须防地不平"，是言其虚也。

是"虚实"二字，练形意武术者，不可弁髦视之也。亦惟学者平日涵养有素，有真实之功，无虚诞之势，一旦大敌当前，高下在心，法随手至。正俗语所谓"百炼精化为绕指柔者"，此之谓也。

虚实篇第四章

第二，用力宜明夫虚实也。人之用力有虚实，犹人之遇事有缓急也。事之宜缓，急则生变；事之宜急，缓则难图。

若大敌当前，人用虚式以诱我，我必用虚式以搪塞之，若不明乎此，误用实力以架之，彼得趁我之式，而胜我之机。若彼用实力，我用虚力以招之，此泰山压卵，必至倾倒数步之外。

惟彼以实来，我以实往，以实对实，以虚对虚，势匀力敌，再加以手法之巧，步法之精，其不以此胜人者几希矣！所谓用力少而成功多者，此也。

若学艺者不察乎此，不问可否，不论是非，不窥虚实，不明机变，彼以直来，我以直往，自恃武艺之精，力大欺人，所谓"恃艺必死于艺大"。圣人有云："强梁者不得其死，好胜者必遇其敌。"惟望学宜书绅佩之。

虚实篇第五章

第三，遇敌宜察其虚实也。敌人强大有力，身材魁伟，加以练艺有素，此则实中之实也。我若以猛撞汉待之，此必败之道。兵书有云"欺敌必亡"，正谓此也。

若敌人身材孱弱，瘦小枯干，又无练艺之功以助之，此则虚之中又虚也，不妨或崩或炮，一着成功，何必与之久战。术谱所谓"视人如蒿草"，此之谓也。

敌人或虚或实，何以辨之？将一对面，用手一引，便知其底理也。俗云："行家一伸手，尽知有无有。"

若身虽长大，一勇之夫，我可以用功力以胜之，虽藐之亦无妨。若身虽矮小，功夫学力胜我十倍，我若以平常视之，亦必败之道。兵法亦云"骄敌必败"，此之谓也。

综之，若与人对手，必平心静气以待之，不可心慌意乱，手足无所措，耳目无所加。俗言"静则生明"，知敌人虚实，胜之则不难矣！

虚实篇第六章

第四，用法宜知虚实也。有形者为实，无形者为虚。以六合论，外三合为实，内三合为虚。手与足合、肘与膝合、肩与胯合，此有形可见，故为实也；内三合为虚，心与意合、意与气合、气与力合，此无形者可见，是为虚也。

综之，实生于虚，虚本乎实，无虚则无实，实生于虚，无虚焉能生实，二者相需为用，不可稍有缺点者也。至于五行用法，无不皆然，劈、崩、炮、攒、横属于五脏脾、肺、肝、胆、肾。是劈、崩、炮、攒、横有形，脾、肺、肝、胆、肾无形，是有形者为实，无形者为虚也。

为学者，平日养丹田之力，练腑脏之功，一旦用之，法随心生，不致踏虚无之弊。用虚生实，内外相合，得个中真趣矣！若不明虚者，何克臻此。

虚实篇第七章

内外宜明虚实也。含于内者为虚，发于外者为实。如以上数篇所论五行、八要、三才、六合、七疾、四梢等，以及下篇十二形象。虽手足身法之功，皆本于丹田之用力，所以术谱云："丹田养成长命宝，万两黄金不与人。"是丹田为虚，五行、八要、三才、六合、七疾、四梢、十二形象等法，均为实也。

即前篇所论，虚能生实，而实发于虚也。不止乎此，即五行而言，亦各有虚实之法也。如劈拳能破崩拳，是劈拳属实，崩拳属虚也，其以金能克水也。然崩拳亦能破横拳，是崩拳属实，横拳属虚也。五行生克之法皆然，均是生者为实，克者为虚也。

六合，手与足合、肘与膝合、肩与胯合，在外者可见，人皆知其为实也。心与意合、意与气合、气与力合，在内者无形，人亦知其为虚也。然虚无真实在外之实，亦归于虚矣！是实本于虚，欲乎实，非于虚入手则不可。余法可以类推，学者其审诸。

虚实篇第八章

起落宜知虚实也。术谱云："起落二字要分明。"是知，一起一落，为学形意武术极要之地点。起为虚，落为实，是学艺者之通论也。

至于起亦有实，落亦有虚，虚之中存实，实之内含虚，学者亦不可不讲。如，起手横拳势难招，又言"起如挡磋，落如钩杆"，是言其实也。"起为横，落为顺"，是言其虚也。"起横不见横，落顺不见顺"，是言其虚中存实也。"起不起，何用再起；落不落，何用再落。起无形，落无形，起似蛰龙登天，落如霹雷震地"，是实中含虚也。又云"起落二字自身平"，是言无虚非实，其言"起落二字与心齐"，言无实非虚也。

综之，有起就有落，即有实即有虚也。无虚不能显其为实，无实则虚亦无着也。

虚为涵养，实为作用，即是起为去、落为收，无收何能再去。"起落"二字为学形意极要之指归，不明乎此，难免有面墙之弊矣！学者宜三复斯言，勿得河汉识之。

虚实篇第九章

动静亦有虚实也。术谱论动静云："内五行要静，外五行要动；静为本体，动为作用。言其静，未见其机；言其动，未见其迹。"动静已发未发之间，所谓动静之真本也。即子思作《中庸》所云："喜怒哀乐之未发，谓之中。"所谓性之本体，均属于虚，故谓性也。"发而皆中节，谓之和"，此由性而生情，故属于实也。修道如是，修身者亦宜若是也。

术谱又云："虚是精也，实是灵也。"精灵皆有，方成其虚实也。即如《中庸》论："未诚而欲诚者，必先致曲，由曲而求诚；必诚则形，形则著，著则明，明则动，动则变，变则化。"必至诚，方能化推之。练艺者，必先虚而后能实也，即由静而后生动，动则必灵，方不为妄动。所云"心动身不动，则罔然；身动心不动，亦罔然者"，此之谓也！

姬公际可咏动静诗云："精养灵根气养神，养功养道见天真；丹田养成长命宝，万两黄金不与人。"由此观之，学者不明动静之理由，缘木求鱼，必难得此中佳趣矣！

虚实篇第十章

以上数章，论虚实之法，皆以一端而言。纵观形意之全体，亦不能离虚实别有依归，即如斩、截、裹、胯、挑、顶、云、岭，出势虎扑、起手鹰捉、鸡腿、龙身、熊膀、虎抱头等势，亦不能离"虚实"二字。

然而有虚中生实，亦有实中生虚者；亦有虚本生虚，实中生实者。如"斩截"本属乎虚，实在其中焉，近则用斩，远则用截。如敌拳将至我身，躲之不及，或地势狭隘，必用斩法以杀其力，使其人志不能逞，我则腾出一手可以远击，则我术中之化法也。截则亦然，然与堵法少异。堵则其势未出，截则其势已发，力尚未伸，我则用截法以杀其势。

"裹胯"均化法中之虚势。"挑顶"即起势，如挑担之意，不属于虚也。"云岭"亦化中由虚生实也。左云而右岭，如人以左手持拳向我胸中来击，我左手持其腕，右手持其臂，微作掳势，彼身一斜，即无能为也。右手亦然。出势虎扑、起手鹰捉，亦无不皆然。余者可以类推。

学者必明虚实相生之法，形意武中已得奥旨矣！

全体篇

全体篇第一章

一者数之始，十者数之终，自修身至此，身得其修，体已得其全焉。

身为父母所有之身，至此可为父母之肖子；身为天地所生之身，至此可为天地之完人；身为国家有用之身，至此可为国家之柱石；身为一己保守之身，至此可以趋吉避凶。

《大学》言："修身外则能齐家治国，以至于平治；内则诚意正心，以至格物。体无不具，用无不周。由于用力之久，一旦豁然而成，于是表里精粗无不到，全体大用无不明矣。"由是观之，人修养全体岂易易哉！所以孟子有云："养其小体为小人，养其大体为大人。"又云："养其一体而失其肩臂，而不知又安望得其全体哉！"

今练形意武术者，竟得其全体，真所谓：苟得其养，无物不长，苟得其养，无物不消。人可不急思练艺，以保其固有之天真哉！

全体篇第二章

按形意武术之本原，内根于达摩老祖《易筋经》按摩之八法，外取诸龙、虎、猴、马、鼍、鸡、燕、鹞、蛇、鲐、鹰、熊，各飞潜动物之精能，相合而成是艺。此宋岳武穆王留此术之本原也。

武穆王，精于枪法，为宋之名将，应幕于留守宗泽麾下为将，雅歌投壶，彬彬有儒士之风。尤好孙武兵法，善以少击众，以弱胜强，屡建奇功，遂成大将。

凡有所举，必谋定而后战，故有胜无败。故敌人语曰：撼泰山易，撼岳军难。常与诸将论兵法，言为将之道，仁、信、智、勇、严，缺一不可。

为童子，受枪法于明师，以枪为拳，立法以教诸将，或枪、或拳、或刀均为一式，大异于旁门之练艺者枪为枪法，拳为拳法，刀为刀法，棍为棍法，五花八门，腾挪闪展，徒炫人眼目，愈练愈浅，终无济于时用。若比诸岳武穆形意武术，岂可同年而语哉！学者欲养体育之全，舍是艺其奚以。

全体篇第三章

以武术之功，修养全体五行，第一要务也。按五行在内者，心、肝、脾、肺、肾，发于外为劈、崩、炮、攒、横。

心属火，故炮拳发于心经；肝属木，故发于外为崩拳；脾属土，故发于外为横拳；肺属金，故发于外为劈拳；肾属水，故发于外为攒拳。

以五行生克而论，劈拳似斧，属金；崩拳似箭，属木，金克木，所以劈拳能破崩拳；横拳起落似弹，属土，木克土，所以崩拳能破横拳；攒拳似电，属水，土克水，所以横拳能破攒拳；炮拳似炮，属火，水克火，所以攒拳能破炮拳；火克金，所以炮拳能破崩拳；

金生水，所以劈拳能变攒拳；水生木，所以攒拳能变崩拳；木生火，故崩拳能变炮拳；火生土，故炮拳能变横拳；土生金，故横拳能变劈拳。故术谱赞云："拳法自来本五行，生克里边变化精，学者要知真消息，只在眼前一寸中。"

若论内外相合法，"心动如飞剑，肝动似火焰，肺动成雷声，脾肾胁夹功，五行相合一处，放胆即成功"。由此观之，五行缺一，体难全备矣！

全体篇第四章

五行虽全，八要不知，亦难得谓全体矣！三星不明，必倒五虎群羊阵之弊；三尖不对，必有身体偏斜之弊；三意不连，必定学业尚浅；三前不对，必定心动身不动，手脚均慵。

内不提，神不振也；外不随，梢不齐也；齿不叩，气不均也；舌不顶，力易竭也。学者至此，三星已明，并无五虎群羊阵；三尖必对，以免左偏右斜之患；三意相连，脉络而贯通；三前已对，心一动浑身俱动。内必提，絜纲领矣；外必随，四肢皆震矣；齿即叩，气不涌出矣；舌一顶，面不更色矣。一身前后左右、上下四方、长短广狭，无不备精灵之气。

肆业至此，已得形意武术之标准矣！学者何不急学八要，以操其全体之功哉！

全体篇第五章

一身既明八要，三才亦不可不急讲也。头为天，两脚为地，腹为人，分为三节，内藏八式。

八式为何？头为一式，取乎天一之意；足与膝各为一式，取乎地二之意；腹有五行，取乎金、木、水、火、土，属于五脏心、肝、脾、肺、肾，言人生必需之物。

故天能生物，地能长物，人能成物，故兼三才而两之，易"曰贰者非他，三才之道也"。练艺必明三才，而后一身无不备之术矣！所以术谱有云："上节不明，浑身是空；中节不明，多出七十二把神变；下节不明，多出七十二盘跌。"

三才不明，其害如此之大，故练是艺者，必先识头为一式，脚为一式，膝为一式，两手为一式，两肘为一式，两肩为一式，两胯为一式，臀尾为一式，虽则三才八式，约不脱丹田之能力。丹田涌力，四大皆空，所以视人如蒿草，胆上似雷鸣，不怕身大力猛，遇之即败，一身有恃无恐者，惟伏三之道也！

全体篇第六章

内外隔阂，一体犹有遗憾焉。大凡天下事，合则成，离则败，此古今来不易之常经也。识观天地相合则降雨，日月相合云变色，兄弟相合则家道昌，夫妇相合则万物生，兵将相合则战必胜，五族共合则国必强。凡事如斯，不胜枚举。而练形意武术者，岂可使内外隔膜哉！

然内三合要静，外三合要动。内三合难练，外三合易全，何也？外三合有迹，内三合无形。外三合即是：手与脚合、膝与肘合、肩与胯合。术谱云："上法须要先上身，手脚齐到方为真。"又云："手去脚不去，则罔然；脚去手不去，亦罔然。"言手脚，非相合则不能往有功，此外三合之明证也。

内三合：心与意合、意与气合、气与力合。心与意不合，必至扞格难通；意与气不合，必至手齐脚不齐；气与力不合，必至拳去空回。

所以内三合，心一动，意即随，气要敌，力要催，手去脚去不失规。体育到此，已得六合之真体矣！

全体篇第七章

天下事，有宜缓者，速则不达；天下事，有宜急者，迟则必败。试观《诗·豳风篇》咏农人之诗云："昼尔于茅，宵尔索绹，亟其乘屋，其始播百谷。"作农者如是，练艺者亦然。

我出势迂缓，彼则早为之防，所谓出其不意、攻其不备者，之谓何也？我法一出，令敌人迅雷不及掩耳，不怕敌人身大力猛，动则即败，惟恃"疾"之一字有以当之。术谱云："两手不离身，手脚去，快似风，疾上更加疾，打了还嫌迟。"此正形容"疾"之一字，为练形意武术保命金丹，学者岂可忽诸。

试观手脚法所云："去意好似卷地风。"又云："打破硬进无遮拦。"此于"疾"字加倍形容法，学者既得"疾"字要诀，而全体之备已无余意矣！

全体篇第八章

人有四梢，即牙为骨梢，舌为肉梢，指甲为筋梢，周身毛发为血梢，四梢缺一，体不全焉。

舌宜顶上腭，令浑身肉体均活，别无偏枯之弊，今则肉体俱振矣。

齿宜叩，令周身骨节灵通，而无不精之处，今则骨节灵通矣。

甲宜平，今则手脚如一，而无畸轻畸重之患，所谓筋骨如一矣。

毛发宜振，令浑身血脉均振，贯彻于上下之间。练艺至此，周身几无隙地。正俗语云，所谓"毫发无遗憾，波澜到老成"。《大学》所谓："表里精粗无不到，一身之全体大用，无不明矣！"

自修身至此，内则诚意正心，外则齐家治国，一身之体统均备。学者至此，庶几与形意武术之道，不甚相远矣。

全体篇第九章

四梢虽平，不明虚实之理，体亦难得安全矣！虚实者，真假之谓也。明乎真假之理，进退起落之势，形意武术之功用，已思过半矣！

虚是精也，实是灵也，精灵皆有，方成其为虚实也。即精灵皆有，方成虚实之全体也。

有精无灵，虽艺业精通，遇事拘泥，不知随时变化，亦难百战百胜，体育尚少欠缺焉。

有精有灵，武艺即通，而又随机变化，与人交手，不怕敌人诡计百出，我则因应咸宜，亦不能令敌人讨去半分便宜。所谓有精有灵，即有虚有实，有真有假也。由修身至虚实，练形意武术之功夫，已至九成矣！

以后勤加训练，工夫日加邃蜜，虽不能远迈乎古人，由此循序而进，得阶而升，贤关莫阻。自至域可及入室升堂，岳武穆之功，庶几不坠矣！

全体篇第十章

天命之谓性，穷理尽性以至于命之谓诚。学形意武术者，人道也。故以培养丹田为入手之根基，所以修身篇居首。

修身当何所据？非练形意武术不可，故武术篇次之；武术本于五行，故五行篇又次之；五行必得八要，故八要篇又次之；既明八要，不知三才，尚不为功也，故三才篇又次之；三才既明，内外不合，亦难统一而理，故六合篇又次之；内外既合，用法迂缓，亦难出奇制胜，故疾篇又次之；知用法宜疾，四梢不振，亦罔然也，故四梢篇又次之；四梢既已展开，不明虚实之理，全身无一点灵精之气，修身之道尚未达到目的也。

惟精灵俱备之后，内而丹田，外至四梢，无处微有缺憾焉，谓之全体，宜乎不宜。

阵法篇

阵法篇第一章

古有阵法，今无阵法，何也？世纪不同也。上古车战，中古马战、步战，所用兵械亦异，无非刀斧叉棍枪棒等物，专讲人力，巧则胜，劣则败，故阵法不可不急讲也。

降至近世，由弓马世界递进而至药弹世界，阵法逾归无用矣！两军对垒，亦是优胜劣败，然不论人力拙巧，惟恃机器当先。敌人在数里之外，即用远攻炮以击之；少近又用野战开花机关等炮以射之；又近方用马步枪；再近仍用手枪，交手之伏百次不能遇一，阵法曷能施其伎俩？

然用兵一途，可以百年而不用，不可一日而不备。故设阵法一门，为练形意武术者以备不虞，何也？设一人与二人相遇，彼则各持枪刀，我两手空空，果有陈处女空手入白刃之能，亦可以胜之。假如我仅数十人，彼人多我数倍，此阵法必备所由来也！

阵法篇第二章

阵法之设，宽敞则易，狭窄则难。地方空阔，与敌相遇，各负一岗，用炮远击，炮弹一疏，知敌人前进，我则急布横阵以待之。

横阵之法，如敌由何方来，我则向何方布横队以要之。彼此相隔不可过远，不可太近。过远，散则易，聚则难；太近，碍敌人弹线，必至多伤我兵。

行军以不伤人为主脑，若以人垫道，有背天地好生之德，所以白起之罪，上通于天。布置疏密合宜，各用随身军械挖，影身伏于其中。我能视敌，敌不能视我，我得以用弹向彼勇击。彼若退缩，我仍依布置如法而进，不将敌人逐出战线之外而不止。敌人一出战线，即败北也，我则军乐奏凯歌唱而还营，此即横阵行军必用之要着也。下章言短兵接战之要领！

阵法篇第三章

敌人仍进而不退，相隔数步，声气相闻，此新战法，所谓交手伏也。我军官急喊上枪刺，哨呼一声，伏军麇集，仍向敌人成一横阵，正新战法所论原则之谓也。

何谓原则？即是一（以）横起、以横收之谓也。我兵成横队之后，或以枪刺作长枪用，进步连还，可以远取；或以枪刺作刀剑用，腾挪闪展，可以近攻。所谓成法在心，借形于手。

犹必平凤勤加训练，或五人一排，或十人一排，或数十人一排，步伐整齐，手腕敏捷，用劈、崩、炮、攒、横五行法，或枪或剑，一往直前，或进或退，操纵自如，用法不为法所捆，方能操必胜之券也。

孙武兵书云"养兵千日，用军一时"，是勉励轻于视兵者。平日不振一旅，不演一师，一旦有事，驱羊斗虎，众之死生，国之存亡系焉，所谓三军司令者此也！

阵法篇第四章

横阵施于宽敞。若过隘巷、或山沟、或树木丛杂之处，应用纵阵，前后成行，占长不占宽，厚结兵力。前节向前而击，两腮向斜线而击，两边向左右而击。若与敌身临切近，仍按排前近，纪律不乱，仍用五行劈刺等术。前军稍退，后军继进，使余勇可贾，不令力尽。虽乱不失整，忙则不失之暇，以整以暇，此古今来行军必胜之道也。

惟在平日教练精严，若教练不齐，安得能整。胸无纪律，大敌当前，张皇失措，晋荀林父以丧师辱国号为庸材，安得能暇。

出兵之道等弈棋，多算胜，少算不胜。若凭一勇之夫，算亦胜，不算亦胜，汉留侯何贵乎！运筹帷幄之中，决胜于千里之外哉！惟望职是役者，郑重思之。

阵法篇第五章

今之阵法无多，无非纵横二式。纵利于窄，横利于宽，惟在当局者因时制宜，不可拟于成法。

如我军按地势，宜用横阵，用窥远镜察敌人之布制，于我阵有不利，我不可入其术中，疾变纵阵之势以待。诸葛武侯论兵法云："用兵之道，令其变化不拘，神鬼莫测，令人不可捉摸，此必胜之道也。"若胶柱鼓瑟，不察可否，不论是非，法从心生，从违任惟安，所谓临事而惧，好谋而成。

按练形意武术，阵法一门，俱属无用。惟目下此道盛兴，三年后各营必要添此门功课，故谆谆告诫，不厌其烦，望军籍同胞，亦不可河汉斯言也！

阵法篇第六章

一阵名鱼丽阵式，欲化纵横均侵，阵之始编于东周列国郑之高渠弥。法以五人为伍，每队用五伍二十五人，纵横均成一数。

当战齐之时，原车战之法，若按其排化之，正合宜今之步战之用。步战之法，最利进攻、退守、左顾、右盼。

若用鱼丽阵法，每排五人，纵横一律，若令各边排均各向正面看，几成四方阵，即前清时代费大药、放土枪、佛郎机等枪阵式，谓之方城子是也。

若遇宽阔之地，令后三排分向前二排两头，前后成二排，即成前篇所谓横阵法是也。

若遇狭窄地势，令右三排向左二排后，共成二排，即上篇所谓纵阵是也。变化随心，纵横如意，此阵是也。

阵法篇第七章

横阵可化圆形阵。其式者，敌军少我一倍，我用此等阵以包剿之法。两边哨向前，中间稍退，敌人必结力向前，我两哨递面，敌人如馁首餂，尽在我范围中矣，敌人不几全军尽行覆没。此等变化，均非一定方针，随时变迁者。未出师，先预算某处宜若何布置，某处宜若何布置。及至大敌当前，仓皇失措，安所谓因应咸宜哉！

惟在主司令者，胸有成竹，用无滞机；事变当前，能变事而不为事所变，斯为善于变化者矣！

望后世治兵之家，勤于训练，博读书史，处为纯儒，出方可为名将，岂易易哉！岂易易哉！

阵法篇第八章

纵阵亦可化为古之所名长蛇卷地阵者。我军一直而出，或双行或单行，或数人一行，或数十人一行，惟识地方之容纳，定人数之多寡。敌人左多，我军左卷；敌人右多，我军右卷，亦可灭此而朝食也。

当后汉时，诸葛武侯斗阵辱司马仲达时，即以一字长蛇阵变为长蛇卷地阵，仲达岌岌乎被擒，幸被行军司马郭淮救出。由此观之，阵之一道，贵乎变，如我机险已被敌人识破，我宜急变地方以对待之。若仍滞而不化，其不能害人，反被人所害者，证之于古，历历不爽。

综之，布阵惟在善变。不善变，阵法必不精，偶一为之，亦是行险侥幸之一端，学者戒诸。

阵法篇第九章

阵法一门，宜于古而不宜于今。古之两军相见，以鼓进，以金退，兵刃既接，强存弱亡，以分优劣。所以设备等阵法，用重兵而困上将，此古阵法之设所由来也。

降至今世，惟以枪炮当先。两军相隔数里，互相开炮，兵不见兵，将不对将，纵有公输之巧、孟贲之勇，技无所施，区区阵法，有何益哉！

况形意武术一艺，是体育一科，非行军之一路。姑于篇末，存此数章，以补短兵接战之不足。若使盛行于世，临阵当先，恐贻笑于大方。

若谓录此数章，以供诸生风朝月夕互相比较参观之意，则可；若谓两军对垒冲锋陷阵，则不可也，敢妄谈哉！

阵法篇第十章

以上数章所言，无非纵横二式，并无特别新颖。然由此而千变万化，逾出逾奇，亦取之不尽，用之不竭，亦不可谓于行军之道不无小补云。

惟阵法一事，非记者所长，而变化一端，亦多竭蹶，言之殊多缺略。惟望知兵之士，严行取缔，料短取长，将此门指择明白，令识者一望无余，了如指掌。使学者身未至其地，已识其机，倘一旦身临其事，操纵自如，不至张皇失措，未战先北，贻笑世人也。

若果如此，非特予一人之幸，亦社会之幸也；亦不只社会之幸，亦天下后世用兵之幸也。切盼！切盼！

形象篇

形象篇第一章

龙为水族之长，其为物最灵。《礼记》云"物有四灵，麟、凤、龟、龙"，是为灵物，可知也。生于大海之深处，故世人见之者甚少。其为物至尊，故专制时代拟诸人君之象，五经之中亦数见不鲜，惟《易》为多。如乾卦"见龙在田、飞龙在天、见群龙、云从龙"等，难以枚举。

推其为物，其在水族之中吸力最大，诸物为所辖，故拟诸至尊之象。形意武术，论形象首取诸龙，取其有缩骨之能。即魏武帝青梅煮酒论英雄，以龙为喻云"夫龙能大能小，大则兴云吐雾，小则隐介藏形"，即缩骨之谓也。练艺者得其屈伸之法，已得龙形之梗概矣！

形象篇第二章

虎为兽中之王，哮则生风。《易》云"风从虎"是也。其性最猛烈，故人之好武，则曰虎将，有威可畏。《诗》云："有力如虎，矫矫虎臣。"其为多力之兽，可知也。

形意武术贵其象者，取其有善扑之勇。施耐庵云"虎有三扑两剪之能"，即此意也。所以姬公术谱咏两肘云："肘要打去占胸膛，起手似虎扑羊。"虎之能力，在乎此也。至"熊出洞、虎离窝"，已将虎之形象描写殆尽。

惟学者勤打虎扑之式，两肩用力，两肘随身，两胯裹，学扑羊之式，自得虎形之梗概矣！

形象篇第三章

猴为兽中最灵之物，其种类甚繁，难以枚举。因其生产之地殊，故其名亦因之而异，猴其种类之总名也。

是物生性最灵，以其得天地之精华独厚，故其形似人，亦善学人操作。惟好动不好静，故安逸时少，跳跃时多，世人多说心猿，此之谓也。

身体貌小，矫捷异常，上树纵山，如履平地，他物罕能及之。形意武术取是象者，以其善纵也。

细察猴之为物，其筋最长，故其身体柔软，纵之最远，蹿跳所以灵便也。学是象者，先由达摩老祖《易筋经》入手，以长其筋力，日就月将，得筋之能力，使身体灵活，方得猴形之真髓矣！

形象篇第四章

马为良兽，北产者尤嘉，古人专讲大宛良马，此明证也。生性调良，善解人意，俗传马能救主，事不敢保其必无，可信其理之所有。试观其子不欺母一节，其品格自不与群兽为伍。

性善跑，草地产尤佳，蒙人之养马与南人种地一彻，故人人善骑。形意武术之内，有马之一象，取其意，谱云"马有迹蹄之功"，是取跳踏之能远。试观快马之行程，至其极快之时，后蹄之印地能过前蹄一丈之外，武术取其能力在此。

言练艺者，远者用脚，近者用手，前脚用提，后脚用催，身体一存，即跳数步之外。操练久之，愈跳愈远。客岁英国赛会，一华人跳英尺十九尺四寸，而夺头筹，所跳之远，无出其右者，亦可见所练马步之精也。

形象篇第五章

鼍之一物，五经不见其字，《尔雅》未详其形，惟《论语·祝鼍》："宋宗庙祭祀，祝官名也。"然六经不见，实难察考。又有言系水獭之别名，又有水浮之四足虫之谓，攘攘纷纷，无可究竟。

然据术谱所云："鼍有捍水之精。"即此理推之，是物必生之于水，断断然者，能浮于水面，可与水为浮沉，不怕千丈之浪，万顷波涛，履之亦如平地也。形意武术取其意，在乎此也。

细考武术鼍形练法，两手穿插护头而挑，来往有似抽丝之状。扬左手，左脚随之；扬右手，右脚亦然，此即鼍形也。姑存其形，以似博物君子可也。

形象篇第六章

鸡，鸟属，声能司晨，种类甚繁，小难考究。北方惟有家鸡、野鸡之分。

今以家鸡言之，雄者善斗。昔仲子路初见孔圣人，雄冠剑佩，仲由好勇，取善斗之意也。

如两国相争，以决雌雄，勇将谓之英雄，宝剑亦分雌雄。鸡，能斗之意也，形意武术之中有鸡形。谱云："取其有欺斗之勇。"观鸡之体态，抬腿、竦身、拔胸、伸项，两鸡相斗，头破血出，不少退步，诚善斗者也。

练形意武术者，欲学鸡形，细揣其抬腿竦身，鸡与鸡相斗之状态，庶几得鸡形之要领矣！

形象篇第七章

燕，识时之小鸟也。秋南春北，寒暑得宜，种类亦不甚繁。然生育极广，巢居于高楼大厦檐下房间。其颔黑毛，白肚，两剪黄色，鸣声嘎嘎者，谓之巧燕。性最洁，有粪衔出，不置窝内，生雏亦然，人多爱之护之。

又一种，颔下紫点，两剪白色，语言呢喃之声，谓之拙燕。性与巧者相反，人多恶之，此二者通谓之小燕。

又有一种，成群大伙，居城楼宫殿之上，声鸣似鼠，谓之麻燕。

形意武术十二形象所言"燕有抄水之精"，盖指小燕而言也，明矣！每春夏之间，江河水面有小燕来往，以身浮水，似沾不沾，似游戏之意，形意家取是象者。

如面向转身不易，敌人斜向而来，只得用燕子抄水之法。左手勾开敌手右手，翻身向彼下三路还手，即抓裆之一势也。学者其知之否。

形象篇第八章

鹞者，小鹰也，生性最恶，自残其羽族。然种类甚繁，惟有是癖者，能辨别之。

鹞者，是物之总名也。孟子云：为丛驱爵者，鹞也。《诗·小雅》取于：毁室名鸱鸮，亦是物也。

唐太宗酷好是鸟，常手持之而弄之，见魏征来匿于怀中，征去鹞亦瘪焉。战国时，魏信陵君公子无忌最恶是鸟，常捕数头而杀之。后世好是鸟者，不一而足，至前清时尤甚。

形意武术载是鸟形，取其有入林之巧。试观他鸟入林，皆直出直入，此独特别闪翅而入，与他鸟不同。

练艺者，取其侧身闪展之象，不怕敌人封固甚严，我用鹞形亦可斜身而入，惟在学善于因应者尔。

形象篇第九章

蛇，虫名，即世俗所谓长虫是也。是物形象最蠢，人见而多畏之。究其实，亦未常害人，其形象使然也。其色分五彩，青、黄、赤、白、黑等样，因地之所生不一，故其色亦异。

南方所产，极大者谓之"蟒"，北方无之。今所言蛇，指北方所产之小蛇也。性畏鹤，善盘，见鹤即痴，亦如鼠之惧猫也。是物无他长，惟遵隙即入，形意武术，取其意者在乎此。

术谱云："蛇有拨草之精。"学是形者，长于躲闪，善于进法，练之即精，不怕铜墙铁壁，亦可遵隙而出也。

譬之在狭隘之地，敌人将我堵住，傍（旁）处无可容身，我则用蛇行拨草之功，亦可侧身而出，不能令人挤杀是地，非长于蛇形，何得及此。

形象篇第十章

鸰，俗名突鹘，鹰也。按鹰之名不一，端有所谓黄鹰者，有所谓大鹰者。古诗云："草枯鹰眼疾。"又云："苍鹰欲下先偷眼。"又云："鹰隼出风尘。"皆言黄鹰也。由是观之，鸰者，亦鹰之别种也。

又有言，鸰者，鹰爪中之掌职。鹰讲鸰大鸰小，鸰大者力大，能拿物；鸰小者力薄，不能拿物。此又一说也。

按术谱所载"鸰有竖尾之能"，即术谱所云："臀尾为一拳。"则其有掀动力，可知也。

按形意拳练法，鸰形系属顾法，如人用双手向我头而击，我两手用力将彼手分开，然后用双拳齐向彼腹还击，此即鸰形。细参考，是物掌力最大可知，鸰者，见物两翅用搧动力，然用两掌掐之，此明证也。

综而言，十形之中均是顾法极多，望学者细心领会可也。

勇敢篇

勇敢篇第一章

勇自心生，非由外至。孔子云："见义不为，无勇也。"又云："仁者必有勇。"由是观之，人人有勇，无以鼓励之，则勇无所感发而兴起焉。

若练形意武术之后，则不然，外慕岳武穆之忠心耿耿，内秉于艺业精通，一旦有事，忠义愤发之心浡然而不可遏，有不杀敌致果，効命于疆场者乎！日本三岛小国，一战而胜英吉利，再战而胜满清，三战而胜强俄，从此胜强加诸环球之上，谓非勇敢之心使然欤！

况我华国地大物博，在环球称为巨擘，人民四万万五千万，除一半女子之外，下余二万万二千五百万。使人人无论仕、农、工、贾、军、警、学，皆练形意武术，再加实业盛兴、财政充足，一跃可加各国之上，诸同仁不禁拭目俟之。

勇敢篇第二章

仕者，万民之表率也，居其位者，当如何洁己奉公，以尽公仆之责任。

乃观今之仕者，坐拥厚赀，盈千累万，公退之暇，声色货利，是娱美女艳妓为乐，妻妾满前，不啻古之肉屏风。内则自损天年，外则遗悞要政，于世有何益哉！

何如于公事之暇，勤习形意武术，内则保养丹田，外则坚其筋骨。一旦有变，贾其余勇，率其素练民夫，背城一战，不至临阵潜逃，可以保守境界，所谓上马能擒贼，下马作露布是也。正可拟入则周公召公，出则方叔召虎，谁谓武能兼文，文人不武哉！仕者其勉诸。

勇敢篇第三章

古者，井田之法与人民计口授田，计田出兵，兵即是民，民即是兵，民无筹饷之劳，兵无扰民之累，法至善也，意良美也。

自井田之法废，其害曷可胜言，兵祇（只）知持枪以卫社稷，民祇（只）知执耒耜以耘田。一旦有警，父不能顾子，兄不能护弟，抛田园、弃房产、舍妻子而奔逃，家财任贼蹂躏，渗目伤心，有如是也。

何不于春耕夏耘秋收之余，选各村精壮民夫，学习形意武术，择各村殷实之家、督率之官，发给枪械，编成号码，交村正收存。倘有不虞，各村互相联络，守望相助，亦可以补兵力之不足，此即乡团之意也。

满清道咸年间，各省倡乱，其得力于乡勇居多。年代不远，曷不尤而效之，惟望各省方面大员之提倡耳。

勇敢篇第四章

工者，执一艺以成者也。居肆成事，他无所长，即京师内外、大小商埠、各工场皆是也。然于课工之暇，亦有游戏一门，以舒其筋骨。然不过踢球、打蛋、跳高、吉浪木、打秋千之类是也。此真以有用之精神，置之无用之地。倘国家多事，亦只人云亦云，弃工逃走，徒增浩叹而已，有何益国家哉！

若能于日省月试之余，早学形意武术，外则身体精壮，内则有勇知方，有拳则勇，有勇则敢战。

若编成队伍，使其平夙之信任者统领之，勉以有国则有家，有家方能有身，大义以励之，未可不背城一战，以补兵力之单薄，惟在监督之平昔指示耳！

勇敢篇第五章

商者，逐什一之利，以有易无，补各处生产之不足也，生命财产均在是焉。每见各富商大贾，于无事之时，亦花天酒地，局楼妓馆等处买笑追欢，惟日不足。倘有不虞，亦惟窃负而逃，弃财而不顾，诚为可惜。

何不于持筹握管之余，择年力精壮者，每铺各出一人，学习形意武术，一人传十，十人传百，编成队伍，禀明官家，自制枪械，勤加操练，有备所以无患。一旦国家多事，亦可假此以助军威，未始非强国之一端。

试观英美各强国，均以兵佐商，我华国何不仿而行之？虽目下各商埠均有商团雇人荷枪保卫，然徒有虚名，毫无实迹，果能有恃而无恐耶！望绅商富贾郑重思之。

勇敢篇第六章

军者，卫民者也，非扰民者也。所以军出力以保民，民筹饷以养军，军民本相需为用者也。

每见今之军人，有事开差，到处扰害闾阎，稍有不遂，鞭挞随之，黎民畏之如虎。乡俗语云："人不当兵，铁不打钉。"我华国军籍之名誉扫地矣！若过战事，哗溃潜逃者，亦数见不鲜，所谓勇于私斗，怯于公战者，非虚语也。

望统兵大员，于朝夕两操之余，令人人学习形意武术，外养其精力，内保其天真，免以亲上死长之方，使知有国家思想，临阵自不至畏葸不前，其不出死力以卫国者，几希矣！

惟望知兵大员，率而行之，前途庶几有赖矣！

勇敢篇第七章

巡警之设，所以卫商保民，每月捐款，亦属不赀，应是役者，当如何激发天良，各尽职任。

警界资格以津郡为上，奉天次之，京都又次之。终日除查街、站岗或与拉人力车为难之外，他无所长。何不于勤务之暇，令其练习形意武术，内可保身，外可卫商，善莫善于此也。

心有主则不惧，不惧则有勇，倘有警变，何至弃械潜逃，知有私而不知公也。试观客岁京都兵变，各警界为之一空，有阻挡变兵不使之抢夺者乎？有与变兵为难者乎？有临变不惧者乎？

风流云散，几与无警者等，可惜商民每月之血汗，养此无用之警兵，良可慨也！切盼内外厅丞，稍事变通，无负巡警名目可也。

勇敢篇第八章

学界为各界萌芽之始，国家之兴亡系焉。各强国每岁察学堂之多寡，知国家之盛衰。自中华反正以来，京师以及各商埠、省会，学堂林立，较之满清时代学界大有进步。然守旧不知维新，每多无益之举。

即如体操一门，仍与工界相等，不知变通，实为可惜。际此国家多事之秋，正宜及时兴起学习形意武术，以为强国之基础，从此人人身体可健，团体可结，不致流于散沙一脉，谁谓华国不可转弱为强？

在学界倡始之一端，惟望学界督办诸公，鼓舞人材，去无益，添有益，使诸生知以国家为前提，勉为其难，不负天下人之仰望可也！

勇敢篇第九章

外人每笑华人勇于私斗，而怯于公战，是我华人漠视乎国家，重视乎己身，而不知国家非一人之国家也。自民军义旗一举，天下响应，破除满清专制之天下，一跃而为五族共和之天下，汉、满、蒙、藏、回，无论何等样人，皆有担负国家责任。种族强，国亦随之而强；种族弱，国亦随之而弱。人人有偌大之关系，曷不急学形意武术，以徒远大之谋哉！

若果仕、农、工、商、军、警、学各界，无分畛域，人人习练此艺，联为一脉，以此作为五族共和吸力，共结为团体，未始非强国保种之一大关键，从此可与各强国永结盟好，环球人何敢再藐视华国哉！

勇敢篇第十章

目下二十世纪，列国竞争时代，强存弱亡，毫厘不爽，高丽、琉球、缅甸、交趾、印度各小国，所以不能自保也。我华国地大物博，人民号称四万万五千万，地之广，人之多，环球莫与比隆也；因何与外人交涉，着着失败，步步失机？人民团体不坚之故也。

若果官视民如手足，推心至诚；民视官如腹心，遇事勇敢向前，不至坐观成败，上下一心，华国尚不危弱至此。

惟望在上诸公，急提倡形意武术一门，使假此固结五族，团体痛痒相关，我华强盛指日而待。虽欠各国区区外债，偿还亦何难之有？从此我华国万岁，五族共和万岁，岳武穆所遗形意武术万岁。此作形意武术教科书之初衷也，亦诸同仁倡办武士会之本意也，是盼！

第20部分　孙禄堂先生形意拳论

孙禄堂（1860—1933），名福全，字禄堂，晚号涵斋。河北望都县东任疃村人。清末民初蜚声海内外的著名武学大家。

自幼聪颖勤奋，喜读书，过目成诵，通经史、天文、数学，善书法，尤嗜武学。13岁时孙禄堂拜河北省名拳师李魁元为师，学习形意拳，同时文武兼学。两年后，由于其悟性超凡，武艺亦出类拔萃，李魁元便把他推荐到自己的师父郭云深处继续深造拳艺，得郭亲眛有加，所以尽得其真传。然而孙禄堂先生并不满足所学，继续寻师学艺，后又拜八卦掌一代宗师董海川之得意弟子程廷华先生学艺。由于孙禄堂本来功底深厚，又得程师竭力指教，苦练年余，即尽得八卦掌的精髓。

1912年，孙禄堂在北京偶遇武式太极名家郝为真先生，仰慕其技，遂拜郝为真为师，学习武式太极拳。郝亦喜其诚笃，于是将太极拳之精微奥妙悉数传于孙禄堂。此时孙禄堂集三大内家拳之真传，武功卓绝，功臻化境，德高望重，誉满京城。

孙禄堂先生经几十年专心潜学，苦练磋磨，融会贯通，冶太极、形意、八卦于一炉，革故鼎新，创立了风格独特的孙式太极拳，卓然自成一家。并先后著有《太极拳学》《形意拳学》《八卦掌学》《拳意述真》《八卦剑》等经典著作，风行于世，对中华武术的传承和接续，贡献卓越。

孙禄堂先生曾任南京国术馆武当门门长、江苏省国术馆馆长，亦曾设教于定兴、北京、天津、上海等地，可谓是桃李遍天下，驰名国内外。

孙禄堂先生虽精于技击，功臻化境，但与人较技，恒以道义为先，武德高尚，服人以德而不恃力。终其一生罕遇敌手，与人较技亦未尝有败，在世名家皆深为叹服。

曾信手击昏挑战的俄国著名格斗家彼得洛夫。年愈花甲时，力挫日本天皇钦命大武士板垣一雄。古稀之年，又一举击败日本五名技击高手的联合挑战。故在当时武林中享有"虎头少保，天下第一手"之誉，堪称一代武学宗师。

孙禄堂先生忧国忧民，急公好义。某年适逢完县大旱灾年，先生散钱与村民助其渡过难关而不取其利息，受其益者，莫不感其大德。其家乡之村上有夫出门打工而久出不归，音信皆无，家贫而不能守，其妻欲改嫁。孙先生假托其夫书，仗义疏金，不久其夫果归故里，得免夫妻之仳离，其乐善好施之慈心由此可见一斑。

孙禄堂先生毕生献身于中华武术事业，虚心研究，至老不倦。彻悟生命之真谛，临终前嘱咐家人切勿哀哭，曰："吾视生死犹游戏耳。"言毕无疾安坐而逝。

孙禄堂先生次子存周、女剑云及弟子等得其神髓，可继家传。

孙禄堂先生所传弟子多为当时国术界之名流，如金一明、曹晏海、陈微明、朱国福、顾汝章、靳云亭、裘德元、齐公博、马承智、胡凤山、李润如、童文华等，皆为其门人弟子也，由此可见其教学有方，无愧于大师之盛誉。

形意混沌辟开天地五行学

总纲　形意无极学

无极者，当人未练之先，无思无意，无形无象，无我无他，胸中混混沌沌，一气浑沦，无所向意者也。世人不知有逆运之理，但斤斤于天地自然顺行之道，气拘物蔽，昏昧不明，以致体质虚弱，阳极必阴，阴极必死。于此摄生之术，概乎未有谙也。

惟圣人独能参透逆运之术，揽阴阳、夺造化、转乾坤、扭气机，于后天中返先天，复出归元，保合太和，总不外乎后天五行拳、八卦拳之理，一气伸缩之道。所谓无极而能生一气者是也。

第一节　形意虚无含一气学

虚无者，○是也；含一气者，⊙是也。虚无生一气者，是逆运先天真一之气也。但此气不是死的，便是活的，其中有一点生机藏焉。此机名曰先天真一之气，为人性命之根、造化之源、生死之本、形意拳之基础也。

将动而未动之时，内心空空洞洞，一气浑然，形迹未露，其理已具，故其形象太极一气也。

第二节　形意太极学

太极者，属土也，在人五脏属脾，在形意拳中之横拳，内包四德（四德者，即劈、崩、攒、炮之拳名也）。

形者，形象也；意者，心意也。人为万物之灵，能感通诸事之应，是以心在内，而理周乎物；物在外，而理具于心。意者，心之所发也。是故心意诚于中，而万物形于外，内外总是一气之流行也。

第三节　形意两仪学

两仪者，拳中动静、起落、伸缩、往来之理也。吾人具有四体百骸，伸之而为阳，缩之而为阴也。

两手相抱，头往上顶，开步先进左腿；两手徐徐分开，左手往前推，右手往后拉，两手如同撕棉之意。左手直出，高不过口，伸到极处为度；大指要与心口平，胳膊似直非直，似曲非曲，惟手腕至肘，总要四平为度。右手拉到心口为止，大指根里陷坑，紧靠心口。左足与左手齐起齐落，后足仍不动，左右手五指俱张开，不可并拢，左手大指要横平，食指往前伸；左右手大二指虎口，皆半圆形，两眼看左手大指根、食指梢。

两肩松开，均齐抽劲，两胯里根亦均齐抽劲，是肩与胯合也。

两肘往下垂劲，不可显露；后肘里曲，不可有死弯，要圆满如半月形。两膝往里扣劲，不可显露扣，是肘与膝合也。

两足后根均向外扭劲，不可显露扭，是手与足合。此之谓外三合也。

肩要催肘，肘要催手；腰要催胯，胯要催膝，膝要催足。身子仍直立，不可左右歪斜。心气稳定，看阳而有阴，看阴而有阳，阴阳相合，上下相连，内外如一，此之谓六合也。

虽云六合，实则内外相合；虽云内外相合，实则阴阳相合也。阴阳相合，三体因此而生也。

第四节　形意三体学

三体者，天、地、人三才之象也。在拳中为头、手、足。三体又各分为三节：腰为根节（在外为腰，在内为丹田）是也；脊背为中节（在外为脊背，在内为心）是也；头为梢节（在外为头，在内为泥丸）是也。肩为根节，肘为中节，手为梢节；胯为根节，膝为中节，足为梢节。三节之中，各有三节也，此理乃合于洛书之九数。丹书云"道自虚无生一气，便从一气产阴阳，阴阳再合成三体，三体重生万物张"，此之谓也。

所谓虚无一气者，乃天地之根，阴阳之宗，万物之祖，即金丹是也，亦即形意拳中之内劲也。世人不知形意拳中之内劲为何物，皆于一身有形有象处猜量，或以为心中努力，或以为腹内运气，如此等类，不胜枚举，皆是抛砖弄瓦，以假混真。故练拳者如牛毛，成道者如麟角，学者不可不深察也。

以后演习操练，万法皆出于三体式。此式乃入道之门，形意拳中之总机关也。

第五节　形意演习之要义

形意拳演习之要：一要塌腰，二要缩肩，三要扣胸，四要顶，五要提，六横顺要知清，七起躜落翻要分明。

塌腰者，尾闾上提，阳气上升，督脉之理也。缩肩者，两肩向回抽劲也。扣胸者，开胸顺气，阴气下降，任脉之理也。顶者，头顶、舌顶、手顶是也。提者，谷道内提也。横者，起也；顺者，落也。起者，躜也；落者，翻也。

起为躜，落为翻；起为横，落为顺。起为横之始，躜为横之终；落为顺之始，翻为顺之终。头顶而躜，头缩而翻；手起而躜，手落而翻。足起而躜，足落而翻；腰起而躜，腰落而翻。

起横不见横，落顺不见顺。起是去，落是打；起亦打，落亦打。打起落，如水之翻浪，是起落也。无论如何起、落、躜、翻、往、来，总要肘不离胁、手不离心，此谓形意拳之要义是也。知此，则形意拳之要道得矣。

第一章　形意劈拳学（劈拳）

劈拳者（属金），气是一之起落也，前四节三体重生万物张，三体总是阴阳相合；阴阳相合，总是上下内外合为一气。故其形象太极，是三体合一，是气之静也。

气以动而生物，其名为横。横属土，土生万物，故内包四德。按其五形循环之数，是土生金也。故先练习劈拳。

劈拳者，是气之起落，上下运用之，有劈物之意，故于五行之理属金。其形像斧，在腹内则属肺，在拳中即为劈。

其劲顺则肺气和，其劲谬则肺气乖。夫人以气为主，气和则体壮，气乖则体弱，体弱即必病生，而拳亦必不通矣。故学者不可不先务也。

第二章　形意崩拳学（攒拳）

崩拳者（属木），一气之伸缩，两手往来之理也，式如连珠箭。在腹内则属肝，在拳中即为崩。

所谓崩拳，似箭，属木者是也。其拳顺则肝气舒，其拳谬则肝气伤，肝气伤则脾胃不和矣。其气不舒，则横拳亦必失和矣。

此拳善能平气舒肝，长精神，强筋骨，壮脑力，故学者当细研究也。

第三章　形意躜拳学（躜拳）

躜拳者（属水），是一气之曲曲流形，无微不至也。躜上如水在地中忽然突出，亦如泉水之上翻似闪。在腹内则属肾，在拳中即为躜。所谓躜拳似闪，属水者是也。

其气和则肾足，其气乖则肾虚，清气不能上升，浊气不能下降矣。其拳不顺，真劲不能长，拙劲亦不能化矣。学者当知之。

第四章　形意炮拳学（炮拳）

炮拳者（属火），是一气之开合，如炸炮忽然炸裂，其弹突出，其性最烈，其形最猛。

在腹内则属心，在拳中而为炮。所谓炮拳似炮，属火者是也。

其气和则心中虚灵，其气乖则心中朦昧，其人必愚矣。其拳和则身体舒畅，其拳谬则四体失和矣。学者务深究此拳也。

第五章　形意横拳学（横拳）

横拳者（属土），是一气之团聚也。在腹内则属脾，在拳中而为横。其形圆，其性实。

其气顺，则脾胃和缓；其气乖，则脾虚胃弱，而五脏必失和矣。

其拳顺，则内五行和而百物生；其拳谬，则内气必努力矣，内气努则失中，失中则四体百骸无所措施，诸式亦无形矣。

其气要圆，其劲要和。万物土中生，所谓横拳似弹，属土者是也。先哲云："在理则为信，在人则为脾，在拳则属横。"

人而无信，百事不成；人伤其脾，则五脏失调；横拳不和，百式无形。此言形名虽殊，其理则一也。横拳者，乃形意之要着也，学者不可不慎详之。

第六章　五拳合一进退连环学（连环拳）

连环者，是五行合一之式也。五行分演，而为五行拳（五纲之谓也）。合演而为七曜连珠（连环之谓也），分合总是起蹬落翻、阴阳动静之作为。勿论如何起蹬落翻，总是一气之流行也。起落蹬翻，亦是一气流行之节也。中庸曰："喜怒哀乐之未发谓之中，发而皆中节谓之和。"拳技亦云："起蹬落翻之未发谓之中，发而皆中节谓之和。"中也者，形意拳之大本也；和也者，形意拳之达道也。五行合一，致其中和，则天地位，万物育矣。若知五行归一和顺，则天地之事，无不可推矣。

天为大天，人为一小天。天地阴阳相合能下雨，拳脚阴阳相合能成其一体，皆为阴阳之气也。内五行要动，外五行要随，静为本体，动为作用。若言其静，未漏其机；若言其动，未见其迹。动静正发而未发之间，谓之动静之机也。先哲云："知机者，其神乎。"故学者当深研究此三体相连、二五合一之机也。

第七章　五拳生克五行炮学（五行生克拳）

前七曜连珠者，是五纲合一演习而成连环，是阴阳五行演成合一之体也。此谓五行生克变化分布之用也，又谓之五行炮拳。

前者五行单习，是谓格物修身。而后五行拳合一演习，是谓连环，为齐家，有克明德之理。此谓齐家，是五行拳各得其当然理之所用，而又谓明德之至善也。先哲云：为金形，止于劈；为木形，止于崩；为水形，止于蹬；为火形，止于炮；为土形，止于横。五行各用其所当，于是乃有明德之至善之谓也，故名五行拳生克变化之道也。

形意天地化生十二形学

天以阴阳五行，化生万物气以成形，而理即敷焉。乾道成男，坤道成女，而人道生焉。天为大天，人为小天，拳脚阴阳相合，五行和化，而形意拳出焉。

气无二气，理无二理。然物得气之偏，故其理亦偏；人得气之全，故其理亦全。物得其偏，然皆能率夫天之所赋之性，而能一生随时起止，止于完成之地。至于人，则全受天地之气，全得天地之理，今守一理，而不能格致万物之理，以自全其性命，岂非人之罪哉。况物能跳舞，效法于人，人为万物之灵，反不能格致万物之理以全其生，是则人而不如物矣，岂不愧哉。

今人若能于十二形拳中潜心玩索，以思其理，身体力行，知行合一，不惟能进于德，且身体之生发，亦可以日强矣。学者胡不于十二形拳中，勉力而行之哉。

十二形者，是天地所生之物也。为龙、虎、猴、马、鼍、鸡、鹞、燕、蛇、骀、鹰、熊是也。诸物皆受天地之气而成形，俱有天理存焉。此十二形者，可以概括万形之理矣！

故十二形为形意拳之目，又为万形之纲也。所以习十二形拳者，可以求全天地万物之理也。

第一章 龙形学

龙形者，有降龙之式，有伏龙登天之形，而又有搜骨之法。

龙者，真阴物也（龙本属阳，在拳则属阴），在腹内而谓心火下降。丹书云"龙向火中出"是也。又为云，云从龙，在拳中则谓龙形。此形式之劲，起于承浆之穴（即唇下陷坑处，又名任脉起处），与虎形之气轮回相接，二形一前一后、一升一降是也。

其拳顺，则心火下降；其拳谬，则身必被阴火焚烧矣，身体必无活泼之理，而心窍亦必不开矣。故学者深心格致，久则身体活泼之理自然明矣。

第二章 虎形学

虎形者，有伏虎离穴之式，而又有扑食之勇也。在腹内为肾水，清气上升，丹书云"虎向水中升"是也。又为风，风从虎，在拳中而为虎扑，臀尾（名督脉，又名长强）起落不见形，猛虎坐卧出洞中是也。

其拳顺，则清气上升，而脑筋足矣；其拳逆，则浊气不降，而诸脉亦不贯通矣。

医书云："督脉为百脉之原。"督脉一通，诸脉皆通，即此意也。学者务格其虎形之至理，而得之于身心，以通诸窍。

第三章　猴形学

猴形者，物之最精最巧者也。有缩力之法，又有纵山之灵。在腹内则为心源，在拳中谓之猴形。

其拳顺，则心神定静，而形色亦能纯正；其拳谬，则心神摇乱，而形色亦即不和，手足亦必失宜矣。孟子云"根心、生色、现于面，盎于背，施于四体"，亦此气之谓也。

此形之技能，人固有所不能及，然格致此技之理，而身体力行之，不惟能收其放心，且能轻便身躯也。学者于此形，切不可忽焉。

第四章　马形学

马形者，兽之最义者也。有疾蹄之功，又有垂缰之义。在腹内则为意，出于心源，在拳中而为马形。

其拳顺，则意定理虚；其拳谬，则意妄气努，而手足亦不灵矣。先哲云："意诚而后心正。"心正则理直，理直则拳中之劲亦必无妄发矣。学者于此马形，尤须加意。

第五章　鼍形学

鼍形者，水族中身体最伶者也。此形有浮水之能。在腹内则为肾，而能消散心火，又能化积聚，消饮食。在拳中则为鼍形，其形能活泼周身之筋络，又能化身体之拙气、拙力。

其拳顺，则筋骨弱者，能转而为强，柔者，能转而为刚。筋缩者，易之以长；筋弛者，易之以和。则谓顺天者存也。

其拳谬，则手足肩胯之劲必拘束矣。拘束，则身体亦必不轻灵、不活泼矣。不活泼，即欲如鼍之能与水相合一气而浮于水面，难矣。

第六章　鸡形学

鸡形者，鸡于世最有益者也，能以司晨报晓，又有单腿独立之能；抖翎之威，争斗之勇。则鸡形拳中之功大，可谓甚大。

在腹内而为阴气初动，又为巽卦。在天为风，在人为气，在拳中谓之鸡形。又能起足根之劲上升，又能收头顶之气下降，又能散其真气于四体之中。

其拳顺，则上无脑筋不足之患，下无腿足疼痛之忧；其拳谬，则脑筋不足，耳目不灵，手足亦麻木不仁矣。学者于此鸡形中，最当注意。

第七章　鹞形学

鹞形者，有束翅之法，又有入林之能，又有翻身之巧。在腹内能收心藏气，在拳中即能束身缩体。

其拳顺，则能收其先天之气，入于丹田之中，又能束身而起，藏身而落。先哲云"如鸟之束翅频频而飞"，亦此意也。

其拳逆，则心努气乖，而身亦被捆拘矣。学者若于此形，勉力为之，则身能如鸟之束翅，行之如流水一律荡平矣。

第八章　燕形学

燕形者，燕之最灵巧者也，有取水之精。在腹内即能採取肾水上升，与心火相交。易云："水火既济。"儒云："复其真元。"在拳中既能活动腰气，又有跃身之灵。

其拳顺，则心窍开，精神足，而脑筋亦因之而强；其拳谬，则腰发滞，身体重，而气亦随之不通矣。学者于此，尤当加谨焉。

第九章　蛇形学

蛇形者，乃天地所赋之性，身体最玲珑、最活泼者也。身形有拨草之能，二蛇相斗，能泄露天之灵机，能曲能伸，能绕能蟠。

在腹内即为肾中之阳，在易即为坎中之一也，在拳中谓之蛇形。能活动腰中之力，乃大易阴阳相摩之意也。

又如易经方圆之中，震巽相接，十字当中求生活之谓也。

其拳顺，则内中真阳透于外，如同九重天，玲珑相透，无有遮蔽，人之精神，如日月之光明矣。

其拳谬，则阴气所拘，拙劲所捆，身体不能活泼，心窍亦不能通徹矣。

学者于蛇形中，勉力而行，久之自能有得，如蛇之精神，灵巧奥妙，言之不尽。

第十章　䮭形学

䮭形者，其性最直，无他谬巧。此形有竖尾之能，上起可以超升，下落两掌捣物如射包头之力。在腹内能辅佐肝肺之功，又能舒肝固气。在拳中谓之䮭形，能以活肩，又能活足。

其拳顺，则肝舒气固，人心虚灵，人心虚灵而人心化矣。又能实其腹，实其腹而道心生。

其拳谬，则两肩发拘不活，胸中不开，而气亦必不通矣。

学者于此形，勉力而行，可以虚心实心，而真道乃得矣。

第十一章　鹰形学

鹰形者，其性最狠最烈者也。有攫获之精，又目能视微物。其形外阳而内阴，在腹内能起肾中之阳气升于脑，即丹书"穿夹脊，透三关，而生于泥丸"之谓也。在拳中谓之鹰形。

其拳顺，则真精补还于脑，而眼精光明矣；其拳谬，则真劲不能贯通于四指，阳火上升，而头眩晕，眼亦必发赤矣。

学者练此形，便能复纯阳之气，其益实非浅鲜。

第十二章　熊形学

熊形者，其性最迟钝，其形最威严，有竖项之力。其物外阴而内阳，在腹内能接阴气下降还于丹田。在拳中即为熊形。能直颈项之力，又能复纯阴之气，能与鹰形之气相接，上升之而为阳，下降之为阴也。

二形相合演之，谓之鹰熊斗志，亦谓之阴阳相摩。虽然阴阳升降，其实亦不过一气之伸缩也。

学者须知前式龙虎单习，谓之开；此二形并练，谓之合。知此十二形开合之道，可与入德也。

第十三章　十二形全体合一学（即杂式捶）

杂式捶者，又名统一拳，是合五纲十二目统一全体也。在腹内能使全体无亏，《大学》云：克明峻德也（注：此譬言似属离奇，然实地练习则知）。在拳中则四体百骸内外之劲如一，纯粹不杂。

其拳顺，则内中之气，独能伸缩往来，循环不穷，充周九间也。《中庸》曰：鬼神之为德，其盛矣乎（注：喻变化无方）。其劲不见不闻，洁内华外，洋洋流动，上下四方，无所不有。至此，拳中之内劲，诚中形外而不可掩矣。

学者于此用心习练，可以至无声无臭之极端矣。先贤云，拳中若练到此时，是"拳无拳，意无意，无意之中，是真意"，此之谓也。

第十四章　十二形全体大用学（安身炮拳）

安身炮者，譬如天地之化育，万物各得其所也。在腹内气之体言之，其大无外，其小无内；在外之用言之，可以不见而章，不动而变，无为而成。夫人诚有是气，至圣之德，至诚之道，亦可以知，亦可以为矣。

在拳中即为大德、小德。大德者，内外合一之劲，其出无穷；小德者，如拳中之变化，生生不已也。譬如溥博源泉而时出之，如此形意拳之道，拳无拳，意无意，无意之中是真意，至矣！

学者知此，则形意拳中之内劲，即天地之理也，又人之性也，亦道家之金丹也。劲也，理也，性也，金丹也，形名虽异，其理则一。其劲能与诸家道理合一，亦可以同登圣域，能与天地合其德，与日月合其明，与四时合其序，与鬼神合其吉凶，学者不勉力而行之哉！

形意拳谱摘要

拳经云：形意拳之道有"七拳""八字""二总""三毒""五恶""六猛""六方""八要""十目""十三格""十四打法""十六处练法""九十一拳""一百零三枪"之论。恐后学者未见过拳经，不知有此，故述之以明其意。

七拳：头、肩、肘、手、胯、膝、足。共七拳也。

八字：斩（劈拳也）、截（攒拳也）、裹（横拳也）、跨（崩拳也）、挑（践拳也，即燕形也）、顶（蛇拳也）、云（鼍形也）、领（蛇形也）。

二总：三拳、三棍为二总（三拳是天、地、人，生法无穷。三棍是天、地、人，生生不已）。

三毒：三拳、三棍精熟，悉为三毒。

五恶：得其五精，即为五恶。

六猛：六合练成，即为六猛。

六方：内外合一家，为六方。

八要：心定神宁，神宁心安，心安清净，清净无物，无物气行、气行绝象，绝象觉明，觉明则神气相通，万气归根矣。

十目：即十目所视之意。

十三格：自七拳格起，至士、农、工、商为十三格。

十四打法：手、肘、肩、胯、膝、足左右共十二拳，头为一拳、臀尾为一拳，共为十四拳，名为七拳，故有十四处打法。此十四处打法，变之则有万法，合之则为五行、两仪，而仍归一气也。

十六处练法：一寸、二践、三躜、四就、五夹、六合、七齐、八正、九胫、十警、十一起落、十二进退、十三阴阳、十四五行、十五动静、十六虚实。

寸：足步也。

践：腿也。

躜：身也。

就：束身也。

夹：如加剪之加也。

合：内外六合也（即心与意合、意与气合、气与力合，是为内三合。肩与胯合、肘与膝合、手与足合，是为外三合）。

齐：疾毒也，内外如一。

正：直也，看正却是斜，看斜却是正。

胫：手摩内五行也。

惊：惊起四梢也，火机一发物必落，磨胫磨胫，意气响连声。

起落：起是去也，落是打也，起亦打，落亦打，起落如水之翻浪，才成起落。

进退：进是步低，退是步高，进退不知枉学艺。

阴阳：看阴而却有阳，看阳而却有阴，天地阴阳相合能以下雨，拳术阴阳相合才能打人，成其一块，皆为阴阳之气也。

五行：内五行要动，外五行要随。

动静：静为本体，动为作用，若言其静，未露其机，若言其动，未见其迹，动静是发而未发之间，谓之动静也。

虚实：虚是精也，实是灵也，精灵皆有，成其虚实。拳经歌曰：精养灵根气养神，养功养道见天真，丹田养就长命宝，万两黄金不与人。

九十一拳：三拳分为二十一拳，五行生克是十拳，分为七十拳，共九十一拳。一拳分为七拳，是前打、后打、左打、右打、不打、打打、不打打打。

一百零三枪：天、地、人三枪，各分四柱，是三四一十二枪；五行五枪，是五七三十五枪；八卦八枪，是七八五十六枪，共一百零三枪也。

头打落意随足走，起而未起占中央。
脚踏中门抢他位，就是神仙亦难防。
肩打一阴反一阳，两手只在洞中藏。
左右全凭盖他意，舒展二字一命亡。
肘打去意上胸膛，起手好似虎扑羊。
或在里拨一旁走，后手只在胁下藏。
拳打三节不见形，如见形影不为能。
能在一思进，莫在一思存。
能在一气先，莫在一气后。
胯打中节并相连，阴阳相合得之难。
外胯好似鱼打挺，里胯藏步变势难。
膝打几处人不明，好似猛虎出木笼。
和身转着不停势，左右明拨任意行。
脚打踩意不落空，消息全凭后脚蹬。
与人较勇无需备，去意好似卷地风。
臀打起落不见形，猛虎坐卧出洞中。

拳经云：

混元一气吾道成，道成莫外五真形。

真形内藏真精神，神藏气内丹道成。

如问真形须求真，要知真形合真象。

真象合来有真诀，真诀合道得彻灵。

养灵根而动心者，敌将也。

养灵根而静心者，修道也。

赤松子胎息诀云："气穴之间，昔人名之曰生门死户，又谓之天地之根。凝神于此，久之元气自充，元神日旺。神旺则气畅，气畅则血融，血融则骨强，骨强则髓满，髓满则腹盈，腹盈则下实，下实则行步轻健，动作不疲，四体康健，颜色如桃李，去仙不远矣。"此亦是拳术内劲之意义也。

注：

所谓摘要者，取其精华，摘其要点也。孙禄堂先生根据自己对形意拳毕生的修习体认和经验所得，选摘出历代宗师拳论中之要点与精华部分，以为后学明理参研之用，可谓是简明扼要，直指关津，其提携后学之殷殷苦心，亦跃然纸上矣，吾辈可不珍而惜之哉？

国术名家孙禄堂先生自述练拳之心得
——亦名：练拳经验及三派之精意

余自幼练拳以来，闻诸先生之言，云："拳即是道。"余闻之怀疑。至练暗劲，刚柔合一，动作灵妙，一任心之自然，与同道人研究，彼此各有所会。惟练化劲之后，内中消息，与同道人言之，知者多不肯言，不知者茫然莫解，故笔之于书，以示同道。倘有经此景况者，可以互相研究，以归至善。

余练化劲所经者，每日练一形之式。到停式时，立正，心中神气一定，每觉下部海底处（即阴跷穴处）如有物萌动，初不甚着意。每日练之有动之时，亦有不动之时，日久亦有动之甚久之时，亦有不动之时，渐渐练于停式，心中一定，如欲泄漏者。想丹书坐功，有真阳发动之语，可以采取，彼是静中动，练静坐者，知者亦颇多，乃彼是静中求动也。此是拳术动中求静，不知能消化否。又想拳经亦有"处处行持不可移"之言，每日功夫，总不间断。

以后练至一停式，周身就有发空之景象，真阳亦发动而欲泄，此情形似柳华阳先生所云：复觉真元之意思也，自觉身子一毫亦不敢动，动即要泄矣。心想仍用拳术之法以化之，内中之意，虚灵下沉注于丹田，下边用虚灵之意提住谷道，内外之意思，仍如练拳蹚子一般。意注于丹田片时，阳即收缩，萌动者上移于丹田矣。此时周身融和，绵绵不断，当时尚不知采取转法轮之理。而丹田内，如同两物相争之状况，四五小时，方渐渐安静。

心想不动之理，是余练拳术之时，呼吸二息，仍在丹田之中。至于不练之时，虽言谈呼吸，并不妨碍内中之真息，并非有意存照，是无时不然也。庄子云"真人之息，呼吸以踵"，大约即此意也。因有不息而息之火，将此动物消化，畅达于周身也。以后又如前动作，仍提在丹田，仍是练拳蹚子，内外总是一气，缓缓悠悠练之，不敢有一毫之不平稳处。

　　动作练时，内中四肢融融，绵绵虚空，与前站着之景况无异。亦有练一蹚而不动者，亦有练二蹚而不动者。嗣后亦有动时，仍提至丹田，而动练拳之内呼吸，转法轮用意之用于丹田，以神转息而转之，从尾闾至夹脊、至玉枕、至天顶而下，与静坐功夫相同，下至丹田。亦有二三转而不动者，亦有三四转而不动者，所转者，与所练蹚子，消化之意相同。以后有不练之时，或坐立，或行动，内中仍以用练拳之呼吸，身子行路亦可以消化矣。

　　以后甚至于睡熟，内中忽动，动而即醒，仍以用练拳之呼吸，而消化之。以后睡熟而内中不动，内外周身四肢忽然似空，周身融融和和，如沐如浴之景况。睡时亦有如此情形，而梦中亦能用神意呼吸而化之，因醒后，已知梦中之情形而化之也。以后练拳术、睡熟时，内中即不动矣。

　　后只有睡熟时，内外忽然有虚空之时，白天行止坐卧，四肢亦有发空之时，身中之情意，异常舒畅。每逢晚上，练过拳术，夜间睡熟时，身中发虚空之时多。晚上要不练拳术，睡时发虚空之时较少。以后知丹道有气消之弊病，自己体察内外之情形，人道缩至甚小，消除百病，精神有增无减。以后静坐如此，练拳亦如此，到此方知拳术与丹道是一理也。

　　以上是余练拳术，自己身体内外之所经验也，故书之以告同志。

　　拳术至练虚合道，是将真意化到至虚至无之境，不动之时，内中寂然空虚，无一动其心。至于忽然有不测之事，虽不见不闻，而能觉而避之。《中庸》云"至诚之道，可以前知"，是此意也。

　　能到至诚之道者，三派拳术中，余知有四人而已。形意拳李洛能先生、八卦拳董海川先生、太极拳杨露禅先生、武禹襄先生。四位先生，皆有不见不闻之知觉，其余诸先生，皆是见闻之知觉而已。如外有不有测之事，只要眼见耳闻，无论来者如何疾快，俱能躲闪，因其功夫入于虚境而未到至虚，不能有不见不闻之知觉也。

　　其练他派拳术者，亦常闻有此境界，未能详其姓氏，故未录之。

民国二十三年十月三十日
《山西国术体育旬刊》第一卷第七/八号合刊"温故探新"

详论形意、八卦、太极之原理

　　拳术之荦荦人者，约分三派，一少林，二武当，三峨眉。其余门类繁多，人半不出此范围。

　　少林始于达摩之《易筋》《洗髓》两经。至有宋岳武穆，始有形意拳之名，即易筋之作用也，谓之形意。形即形式，意即心意，由心所发，而以手足形容也。

　　其拳有五纲十二目。五纲者，金、木、水、火、土，五行也；而拳中有劈、崩、躜、炮、横之五拳。十二目者，即十二形也，有龙、虎、猴、马、鼍、鸡、鹞、燕、蛇、鲐、鹰、熊是也。其取此十二形者，即取此性能，而又能包括一切，所谓尽人之性，则能尽物之性。何以知其然也？

劈拳属金，在人属肺；崩拳属木，在人属肝；躜拳属水，在人属肾；炮拳属火，在人属心；横拳属土，在人属脾。练之既久，可以去五脏之病，此谓居人之性也。至若龙有搜骨之法、虎有扑食之猛、猴有纵山之灵、鼍有浮水之性，推之其他八形，各有其妙，所谓居物之性也。

人、物之性既居，起落进退、变化无穷，是其智也；得中和、体物不遗，是其仁也。

心与意合、意与气合、气与力合，为内三合；肩与胯合、肘与膝合、手与足合，为外三合。内外如一，成为六合，是其勇也。三者既备，动作运用，手足相顾，至大至刚，养吾浩然之气，与儒家诚中形外之理，一以贯之，此形意拳之大概也。

八卦拳，始于有清咸同之季。直隶文安董海川先生，漫游南省，于皖属渝花山得异人之传。谓之八卦者，由无极而太极，太极生两仪，两仪生四象，四象生八卦，参互错综。拳，既运用八卦之理，何以言之？

今腹为无极，脐为太极，肾为两仪，两臂膊与腿为四象，其生八卦者，两臂与腿曲之为八节。共生八八六十四卦者，两手十指每指三节，惟大拇指系两节，八指共二十四节，加两拇指四节，为二十八节；加两足二十八节，为五十六节；又加两臂、两腿之八节，为六十四节。故六十四卦为拳之体，体为三百六十四爻，则互为其用也。每爻有每爻之意，阳极而阴，阴极而阳，逆中行顺，顺中用逆，求其中和。气归丹田，含有静极而动、动极而静之意。

上下相通是为内呼吸，此拳与道家功夫相表里。不特此也，乾坤坎离等卦，或为龙，或为马，或为牛，皆取象于物。心在内，而理周于物；物在外，而理具于心。近取诸身，远取诸物，奇正变化，运用不穷。而又刚柔相济，虚实兼到；空而不空，不空而空。此八卦拳之妙用也。

太极拳，发明于张三丰祖师，尽人知之。惟练此拳之起点，当先求一个不偏不倚、不上不下、至简至易之道。拳经云"抱元守一而虚中；虚空而念化；实其腹而道心生"，即此意也。

太极从无极而生，为无极之后天，万极之先天，承上启下，能与天地合德，日月合明，四时合序，与鬼神合其凶吉。练到至善处，以和为体，和之中智勇生焉。极未动时，为未发之和；极已动时，为已发之中。所以拳术一道，首重中和，中和之外，无元（玄）妙也。

故太极拳要纯任自然，不尚血气，以蓄神为主。周身轻灵，不即不离，勿妄勿助，内天德而外王道，将起点之极，逐渐推之，贯于周身，无微不至。《易》曰"黄中通理，正位居体"即此意也。

昔年曾闻之云：此起点之极，与丹道中之元（玄）关相同。鄙人研究数十年，不敢云确有心得，然考其本源，实与形意、八卦其理相通，不过名称与形式之动作不同耳，至若善养气练神，则初无少异。

比之，形意，地也；八卦，天也；太极，人也。天地人三才，合为一体，浑然一气，实无区分。练之久，而动静自如，头头是道，又何形意、八卦、太极之有哉！至峨眉派，传之梅花八式；志公禅师亦重养气之功，兹不必更赘也。

1932年10月

论拳术内家外家之别

今之谈拳术者，每云有"内家、外家"之分。或称少林为外家，武当为内家；在道为内家，或以在释为外家，其实皆皮相之见也。

名则有少林、武当之分，实则无"内家、外家"之别。少林，寺也；武当，山也，拳以地名，并无轩轾。至竟言少林而不言武当者，亦自有故。按少林寺之拳，门类甚多，名目亦广，辗转相传，耳熟能详。武当派则不然，练者既少，社会上且有不知武当属于何省者，非予之过言也。浙之张松溪非武当之嫡传乎？至今浙人士承张之绪者，何以未之前闻也？近十年来，人始稍稍知武当之可贵矣。少林、武当之一隐一现者，其故在此。安得遽分内外耶！

或谓拳术既无内外之分，何以形势有刚柔之判？不知一则自柔练而致刚，一则自刚练而致柔，刚柔虽分，成功则一。夫武术以和为用，和之中知（智）勇备焉。

予练拳术亦数十年矣。初亦蒙世俗之见，每日积气于丹田，小腹坚硬如石，鼓动腹内之气，能仆人于寻丈外；行止坐卧，无时不然。自谓积气下沉，庶几得拳中之内劲矣；彼不能沉气于丹田小腹者，皆外家也。

一日，山西宋世荣前辈以函来约，余因袱被往晋。寒暄之后，因问内外之判，宋先生曰："呼吸有内外之分，拳术无内外之别；善养气者即内家，不善养气者即外家。"故善养浩然之气一语，实道破内家之奥义。拳术之功用，以动而求静；坐功之作用，由静而求动。其实动中静，静中动，本系一体，不可歧而二之。由是言之，所谓静极而动，动极而静，动静即系相生。若以为有内外之分，岂不失之毫厘，差以千里？

我所云呼吸有内外者，先求其通而已。通与不通，于何分之？彼未知练拳与初练拳者，其呼吸往往至中部而止，仍行返回，气浮于上，是谓之呼吸不通。极其蔽则血气用事，好勇斗狠，实火气太刚过燥之故也。

若呼吸练至下行，直达丹田，久而久之，心肾相交，水火既济，火气不致炎上，呼吸可以自然，不致中部而返。如此方谓之内外相通，上下相通，气自和顺，故呼吸能达下部。气本一也，误以为两个，其弊亦与不通等。子舆氏曰"求其放心，放心收而后道生"，亦即道家收视返听之理。

余曰："然则鄙人可谓得拳中之内劲乎？盖气已下沉，小腹亦坚硬如石矣。"宋先生曰："否！否！汝虽气通小腹，若不化坚，终必为累，非上乘也。"余又问何以化之？先生曰："有若无，实若虚。腹之坚，非真道也。"孟子言："由仁义行，非仁义行也。"《中庸》极论"中和"之功用。须知古人所言，皆有体用，拳术中亦重中和，亦重仁义。若不明此理，即练至捷如飞鸟，力举千钧，不过匹夫之勇，总不离夫外家。

若练至中和，善讲仁义，动则以礼，见义必为，其人虽无百斤之力，即可谓之内家。迨养气功深，贯内外，评有无，至大至刚，直养无害，无处不有，无时不然；卷之放之，用广体微。昔人云：物物一太极，物物一阴阳，吾人本具天地中和之气，非一太极乎？《易经》云："近取诸身，远取诸物。"心在内而理周乎物，物在外而理具于心，内外一理而已矣。

余敬聆之下，始知拳道即天道，天道即人道，又知拳之形势名称虽异，而理则一。向之以为有内外之分者，实所见之不透，认理之未明也。

由是推之，言语要和平，动作要自然，吾人立身涉世，处处皆是诚中形外，拳术何独不然？试观古来名将，如关壮缪、岳忠武等，皆以识春秋大义，说礼乐而敦诗书，故千秋后使人生敬仰崇拜之心。若田开疆、古冶子辈，不过得一勇士之名而已。盖一则内外一致，表里精粗无不到；一则客气乘之，自丧其所守，良可慨也。

宋先生又云："拳术可以变化人之气质。"余自审尚未能见身体力行，有负前辈之教训。今值江苏省国术馆有十八年度年刊之发行，余服务馆中，亦即两载，才识浅陋，尸位贻讥，故以闻之前人者略一言之，以志吾愧。

拳术述闻
——孙禄堂

余幼时，即好拳术。初不存有门派之见，故于各种拳术，均涉足而研究之。然拳术之为道也至大，体万物而不遗，余既无身体力行之实功，亦未明此中之精义，仅略窥其大概而已。

曩居北平，有高道夫君者，汉中人，工书法，于大小篆及汉魏源流殆无所不通。从余习拳年余，伊云："吾兹习此，为日不久，而心领神会。乃知拳术之与书法及身体，故有莫大之关系者，运用虽不同，其理则一也。"余诘之，伊云："拳术有五纲之起点，书法有五锋之起笔。"余复询二五之理，曰："拳术之五纲，为劈、崩、攒、炮、横，即五行中金、木、水、火、土也；至十二形之奥妙，亦不外五拳中和之起点，进退、起落、变化之要道，古人云：'五行合一、致其中和，天地之事，无不可推矣。'书法则有五锋，为'中、逆、齐、侧、搭'，即临碑帖之五笔法也。碑中张迁郑文公大小篆等，都不外乎五锋，虽有'中、逆、齐、侧、搭'之分，及用笔之不同，然皆中锋。故拳术五拳之中和，书法五锋之中锋，二者运用虽有不同，然其精奥、其原理固二而一者也。吾习此虽年余，而观今日之书法，及乎一己之精神，与去岁已迥然不同。故知拳术实与书法、身体，俱有密切之关系也。"嗣高君因事返汉中，数年阔别。

直至去秋，余在新都供职本馆，高君闻讯来访。斯时高君则已由王铁珊先生之介绍，充冯焕章司令之书法教授矣。

又，余在北平时，直隶督办李芳宸先生，在天津创武士会，专人相约。余素昧生平，雅不欲往。继悉先生精剑术，朝夕锻炼，数十年如一日，深得斯道微妙，因应约来津，与先生长谈数日。乃知先生之于剑术，已得其中三昧，其动作道理，无所不善，盖出自武当太极剑之嫡传也。据先生云，为陈士钧（按：为安徽人，自幼好道，学问渊博，隐居于峨嵋山）前辈所授，朝夕不辍，数年始知剑术之道理甚广，包罗无穷，与各派之理皆相连贯。

又云："余自隶军籍，用兵之法则，天时地利人和之道，察人动作奸诈虚实之情，山川向背形势利害之式，进退开合之理，以进为退，以退为进，若隐若现之机，至于武侯八阵之大义，殆无不师效剑术之理焉。"

民国十七年，中央设国术馆，先生受聘为副馆长。七月，沪上法公园举行游艺会，先生亦参加表演。四日中，观先生舞剑时，其精神动作，刚柔开合，伸缩婉转，曲尽剑术微妙之能事，于是知先生向日之作为，经过之情形，实于剑术神而明之，令吾人叹观止矣。

今年夏，小住焦山，统志局庄思缄先生来访，谈及剑术，先生询李芳宸先生之剑，与余之剑是否同派。余曰："芳宸先生所练为太极剑，而余则八卦剑也。但二者门派虽不同，其所用之法，则十同五六，如八卦之名称，老阴、老阳、少阴、少阳是也。"

又问，二者之巧妙孰善，余曰："芳宸先生，孜孜于剑者，念余年，已至炉火纯青之候。余非专门，得其形势与大概之道而已，安能同日语哉？"先生复倩余舞，余以荒疏日久，身步两法，皆迟滞不灵，谢却之。先生敦促再四，并认略舞数式，观其意义而已。余遂按八卦之名称，错综变互之形势，为舞数十节。

又询拳剑之理，余曰："拳剑之理，大别有三。其一，上下相连，手足相顾，内外如一。其二，不即不离，不丢不顶，勿忘勿助。其三，拳无拳，意无意，无意之中，是真意也。"

先生曰："内外如一，是诚中也，合乎儒家；不丢不顶，勿忘勿助，是虚中也，合乎道家；无拳无意，是空中也，合乎释家。斯三者，修身之大法则，亦人生之不可或缺者也。又观乎舞剑之形势，行如游龙，屈曲婉转，变化之意义，与草书用笔之法度、神气、结构、转折、形式实相同，始信昔人观公孙大娘舞剑，而曰'得书法之道'，为不虚也。是则古人之善草书者，迨皆明剑术之理，盖不如是，焉能得草书中之实质与其精神乎。"

余初闻前辈云"拳术之道，体万物而不遗"，颇疑惑不解，兹聆高、李、庄三先生之言，始茅塞顿开，一扫胸中疑团，因笔而书之，以告我同志。

中华民国十八年七月三十一日
《江苏省国术馆年刊》第一期"学术"

第21部分　薛颠先生形意拳论

薛颠（1887—1953），字国兴，河北束鹿县（今辛集市）理顺井人。性聪颖，嗜武术，少年时读过几年私塾，不久弃文习武，师事薛振纲先生，后又拜形意拳一代宗师李洛能之孙李振邦先生为师，故其所传弥真，加以勤学苦练，拳艺精湛，功臻上乘。

其后又从形意名家李存义习拳，使其拳艺得到了进一步的升华。复至山西五台山潜修，在南峰得遇虚无上人法号灵空的世外高人。此人寿高一百三十岁，具云此人、得三教真旨之窍奥，精研内家、外家之功，运用先天固有之真，培养后天有象之体。近取诸身，远取诸物，推演变化，妙极神明；内运其意，外发其象，取义南华，会意五禽，编创为一种风格独特的拳种"象形拳"。薛颠先生得其传授此艺，并深得其神髓，同时又得点穴之真旨、五禽经之秘谛，经十年精研，融会贯通，技艺超群。

据云其艺成后，曾演艺于同门，只见其身法快捷、形如鬼魅，令人叹为观止。在形意拳方面，薛颠先生最擅长猴形。据说他曾经在师兄弟面前表演过，摆一张长板凳，之后以猴形穿梭在板凳之间，没有人可以看得清他的动作，可谓将形意拳之精微巧妙推演至极也。

他别无他好，惟嗜武成痴。平日看来极为和气儒雅，俨然如教书先生，但是一旦动手较技，则瞬间面貌颠狂，变脸变色，下手稳准，出手见红，毫不留情。

薛颠先生因其卓绝的拳艺，经同门推荐，接掌天津国术馆。之后其性情忽变得柔软，非常和气，除精研拳艺外，专心致志于教育形意拳的下一代。恐后学之误入歧途，故将所学著为书，阐发玄微，结集成册，先后著有《形意拳术讲义》《象形拳法真诠》《灵空禅师点穴秘诀》《金刚主旨法相》等著作，对于形意拳之理法均阐发详尽。他的著作对于形意拳的继承和发展，都具有非常重要的学术意义。

薛颠先生富有武人情怀，颇重义气。据传李存义生前的结义兄弟张占魁晚年身体较差，经济状况也不佳，薛颠每个月以自己收入的一半去接济他，也经常前往探视照顾，以晚辈自居。

薛颠先生武艺上乘，功臻化境，一生亦任侠仗义，对于形意拳的推广和发展均做出了突出的贡献。

形意拳术讲义

达摩真意

达摩大师传下《易筋》《洗髓》二经，习之以强壮身体，还人之初生面目，妙用无穷，如天地化育万物之理，拳经之理，即天地之理。

又，人之性也，亦道家之金丹也。理也，性也，金丹也，形名虽异，其理则一。故久练可以同登圣域，能与天地合其德，与日月合其明，与四时合其序。学者胡不勉力而行之哉？

道经云：

道真窍不真，修道枉劳神。
祖师真诀窍，知窍即成真。

岳忠武王形意拳要诀

形意拳者，乃岳忠武王之所创，是合五纲十二目统一全体之功用也。取诸身内，则使全体自强不息，《中庸》所谓"博厚配地，高明配天，悠久无疆"是也；取之于外，则使四体百骸，内外合其道，诚者自诚，而道自道也（言似离奇，实习则明）。

以拳之应用，则内中之气，独能伸缩往来，循环不已，充周其间，视之不见，听之不闻，洁内华外，洋洋流动，上下四方，无所不有，无所不生。至此，拳内真意真劲，诚中形外，而不可掩矣。

学者于此用心，至诚无息，可以至无声无臭之极端矣。

先贤云：拳若练至拳无拳，意无意，无意之中是真意，始达其境矣。

形意摘要

一要塌腰，二要垂肩，三要扣胸，四要顶，五要提，六横顺要知清，七起钻落翻要分明。

塌腰者：尾闾上提，而阳气上升，督脉之理，而又谓之开督。

顶者：头顶、舌顶、手顶是也。头顶而气冲冠，舌顶而吼狮吞象，手顶而力推山。

提者：谷道内提也。古仙云：紧撮谷道内中提，明月辉辉顶上飞。而又谓之醍醐灌顶，欲得不老，还精补脑。

垂肩者：肩垂则气贯肘，肘垂则气贯手，气垂则气降丹田。

扣胸者：开胸顺气，而通任脉之良箴，能将精气上通泥丸，中通心肾，下通气海，而至于涌泉。

横者，起也；顺者，落也；起者，躜也；落者，翻也。起为躜，落为翻。起为横之始，躜为横之终，落为顺之始，翻为顺之终。头顶而躜，头缩而翻；手起而躜，手落而翻。足起而躜，足落而翻；腰起而躜，腰落而翻。

起横不见横，落顺不见顺。起是去，落是打；起亦打，落亦打；起落如水之翻浪，方是真起落也。勿论如何，起躜、落翻，往来总要肘不离肋，手不离心；手起如钢锉，手落如钩竿。

起者，进也；落者，退也。未起如摘字，未落如堕字。起如箭，落如风，追风赶月不放松；起如风，落如箭，打倒还嫌慢。足打七分手打三，五营四梢要合全；气随心意随时用，硬打硬进无遮拦。打人如走路，看人如蒿草，胆上如风响，起落似箭躜。进步不胜，必有怯敌之心，此是初步明劲，有形有象之用也。

至暗劲之时，用法更妙。起似蛰龙升天，落如劈雷击地。起无形，落无踪，起意好似卷地风。起不起，何用再起；落不落，何用再落。低之中望为高，高之中望为低；打起打落，如水之翻浪。不翻不躜，一寸为先。足打七分手打三，五营四梢要合全；气浮心意随时用，打破身势无遮拦。此是两步暗劲，有无穷之妙用也。

拳无拳，意无意，无意之中是真意。拳打三节不见形，如见形影不为能。随时而发，一言一默，一举一动，行止坐卧，以至于饮食、茶水之间，皆是能用。或有人处，或无人处，无处不是用。所以无入而不自得，无往而不得其道，以致寂然不动，感而遂通，无可无不可。此是三步化劲神化之功用也。

然而所用三步之功夫，虚实、奇正，亦不可专有意用于奇正、虚实。虚者，并非专用于彼。己手在彼手之上，用劲拉回，落如钩竿，谓之实。彼手挨不着我之手，我用劲将彼之手拉回，谓之虚。并非专用意于虚实，是在人之形势感触耳。

奇正之理亦然。奇无不正，正无不奇；奇中有正，正中有奇，奇正之变化，如循环之无端，所用无穷也。拳经云"拳去不空回，空回非奇拳"，正谓之此意也。学者深思格务此理，而要义得矣。

形意拳术总纲

第一章

第一节 无极论

无极者，空空静静，虚若无一物也。圣人自阴阳以统天地，夫有形者生于无形，无形则天地安足生？故曰：有太易、太初、太始、太素，而太极之五太也。

胎包炁质形之本也，一惊而生炁质形也。气之轻清而上浮者为天，气之重浊而下凝者为地。然太易者，未见气也；太初者，气之始也；太素者，质之始也；太始者，炁形之始也；炁形、质具，而未相离，视之不见，听之不闻，寻之不得。故曰：易也。

易无形状，易变为一太极生也，由太极而化生万物也。如易仍无形，太极亦不生炁，形质浑沦而相离，虚无缥缈复而谓之无极也。

第二节　虚无无极含一炁

虚无者，无形○之势也。无极者⊙，含一混沌不分之炁也。此炁乃是先天真一之祖炁，氤氲无形，其中有一点生机含藏，名为先天之本，性命之源，生死之道，天地之始，万物之祖，阴阳之母，四象之根，八卦之蒂。即太极之发源，而谓之无极也。

第三节　起点

开势先将身体立正，面向前，两手下垂，两足九十度之姿势，心中要空空无物。

此势谓之顺行天地自然化生之道，又谓之无极含一炁之势也。此势乃为练拳术之要道，形意拳术之基础也。

第二章

第一节　太极论

太极者，炁形质之本，无极而有极也。自无归有，有必归无；无能生有，有无相生，无有尽时。太极中于四象、两仪之母也，其性属土。天地万物，皆以土为本，故万物之旺，由土而生，万物之衰，由土而归也。

在人五脏属脾。脾旺，则人之四肢百骸健全。取诸形意拳中为横拳，内包四拳，即劈、崩、攒、炮之拳，共谓之五德，而又谓之五行也。

第二节　太极势（一）

将无极之姿势半面向左转，左足跟靠右足里胫骨，为四十五度之姿势。随时再将身体下沉，腰塌劲，头顶劲，目平视。内中神意，抱元守一，和而不流。口似张非张，似合非合，舌顶上腭，谷道内提。

此势取名一炁含四象，谓之揽阴阳，夺造化，转乾坤，扭气机，于后天之中，返先天之真阳，退后天之纯阴，复本来之真面目，归自己之真性命，而谓之性命双修也。

故心以动，而万象生。其理流行于外，发著于六合之远，无物不有。心以静，其气缩至于心中，退藏于密，无一物之所存。故练拳依此开势为法也。

第三节 太极势（二）

左足不动，右足向外斜横进步。两手攥上拳，左手阳拳停在左胯，右手随足进时，向里拧劲，拧成阴拳，如托物之势，顺胸上起，往前伸出。头顶身拗，目视右拳大指根节——谓之鸡腿、龙身、熊膀、虎抱头。

鸡腿者，独立之势；龙身者，三曲之形；熊膀者，项直竖之劲；虎抱者，两手相抱，似猛虎离穴之意。总而言之，即中庸不偏不倚之谓也。

第三章

第一节 两仪论

两仪者，是太极流行绵绵不息，分散而生也。太极左伸，则为阳仪；太极右缩，则为阴仪。所谓阳极必生阴，阴极必生阳，阴阳相生，则生生不息。

天为一大天地，人为一小天地，天以阴阳相合而生三才。三才者，天、地、人，三才之象也。

人以阴阳而生三身；三身者，上、中、下三丹田也。三田往返，阴阳相交，为人性命之根，造化之源，生死之本，即道家之金丹是也。拳术之理亦然。

且拳术左分则为阳仪，右分则为阴仪。阴阳伸缩，生生流行，绵绵不息，即拳内动静、起落、进退、伸缩、开合之玄妙也。所以数不离理，数理兼用，方生神化之道。体用一源，动静一理，分而言之为万法，合而言之仍归太极之一炁也。形名虽殊，其理则一，正是此意义也。

第二节 两仪生三才

将太极之姿势，右足不动，左足向前进步。左手同足进时，往前顺右肱推出，至右手腕向下翻劲，成半阴阳掌；右手亦同左手往前推翻时，向里扭劲，回拉至下丹田，成半阴阳掌。两手大指虎口圆开，两肱曲伸，似直不直，似曲不曲，目视左手大指梢。两肩松开，沉劲，两胯根塌劲，是肩与胯合；两肘垂劲，两膝合劲，是肘与膝合；两足蹬劲，两手五指伸劲，是手与足合。此谓之三合也。

要而言之，是肩催肘，肘催手，腰催胯，胯催膝，膝催足，上下合而为一。

此身势不可前栽、后仰、左斜、右歪。正是斜，斜是正；阴是阳，阳是阴，阴阳相合，内外如一，此谓之六合也。

总而言之，六合，是内外相合。内外相合，即是阴阳相合。阴阳相合，三才因斯而生焉。

以后无论各拳、各形、开势，皆用三才势为主。熟读拳经，深默温习，法无不中。

拳经云：

三才三身非无因，分明配合天地人。
三元灵根能妙用，武术之中即超群。

五行拳术讲义

第一章　劈拳讲义

劈拳，性属金，是阴阳连环成一气之起落也。气之一静，故形象太极；气之一动，而生物，其名为横。横属土，土生万物，故内包四拳。

按其五行循环之数，土能生金，故先练习劈拳。上下运用而有劈物之意，其性像斧，故名劈拳。取诸身内，则为肺。劲顺则肺气和，劲谬则肺气乖。

夫人以气为主，气和则体壮，气乖则体弱。故学者不可大意也。

步法，三步一组，前足进为一，后足进为二，既进之足，复跟为三。

第二章　崩拳讲义

崩拳，性属木，取之身内属肝，以拳之应用为崩拳。此拳之性能，是一气循环往来，势如连珠箭，所谓崩拳似箭，属木者是也。

练之拳势顺，则肝舒气平，养心神，增筋力，而无目疾、腿疾之患；拳势逆，则伤肝，肝伤则两目昏花，两腿痿痛，一身失和，心火不能下降，拳亦不得中立地步。

然崩拳势极简单。其练法，左足前进，右足相跟，相离四五寸。

此势不换步，出左手进左足，出右手亦进左足，一步一组。学者于此拳中，当细研究其妙道焉。

第二章　攒拳讲义

攒拳，性属水，是一气之流通曲折无微不至也。攒上如龙，突然出水，又似涌泉趵突上翻。

取诸身内属肾，以拳中为攒拳。其拳快似闪电，形似突泉，所谓属水者是也。

拳势顺，则真劲突长，肾足气顺；拳势逆，则拙力横生，肾虚气乖，清气不上升，浊气不下降，真劲不长，拙力不化矣。学者当知之。

三步一组。

231

第四章　炮拳讲义

炮拳，性属火，是一气之开合，如迫击炮之忽然子弹突出，形最猛，性最烈。取诸身内属心；以拳中为炮拳，形似烈火炮弹。所谓属火者是也。

拳势顺，则身体舒畅，心气虚灵；拳势逆，则四体若愚，心气亦乖，关窍昧闭矣。学者务宜深究此拳也。

四步一组，步径斜曲。

第五章　横拳讲义

横拳，性属土，是一气之团聚而后分散也。取诸身内为脾；脾属土，土旺则脏腑滋和，百疾不生，所谓属土者是也。取之于拳为横拳。

拳势顺，似土之活，滋生万物，五脏和霭，一气灌溉；拳势逆，气努力拙，内伤脾土，五脏失调，外似死土，万物不生。故此拳为五拳之要素。学者宜慎思明辨之。

步法斜径，类劈攒而非直线。其弯曲又似炮拳。三步一组。

第六章　五行合一进退连环拳讲义

连环者，是五行变化合一之势也。五行分演，则谓之五行拳，而为五纲也；合演则谓之七政，而为连环也。五拳合为一套，倏进倏退，循环连珠，陆离光怪，贯为一气，进退无常，故谓之进退连环拳。

练习连环拳，以五行拳为母，五拳未能习熟，不必学连环拳。此拳共有十六势，进退各法，往复练之范围亦小，是亦有引长之法，练习于宽地不见其短。引长之法，至十六节不转身，仍打崩拳，接前势，则往复足六十四势矣。

且连环拳法，以应用为主。连环拳可以连环用之，握之则成拳，伸之则成掌，故可变为连环掌，此徒手之应用也。刀剑棍枪戟铲鞭锏，无不可用，有刃则砍，有锋者则刺，无锋刃者则打，不过手势之变化耳。故器械无论大小、长短、双单，皆可包括无遗。苟明变化之功，何往而不应用哉。

第七章　五行生克拳术讲义

五拳者，五行也。五行有生、有克，而五拳亦有生克之理，故有五行生克拳之谓也。

夫五行火生于寅，旺于午，绝在亥；亥属水，故克火。水生于申，旺于子，绝在己；己属土，故克水。木生于亥，旺于卯，绝在申；申属金，故克木。金生于己，旺于酉，绝在丙；丙属火，故克金。盖土生旺于戊己，而衰败在卯木。如金能生水，水能生木，木能生火，火能生土，土能生金。相反者为克，顺者为生。

然五拳生克之义，阴阳消长之理，如循环之无端，拳术运用之无穷也。五行拳合一演习，是谓之连环，单习是知致格物。总之在明明德，在止于至善而已。

先哲云：为金形止于劈，为木形止于崩，为水形止于攒，为火形止于炮，为土形止于横。五行各用其所当，于是明心见性，至止于至善。故拳明五行生克变化，则进道矣。

形意十二形讲义

夫十二形者，本诸天地化生而来也。曩昔本为十形，原属天干气数也。后者扩为十二形，原属地支气数也。

干数十，支数十二。盖天之中数五，故气原乎天者，无不五；五气合一，一阴一阳，故倍之成十。地之中数六，故气原乎地者，无不六；六气合一，一阴一阳，故倍之成支，此十二形数之由来也。既有其数，而即取诸动物之特能，成为十二形。

十二形者，系龙、虎、猴、马、鼍、鸡、燕、鹞、鹘、蛇、鹰、熊是也。然诸物所具之特长及性能，人以身形物之形，物之意以人意悟之。此形意拳名之理源也。

练之洁内华外，使人身四肢、五脏、六腑、七表、八里、九道、十二经络，无闭塞之处，而百病亦无发生之源。故拳中有四象、五行、六合、七政、八卦、九宫而化取十二形，以气通贯十二经络是也。

夫学者，于形意十二形潜心玩索，洞明奇偶之数、阴阳之理，果无悖谬。久之不特强身，且能强种强国，胡不勉力行之哉？

第一章　龙形讲义

龙者，水中最灵猛之物，在卦属震，为木，形本属阳，乃真阴物也。

取诸于身而为离，属心。心属火，故道经有言："龙从火里出。"又为云，云从龙。龙之天性，有蛰龙翻浪升天之势，抖搜之威，游空探爪，缩骨之精，隐现莫测。

取之于拳，则为龙形。此形之精意，神发于目，威生于爪，劲起于承浆之穴（任脉），与虎形之气循环相接。两形一升、一降，一前一后。

以拳法之用，外刚猛而内柔顺。形势顺，心内虚空，而心火下降，心窍开，而智慧生，即道家火候空空洞洞是也。形势逆，筋络难舒，则身被阴火焚烧矣。

故曰：

一波未定一波生，好似神龙水上行。

忽而冲空高处跃，声光雄勇令人惊。

学者于此形，当深心格致，久则道理自得。

龙形路线，三步一组。其步伐类似劈攒，而非直线。

第二章　虎形讲义

虎者，山中猛兽之王。在卦属兑，为金，取之于身而为坎，属水，为肾。坎生风，风从虎。

虎之天性，有离穴抖毛之威、扑食之勇，故道经有言："虎向水中生。"此形与龙形之势轮回相属，能通任开督。

在丹经谓之水火交，而金木并，四象合和。取之于拳，为虎形。此形之威力，起于臀尾之劲（督脉），发动涌泉之穴。起落不见形，猛虎坐卧藏洞中。

以拳之应用，外猛而内和。形势顺，则虎伏而丹田气足，能起真精补还于脑。道经云"欲得不老，还精补脑"，正是此二形之要义也。形势逆，而灵炁不能灌溉三田，流通百脉，反为阴邪所侵，而身重浊不灵空矣。

故曰：

猛虎穴伏双抱头，长啸一声令胆惊。

翻掀尾（"足剪"）随风起，跳涧抖搜施威风。

学者最当注意，格务"龙、虎"二形之理，得之于身心，则谓之性命双修。

虎形路线如炮拳，则以三步一组。惟有不同者，手法步法耳。

第三章　猴形讲义

猴者，最灵巧之物也，牲属阴土，取身内属脾，为心源。其性能有纵山跳涧，飞身之灵；有恍闪变化，不测之巧。在拳用其形，故取名为猴形。

以拳势言之，有封猴挂印之精、有偷桃献果之奇、有上树之巧、有坠枝之力、辗转挪移、神机莫测之妙。以形中最灵巧者，莫过于猴之为物也。

故曰：

不是飞仙体自轻，若闪若电令人惊。

看他一身无定势，纵山跳涧一片灵。

然练时，其拳形和，则身体轻便、快利，旋转如风。拳形不和，则心内凝滞，而身亦不能灵通矣。

此形之运用，与各形势不同。手、步法，是一阴一阳、一反一正；先练为阴，回演为阳。步法：一步、二步、三步、旋转身法。

学者于此形，切不可忽略焉。

第四章　马形讲义

马者，最仁义之灵兽，善知人之心，有垂缰之义、抖毛之威，有迹蹄之功、撞山跳涧之勇。

取诸身内，则为意，出于心源，故道经名"意马"。意属脾，为土；土生万物，意变万象。以性情言，谓之心源；以拳中言，谓之马形。

以拳法之用，有龙之天性，翻江倒海之威。此拳，外刚猛，而内柔和，有心内虚空之妙，有丹田气足之形。

拳形顺，则道心生，阴火消灭，腹实而体健。拳形不顺，则心内不能虚灵，而意妄气努，五脏失和，清气不能上升，浊气不能下降，手足亦不灵巧矣。

故曰：

人学烈马迹蹄功，战场之上抖威风。
英雄四海扬威武，全凭此势立奇功。
学者于此形，尤宜注意而深究。
步径直，两步一组。

第五章　鼍形讲义

鼍者，水中物，龙之种，身体最有力，而最灵敏者也。有浮水之能，有翻江倒海之力。取诸身内，则为肾。

以拳中之性能用其形，外合内顺，练之能消心君浮火，助命门之相火，满肾水，活泼周身之筋络，化身体之拙气、拙力。

拳形顺，丹田气足，而真精补还于脑，身轻如鼍之能，与水相合一气，而能浮于水面矣。拳形逆，则手足肩胯之劲必拘束，而全身亦必不灵活矣。

故曰：

鼍形须知身有灵，拗步之中藏奇精。
安不忘危危自解，与人何事须相争。
正此之谓也。学者须加以细心研究，方不错谬也。
步法与各形式不同，左足进步着地，右足紧跟相对，两足胫骨相磨，不着地随进。右足着地，左足紧跟，不落地随进。步径斜曲，一步一组。左右进步相同。

第六章　鸡形讲义

鸡者，最有智谋信勇灵性之物也，故晨能报晓。其性虽属禽，而功于陆。性善斗，斗时，皆以智取。口刚而能啄，两腿连环能独立，爪能抓，且能蹬，生威抖翎，能腾空。进退无时，往来无定，全身应用，随时生能。以拳之应用，力量最大，故取为鸡形。

取诸身内为脾，脾健，则五脏充。属土，土生万物，故鸡形之性能，有万法。

故曰：

将在谋而不在勇，败中取胜逞英雄。

试看鸡斗虚实敏，才知羽化有灵通。

练之形势顺，则脾胃活，有羽化之功。形势逆，则脾衰胃满，五脏失其调和矣。学者宜虚心诚意，格物至致，始得生化之道焉。

步径曲直，三步一组，无有定势。

第七章　鹞形讲义

鹞者，飞禽中最雄勇灵敏之物。其性能有翻身之巧，入林之奇，展翅之威，束身而捉物，且有躜天之勇性。取诸身内，能收心脏之气。

取之于拳，能舒身缩体，起落翻旋，左右飞腾。外刚内柔，灵巧雄勇，是为鹞子之天性也。

形势顺，则能收其先天之祖炁，而上升于天谷泥丸。形势逆，则心努气乖，身体重浊，而不轻灵矣。

故曰：

古来鹞飞有翱翔，两翅居然似凤凰。

试观擒捉收放翅，武士才知这势强。

学者于此形，最当注意研究，灵光巧妙，方能有得，而终身用之不尽也。

步径曲直无定。

第八章　燕形讲义

燕者，禽之最轻妙、最敏捷者也。性有抄水之巧，躜天之能，飞腾高翔之妙，动转无声之奇。取之于拳，而为燕形。

取诸身内，则为肝肺；肝主筋，肺主皮毛，且气之机关也。气活则神清，百病不生。气有轻清之像，故拳中燕形，生轻妙之灵。

形势顺，则筋络舒畅，心内虚空，气顺而有上升下降之能。形势逆，则气拘筋滞，身体重拙，而不灵捷矣。

故曰：

一艺求精百倍功，功成云路自然通。
扶摇试看燕取水，才识男儿高士风。
学者于此形，尤当虔心细究。
路线一步二步。

第九章　蛇形讲义

蛇者，最灵活之物也。其性能，有拨草之巧，有缠绕之能，屈伸自如，首尾相应，故古时有长蛇阵之法。

取诸身内，为肾之阳。用之于拳，能活动腰力，通一身之骨节，故击首则尾应，击尾则首应，击身则首尾相应。其身有阴阳相摩之意。因蛇之灵活自如，故拳之命名为蛇形。

练之形势顺，则能起真精补还于脑，而神经充实，百疾不生。形势逆，则身体亦不灵活，心窍亦不开朗，反为拙气所束滞矣。

故曰：

从来顺理自成章，拨草能行逞刚强。
蛇形寄语人学会，水中翻浪细思量。
学者，于此形当勉力求之，灵光巧妙，得之于身心，则终身用之不尽也。
步径曲直，两步一组。

第十章　鹞形讲义

鹞者，性最直率，而无弯曲灵巧之禽也。天性有竖尾上升、超达云际之势，下落两掌有触物之形。

取诸身内，而能平肝益肺，实为肝肺之股肱。故以拳形其像，一落一起，如雷弁电；以尾之能，如迅疾风变。以性情言之，外猛内柔，有不可言喻之巧力也。

形势顺，则舒肝固气，实复（腹）而生道心。形势逆，不特全身淤滞，而气亦不通矣。

故曰：

鹞形求精百倍明，鹞凭收尾得彻灵。
放他兔走几处远，起落就教性命倾。
所以学者明晰斯理，真道得矣。

路径斜，三步一组。

第十一章　鹰形讲义

鹰者，为禽中最猛最狠之禽也。其性瞥目能见细微之物，放爪能有攫获之精。其性外阳内阴。

取之身内，能起肾中真阳，穿关透体，补还于脑。形之于拳，能仰心火、滋肾水。

形势顺，则真精化炁，通任开督，流通百脉，灌溉三田，驱逐一身百窍之阴邪，涤荡百脉之浊秽。形势逆，则肾水失调，阴火上升，目生云翳矣。

故曰：

英雄处世不骄矜，遇便何妨一学鹰。
最是九秋鹰得意，擒完郊兔便起生。
学者于此形加意焉。
步径直，一步一组。

第十二章　熊形讲义

熊者，物之最钝笨者也，性直不屈，而力最猛。其形极威，外阴而内阳。

取之身内，能助脾中真阴，消化饮食，透关健体，使阴气下降，补还丹田。形之于拳，有竖项之力，斗虎之猛。

如与鹰形相合，演之气之上升而阳，气之下降而为阴，谓之阴阳相摩，亦谓之鹰熊斗志，总之不过一气之伸缩。前编龙形、虎形单演为开，二形并习为合。

故曰：

行行出洞老熊形，为要放心胜不伸。
得来只争斯一点，真情奇语有人情。
学者明了十二形开合之理，可以入道修德矣。

象形拳法真诠

绪言

自伏羲画卦，阐明阴阳，远取诸物，近取诸身，始作八卦，象生其中。嗣命阴康作大舞戏，舒展肢体，循还气血，以愈民疾。黄帝作《内经》，採按摩导引诸法，以却病苦。老子讲性命学，成道教鼻祖。释氏谈慧命旨，成西方之佛。孔子论天命之性，而易行乎中。庄子吐故纳新，合于呼吸，熊经鸟伸，以求难老。汉华陀氏，因而推广，作五禽戏（虎、鹿、熊、猿、鸟），运动锻炼身心，以强精神。此皆古圣发明体育之由来也。

今之讲体育者，不能参赞古圣之旨，言术不言理，言势不言意，视击技为无用，不以作锻炼身心之大道，已失体育之原理矣。且人生日食五谷，又有七情六欲之熏心，荣卫失宜，六气所中，气血凝聚而成疾，青年人往往而夭寿，良可痛惜也。

此书是编，释明古圣真意，作象形术，以倡其道，使人四体百骸运动而象其形，效其灵性，悟其真意，通其造化，以除疾病。是故延寿，莫大乎法象，变通莫神乎心意。象以道全，命以术延；道则为体，术则为用，性命双修之法门，尽在于斯。学者至诚不息，而深思默悟，得之于身心，用之则行，舍之则藏，则终身用之不尽也。

法曰：

伏羲画卦，首明阴阳，取之身物，卦象昭彰；
阴康大舞，民体健康，黄帝内经，却病良方；
道家吐纳，禅定坐忘，孔言天命，语极精详；
汉氏华陀，象理阐扬，五禽游戏，俾人健强；
象形取义，道启康庄，命以术延，道以人昌；
勿忘勿助，至大至刚，精修性命，云胡不臧。

第一章

第一节　武艺道艺分论

盖夫武术一途，分内外两家，有武艺、道艺之称。练武艺者，注意于姿势，而重劲力；习道艺者，注于养气而存神，以意动，以神发也。

兹分述如下：

（甲）

练武艺，是双重之姿势也。两足用力，重心在于两腿之间。全身用力，用后天之意，一呼一吸，积养气于丹田之内，而吸收其有益之成分，久之则身体坚如铁石，站立姿势，稳如泰山。

一旦与人相较，起如钢锉，落如钩竿。起似伏龙登天，落如霹雷击地。起无象，落无踪，起意好似卷地风。束身而起，长身而落。起如箭，落如风，追风赶日不放松。

拳经云："足击七分手打三，五营四梢要合全，气连心意随时用，硬打硬进无遮拦。"此谓之浊源，所以为敌将之武艺，固灵根而动心是也。若练到登峰造极至善处，亦可以战胜攻取，无敌于天下也。

（乙）

练道艺者，是单重之姿势也。一足用力，前虚后实，重心在于后足，前足可虚亦可实。心中不用力，先要虚其心、实其腹，使意思与丹道相合。进退灵通，毫无阻滞，进则如弩箭在弦，发出直前而行；退则如飞鸟归巢，飘然而返，勇往迅速，绝无反顾迟疑之状态。

且练习之时，心中空空洞洞，无念无想，其姿势虽千变万化，然不勉而中，不思而得，所谓从容中道者是也。偈曰："拳无拳，意无意，无意之中是真意。"心无心，心空也；身无身，身空也。释迦所谓"空而不空，不空而空，是谓真空"，其殆道艺之学不二法门欤！

盖静者动之基，空者实之本，心中空虚则灵不昧，有大智慧、大明悟发生。如有人来击，心中并非有意防范，然随彼意而应之，自然有坚决之抗力。静为本体，动则为用，正是此意也。

盖拳发三节无有象，如有象影不为能，随时而发，一言、一默、一举、一动，行止、坐卧，以致饮食之间，皆是用。所以无入而不自得，无往而不得其道，以致寂然不动，感而遂通，无可无不可，此是"养灵根而静心者"之所用也。

第二节　初学规矩

练拳术，应循规蹈矩，不可固执己见，致有偏枯之弊。

若专从力之方面发展，则为力所拘；专从气之方面发展，则为气所蔽；专求沉重，则为沉重所捆；专求轻浮，则为轻浮所散。

总之气血并重，性命双修，循序渐进，自强不息，久之则神意归于丹田，灵炁贯于脑海，其身体自然能轻、能重。轻则身轻体健，行走如飞；重则屹立如山，确乎不拔。盖练神还虚，则身轻幻羽；气贯涌泉，则重如泰山也。

第三节　初学三害

练武术，有当注意之三害，三害不明，练之足以伤身。学者能力避三害，非特体魄强健，而且力量增加，勇毅果敢，并能神清气爽，明心见性，直入道义之门。

三害者为何？一曰拙力，二曰努气，三曰挺胸、提腹。

拙力者，用力太笨，气血凝滞，以致血脉不能流通，筋骨不能舒畅，甚至四肢拘急，手足不能灵活，浸假而虚火上炎，拙气滞满胸臆，及肢体凝滞之处，或细胞爆烈，变成死肌，或结为癥瘕，贻害终身，不可不慎。

努气者，力小任重，或用力太过，以致气满胸膈，壅滞不通，其气管往往有爆裂之虞，甚至气逆肺炸，或不治之痼疾者，亦数见不鲜。

挺胸提腹者，气逆上行，不能降至丹田，两足似浮萍之无根，重心不定，身体摇动不安。譬如君心不和，百官失其位，拳术万不能从容中道。

练习时，务要将气降至丹田，以直达于涌泉，然后身体屹立如山，虽有雷霆万钧之击，不能撼动其毫厘。

学者果能明三害，力为矫正，用九要、八论之规矩，勤加锻炼，循序渐进，以至升堂入室，而得拳法三昧，是为入道。学者其各注意焉。

第四节　桩法慢练入道

观夫世之进化，每种事业，无不先立基础而后进展。基础固，则进步速。

拳术之道，尤宜先立基础。故初学，以桩法为始；一曰降龙桩，二曰伏虎桩。练此桩法，先要虚其心，涵养本源，以呼吸之气，下贯丹田，而充实其腹；慢慢以神意运动，舒展肢体，使气血循环周身，流通百脉，脏腑清虚，筋络舒畅，骨健髓满，精炁充足，而神经敏锐，故谓之养基立本。此桩法慢练增力之妙法也。

谚云："本固枝荣。"儒谓"本立而道生"，以后无论操演何种拳势，精意莫不本此。虽起初不得妙境，久而久之，心领悟会，不难妙极神明。否则不依规矩，操之过急，四肢必生挫折之苦，虽费神劳力，而不得佳果。

桩法慢性之锻炼，系顺天命之性，合乎自然之道，一动发于性，一静存于命。偈曰"静为本体，动则作用"，正是会意形象之法门，而道蕴藏其中矣。急练求之者，难得其中实益也。

第五节　三层道理

1. 炼精化气；
2. 炼气化神；
3. 炼神还虚（练之以变化人之气质，复其本然之真也）。

第六节　三步工夫

1. 易骨

练之以固其基，以壮其体。虽老年人，可减少其石灰质，而增加其弹力性，肢体骨骼，坚如金石，重如山岳。有时意轻轻如鸿毛，意重而似泰山。

2. 易筋

练之以腾其膜，以长其筋。俾伸缩力，逐日增加，有拔山盖世之气，奋发有为，雄飞于世界。虽血亏气弱之病夫，一变而为铜筋铁骨之壮士，岂非易筋云乎哉。

3. 洗髓

练之以减其重量，增其弹力。轻松其内部，活泼其运动，俾骨中清虚灵活而身轻如羽，体健似金刚矣。

第七节　三种练法

1. 明劲

练之有一定之规矩，身体动转要和顺，而不可乖戾；手足起落要齐整，而不可散乱。方者正其中，即此意之谓也。

2. 暗劲

练之以充实其丹田，使肢体坚如金石。但神气要舒展，而不可拘；运动要圆通，活泼而不可滞。圆者应其外，正是此意也。

3. 化劲

练时周身四肢动转、进退、起落，不可着力，专以神意运用之，惟形象规矩，仍是前两种，不可改移。但顺其自然之程序，勿忘勿助，一气贯通而已。三回九转是一势，即此意也。

第二章　九要

第一节　三弓

脊背相弓，督脉上升；
两肱相弓，出势速猛；
两股相弓，进退灵通。
故谓之三弓。

第二节　三垂

肩要下垂，气力贯肘；
肘要下垂，力气至手；
气要下垂，丹田养守。
故谓三垂。

第三节　三扣

膀扣开胸，精气上升；
阴气下降，任脉通行；
手足指扣，周身力雄。

故谓三扣。

第四节　三圆

脊背形圆，精炁催身；
身形势圆，旋转通神；
虎口开圆，刚柔齐伸。
故谓三圆。

第五节　三顶

头上有顶，冲天之雄；
手上有顶，推山之功；
舌上有顶，吼狮威容。
故谓三顶。

第六节　三摆

两肘要摆，摆肘保胸；
身形宜摆，摆身形空；
膝摆步拗，旋转灵通。
故谓三摆。

第七节　三挺

挺颈贯顶，精气上通；
势若挺腰，气贯四梢；
一身抖挺，力达九霄。
故谓三挺。

第八节　三抱

胆量抱身，临事不乱；
川田抱气，气不外散；
两肱抱肋，出入不繁。
故谓三抱。

第九节　起躜落翻要义

起要势躜，落要势翻；
起要势横，落要势顺。
起为横之始，躜为横之终；

落为顺之始，翻为顺之终。
起躜落翻，四字理分清。

第三章　八论

第一节　论身

前俯后仰，左侧右斜。
正而似斜，斜而似正。
阴即是阳，阳即是阴。

第二节　论肩

精气贯顶，肩要下垂。
两肘齐心，手势相随。
身力至手，肩肘所催。

第三节　论肱

左肱前伸，右肱撑肋。
似曲不曲，似直不直。
曲相弓形，出用返方。

第四节　论手

右手在肋，左手齐心。
两手阴阳，用力前伸。
手随身动，势出宜迅。

第五节　论指

五指各分，形相似钩。
虎口圆开，有刚有柔。
力要至指，须从意求。

第六节　论股

左股在前，右股后撑。
似直不直，似弓不弓。
进则用力，股如返弓。

第七节　论足

左足直出，右足斜横。
步法莫紊，前踵对胫。
两足旋转，足趾扣定。

第八节　论谷

谷道提起，气通四梢。
两骸转动，臀部肉交。
势随身变，速巧灵妙。

法曰：

九要八论理要明，生克变化有神通。
学者悟通玄中妙，心意象形任性行。

第四章　四梢

第一节　筋梢

爪为筋梢，手足指功。
手抓足踏，气力兼并。
爪之所至，立生奇功。

第二节　骨梢

齿为骨梢，有用在骨。
切齿则发，威猛如虎。
牙之功用，令人胆辣。

第三节　血梢

发为血梢，怒发冲冠。
血轮若转，精神勇敢。
虽微毛发，力能撼山。

第四节　肉梢

舌为肉梢，卷则降气。
目张发竖，丹田壮力。

肌肉像铁，脏腑充实。

法曰：

四梢之威理要研，精神勇敢力摧山。
若明四字玄中妙，神意光芒气绵绵。

第五章

第一节　六合

六合，有内外之分。内三合，心与意合、意与气合、气与力合；外三合，手与足合、肩与胯合、肘与膝合。又曰，筋与骨合、皮与肉合、肾与肺合；头与手合、手与身合、身与足合，又谓之内外三合。

总而言之，合则谓全身法相，即是神合、意合、精炁合，光线芒芒，神光四射，气贯通，而谓之真合矣。

法曰：

心要虚空，精神要坚，
意要安怡，气要混元。
神光耀射，光线绵绵，
全体法相，无处不然。

第二节　八忌歌诀

1. 出拳高举两肋空。
2. 绝力使来少虚空。
3. 力猛变迟伤折快。
4. 臂肱直伸无返弓。
5. 身无桩法如竿立。
6. 相击易跌一身空。
7. 怒腾气升血冲脑。
8. 心智变动不机惊。

第三节　八性

八性者，即抓、扑、抖、掀、截、挂、舒、绵是也。

抓者，如饥鹰之抓物；扑者，似狸猫之向前扑鼠也；抖者，一身之力，如猛兽之抖毛；掀者，即托起，平托、高托、左右相托也；截者，是挽住不让敌人手足发出也；挂者，乃是挂住敌人手足不能退回，或左挂、右挂，使一身不得中和之力也；舒者，伸开，如鸟之抖翎，展翅抖擞撒法也；绵者，柔也，柔中有刚，如沾绵联络相随之意也。

第六章

第一节　阴阳

阴阳，动静，刚柔，虚实。一阴，一阳；一动，一静。动而生阳，静而生阴。动之始则阳生，动之极则阴生。静之始则柔生，静之极则刚生。

动而生阴阳，静而生刚柔。虚实，则阴阳动静之机；刚柔，则一动一静之理。一阴一阳之谓道，生生之谓易，成象之谓乾，效法之谓坤，通变之谓化，阴阳不测之谓神。

刚柔相推，而生变化，阴阳相摩，八卦相荡，而易行其中。以象形之理而言，动则为意，静则为性，妙用为神。动静，动而未发谓之机，发而中节之谓和。

中者，阴阳之大本也；和者，天地之大道也。致其中和，则天地位焉，万物育焉，心意象形之理而成乎其中矣。

第二节　丹田充实法

《论语·乡党篇》言："孔子屏气，似不息者。"老子谓："虚其心，实其腹。"庄子云："至人之息以踵。"孟子曰："善养吾浩然之气。"此四子者，不但得术之三昧，及养生之秘诀，并且存心养性，守中抱一，得列圣相传之道统，后人谈文治武功者，莫不奉为师表。吾侪之欲研究国术者，岂可不尊为神明，以为祛病延年、卫生保民之基础耶！

今之谈武术者，莫不以炼精化炁，炼炁化神，及洗髓、易筋等语，逢人说项，成了一种口头禅，及问其具体练法，及习学之步趋，则箝口结舌、茫然不知所答。

兹将方法、步骤及效果，述之于下，以供献于社会焉。

（一）

丹田俗名小腹，即道家所谓安炉立鼎之处，在人一身之中，即力学上，所谓重心者是也。

欲使元气充足，变成金刚之体，每日或每夜，择空气清新之处，静立，或静坐，皆可练习。

注意适当之姿势（即合法规之势），先用略粗之呼吸，以开通气道，以意力送至丹田，待到腹中气满，然后呼出（此谓后天呼吸法），如此数至十次，或二十次。即舌搭天桥，换为细呼吸，数至五十次，或一百次，迨至无思、无虑，五蕴皆空，然后顺气息之自然，勿庸暗数矣。

（二）

练气百日，必丹田膨胀如鼓，坚硬如石。宜再注意尾闾、夹脊，以上达于玉枕，及玄关，一气灌活，周而复始。上至泥丸，下至涌泉，气息绵绵，听之无声，视之不见，所谓至人之息以踵者是也。

（三）

每日练习，不稍间断，不但坎离相交（心肾相交），有不可思议之乐趣，而丹田充实，元气既足，则电力（即一身之法相）增加，磁气（即全身精炁光线）发动，能击人于数步之外，有鬼神不测之妙用。知此玄理，可以入道矣。

第三节　锻炼筋骨

欲求身体之健康，首要锻炼筋骨。骨者，生于精炁，而与筋连。筋之伸缩，则增力；骨之重者，则髓满（髓是人之精也）。筋之伸缩，骨之灵活，全系锻炼。

头为五阳之首，尾闾为督脉之门，头宜上顶，尾闾中正，则精炁透三关、入泥丸（脑海），背胸（指背筋、胸筋言）圆开，气自沉下归丹田（小腹）。

两肱抱撑，肩窝吐气，开合伸缩，力达指心（指，手指。心，是指手心，属筋）。象其形，龙蹲，目之精，爪之威；虎坐，摇首怒目，胯坐挺膝腰。腰似车轮转，身有平准线；两足心含虚，抓地如钻钻；两股形似弓，进退要连环，骨灵河车转（如机器之轮轴也），筋络伸缩如弓弦，身劲动发若弦满。手出如放箭，运动如抽丝，两手如撕绵，手足（手足四腕力也）挺劲力，扣齿骨自坚（齿属骨）。形其意摇首搅尾闾，动如飞龙升天，（"足剪"）似猛虎出林，纵跳灵空像猿猴，步法轻妙如猫行。得此要素，神乎技矣。

第四节　三性合一

夫三性者，以心为勇性，以目为见性，以耳为灵性。此三性，为艺中应用之根本也。

然运用之法，心应不时常警醒，目应不时常循还，使之精灵三性，象影相合，运贯如一。蕴发在意，其大无外，其小无内，放之则弥六合，卷之则退藏于密，其味无穷，正是三性之要义也。

第七章　六意

第一、二节　会意象形

象形者，会意也，发于外而谓之象，蕴于内而谓之意。意可蕴，亦可发，意由心出，象由性生。

《中庸》云"诚于中，形于外"，正是意象之谓也。以人之四体、百骸运动而象其形，悟其真意，效其灵性，通其造化，而以术延寿，以健身心，如华陀之五禽是也。

第三节　假借

假借者，是乘敌人之来势也，运吾之机谋，忽纵而忽横，纵横因势而变迁；忽高而忽低，高低随法（法者，天也，流行之气也）以转移。尾闾中正神光耀（精炁，电力四射也），炁透三关入顶门。

腰像车轮，身有中线，全身法象，如百炼钝钢绕指柔，似万缕柔丝缠绕，绵绵不断。

彼刚，我柔；彼柔，我刚，任他巨力雄伟汉，一指运动分千斤。此假借命名之义也。

第四节　转注

转注者，旋转圆动力而中心不失也。圆中纵横似弹丸，光线芒芒无分左右前后，即《中庸》云"中立而不倚，和而不流"，正是此义。

无论如何旋转不失中心，取义指南命名"转注"也。

第五节　指事

指事者，如阵法，似长蛇，击首则尾应，击尾则首应，击中则首尾相应。

忽上像飞龙升天，忽下似潜龙在渊。忽前后、忽左右、忽高低，像云龙之探爪，气若龙飞万里；像犹虎贲三千，如战阵行军，声东击西，故而谓之"指事"也。

第六节　谐声

谐声者，发号使令也。如龙吟虎虓，睡狮吼，神气能逼人，精气能摧人，威猛能惊人。两目神光耀，使人一见而生畏。

形之于战斗力，斜入而直出，直进而横击，刚来而缠绕，柔去而惊抖。丹田含炁，神意贯指，按实用力，吐气发声，故取义"谐声"也。

第八章

第一节　修养要论

盖夫人生先天体质虚弱，后天失调，久罹病苦，医法已尽，药物无灵。此术能使其身体健康，患根拔除。

胆气薄弱，意志颠倒，焕乱不宁，阴阳不交（即心肾不交），稍遇惊恐，心胆俱裂。苟能依术锻炼川山之炁，充实其腹，以镇定心神，而增百折不挠意志力，法不仅愈己之病，而且对于家庭之上，精神，肉体，痛苦，亦能随缘普济。换而言之，由肉体方面，渐进向精神进步研究，善能变化人之气质，使刚者柔，弱者强，病者愈，胆惊壮。

学者得此要素，则人生多美感之快乐，古圣千辛万苦始得之法门不传，今一朝启其秘藏，明此道理，可以通三教之真髓矣。

第二节　生理呼吸

人类呼吸之作用目的，最切要者，曰生活机能。故圣人视息曰命，可知生命与呼吸是非有二，一呼一吸者，即吾人之生命也。

欲知生命之真意，必先研究根本。第一步曰"呼吸"，且吾人肉体中，最重要之物质，为血液。夫血液之营养分，非藉呼吸不能制造纯良鲜血质。因空中气分中有一种养料，名酸素，此质吸入内部，则使全体能起酸化作用，且酸素与细胞组织中老废物化合而为碳酸素，藉呼吸作用以吐出之。

空中之新酸素吸入腹内后，则能使黑暗色之旧血液为深红纯良之新血液，辗转交流，循行全身，是即呼吸收效果、目的之法门也。

第三节　实修内容大纲

1. 正身法。
2. 调息法。
3. 修心法。

其正身法内，有注意与随意二法。

调息法内，有三步呼吸：1. 努力呼吸；2. 丹田呼吸；3. 体呼吸（即法轮长转）。

修心法：1. 至诚；2. 守一；3. 腹呼吸。此为修心炼性，次第实修之法门。

调息法与修心法互相结合，笃行而生一种天然之佳趣，下列表以指示结合系统途径：

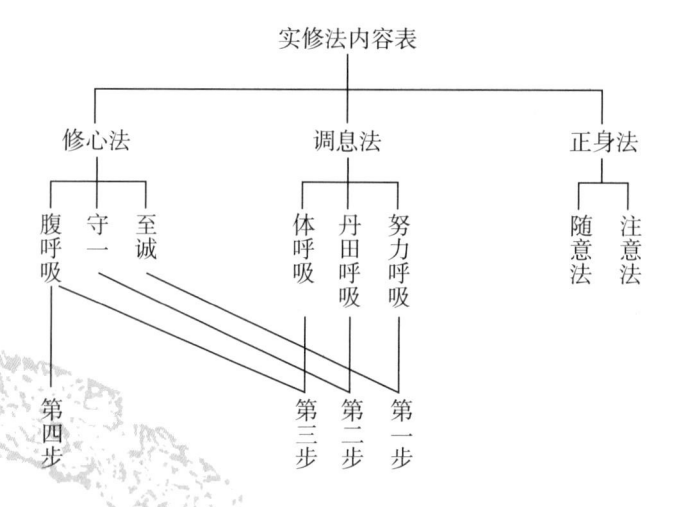

```
                    实修法内容表
         ┌─────────────┼─────────────┐
       修心法          调息法         正身法
      ┌──┼──┐        ┌──┼──┐        ┌──┐
     腹  守  至       体  丹  努      随  注
     呼  一  诚       呼  田  力      意  意
     吸          吸  呼  呼      法  法
                        吸  吸
      │                │   │   │
     第四步          第三步 第二步 第一步
```

此表学者，初见似难悟会，然实极简易，其要点不过由浅入深。如调息法中之努力呼吸，即丹田呼吸之先导；丹田呼吸又为体呼吸之准备。

详而言之，体呼吸又为修道之终法，最上乘之工（功）夫。修心法中，至诚不息，为守一之纲领；守一又为体呼吸之法门。如学者果能至诚不息，则可以入道矣。

调息由精神方面作用，进于体呼吸。先要铲除杂念，而至诚不息、抱元守一之佳果得矣。

第四节　正身法

先要注意，身体相当之姿势及态度。无论行止、坐卧，务要使脊骨柱正直无曲，首勿倾于前后，耳与肩对，鼻相对脐。道经云："尾闾中正神贯顶，炁透三关入泥丸。"此姿势，宜常保守，不但练时为然，勿论何时、何地，莫忘却此法。《中庸》云"道不可须臾离"者是也。

正身用意，动作皆于法规，不可随意倾跌，学者最宜慎之。

第五节　注意法

欲实行修养法时，最注意者，即适当之姿势。如练时，先向下腹部，以意沉气贯通，使出小腹突出（常人不知此法）。

但初行时，总苦气不及于腹。其法最紧要者，即闭口齿，以鼻向外徐徐出气（而微细有声，出至力不能出时，下腹自然实出）。

第六节　随意法

随意法，即权便之法门也。无论行止、坐卧、车上、马上，皆可随意而练之（此法用意而练）。

有一时工夫，修一时道；有一刻工夫，练一刻心。一日内，十二时，意所到，皆可为。

偈曰："行立坐卧任呼吸，一呼一吸立丹基。唇齿着力学龟息，息字自心圣人知。四个橐籥八卦炉，不知不能立丹基。"

第七节　三步调息法

调息法者，即调和气息之谓也。分为努力呼吸（后天）、丹田呼吸（先天）、体呼吸（周天）。

此三种呼吸，乃是修道始末根本工夫，由粗入细，由细入微，由微入道。若论其极，绵绵若存，若有若无，若实若虚，忽忘忽助。呼吸不从鼻中而出，从全身八万四千毛孔云蒸雾起，往来而出入。

道至此时，全体安适，悠悠而入于极乐世界矣。

第八节　呼吸与精神关系

呼吸者，则谓之调息也。息调则心静，息外无心，心外无息。欲得息外无心之妙，必须真调息。

息调则心定，心定则神宁，神宁则心安，心安则清静，清静则无物，无物则气行，气行则绝象，绝象则觉明，觉明则性灵，性灵则神充，神充则精凝，精凝而大道成，万象归根矣。

第九节　组织调息法

练工（功）夫时，宜择天朗气清之地，敛情摄念，心无所思，目无所见，鼻无所嗅，耳无所闻，口无所言，神将守形，"任从两足行动处，一灵常与炁相随"。《坛经》云："行也能禅，坐也能禅；行也绵绵，坐也绵绵；醒也绵绵，睡也绵绵。"

气升乾顶，气降坤田；出息微微，入息绵绵；至诚不息，性命永安。

第十节　努力呼吸

努力呼吸与自然呼吸，并无大异，惟呼息、吸息稍微用力于下腹部耳。

开始行功之时，须将身体立正，面微仰，目斜上视。先从口中念"呵"字，念得气不能出时（念时切莫有声，有声反损心气），然后再用鼻子吸入空中新鲜清气，使肺中十分充满，则横膈膜向下，以意力向下腹用力，徐徐送至丹田，时间停止少许，谓之停息。嗣后将腹内之气，从鼻中微微呼出，使横膈膜次第向上，而胸部肺底之浊气，可以排泻而出。

以上呼息、吸息二法，循环为之，其呼吸机能顺通，乃移于丹田神意呼吸。偈曰"一呼一吸，通乎气机；一动一静，通乎造化"，正是此意也。

第十一节　丹田呼吸

丹田呼吸，此法与前努力呼吸所异者，呼息，气下入丹田，而谓之阖；吸息，气辟而上升，谓之开（又谓阴阳相交）。曰："一阖一辟谓之变，往来不穷，谓之通（即明心见性）。"

呼息下贯丹田，吸息上至心脑（谓之水火即济），以心意以存于心肾，使气上下而往返，则精气透泥丸。偈曰："三田（泥丸、黄庭、土釜）往返调生息，混元二炁造化机。"神不离气，气不离神，呼吸往来，通乎二源。

久行此功，则丹田炁充而精凝，精凝则性灵，性灵则神合一。呼吸之息，如无呼吸状态，工（功）夫至此，然后可进论体呼吸法矣。

第十二节　体呼吸

体呼吸者，乃呼吸最上乘法。前两步呼吸，不过为达此步之途径，虽由丹田呼吸渐进而至于体呼吸，但体呼吸乃是周天法轮之呼吸。此呼吸全不赖呼吸器而出气息，从全体八万四千毛孔云蒸雾起而为呼吸。

然此呼吸，实为呼吸最终之目的，最上乘之法门。故习此道者，不可不恒心努力达此境域。盖真体呼吸，虽未易得，而能恒求之，不难由近似而得真实也。

练体呼吸，须要充实气力于下腹，以意在内换气；呼吸从尾闾，上升透脊骨、过玉枕、入泥丸，而至下鹊桥，度重楼、过黄庭（离宫，心也），至丹田，而谓之一周（周天）。转法轮以意力，由脐轮向左，从小而大；再向右转脐轮，由大而小，由中达外，中全外，由外至中归无极。

此节工（功）夫，乃是精神真正呼吸。非有真传，难入其道；非有恒心，难达其境。学道者勉力为之，以期达此境域，是为至盼。

第十三节 修心法

修心法者，即成道不二之法门也。释谓"明心见性"，道谓"修心炼性"，儒谓"存心养性"，其名虽殊，则理是一。

至其练法，则先藏气于丹田，作丹田中之意识，使头部渐渐冷静，杂念灭除，妄念次第消散，以全身精神集注于下腹，入于无念状态，腹呼吸自然现于意识界，遂成一种抱元守一之象。以期达此三步最上乘工（功）夫，从至诚不息中而求之。

修心练性之术，尤愿上等有根器者笃行之。

第22部分　李剑秋先生形意拳论

李剑秋（1890—1956），名英杰，原籍河北束鹿县。出身于贫苦农民家庭，从小酷爱武术。8岁开始学拳，13岁时曾背井离乡到北京谋生，先后在西四牌楼西聚兴德玻璃商店、隆福寺和丰商店、打磨场藤子铺等处作学徒。1912年入天津河北公园武士会深造，并历任北京侦探队武术教员等职。

1913年到清华后，除专任清华武术教员，并仍任尚武学社教员兼教务长，还担任过"北洋武士会"教员、"上江总司令部"技术教官、"中央军官学校"技术主任等职。

1918年冬，他"因事赴鄂"，实际上是由武尽臣介绍去湖北荆州"长江上游总司令部"教授拳术及拼刺约一年。后来校刊在一则题为《不慕荣利》的报道中说："本校拳术教授李剑秋先生，前曾在吴光新军中充拳术教练，上次战役，吴军在九门口赖拳术之力居多，兵士多钦佩先生武术超群、教导精善。日前虽敦请先生充先锋队总队长，但先生以处清华十年，与同学感情甚深，颇不愿离此就彼，已婉言谢绝。同学闻之，莫不欣欣然有喜色云。"

1925年5月，他又经前校长应星介绍，去南京中央军校教授国术近一年。由此可窥见李剑秋社会声望之一斑。

1939年6—8月，他曾去太行山天明关鹿钟麟处教太极拳两个月，终因"发现他们不是真正抗日"而辞回。

1942—1945年，他曾先后或同时在艺文中学和师大女附中教武术课。

1945年清华教授陈福田北上筹备复校事宜，他又被请回学校，开始担任护校守卫工作。（现在清华档案里还保存着他护校工作受表彰的文件："李剑秋，忠于职守，对管理物资仓库及监视校卫队尤甚小心，并日夜巡查，不辞辛劳。"）

这期间还曾流传着他惩治日本兵的轶事。抗战期间，清华校园曾陷敌手，被办成一所伤兵医院，校舍与设备均遭到破坏。日寇投降后，有一大批日本伤兵还来不及运走。李剑秋回校后看到学校遭破坏，本来心里就有火气，但一些日本兵听说他是武术教师，竟然还很不服气，想寻机和他"比试比试"。有一天，李剑秋略施身手就把几个寻衅的日本兵摔到沟（校河）里了。从此，日本兵见了他再不敢寻衅了。

学校复课后，李剑秋仍在马约翰教授主持的清华体育部担任武术教学工作。1949年以后，他一直坚守工作岗位，每周讲课12小时，指导业余训练10小时。他在一张履历表上写道："何种专长：形意拳、劈刺；研究项目：中华刺枪术，今后拟研究改进中国之国术，使其科学化，除去陈腐玄妙部分……"

著名体育家马约翰教授和夏翔教授在与李剑秋先生长期共事中，经常与他切磋武术理论和技艺。1919年马约翰赴美进修研究期间，硕士论文标题之一就是《中国拳术入门（The Primer of Chinese Boxing）》，虽然其论文署名马约翰教授，但显而易见，它通篇都融合有李先生的毕生习武心得，特别是里面几十张示范动作插图，都是李先生与另一位拳术大师所示范。这本书的最大特点就是以介绍中国武术的基础知识为主，并结合了许多近代体育的科学解释，而且这本书也是有史以来第一次用西方语言来解释中国拳术的划时代的著作。该书堪称是一部中西合璧（马约翰专攻西方体育，而在上述作品中马多用中西比较的方法讲解中国武术）的体育杰作，同时也是李剑秋先生在清华所留下的一份非常珍贵的财富。

1956年，一代拳师李剑秋病逝于清华园。

总论

夫拳术为用，大矣！强健身体，防御外侮，其大纲也，实即为我国国粹，然我国人能之者绝少。在昔士子，多汲汲从事科举之道，撙取功名，其余工艺之徒，商贾之辈，知识学问，更属缺乏。以是强身之道，几无有顾而问之者，区区拳术之传，又何往普及哉？外人病夫之讥，良有以也；自列强武器之输入，竟以枪炮为利器，而拳术益替矣。

然外人之侨居我国者，每观我国拳术而不胜赞叹惊讶焉。每有从而学之者，佗然以示其国人，众咸奇之。以我国人所鄙夷而不屑学者，外人见之，而反愿得其传。说者谓此皆凡人好奇之心性使然，然拳术之未尝无价值，即此已可见一斑矣。我国人欲定其价值者，当先知所取舍、知所研究，即得之矣。

第一章　拳术之功用

长跑、短跑、跳远、跳高、跳栏、撑竿跳、掷铁球、铁饼、标枪、足球、篮球、网球、游泳、铁杠、木马，诸种运动，除游泳、足球、篮球外，用力之处，皆有所偏。如跑、跳，则下身用力大于上身；掷铁球、铁饼，则臂与肩用力大于腿与足。若习此种运动，则其肌肉之发达，气力之增加，必局于某部位，而他部若未经练习者也。

必欲尽其类而皆习之，以遍获其益，则于时间既不经济，而此种运动器具与地场，则学校内亦未必完备，若在它处，则更难于遂愿。

若习拳，则必全身齐力，凝神集气，目欲其明捷，肢欲其活泼，颈欲其灵旋，腹欲其坚实。体既如是，而精神团结，意志果决，刚毅之气，忍耐之力，于是乎生矣。且不变无所择，不待于广，徒手而操，不待于器，其利便为何如哉？

论其应用，不特保护一身，更可保护他人，挟弱抑强，侠义之风，即于此基之。习拳术之利益，非较习各种运动而有特别优点乎？

第二章　形意拳术之功用

拳术之功用，既于前章言之矣，形意拳术功用，亦不外是。

形意拳术者，应用既胜于普通诸拳术，而习之尤利便，无论男女老少，苟志于是，则皆无所困难也。何以知之？曰无腾跃，无打滚，但求实用，不求可观，是以知其无难也。

若习之而达于深奥，则虽力胜于己者，亦不难击之于丈外，制敌之命，易如反掌焉。顾形意之效用，不尽在是，尤能使精神充足，做事敏捷。前者可祛病延年，后者可有为于世，此即其功用之最大者也。

第三章　形意拳术之基本——五行拳

五行拳者，劈拳、崩拳、攒拳、炮拳、横拳也。分五节以演之。

第一节　劈拳

拳名劈者，以其掌之下，如斧之劈也。练时眼看平，或看前手，头向上顶，胸任开展，小腹鼓气，臀向前挺，两膝稍屈，而两胯相夹甚紧，足随手前推前进，其前进之形如箭，盖其进也直而速。及其着地，则如箭之中物，足趾紧扣住地，固而不易拔矣。

步之大小，随身之长短，前腿虽有前进意，而亦含后扣意，在后之腿虽屹立不前，而颇有前催意。前后相夹，不亦稳乎？

其余各部，其用力始终依前所云。收回手时，收法在用力拳屈各指，如拉重物然；收至心口，掌复变为拳矣。于是更自心口发，出须留意者，凡后拉而变掌为拳时，其掌皆含有下压之力；凡拳前伸时，皆含有上挑之力。

其故维何？盖以其掌在前所止之处，较心口稍高也，进大步时，后足即上垫，使两足距离有定，以免不稳之患。劈拳中凡随拳而出之步，皆属垫步，在劈拳内手足皆相随而为一者也。余从略。

第二节　崩拳

崩之为义，山圮也。山之圮，其势必甚猛，而此拳之性似之，故名。

须注意者，右肘终须里裹，与劈拳同。庶几肘穴向上，微见下弯，则全肢不觉僵直矣。此中妙处，久习自得。

足尖平直前射，右足竟可与左足跟接触，壮其势也；同时身须直挺，头上顶，切勿下垂，腿势必微弯，以步过小。

第三节　攒拳

攒之为义，聚也。此拳之动作，有似手攒，故名。步法多与劈拳同，从略。

第四节　炮拳

炮之取义，与崩略同，谓其拳之作用似炮也。此拳系破敌从高击下之拳也。

盖形意妙处，每发拳攻人，同时可自护；及人攻我，而我自护时，我亦能即此攻人，故人每不及自御也。

两腿微弯，右腿有前催之力，而在前之左腿，则虽前向，亦颇含有稳立意。同时将全身之气，收聚于小腹，暗运于四肢，则其二臂之力本不多者，至此终须增加数倍矣。以其数倍其力，故虽壮夫，莫之能当也。

第五节　横拳

此拳用法，不直而横，故名横拳。练时肘要紧裹，后拳自前臂肘下发出，切记。

第四章　进退连环拳

进退连环拳者，连五拳而成者也。

凡十一着：一、劈拳；二、崩拳；三、退步崩拳；四、顺步崩拳；五、双横拳；六、炮拳；七、退步劈拳；八、劈拳；九、攒拳；十、劈拳；十一、崩拳；十二，作崩拳转身，转后次序仍如前，至再作退步崩拳时止，即以退步崩拳收式。

第五章　形意玄义

形者，式也；式在外，人得而见之。意者，志之所在也；意非形，人莫得而见之。意主于形，形不能自动，凡形之动，多意使之。虽心肺等无意而终不息其运动，然心肺实未尝自动也，此近世生理学家所公认者。凡形之动，其机在筋肉，筋肉强壮，而意不锐敏，则力虽大而其动迟；筋肉既强壮，而意又锐敏，庶乎善矣。虽然，犹未也，设令其骤遇强敌，仓卒之间，欲其处以常态，应以妙手，上难矣哉。是犹令未学之孩童，初试其手工也，鲜克心手相应；然久习形意拳者，则以不难为之矣。

夫今之新教育家，每竭力提倡工艺。工艺之要，唯在心手相应耳。然则设有精通形意之术，以习工艺者，其习之也，当较易矣。由是观之，形意之功用，册仅限于强身自卫哉？

抑又有进于是者，聚气于胸，则喘而不久；聚气于小腹，则久而不碍呼吸，渐积渐充，而此气浩然，更可以意导之。若当拳古出时，则导之十拳，是不啻以全身之力，运而聚于拳之一点，其势之猛，宁可当耶？

若偶犯不适，则导气于病处，血来贯注，其中白血轮，实能杀微生物而去其病。且刚直之气，充塞两间，精明强干，神色粲然，孟子所言岂欺吾哉？必如此，始可以膺重任，其为社会，为一己，谋事均无遗憾矣。

今但举其大概如此，若夫神而明之，尤在于善悟者。

第六章　形意拳术之要点及其研究

形意拳术之要点凡四：

1. 闭口

舌舐上腭，津生则咽下。

闭口者，所以保气之不外泄，而防空气中之秽物入口也。不但习拳时宜如此，凡不用口时，皆宜如此。

舌舐上腭者，所以生津液，使口不干燥也。津生下咽，则更使喉间亦滋润也。

2. 裹肘、垂肩、鼓腹、展胸

裹肘，则臂必弯曲；微弯，则肩之力可由此而运至于手。此一要点，凡形意门中拳数皆不能脱离于此。试论劈拳，必如此而全身之力始能运五指之端。故人每以为五指力弱，安能击人而仆之于丈外，而不知五指之力果弱，今得全身之力皆聚于此，则亦何难为哉？若不裹肘，则臂僵，僵则力止于臂，而不能外发。学者盍一一试之，即可知矣。

垂肩者，使气不浮，而下聚于小腹也。若不垂肩，其能久持者，几希矣。

鼓腹者，聚气于小腹也。人身有二大藏气处：一为肺，一为脐下小腹。藏气于肺，则不久必放，呼吸使之然也。今藏气于小腹，则肺之呼吸既不能引之外泄，而积气于此，亦无碍于呼吸，如是气当舒足，必能持久。不然，甫交手而喘声大作，面红耳赤，心跳勃勃，脉张力竭，殆矣。

展胸者，所以使积气不碍呼吸。每有欲聚气于小腹，而强迫肺中之气于小腹者，其迫之也，必抑胸使平，其结果必至于肺部不发达，而呼吸多阻碍，伤身最甚矣。故今虽鼓气于小腹，而于肺则一任其自展，庶即可无害矣。

3. 两腿相夹，足趾抓地

两腿相夹者，即所以免身之前后倾倒也。尝见壮汉斗一较弱而活泼者，以壮汉之力而论，宜足以胜敌也，而每有战败者，用力偏也。

盖当其进步时，或全身前倾，毫无后持之力，故其敌得藉其力，乘其势以仆之。

足趾抓地，即所以使身更稳固也。

4. 目欲其明，欲其敏，更欲其与心手相应

交手之时，原全恃乎心手之作用，而据其最重要之地位者，目是也。

目而不明不敏，不能与心手相应，而能胜人者，亦鲜矣。此理人皆知之，然用目于交手之时当若何，此则所宜研究者也。

（一）交手之时，高则视敌之目，以其之所视，必其手之所向也。
（二）中则视敌之心，以其手之出入，必在心前也。
（三）下则视敌之足，以其足之所向，即其身之所在也。

第七章 形意拳术之特长处

形意拳术之较长于普通拳术者，凡三端：

1. 身稳气平

每见习普通拳术者，辗转腾跃，时用足踢人，非不美观也，非不可谓为一种运动也。然不足以交手，何也？我劳人逸，我危人安也。

夫两相交手时，两足犹恐不能稳立，宁有暇分其足以踢人乎？苟踢而不中，其败也必矣。且二目瞿瞿静观敌之动以应可也，何为而腾跃以自劳乎？形意则无如此无益之举动。

2. 拳法简捷

普通之拳术，其臂之动也。守为一着，攻为一着，若人攻我，则必先御之，而后得攻之。形意则不然，攻即守，守即攻，一着而备二用。何以言之？曰试论劈拳之拳式，设人以左拳攻我心口，无论其拳之高低如何，我但进步向其右旁，以右劈作劈拳之拳式，架住其臂，是我已自防矣。同时我但如此前进，我臂即斜刺擦其臂而前，苟其手不敏，必中我拳矣。此守即攻之谓也。

苟其手而敏，则必将我拳撩起外推，然我于是即乘其撩推之势而抽回我拳，同时将拳渐向下沉，沉后变拳为掌，骤成劈拳，前推其身，彼欲防备不及矣。何也？彼之撩而推也，必用大力，势难一时收回，我则本藉其力，而急欲攻之者也。我但作一圆圈，而彼已中我拳矣。

我一臂攻之，而使其不暇自防，更无暇攻我，是不啻攻即守矣。形意拳术，不诚灵便乎？或曰崩拳甚直，恐无如此妙用，应之曰崩拳已有二用，苟敌攻我之拳而高也，则我拳自其拳下斜入，作上挑之力。当我拳斜入时，我身必进至敌之旁，则彼之拳，我已躲过，我今在其拳下作上挑之力，同时又不废前击，则彼拳即欲下压我拳，必已不及。好及，亦不能竟压我拳，以我已顶防也，而同时彼身已中我拳矣。

苟敌攻我之拳而低也，则我拳自其拳上斜击，作下压之力。彼拳被我压下，则其臂之长，不能及我身，而我拳自彼拳上擦过，已中其身矣。孰谓崩拳无二用乎。

3. 养气壮志

此长处，唯作内功者始能得之，形意则内外功兼有之，广如第五章所说。

第23部分　姜容樵先生形意拳论

姜容樵（1891—1974），字光武，河北沧州人。现代著名武术家、武术教育家、武术理论家。

出身武术世家，曾祖父姜廷举为秘宗拳大师。幼读私塾，并从叔父德泰（武进士）、姑丈陈玉山习练"铁腿"，传得行侠暗器等技，于"万能手"孙通处学秘宗拳械及擒拿格斗之技。

1909年投师张占魁专习形意、八卦拳术。先后从师二十余载，因事师至诚，深得内家拳术之奥，成为张占魁门下佼佼者之一。后又从李霖春研习太师鞭，并于李景林处习武当剑、李雨三处习青萍剑、好友汤士林处学太极拳。先生习武常说："懂其一门不称善，善则全而精，汇各家各门之长，聚而精，方悟一国之术。"他这种打破门户偏见、汇集众家之长和勇于进取、刻苦好学的精神，受到武术界的一致赞扬。

1920年，在津浦铁路局任职员期间，始授武技。后执教江苏省第十中学。

1928年，在上海与李芳辰、徐静仁诸先生各捐私资创办尚武进德会。在传播武技的同时，还致力于编撰出版尚武丛书，出版了《当代武人奇侠传》（12册）。

30年代又发起组织"健康试验社""击技试验社"，与徐致一、贾蕴高、曹德模、马步周等十余位先生筹建，共同探讨挖掘、整理、继承和发扬国技的工作。主张"国术强身，以技击敌"，深研拳论。

1932年受聘为南京中央国术馆编审处处长工作十二年，主编《国术丛刊》。此间先生受张之江馆长、李景林副馆长委托，代表"中央国术馆"巡视地方国术馆，主持武赛，组织裁判人选。力倡国术之外，亦全力以赴去从事考察、研究整理中原一带的武术。曾先后到河南温县陈家沟、嵩山少林寺、湖北武当山和山西蒲州等地，走访立据可考的遗老、长者，查阅族谱、家谱、墓碑，翻阅大量乡土志、县志以及历代藏书，寻根究底。

抗日期间，先生辞离国术馆，前赴皖南大学担任文学、历史讲师三年。先生素日爱国志坚，为鼓气民众，抵御外患，曾勇于投稿至《求是月刊》等爱国刊物。

晚年定居于上海虹口区多伦路原张之江寓所，致力于整理遗文、编述新作。后双目失明，犹口述手划，指导后学。1949年中华人民共和国成立后，仍从事著述和授拳。

新中国成立后，深蒙党和人民政府的关怀，姜老先生的高超拳艺如枯木逢春，得以充分的重视和发扬。1953年11月被聘为第一次全国民族形式体育表演大会武术副总裁判长。曾多次在全国武术大会上表演形意、八卦、秘宗、陈氏太极长拳、太师鞭、青萍剑、八卦奇门枪等拳术和器械。

1953年任全国民族形式体育表演及竞赛大会武术总裁判。

姜先生一生精武通文，著作颇丰，先后编纂出版了《写真秘宗拳》《写真形意母拳》《形意杂式捶八式拳合刊》《太极拳术讲义》《写真太师虎尾鞭》《写真太师水磨鞭》《写真鞭枪大战》《写真青萍剑》《昆吾剑》《少林棍法》《写真八卦奇门枪》《八卦掌》等28部武学著作，为武术文化遗产的发掘、继承和发展作出了突出贡献。

姜容樵先生一生嗜武，教授后学更是孜孜不倦，可谓是桃李满天下。仅据1964年整理的《形意拳师承宗谱》中所列之入室弟子即有姜宗毅、姜宗陶、张文广、沙国政、季远松、曹恭、杨邦泰、邹淑娴、卢永才、葛天生、沈仲初等多人。先生晚年常在上海虹口公园习武练体，持技授徒，姜老当时虽有目疾，仍亲传口授，一丝不苟。

1974年去世，享年83岁。

形意拳之名称

吾国拳术，派别之广，门户之多，可谓极尽光怪陆离之能事。至于拳剑刀枪棍棒之术名，要皆家自为说，人自为师，其种类诚难更仆数；若术名中之动作名称，则更奇怪百出，无从推寻其由来。

去年国术考试，余列席考试委员，第一曰预赛，录表演之拳械名称，不下二百种。最令人注意者，如拼命拳、武松脱栲、鲁智深醉打、刘唐下书、孙二娘大战，凡此种种，不遑枚举，无论其艺术之价值若何，第就名称而言，如以瓦岗寨、梁山泊、抱犊崮之人名作标题，编为教科，吾不知学生方面，能否不生一种特别感想，其影响国术前途，不待言矣！

至若术中之动作名称，亦不可轻忽，曩见某专书中所载，如罗章跪楼、罗章见红娘、张飞上马、老妈妈纺线等名词，阅之殊堪发噱，吾不知其何所据而云然，此亦名称亟应改善之一端也。至象形命名，如南派之八拳，本为鹤蛇相争，字门拳，则为龟鹊斗智；若北派之螳螂拳，少林之五禽拳，各皆有命意之所在，而名与实，固相符也。

形意拳，亦象形取意之一种，而其包括甚宽，其演式至简，似较专采一形一象者为完善。北方自李洛能传授形意时，仅五行连环、十二形，半数而已，至郭云深先生仍之。后由李存义先生，及同门某公，赴山西太谷，寻访同门前辈精斯术者，乃得尽其所学，而载之归。形意至是，乃又一变。

劈、攒、崩、炮、横五拳，取金、木、水、火、土五行也。五行炮，取五行生克也。连环则五行联贯一气也。十二形，取龙、虎、蛇、鹰、熊、猴、马、鼍、鸡、鹞、鸵、燕十二像也。杂式锤，十二形精华联贯也。安身炮，十二形择要对击也。以至八式拳、五行刀剑、十二形枪棍，无一非象形取意而命名，述形意之名称如此。

形意拳之魂魄

魂魄者，拳术中攻守之用法、天然之能力、演式之秘诀也。攻守用法、天然能力，皆进取防守，闪展腾挪，刚柔虚实，随机变化之谓也。

初学谈此，颇非易事，第如太史公所谓虽不能至，心向往之可耳。盖此为进阶第二、三层之功夫，非至炉火纯青，内外合一，甚难明此三层道理也。郭云深先生云：形意拳有三层道理，有三步工夫，有三种练法。三层道理者：一、炼精化气，二、炼气化神，三、炼神还虚。三步工夫者：一、易骨，二、易筋，三、易髓。三种练法者：一、明劲，二、暗劲，三、化劲。

兹余所述，皆为第一步，即炼精化气，易骨、明劲是也。初步工夫，如三体式，暨五行、十二形各桩法，多为双重（即身体重点两腿平均）。初学入门，由此阶进，决无流弊。否则第一步即练单重，慎防差毫谬千。

惟双重姿势，亦不可手足挺直。手足挺直，气浮身漂，如吹气之皮球，着手即腾空飞起。须两腿弓曲，松膀扣肩，合胸裹肘，头顶项竖，丹田极力抱劲；后膝前催，前膝后缩，提肛如忍粪状。吾师兆东先生云："形意之魂魄，全在丹田。"余友姚馥春云："形意拳之两胳膊，完全生于丹田。"是非造诣极深者，不能道其只字也。

在第一步工夫之手足腰腿，只要每式不离三才六合，便可循序以进（参观三才六合篇）。如以三才式变劈拳，第一式两膀极力松劲，两肩极力扣劲，两肘下坠，而均朝外极力扳劲，两拳极力往里裹劲，裹至小指朝上为合度。

每一静式，头顶项竖，即熊形也，切记式式有一熊形。每一动式，起蹿落翻，即鹰形也，切记式式有一鹰形。此皆形意之秘诀，斯术之魂魄。迨至第三步功成，则随高就低，忽短忽长，当刚自刚，知己知彼，斯时盖从心所欲不逾矩焉。

形意拳之优点

形意拳，为近代最盛行之拳法，亦柔术之正宗，早为术家所公认。惟斯术易学不易精，徒以一知半解，即认为已臻上乘，反使术家目为伎俩浅薄，无足取者。迨至炼精化气、炼气化神、炼神还虚，三步功夫全备，其奥妙优点，固无待余之喋喋也。

尝见某书所论，形意拳法若何练法，可以成佛；若何练法，可以登仙，否则非盲目，即炸肺，或结疮毒等症，是又故神其说，致使学者望而生畏，且为提倡国术之障碍也。

斯编所论，取其长，而舍其短。所谓短者，譬如甲乙两派，此处手法，按甲派练习，则有弊；按乙派练习，则有益；是则合甲而尊乙，其弊自无，更勿庸记其短也。

形意拳之优点，全在攻人之坚，克人之刚，进亦进，退亦进。故未习形意拳之国术家，谓形意拳有进无退，其实不然。盖因其足腿姿势虽退，而其身手着法，仍在制敌，敌未见其退，特疑其有进无退。

兹将斯术之异于他种拳术者，暨坊间国术书中之讲解分疏之。坊间某国术书所载，有拍腿、扑地、跺脚、二起腿等。谓拍腿，系我被敌人抓住衣服，或身腿各部，用以拍出敌手。扑地，系撮石或抓土以击敌者。跺脚，用以震慑敌胆。二起腿，系以足踢敌下颏，手拍足背，用劈敌面部者。此种讲解，无论精当与否，而其撮土、抓石、跺脚，已觉俗俚不堪，更遑论其艺术之价值耶。

余会见一人，批评形意拳无用，并谓形意拳如未至登峰造极，一手不能应用，甚至谓手足弯曲，毫无力气。殊不知形意拳之优点，即此手足弯曲，及练习时见效之速，远非他种拳术所可同日而语者。

如同时练拳，而习形意者，在最短期内，准可得到良好效果，他拳则未能也。普通之拳术，站必前弓后箭，鼓胸叠肚，弩气扳膀，虽能发育肩膀胸臂，而出手踢足，一发无余。须知拳至极点，其劲已散，犹如吹气十足之皮球，着手即腾空而起，攻亦为人所乘，更遑论守耶。

若形意之姿势，不前探，不后仰，其手足两腿、两臂，似弯不弯，似直不直，其劲蕴蓄于内，不用不散，用之不竭。攻势立能变守，守势立可变攻；攻取之中含守，防守之中有攻。故形意拳与太极拳、八卦掌相提并论，盖皆不谋而合，其道则一也，记形意之优点如此。

形意拳奇正相生说

余初习迷踪拳，迷踪在北方为最盛行之技击，若静海霍元甲、余友韩慕侠、吾师兆东先生，盖皆曾习斯术者。余习之数年，尚能踌躇满志，然欲求其奇正相生，则诚戛戛乎其难矣！

继习形意拳始，尝嫌其简短，缺乏美观，以为无所取义，更不知奇正相生为何物。孰知练习既久，豁然贯迪，其妙诚有出人意料之外者。以态度论，雍容儒雅；以劲力论，刚柔相济；以攻守论，虚实兼备，即以演式开合论，形意中之五行、连环、十二形、八式各拳，无不奇正相生，长短互用。

如由三体式变劈拳第一式，两手起攒捋回，横足垫步为奇；第二式，进右足，劈右拳，两手落翻为正。

攒拳第一式，横足垫步，翻掌裹肘为奇；第二式，进右足，右拳起攒而出，左拳落翻撕捺为正。

崩拳第一式，突出右拳，拧身拗步为奇；第二式，进步再突左拳，顺步为正。

炮拳第一式，前进鸡步，两肘抱肋为奇；第二式，拗步突拳为正。

横拳第一式，前进鸡步，左拳原地翻裹为奇；第二式，再进拗步，横出右拳为正。

此形意拳五行拳之奇正也，余可类推。

各拳无不奇正相生，然此仅就演式开合而言。若攻守对敌，或攻取用奇，防守用正；或防守变奇，攻取变正，皆不可定，要在功夫纯熟、随机变化而已。

形意八卦合一说

形意拳，为岳武穆所发明。至清初，长安姬隆丰，往终南山访道，遇异人授《形意拳经》，斯术乃传世焉。

八卦拳，系有清道光之季，文安董海川先生，访道雪花山，遇修士，传河图洛书，按八卦编成拳法，是为八卦掌之源流。

二拳相隔殆二百年，固非创自一人，同是传世之技术也。按形意拳为柔术之上乘，内家之正宗，盖能刚柔相济，进退互用。顾后人多有偏刚不柔、有进无退者，所谓毫厘之差，千里之谬，学者偶不精到，时为术家所诟病。

至八卦拳，则亦有刚柔相济之妙。当董先生以八卦掌授徒于北省之时，其教人之法，纵横矫变，奇正循环，伸缩顺逆，形如游龙。初以为刚，当之则柔；或目为柔，遇之则刚。

闻清咸丰间，形意拳之前辈、李洛能先生之弟子郭云深先生，与董海川先生遇于京师，苦战三日，未分胜负。时郭之艺已震南北，而自忖终觉不逮，但未见八卦之特长，终未肯屈服。其时董海川先生，亦欲窥形意之优点，故用意比试三日。至第三日，董以掌进，愈变愈广，郭大拜服，遂互相研究数月，始知二者名虽异，其理法则一，二者固交相为用，相辅而实相成者也。当时议决，合为一门。

习形意拳者，以八卦掌调剂之，自无偏刚偏进之弊；习八卦掌者，以形意拳辅佐之，则有刚柔相济，攻坚克锐之能。故后之习形意拳者，必及八卦掌；习八卦掌者，必学形意拳。即术家名称，亦以形意八卦连带呼之。此形意八卦合一之由来，录之以告海内同志。

形意五行拳说

五拳者，劈、攒、崩、炮、横之术名也。其源生于五行，即金、木、水、火、土也。

劈拳之形似斧，性属金；攒拳之形似电，性属水；崩拳之形似箭，性属木；炮拳之形似炮，性属火；横拳之形似弹，性属土。

由相生之理论之，故劈拳能生攒拳，攒拳能生崩拳，崩拳能生炮拳，炮拳能生横拳，横拳能生劈拳。如万物之于土，故横拳又能生各拳。

由相克之理论之，故劈拳能克崩拳，崩拳能克横拳，横拳能克攒拳，攒拳能克炮拳，炮拳能克劈拳也。

形意拳相生相克说

相生者，劈生攒，攒生崩，崩生炮，炮生横，横生劈。往来连贯练习，即劈、攒、崩、炮、横也，是为相生。

相克者，劈克崩，崩克横，横克攒，攒克炮，炮克劈。往来连贯练习，即崩、横、攒、炮、劈也，是为相克。

五行习完，便习生克；生克合并，即五行炮之对击也。惟斯编系独习，而非对击，盖初学之基础，繇此始可进阶也。

形意拳连环拳说

混合五行拳法，连络成组。倏进倏退，式皆循环；闪转腾挪，式皆连贯，其进退也无定，故名曰进退连环拳。今多从简，称之曰连环拳。

连环拳法，以五行拳法为母，故五行拳法，其初步也；相生相克拳法，其进阶也；连环拳法，其进阶之法程也。此法共分十余式，进退各半。因其范围稍小，是以有引长之法，实非小也。其引长法，即前节不转身，至崩拳式，仍接二式，如此往返，可增倍数。如至首转身后，仍欲重习引长，则可继续起首演习。

拳法以应用为主旨，生克拳，连环拳，所以连贯。五行拳因时措用，握之为拳，伸之为掌，故又可变为连环掌，此乃徒手之应用也。

无论枪棍刀剑，皆可劈刺砍打以应用，此乃手势之变化也。五行拳、相生拳、相克拳、连环拳，皆形意之母拳，能包括各种器械，故变化之伎俩无穷境也。

第24部分　靳云亭先生形意拳论

靳云亭，名振起，号云亭，生于1881年。幼年体弱，不耐久劳，闻形意拳可以却疾，于是遍访名师，后从尚云样、孙禄堂二先生游，不但痼疾得愈，且身体由此变为强壮，进而又得到了中华武士会李存义先生之悉心指授，其技益进，声誉鹊起。

民国元年，步军统领江朝宗延其教授京营。袁世凯闻其名，延聘督教其诸子。嗣入工艺学堂、育德学校为武术教师。

1919年秋，因武进盛玉麟之邀请，靳云亭来沪授拳，计十余载。盛氏亲戚故旧均从其学，海上之好拳勇者，踵门求学，门塞为患。

靳云亭生性淡泊，不求闻达，其貌英伟，衷怀和易，非赳赳武夫可比，故为时人所重。1928年，中央国术馆于南京成立，孙禄堂先生曾招靳云亭前去任事，然靳终以"拳为小道，名忌太高"而婉辞之。

1928年，在中央国术馆提倡国术强身救国的号召下，上海市国术馆成立，聘请靳云亭先生为形意拳、八卦掌教员。

靳云亭先生虽读书不多，但著述颇丰，在友人的帮助下，先后出版了《形意拳五纲七言论》《形意五行拳图说》，皆由大东书局出版。

1935年第六届全国运动大会于上海召开，其中国术比赛分为拳术、器械、摔跤、射箭、弹丸、踢毽、测力数项，靳云亭先生与胡朴安、吴峻山、姜容樵、吴鉴泉、孙存周、陈微明、唐豪等14人同被邀为拳术组裁判。

1937年，日军入侵，淞沪事变，上海沦为孤岛。当时，党团小组益友社，针对日伪当局妄图多方破坏的阴谋企图，广泛团结当时国术界人士，联合各武术团体，邀请在沪的国术界知名人士，成立了"上海市国术协进会"，团结同仁，提倡国术，切磋技术，并时常举行国术表演，以扩大坚持抗战的思想影响。靳云亭先生基于爱国抗日的热忱，积极参与。

靳云亭先生来上海后，无论是在盛家还是在南洋公学，所授主要以健身自卫为主，于技击很少涉及，故有人认为他教的形意拳"不涉技击"。而实际上靳云亭先生深谙技击之道。1930年3月，上海交大学生会数理研究会在文治堂召开成立大会，应邀与会的有一美籍教授谈佛生。谈氏精通西洋拳术，且身体魁伟，闻交大设有技击部，特往南院参观学员练习。

因初见中国拳术缓迟，不禁哑然失笑，于是要求与教练靳云亭较量。因谈为客人，靳采取守势，任其进攻，谈氏用尽西洋手法，丝毫不能近靳之身，因而对中国拳术大加赞佩（见上海交通大学纪事）。

靳云亭先生一生遨游南北，授拳为业，其艺以形意、八卦为主，兼习太极，器械则以剑术为最精。顾留馨曾向其学习形意拳，近代徽商代表人物方梦樵初至上海国术馆时，也曾从靳云亭学习形意拳，并留有合影一帧，然此二人最终专注于太极拳之研究。因资料有限，终未闻靳先生之有影响力的传人事迹，殊感可惜。

形意说

形者，形象也；意者，心意也。人为万物之灵，能感通诸事之应，是以心在内，而理周乎物；物在外，而理具于心。

意者，心之所发也。是故心意诚于中，而万物形于外，内外相感，不外一气之流行。故达摩祖师本之而创是拳，其旨在养气、在益力，动作简而功用无穷，故名之曰"形意拳"也。

形意拳一气

太极本混混沌沌，无形无意，而其中却含有一气。其气流行宇内，无所不至，而生机萌焉，名曰"一气"，亦曰"先天真一之气"。由是气而生两仪，而天地始分，阴阳始判，人类亦于是乎产生。故是气也，实为人类性命之根，造化之源，生死之本。

人能养是气，而保之弗失，则长生；斲（斫）丧之而听其涣散，则夭死。形意拳者，是以后天人为之锻炼，参阴阳，合造化，欲施乾转坤，由后天返先天，保养是气，而使之登于寿域者也。故是拳，虽变化万端，玄妙百出，若概括言之，总不外乎"练气"二字。

两仪者，由一气而生，即天地也，亦即阴阳。独阳则不生，孤阴则不长，阴阳酝酿而万物化生，此天地自然之理也。

人生亦一小天地也。凡四体百骸，一举一动，无一不可以阴阳分之。阴阳和，则体健而动作顺遂；阴阳乖，则体弱而举动失措。盖阴阳由"先天真一之气"而生，然欲养此先天真一之气，而保持不失，亦必先自阴阳调和始，此习形意拳者不可不知两仪者也。

如以人体言，肩，阳也；胯，阴也；肩与胯须相合，即阴阳相合也（肩与胯合、肘与膝合、手与足合，是曰外三合；见后形意拳六合）。肘，阳也；膝，阴也；肘与膝须相合，即阴阳相合也。手，阳也；足，阴也；手与足须相合，即阴阳相合也。

以动作言，伸，阳也；缩，阴也；起阳也，落阴也；伸缩自然，起落合度，亦即阴阳相合之谓也。

他如阴中有阳，阳中有阴；阴极则生阳，阳极则生阴，错综变化，莫可端倪。学者须体会其意，而明辨之可也。

形意拳三体

三体者，天、地、人，三才之象也。在拳中为头、手、足是也。

三体又各分为三节，而内外相合，头为根节，在外为头，在内为泥丸是也。脊背为中节，在外为脊背，在内为心是也。腰为梢节，在外为腰，在内为丹田是也。

又如肩为根节、肘为中节、手为梢节；胯为根节、膝为中节、足为梢节，是三节之中，又各有三节也。此理乃合于六书之九数。丹书云："道自虚无生一气，便从一气产阴阳，阴阳再合成三体，三体重生万物张。"此之谓也。

形意拳四法

形意拳四法：一曰身法，二曰手法，三曰脚法，四曰步法。

身法

不可前栽后仰，不可左斜右歪，往前一直而进，向后一直而退。

手法

其劲在腕，其力在指，转动灵活，开合自如。

脚法

脚起而躜，脚落而翻，不躜不翻，一寸而先。

步法

又有寸步、疾步、躜步，三法。

寸步者，即张身用寸力催逼而进，后足一蹬，前足自进（不必换步）。

疾步者，马形步也。其要全在后足用力，所谓消息全凭后足蹬也。

躜步者，一足放直前进，后足随之。步法除寸、疾二步外，躜步最为普通，在三步中尤称最要者也。

形意拳五纲

劈拳者，五行属金而养肺。其劲顺，则肺气和。夫人以气为主，气和，则体自壮也。

攒拳者，五行属水，能补肾。其气之行，如水之曲曲而流，无微不至也。其气和，则肾足；清气上升，浊气下降。

崩拳者，五行属木，能舒肝，是一气之伸缩也。其拳顺，则肝平而长精神，强筋骨，壮脑力。

炮拳者，五行属火，能养心，是一气之开合，如炮炸裂也。其气和，则心中虚灵，身体舒畅。

横拳者，五行属土，能养脾和胃，是一气之团聚也。其形圆，其性实，其气顺，则五行和而百物生焉。

劈拳之形，似斧，故属金；攒拳之形，似电，故属水；崩拳之形，似箭，故属木；炮拳之形，似炮，故属火；横拳之形，似弹，故属土。

由相生之理论之，劈拳能生攒拳，攒拳能生崩拳，崩拳能生炮拳，炮拳能生横拳，横拳能生劈拳。

由相克之理论之，劈拳能克崩拳，崩拳能克横拳，横拳能克攒拳，攒拳能克炮拳，炮拳能克劈拳。

形意拳六合

形意拳最重要之点，在一"合"字。动作合，则姿势正而获其益；动作不合，则姿势乖而气力徒劳，不可不知也。

所谓合者有六，身无偏倚（谓不可歪斜），心平气和，意不他动，动作自然，谓之心与意合、意与气合、气与力合，此内三合也。

动作时两手扣劲，两足后跟向外扭劲，是曰手与足合；两肘往下垂劲，两膝往里扣劲，是曰肘与膝合；两肩松开抽劲，两胯里根抽劲，是曰肩与胯合，此外三合也。总名之曰六合。学者能熟知六合之法，则练习时自能触类旁通，而一举一动，无不合法。

盖内三合之外，还须心与眼合，肝与筋合，脾与肉合，肺与身合，肾与骨合。

外三合之外，尚须头与手合，手与身合，身与步合也。

观此可知，形意拳动作之间，无论内外，莫不有阴阳之分，即莫不寓有互相联合之理，学者当体会及之。

形意拳七疾

七疾者，眼要疾，手要疾，脚要疾，意要疾，出势要疾，进退要疾，身法要疾也。习拳者具此七疾，方能完全制胜。所谓纵横往来，目不及瞬，有如生龙活虎，令人不可捉摸者，惟恃此耳。

一、眼要疾

眼为心之苗。目察敌情，达之于心，然后能应敌变化，取胜成功。谱云"心为元帅，眼为先锋"，盖言心之主宰，均恃眼之迟疾而转移也。

二、手要疾

手者，人之羽翼也，凡捍蔽进攻，无不赖之。但交手之道，全恃迟速；迟者负，速者胜，理之自然。故俗云"眼捷手快，有胜无败"。

谱云"手起如箭落如风，追风赶月不放松"，亦谓手法敏疾。乘其无备而攻之，出其不意而取之，不怕敌之身大力猛，我能出手如风，即能胜之也。

三、脚要疾

脚者，身体之基也，脚立稳则身稳，脚前进则身随之。形意拳中，浑身运力平均，无一处偏重；脚进身进，直抢敌人之位，则彼自仆。谱云"脚打踩意莫容情，消息全凭后足蹬，脚踏中门抢地位，就是神手也难防"。又曰"脚打七分，手打三"。由是观之，脚之疾，更当疾于手之疾也。

四、意要疾

意者，体之帅也。既言眼有监察之精，手有拨转之能，脚有行逞之功，然其迟速紧慢，均惟意之适从。

所谓立意一疾，眼与手脚，均得其要领，故眼之明察秋毫，意使之也；手出不空回，意使之也；脚之捷，亦意使之捷也。观乎此，则意之不可不疾，可知矣。

五、出势要疾

夫存乎内者为意，现乎外者为势。意既疾矣，出势更不可不疾也。事变当前，必势随意生，随机应变，令敌人迅雷不及掩耳，张皇失措，无对待之策，方能制胜。

若意变甚速，而势疾不足以随之，则应对乖张，其败必矣。故意势相合，成功可决；意疾势缓，必负无疑。习技者，可不加之意乎。

六、进退要疾

此节所论，乃纵横往来、进退反侧之法也。当进则进，竭其力而直前；当退则退，领其气而回转。

至进退之宜，则须察乎敌之强弱，强则避之，宜以智取；弱则攻之，可以力敌。要在速进速退，不使敌人得乘其隙，所谓"高低随时，纵横因势"者是也。

七、身法要疾

形意武术中，凡五行、六合、七疾、八要等法，皆以身法为本。谱云："身如弩弓，拳如箭。"又云："上法须要先上身，手脚齐到方为真。"故身法者，形意拳术之本也。

摇膀活胯，周身辗转，侧身而进，不可前俯后仰，左歪右斜。进则直出，退则直落。尤必顾到内外相合，务使其周身团结，上下如一，虽进退亦不能破散，则庶几不可捉摸，而敌不得逞。此所以于眼疾、手疾等外，而尤贵乎其身疾也。

形意拳七顺

肩要催肘，而肘不逆肩；肘要催手，而手不逆肘；手要催指，而指不逆手；腰要催胯，而胯不逆腰；胯要催膝，而膝不逆胯；膝要催足，而足不逆膝；首要催身，而身不逆首。

心气稳定，阴阳相合（凡人四体百骸，伸之则为阳，缩之则为阴），上下相连，内外如一，此之谓七顺。

形意拳八势

形意拳之姿势，其重要之点有八：一曰顶、二曰提、三曰扣、四曰圆、五曰抱、六曰垂、七横顺须知清、八起攒落翻须分明。

顶者，头望上顶，舌尖顶上腭，手望外顶是也。

提者，尾闾上提（即塌腰），谷道内提（使阳气上升督脉）是也。

扣者，胸脯要扣（开胸顺气，使阴气下降任脉），手背要扣，脚面要往下扣是也。

圆者，脊背要圆，虎口要半圆，胳膊要月牙形，手腕外顶要月牙形，腿曲连弯要月牙形是也。

抱者，丹田要抱，心中要抱，胳膊要抱是也。

垂者，气垂丹田，膀尖下垂，肘尖下垂是也。

横者，起也，顺者，落也，起者，攒也，落者，翻也。起为横之始，攒为横之终；落为顺之始，翻为顺之终。

手起而攒，手落而翻；足起而攒，足落而翻。起是去，落是打；起亦打，落亦打。勿论如何，起落攒翻，往来总要肘不离肋，手不离心，此形意拳之所宜注意之姿势也。

形意拳八要

八要者何：一、内要提；二、三心要并；三、三意要连；四、五行要顺；五、四梢要齐；六、心要暇；七、三尖要对；八、眼要毒也。

内要提者，紧撮谷道，提其气使上聚于丹田，复使聚于丹田之气，由背骨而直达于脑顶，周流往返，循环无端，即所谓"紧撮谷道内中提"也。

三心要并者，顶心往下，脚心往上，手心往回也。

三者所以使气会于一处，盖顶心不往下，则上之气不能入于丹田；脚心不往上，则下之气不能收于丹田；手心不往回，则外之气不能缩于丹田。故必三心一并，而气始可归于一也。

三意要连者，心意、气意、力意，三者连而为一，即所谓内三合也。此三者，以心为谋主，气为元帅，力为将士。盖气不充则力不足，心虽有谋，亦无所用。故气意练好而后，可以外帅力意，内应心意，而三意之连，尤当以气为先务也。

五行要顺者，外五行为五拳，即劈、崩、炮、攒、横是也；内五行为五脏，即心、肝、脾、肺、肾是也。

外五行之五拳，变化应用，各顺其序，则周中规，折中矩，气力之所到，而架势即随之；架势之所至，而气力即注之。气力充，则架势为有用；架势练，而气力乃愈增。故五行要顺者，即所以顺气也。

四梢要齐者，舌要顶，齿要叩，手指、脚趾要扣，毛孔要紧也。

夫舌顶上腭，则津液上注，气血流通；两齿紧叩，则气贯于骨髓；手指、脚趾内扣，则气注于筋；毛孔紧，则周身之气，聚而坚。

齐之云者，即每一作势时，舌之顶、齿之叩、手、脚趾之扣、毛孔之紧，一齐如法为之，无先后迟速之分。盖以四者，如有一缺点，即气散而力怠，便不足以言技也。

心要暇者，练时心中不慌不忙之谓也。

夫慌有恐惧之意，忙则有急遽之意。一恐惧，则气必馁；一急遽，则气必乱，馁乱之时，则手足无所措矣。

若平日无练习之功，则内中亏虚，遇事怯缩，临敌未有不恐惧、不急遽者。故心要暇，实与练气相表里也。

三尖要对者，鼻尖、手尖、脚尖相对也。

夫手尖不对，鼻尖偏于左，则右边顾法空虚；偏于右，则左边顾法空虚；手与脚、脚与鼻不对，其弊亦同。

且三者如偏斜过甚，则周身用力不均，必不能团结如一。而气因之散漫，顶心虽往下，而气不易下行；脚心虽往上，而气不易上收；手心虽往回，而气不易内缩，此自然之理也。故三尖不对，实与练气有大妨碍也。

眼要毒者，谓目光锐敏而有威也。

毒字，即寓有威严疾敏之意，非元气充盈者，不能有此。盖习拳术不外乎练气、练力。练力可以健身体，练气可以长精神。

功夫深者，能丹田凝聚，五脏舒展。此人之精神必灵活，脑力必充足，两耳口鼻等官，必能各尽其用，而目尤必神采奕奕，光芒射人，是即所谓毒也。

形意拳九歌

身

前俯后仰，其式不劲。
左侧右歆，皆身之病。
正而似斜，斜而似正。

肩

头宜上顶，肩宜下垂。
左肩成拗，右肩自随。
身力到手，肩之所为。

臂

左臂前伸，右臂在肋。
似曲不曲，似直不直。
过曲不远，过直少力。

手

右手在肋，左手齐胸。
后者微搨，前者力伸。
两手皆覆，用力宜匀。

指

五指各分，其形似钩。
虎口圆满，似刚似柔。
力须到指，不可强求。

股

左股在前，右股后撑。
似直不直，似弓不弓。
虽有直曲，每见鸡形。

足

左足直前，斜侧皆病。
右足势斜，前踵对胫。
随人距离，足趾扣定。

舌

舌为肉梢，卷则气降。
目张发耸，丹田愈沉。
肌容如铁，内坚腑脏。

臀

提起臀部，气贯四梢。
两腿缭绕，臀部肉交。
低则势散，故宜梢高。

形意拳总诀

三项

头望上顶如顶屋，舌尖上顶顶上腭。
手掌向外顶如托，明了三顶力拔木。

三扣

面要下扣目视前，膀尖扣手贵自然。

腰背扣脚须相连，明了三扣精神添。

三圆

肩背如弧要半圆，胸脯要圆气自宽。
虎口要圆似月弯，明了三圆妙自传。

三抱

丹田要抱气为根，心中要抱身为主。
臂膊要抱四梢停，明了三抱能保身。

三垂

气垂丹田病不生，膀尖下垂深意存。
肘尖下垂肩为根，明了三垂身体灵。

三月牙

臂膊似弓要月牙，手腕外顶要月牙。
腿膝弯屈要月牙，明了月牙势不差。

三停

头颈上停竖不倾，身子要停分四面。
腿膝下停如树根，明了三停功夫深。

五行拳要义口诀

1. 劈拳（功用）

劈拳属金，是一气之起落也。劈者，以其掌之下，如斧之劈也。故于五形之理属金，其形象斧。

在腹内则属肺，在拳即为劈。其劲顺，则肺气和；其劲谬，则肺气乖。

人以气为主，气和则体壮，气乖则体弱。故形意拳以劈拳为首，即以养气为先务也。

劈拳歌诀：

> 两拳以抱口中吉，拳前上攒如眉齐。
> 后拳随跟紧相连，两手抱胁如心齐。
> 气随身法落丹田，两手齐落后脚随。
> 四指分开虎口圆，前手高低与心齐。
> 后手只在胁下藏，手足鼻尖三对尖。
> 小指翻上如眉齐，劈拳打法向上攒。
> 脚手齐落舌尖顶，进步换式阴掌落。

2. 攒拳（功用）

攒拳属水，其气之行，如水之委宛曲折，无不流到也。

在腹内则属肾，在拳即为攒。演之而合法，则气和而肾足；反之则气乖而肾虚，气乖肾虚，则清气不能上升，浊气不能下降，而拳之真劲，亦不能出矣。学者当知之。

攒拳口诀：

> 前手阴掌向下扣，后手阳拳望上攒。
> 出拳高攒如眉齐，两肘抱心后脚起。
> 眼看前拳四梢停，攒拳换式身法动。
> 前脚先步后脚随，后手阴掌肘下藏。
> 落步总要三尖对，前手阳拳打鼻尖。
> 小指翻上肘护心，攒拳进步打鼻尖。
> 前掌扣腕望下横，进步掌翻打虎托。

3. 崩拳（功用）

崩拳属木，两手之往来似箭出连珠，盖一气之伸缩也。

在腹内则属肝，在拳即为崩。若演得其法，则能平气舒肝，长精神，强筋骨，壮脑力，为益非浅鲜也。

崩拳歌诀：

> 崩拳出式三尖对，虎眼朝上如心齐。
> 后手阳拳胁下藏，前脚要顺后脚丁。

后脚稳要人字形，崩拳翻身望眉齐。
身站正直脚提起，脚起膝下横脚趾。
脚手齐落剪子股，前脚要横后脚顺。
崩拳打法舌尖顶，前手攔肘望上托。
进步出拳先打胁，后脚是连紧随跟。

4. 炮拳（功用）

炮拳属火，是一气之开合；如炮忽然炸裂，其弹突出，其性最烈，其形最猛。

在腹内则属心，在拳则为炮。演之合法，则身体舒畅而气和；演之不合，则四体不顺而气乖。其气和，则心中虚灵；其气乖，则心中蒙昧。学者当深究之。

炮拳歌诀：

两肘紧抱脚提起，两拳一紧要阳拳。
前手要横后手丁，两拳高低肚脐抱。
气就身法入丹田，脚手齐落三尖对。
拳打高低与心齐，前拳虎眼朝上顶。
后拳上攒眉上齐，虎眼朝下肘下垂。
炮拳打法脚提起，落步前拳望上攒。
拳脚齐落十字步，后脚是连紧随横。

5. 横拳（功用）

横拳属土，是一气之团聚也。

在腹内则属脾，在拳则为横。其气要顺，顺则脾胃和缓，否则脾胃虚弱。

又，其拳要合式，合则内五行和，而百体均舒畅；谬则内气失和，而举动咸失措。

总要性实，气顺，形圆，劲和，方能尽横拳之能事。先哲云"在理则为信，在人则为脾，在拳则属横"是也。

横拳歌诀：

前手阳拳后手阴，后手只在肘下藏。
换式出手脚提起，身法一站气能通。
舌尖上卷气外发，横拳换式剪子股。
斜身要步脚手落，后手翻阳望外拨。
落步阳拳三尖对，鼻尖脚尖紧相连。

横拳打法后拳阴，前手阳拳肘护心。
左右开弓望外拨，脚手齐落舌尖卷。

练习形意之要点

练习形意有四点最宜注意（形意拳无论何拳，均须注意此四点），一曰裹肘，二曰垂肩，三曰鼓腹，四曰展胸。

裹肘者，无论上攒平伸，臂必微弯，则肩之力可由此而运至于手。

垂肩者，所以使气不浮，而下聚于小腹也。

鼓腹者，纳气于小腹也。人身藏气之所，为肺与小腹。藏气于肺，必须呼出而更吸新者，其气不能久留；藏气于小腹，则无须呼吸，较肺气能持久也。

展胸者，所以使胸怀开展，而不碍呼吸也。欲藏气于小腹，必先抑胸使平，而迫肺气入丹田。如是，则肺部即受压迫，而呼吸当不能畅快，故又须展胸，使肺部不碍呼吸焉。

形意拳练习须知

1. 时间

练习形意拳，最好在黎明时行之，时间以一小时为限（不可过长）。如因时间经济，减缩至三四十分钟亦可。惟不可间断，须日日练之，对于身体上方能有益。

倘因业务之关系，早起无空闲工夫，可于日中或晚上，规定若干时练之。惟饭后不宜，须经过一二小时方妥。

2. 空间

地点须在室中，有长一丈五尺，阔八尺之面积，即够应用。此系就个人在家庭间练习而言，若须合若干人同练，须另定相当之场合。

3. 中间休息

练习时间，普通以五分钟为率；休息时间，亦以五分钟为率。即练至五分钟时，休息五分钟再练是也。

如因身体强壮，尚有余力，或精力孱弱，不能维持至五分钟者，得因各人之体力何如，而增减之。

4. 禁忌

练习室中，虽要空气流通，但不可使大风吹入，须将当风一面之窗户掩闭。例如冬日北风大，则闭北面窗户，而启放南面窗户是也。

盖形意拳能养气活血，长力强筋骨，故练至若干分钟之后，即大汗淋漓，百窍俱开，此时若吹风，即易受寒也。故在中间休息时，虽甚燥热，不可以扇取风。停止练习后，须待身体温和汗止，方可出练习室。

又，在练习时间内，须心神一致（即每规定之时间），不可饮茶汤、吸烟及食各种食物，并不可大声谈笑。

在练习时间休息五分钟时，身体虽觉疲倦，不可就坐，当在室中徐徐绕行若干周，则神气自定，而精力亦恢复（在团体练习室内不设坐位）。

夏日练习，勿因热而赤膊，须着一汗衣蔽体。冬日练习，勿因寒而多穿衣服，致臃肿不便，必须卸去其长衣。

第25部分　韩超群先生行意拳论

韩超群，名羽，字超群，生于1906年。河北祁州（今安国市）伍仁桥镇张乡村人。少年时求学于保定市河北省立第六中学（也称保定中学或保定六中），后以高材就读于北平高师。其学生时代曾得到北京太极拳名家刘彩臣先生的精心传授，因此对太极理论研习颇精。

从北京高师毕业后，回到保定六中担任博物老师。在此期间，又拜刘纬祥先生为师学习形意拳。由于很有天赋，悟性极高，深得刘纬祥先生器重。在民国时期的南京第一届国术比赛中，以刚猛猴拳和九州棍，力克群雄，获第一名，荣为国手。

韩超群先生，习文兼好武。于形意、八卦、太极无一不精，并贯通三家，理法通融。后拜刘师纬祥先生为师后，则专攻形意，练就了一身精湛的武艺。

韩超群先生曾任保定国术馆长一职，教授门生众多，对于保定地区的国术推广和发展做出了极大贡献。

韩超群先生不仅武技精湛，对武术理论亦多有研究，先后著有《太极大纲》《拳术与生理学》，以及协助其师刘纬祥编辑了《国术讲义——行意拳谱》等多篇武学著作。可惜的是韩超群先生的著作在文革时期大多遗失不存，实为国术界之一大损失也。

行意拳基本姿势的要诀

起手鹰捉式，为行意拳的基本姿势，有名之为"三体式"者。此姿势以静为本体，以动为作用，练行意拳者，莫不知之。惟其中要点，约十六端。

兹述之如下：

1. 两足抓地

此乃利用屈趾的肌肉之收缩，使两足趾如抓住地面者然。
第一，因此种筋肉的索挈，可以引起下腿诸肌肉（胫骨前肌）的紧张。
第二，大趾往内下边一扣，两脚自然站稳。
第三，足心觉得有往上提的意思，两足跗自然穹窿，发生弹力，动作必能轻活灵妙。

2. 明骨里扣

明骨，即下腿之胫骨。胫骨里扣，能使下腿后部之筋内（腓肠肌、比目鱼肌）收缩，有将足踵提起，使其离地之意（实未离地）。

又因明骨之里扣，大趾亦自能向里扣住，足趾抓地矣。

3. 合膝裹胯

合膝者，即利用缝匠肌之收缩，而使两膝有内旋相接近之意；合膝则明骨自能里扣。

裹胯时，如前胯裹，则身子的阴阳面分明。身法端正，气能沈（沉）于丹田。

如后胯裹，则后膝自合于两膝，皆利用内收肌之收缩，而欲使大腿内转也。

4. 内随外提

内随者，即大腿前侧的肌肉（四头股肌）收缩，欲使下腿伸直之意也。

外提者，即大腿后侧肌肉（二头股肌）的收缩，欲使下腿屈曲之意也。

内随外提，同时并行，则两腿既不能伸直，又不能极屈，取双方拮抗之意。结果两膝必然固定，两胯不致游移，则"胯能催膝""膝能催足"矣。

5. 身法正直

即躯干取自然的姿势，不前栽，不后仰，不左歪，不右斜，则腰必能扶住，丹田必能下沉，胸腔开展，气管舒通矣。

6. 臀勿欠起

腰部扶住，丹田下沉，取腰腹两方筋肉之拮抗，而臀部乃不致欠起。

如臀一欠起，则腹前凸，乃必偏于腹之一侧。且姿势亦不美观。

7. 垂胸扣膀

使两肩下垂而不耸起也。

"垂胸扣膀"是使两肩自然下垂，将胸廓放于自然的位置也。

既不许前凸，前凸则成鸡胸；又不许后抽，后抽则成伛偻。胸廓位置，如能正确，则肺脏不受压迫，气管正直而气道必能舒适也。

8. 手心回提

手心有回提之意。

宜五指散开，虎口要圆，则因屈指肌及伸指肌等的收缩，而引起两膊肌肉的紧张，庶上肢关节舒通之效。

9. 头顶项钩

头要顶住，项要钩住，则头不致前俯后仰也。
头既端正，视线平稳，神气自能充实。

10. 目注星斗

星斗者，即前把之第三指的第一节也。
"目注星斗"，视线可以平正，精神可以团聚，不致涣散，则心意气力，自能相合也。

11. 舌顶齿扣（叩）

上下门齿，自然扣住，再使舌顶上腭，即用舌尖抵住硬口盖也。可以增盛唾液分泌之量。

分泌不息，源源不绝，润泽口腔，口遂不干；全行嚥下，更助消化，故曰"舌顶上腭，津液还丹"。且舌顶上腭，则喉头开豁（以会压软骨被牵于上方），气管通畅，气自下沉于丹田也。

12. 闭口藏腮

闭口者，即使口似闭而不闭，似开而不开，而自然禽住的意思。使气不由口出入，只由鼻出入。

藏腮者，使两颊不向外凸而有收藏之意。如腮藏，齿扣，而舌顶，气不入于口腔，庶乎气道通畅。

13. 提肛叠肛

即使肛门括约肌加紧其括约的力量，所谓谷道上提，如忍大便。

14. 五行合一

使气沈（沉）丹田，内部充实，则各内脏——心、肝、脾、肺、肾，其机能，互相调和，连贯如一，各得其所，各司其事，自无内顾之忧，而对于肢体亦能尽共辅佐之功也。

15. 四梢聚齐

手心回提，是为肌梢；舌顶上腭，是为肉梢；两齿扣住，是为骨梢；毛发耸起，成其血梢。

四梢本身体之余绪，微末之处，吾人尚注意及之，则大处更无论矣。故曰"五行四梢，聚齐合一，方能成其一块"。

16. 六合咸宜

心与意合、意与气合、气与力合，是为内三合，即心、意、气、力，合而为一也。
肩与胯合、肘与膝合、手与足合，是为外三合，即手、足、头、身，合为一体也。
而内三与外三相合，则精神自能与身体相合矣。

如将以上各点，细细揣摩，神而明之，其气力必能充乎周身，沈（沉）于丹田，达于四梢，胸襟必能开豁，精神必能焕发也。古人云："登高必自卑，行远必自迩。"吾人于此基本姿势，幸加注意乎。

民国二十四年五月十日
《求是月刊》第一卷第四期

技击术与生理学之关系

言传拳勇，史详技击，国术之由来久矣。国术者，强健身心之捷径也，为我先哲特创之技能、方法、途径，别具神妙。凡能之者，其矫捷灵变之姿态，解脱搏击之神通，远非他邦所能企及。总理（推荐者注：即孙中山先生）曰："无论个人、团体或国家，有自卫能力，方能生存。"是以强国必先强种，强种必先强身。

吾国称雄于环宇者，已五千年，降及近世，以国民忽视体育，缺乏训练，遂失其竞争自卫之能力，国势日微，国境日蹙。乃有志之士，奋臂疾呼，努力国术救国运动，上下响应，举国景从。行见民族体魄，日趋康健，自卫能力益有进境，国势转弱为强，可立而待也。

近以国术之提倡日亟，而国术科学文化之声浪日高，一般人以为欲使此术在国民体育上占有坚固不拔之地位，应使受有科学之考验，庶于推广上，乃能增大其效率。

夫国术本身，并无缺点，然传授不得其法，则弊害立见。更以国术种类繁多，门派之间殊深，或密不示人，或自诩鸣高，不能为公开之研究，遂使未窥其门径者，妄加诋毁，要亦国术界自取之咎也。

兹值举国上下注视国术之时，窃愿本个人数年来研究体验之所得，对于技击与生理学之关系，贡献于国术同志、海内贤达之前，以供商榷，并请指正！

1. 关于姿势方面

甲、头项

拳谱云："头要顶住，项要钩住。"夫头顶、项钩，乃使头项正直之要诀也。练拳之时，头部不宜前倾，亦不许后仰，唯恐其前倾，故使项用力，若有向后钩住之意，非真向后钩也。唯恐其后仰，故头有向前顶住之意，非真向前顶也。

盖以头部为全身之首脑，颅骨之中，有脑髓之存在。脑髓者，精神最高之府也。故头项之姿势如何，其影响于脑髓者甚大，彼摇头晃脑之弊端，皆由头不知顶、项不知钩，所养成也。

又颜面上部，两眼在焉。眼之视线要平，须看前手。上视与下视，俱见呆笨不灵，精神死板。如头正项直，两眼自能平视矣。

按生理学言，头之所以前倾，因颈前部之肌肉，过用力收缩所致。头之所以后仰，因颈后部之肌肉，过用力所致。夫头颅骨本与第一颈椎相关（为一种杵臼关节），以其易为俯仰之运动。在练拳之时，因局部用力，头部不偏重前倾者（前倾者较多），必偏重于后仰。然欲使其既不前倾又不后仰，为平衡地置于颈椎之上，要非使颈前肌与颈后肌一齐收缩，为相反的作用不可，此所谓肌肉之拮抗作用，即头顶、项钩之意，极合于物理学上第一种杠杆作用之原理也。

然拳术上有所谓"左顾右盼"者，即头项之运动可以左右回转。考头部回转之原因，乃基于胸锁乳突凹之伸缩作用，及第一颈椎与第二颈椎的枢轴关节。

原夫第一颈椎仅有脊髓弧，并无椎体，令首便于低昂；而第二颈椎，上方有一齿状突起，嵌入第一颈椎，令首便于左右。胸锁乳突肌跨于颈之前面及侧面，起自胸骨与锁骨，止于颞骨及枕骨。当一侧作用时，能使头部回转。故左侧者收缩，则头向左转，视线随之而左，是为左顾；如右侧者收缩，则头向右回，视线亦随之而右，是为右盼。

夫攻人之术，妙在指左打右，声前击后，务使虚实进退，变化莫测，以此制敌，必操胜算。是以头颈回转之运用，实刻不容缓也。

抑尤有进者，吾人内耳之三半规管，专司保护头部之位置，维持身体之均衡。因三半规管内之淋巴液，当头部运动时，亦随之流动，而刺激管内之感觉细胞，该细胞受刺激，亦随流动之方向产生相同之感觉。故身体各种不当之姿势，影响于头部者，有赖于此种感觉之纠正者其多；反之，头部之姿势不端，亦易使身体之姿势不良，吾人对于头部，岂可不加意乎？

乙、躯干

"身法不可前栽后仰，不可左歪右斜"，此身体端正之姿势也。然练拳者每犯"拽胸、凸腹、伛背、拱腰"诸弊。

凡物体之重心低降，且其垂直线在支持面之中心者，恒较安定。吾人平时全体之重心实在胸部，重心既高，稍受外力之撞击，极易跌蹶。练拳之时，架式一站，躯干端正，重心自能降低，身体无论进退转动，必安稳自若。

彼拽胸、抽腹者，每使臀部掀起，胸廓前移，是以重心提高，气浮于上，如与敌角，跌蹶必易。至于凸其腹而伛其背者，皆足使体腔内脏，或受重大之压迫，或变自然之位置，习之既久，则遗害无穷，不可不慎也。

然欲达身体姿势端正之目的，须赖躯干上下、前后、左右之肌肉同时收缩，互相牵制，以保持平均，更须赖肌感与触神经以纠正之，久之自能养成良好之习惯。

夫躯干为全身之基础，腰腹为发力之枢纽。躯干端正，腰腹乃能充实。再使意力由脊背上达于肩，而下止于胯，由肩胯运至四肢，而达梢节，此所谓"拳打通臂之力"，又谓"肩催肘，肘催手；胯催膝，膝催足"者是也。

拳术动作之目的，在谋全体肌肉一致之发达。故每一动作，全体肌肉即同时为协和之伸缩，四肢百骸即同时为联络之运动。彼不正当及矫枉过正之姿势，皆由专注意局部用力之所致也。

丙、腿足

腿与足为支持体重，并为移动位置之工具，故其姿势之确否，大有考究之必要。

形意拳中之步法，前脚之足尖向前，而后足跟应与前足在同一之引直线上；更使后足尖向外，务与前足所引之直线，成45°～60°之角度，则支持面，成三角形。然后屈膝关节，使成所谓鸡腿之形势，如此则重心必低，且由重心所引之垂线，落于支持面之中央，其为安定平衡，不易跌蹶也，明矣。

且此种步法，蹿进反转，极为灵便，因其与自然之步相合，拳术中名之"行步"，不亦宜乎？须注意之事，即"合膝、裹胯"二则。在大腿上之缝匠肌，由大腿前之上外方而跨于下内方，起自肠骨，而附于胫骨之内侧结节。其收缩时，可以内旋下腿，拳术中之所谓"合膝"，即为两缝匠肌之作用。两膝若有相合之意，胯亦自能裹住，足亦自能扣住。

所谓"扣足"，即两足内缘裹扣之意。脚心有上提之势，庶乎趾能抓地，跖乃穹窿，令足仍保持其弹力，俾为捷迅之动作，不易震动受伤，且进退亦显轻妙也。

2. 关于呼吸方面

甲、舌顶上腭

人之舌下有两奇穴，曰：金津、玉液，是为分泌唾液之穴窍。人果能舌顶上腭，唾腺受舌之牵制，因反射作用，唾液分泌量必然增加，滋润黏膜，口腔不致干渴。

唾液乃人体之精微物质，为历代修道之人所重视，丹家名下咽唾液为"金液还丹"。人身得此之浇灌，行功日久，则衰返壮，老返童矣。

且因舌之向上方运动，使喉门盖（即会厌软骨）开张，空气则自由出入于声门，呼吸气顺，胸内必感清快，无闷闭之虞矣。

乙、垂胸扣肩

练拳之时，若过分用力，以致两肩必然高耸，胸廓上提，则气力浮而重心高，有碍于身体之安定矣。欲去此弊，务使胸廓下垂，两肩下扣，以矫此弊。

然肩之扣，不宜向前，前扣久则成伛偻之姿势。亦不宜过用力向下，过用力向下则压迫胸廓，令人呼吸不畅。二者均使肋骨之活动失灵，胸围缩小，阻碍胸部之发达，且肺脏亦受其压迫，气之不舒，莫此为甚。

吾人于此，应知所警惕。是胸之下垂，肩之下扣，要取乎自然而已。

丙、气沉丹田

吾人体腔之中，有横膈膜一，分体腔为胸、腹两腔。心脏、肺脏存于胸腔以内；肝、脾、胃、肠，位于腹腔之中。然横膈膜为筋肉质，向上穹窿，呈伞盖状。如横膈膜收缩，则减其穹窿之度而下降，胸腔之底部增深，胸腔之容积必大，此时肺脏藉自己之弹力，向下膨胀，肺内之容量必大，则吸入之气体必多，吾人之呼吸量亦增。因此，氧气之摄入量，及碳气之排出量，远大于寻常，于是促进血液之循环，而得良好之营养。

因横膈膜之下降，以压腹腔之内脏，内脏既受压迫，则必压迫腹壁，腰腹诸肌肉群，恐其向前凸出，因之紧张，而用力支撑，以保持内脏自然之位置。此时，内脏之压力，遂向下而沉于小腹。在小腹上，此种压力所及之点，实合于重心之垂直线上，则身体因之而安定平衡也无疑也。

小腹，即丹田也。然则所谓气沉丹田者，实为横膈膜之收缩作用，使气注于肺底，使力达于小腹也。

又，腹内之压力既增，则内脏中之血液，必从腹内向四外分散，以返于心脏，而周流于全身。且腹腔内脏，因互相挤压，故位置安定，当进退旋转之际，庶不致受若何震荡，则心神安定。至于腰腹肌肉用力而发达，亦理之当然。

气沉丹田之利益，概如上述，则横膈膜之收缩，厥功甚伟。至于技击术中之腹打（以腹打人），乃藉横膈膜收缩时，所生之腹脏压力之应用耳。

3. 关于神经方面

甲、随意作用

凡分布于感觉器官之神经末梢，受有刺激，于是知觉神经先将此种刺激传之于脊髓，上达于脑，爰生知觉；脑髓乃发命令，传于脊髓，从运动神经而及于肌肉，使之收缩。此种运动，乃受脑之命令而起者，谓之随意作用。在技击术中，所谓"心意"，即指脑髓所发之命令而言。

吾人对于耳之所闻、目之所视，及皮肤之所触，欲为相当之动作，加以适当之处理时，必须使脑髓所发之命令，迅速传达，而肌肉之收缩乃能灵敏。所谓意动，即一动浑身俱动；意止即止，即一静浑身俱静者是也。然各种动作，如不适宜，有须藉肌肉或关节之感觉，传之大脑，而大脑即命令运动神经以纠正之。

习拳时，步法、手法及姿势，有赖于肌感觉及运动神经之纠正者甚多。拳术中所谓运气，其实是运力；所谓运力，毋宁谓为运意。而所谓运意，即藉运动神经，以传达大脑之命令，使肌肉收缩以为运动耳。

乙、反射作用

有时感觉器官所受之刺激，虽可藉知觉神经而传于脊髓，但并不报告于大脑。脊髓乃直接激动运动神经，而达于肌肉，使其收缩，是谓之反射作用。因所受之刺激，并不报告于脑髓，且此种动作，又为脊髓直接所引起者，故反射作用实较随意作用更为敏速。

在生活中，反射运动于生命之存在，甚关重要，须臾缺乏，即有性命之忧。反射作用，实为应付或避免极危迫事件之一种最敏捷运动也。如闪光忽映目前，不知不觉，眼睑自闭；针刺指端，未觉疼痛，已退避三舍。在技击中，后发先至之手法，即为反射作用，所谓拳打"激神"者是也。

譬如搏击中，敌人之拳似粘我身，而实未到我身时，我无意中即行退避。避敌之实，而蹈敌之虚，发毒手而制其命，非用"激神"之方术不可。然在技击术中，各种激神的作用（即反射作用），皆由渐习而成。凡随意之运动，都能为反射作用，即纯粹之有意运动，若反复久习之，即无庸意志之管辖。

故初学时，关于各种姿势及动作，因出于勉强，总觉艰苦，所费之精神既多，故脑力愈用而愈灵。不稍间断，努力锻炼，积久自化难为易，肌肉愈用而愈活，兴趣必日渐浓厚，终成反射作用，是为习惯成自然，而无所用其精神，脑力可赖以休养。拳谱云："拳无拳，意无意，无意之中是真意。"又云："拳打激神，遍身是法。"斯之谓欤。

观于以上所论数端，则技击一道，实有生理学之根据。诚足以使姿势正确、体格健全、气力充实，而心机灵敏，得自卫之能力，乃有奋斗之勇气，养浩然正气，乃有大无畏之精神。以此攻城，何城不克？以此制敌，何敌不摧？强种救国，实系于此。

然所以能达到奥妙无穷之境地，而得最大之收获者，决非偶然。易曰："天行健，君子以自强不息。"吾人应知所适从，而加勉矣。

韩超群

1922年12月1日于保定中学

中华民国二十三年十月十日

《求是月刊》创刊号

第26部分　宝鼎先生形意拳论

宝鼎（1865—1942），讳鼎，字显廷，陕西长安人。幼善读，颖悟异常。及长后，任侠好武，不喜章句帖括之学，乃弃儒习射，小试遂冠，军列武庠，人咸器之。后宝鼎先生以武科取士，专重弓马刀石，殊属无谓之学。于是舍弃举子业，专攻于武术，遍访南北名家，互相交流学习。

宝鼎先生对于武术颇具天才，教者每授其一艺，只需要一二遍，便可得其要领；令其试演，形式身法，皆惟妙惟肖，真蕴尽得。为其师者，均喜其聪敏好学，莫不倾囊相授，所以在宝鼎先生遍游四方十余年间，先后师事民间高隐大德十余人，友情传其艺者又若干人，可谓是汇各派之大成，融会贯通于一身。前后所精拳术器械，约二十余种，五十余目，内功十三段亦竟全功。于是声名大噪，延聘教授者趾踵相接，几有应接不暇之势。

然而宝鼎先生求真向上之志弥笃，对于武学之追求始终未减，并不以所学为足，遂辞亲远游，从师于河南心意拳巨匠买壮图之爱徒安大庆。

宝鼎先生在拜师安大庆先生之前，其形意门之技艺已有很高成就，其拳术如炮拳、四把拳之类，其器械如鸾刀、大刀、大枪、软鞭等，皆已练习至精。且其师事者，均为当时形意门河南系之佼佼杰出者。

安先生见宝鼎品端学勤，奉教惟谨，自谓已得传人，乃以所得于买壮图之技艺，倾囊相授。宝先生得其真谛，加以勤学苦练，造诣颇深，终成心意拳一代巨擘。

从安大庆先生习艺圆满后，宝鼎先生声誉愈隆，知其艺深者则交相举荐，请宝先生出山，为社会造福。而先生亦欲将其一身技艺而为世用，遂投身军籍，历任连长、营长、队长等职，惜际遇坎坷，位不称材，未获能大展宏图而尽其才学。但宝先生虽置身仕途，其所学技艺却并未因之而荒废。

民国纪元后，连年驻防川北，后复转职川北醝署，任潼川盐务缉私队长及运署分所卫队队长。此时从其学者甚众，各文武学校，亦均竞相延聘。其时所授之弟子，虽不尽为川北人，而以受业于川北者为最盛。因受业请益者较多，其友人弟子请求扩大教坛，以开川北习武之风气，宝鼎先生慨然允诺，于民国十年创办积健武术社，一力担任教授。凡入社学习者，有教无类，慨免学费；川北之有武术团体出现，自此社始。自成立至今，先后社员达上千人，培养优秀人才甚多，而其中之佼佼者有大弟子黎汉章及林暄等人。宝鼎有三子，亦皆习家传武艺；著名画家张善子、张大千弟兄，亦曾随宝鼎先生学艺。

宝鼎先生开明豁达，对于武术，则不持门户之见。尝对弟子云："南北各派，虽法式不同，而皆各极其妙，万勿以皮相之见，轻易轩轾。"并曾结合南北各派之精华，自创一拳，名曰"南北合"。后自创技艺，尚有多种，拳术如"武术启蒙"，器械如"混元棍、大刀进枪、双刀进枪"等。

宝鼎先生学武术之顺序，始而泛习诸家，撷取众长；继则由博返约，专攻形意及内功，故其对于形意内功，尤为师众长中之特长。

宝鼎晚年为更好地传播武术，孜孜不倦，勤奋著述，先后著有《内功十三段图说》《形意拳谱》两部鸿篇巨著，堪为河南派心意六合拳之经典教材，更是武术界不可多得的珍贵资料。其著作甚至被翻译成日文而流传海外，影响极为深远。

形意拳寓意揭示

无极

人生太空，无争无兢。
意境浑然，不着踪影。

太极

心猿已动，拳势斯作。
动静虚实，刚柔起落。

两仪

鹰熊竞志，取法为拳。
阴阳暗合，形意之源。
两仪者，拳中鹰、熊之势，防守进取，往来之理也。吾人俱有四体百骸，伸之而为阳（鹰势），缩之而为阴（熊势），故曰阴阳暗合也。先哲在深山穷谷之中，见有鹰熊竞志，因取法为拳。防守像熊，进取像鹰，越此二势，其拳失真；名为形意者，象其形而思其意也。

四象

已成四拳，随机应变。
静如山岳，动则崩翻。
四拳者，头拳，挑领，鹰捉，沾手。

四梢劲

四梢者，舌、牙、甲、发是也。舌为肉梢，牙为骨梢，甲为筋梢，发为血梢，四梢要齐。至于齐之之法，舌若催齿，牙若断筋，甲若透骨，发若冲冠。

心一战而内举动，气自丹田而生，如虎之恨，如龙之惊。气发随声，声随手发，手随声落。一枝动，百枝摇，四梢无不齐，内劲无不出也。

八卦

演成八势，处处留意。
夹剪之劲，竖柱之式。
八势者，四拳之鹰、熊势也。
夹剪之劲，熊势，两股夹紧，谷道上提，两肩要扣，项缩头仰，目要直视。
竖柱之式，鹰势，弓箭步也。自头至足，如一直杆，故曰竖杆之式也。

三才

八势之中，三节宜明。
手身及足，分梢中根。
三节，即三体也。手为梢节，身为中节，足为根节。梢节不明，反变七十二把神拿；根节不明，反变七十二盘腿；中节不明，周身是空。
三尖要照，足尖、手尖、鼻尖。三尖不照，身法不止。
三弯要弯，手弯、腰弯、腿弯。三弯不弯，不能成体。
三心要实，眉心、手心、足心。三心不实，发力不足。
三意要联，拳意、动意、心意。三意不联，出手不中。

九数

三体之中，各分三节。

理合九数，形意总机。

一体之中，又分三节。肩为根节，肘为中节，手为梢节；丹田为根节，心为中节，头为梢节；胯为根节，膝为中节，足为梢节。三三为九节，与洛书九数相合也。

五行

三节明后，五劲相佐。

踩扑裹束，惟决勿错。

五劲者，踩、扑、裹、束、决。踩劲，如踩毒物也；扑劲，如兔虎之扑也；裹劲，如裹物而不露也；束劲，如上下束而为一也；决劲，如水决也。

踩要决，扑要决，裹要决，束要决，决要决，一决无不决，非决而不灵也。

内五行者，心、肝、脾、肺、肾也。心动如火起，肝动如箭飞，脾动气团凝，肺动吼雷声，肾动如电闪，顺气即成功。

六合

身成六式，鸡腿、龙身、熊膀、鹰爪、虎抱头、雷声。六合者，鸡、龙、熊、鹰、虎、雷。心意拳之身法，六形合为一体也。

又，有内外三合。心与意合、意与气合、气与力合，是为内三合。肩与胯合、肘与膝合、脚与手合，是为外三合。

尝闻宝师云："右六式，惟雷声一式，较不易学，又易为人所轻忽。鸡腿等五式，虽亦难学，究属有形可象。唯此式一发即收，不能依样葫芦，此其所以难也。"学者因畏其难，又不深究其义，以为如外路拳之发声，可有可无，无关宏旨，古人所诒良法美意，竟被视为无用之具，殊可惜也。

彼外路拳之发声，固有胡喝瞎吼，毫无意义者，不徒无益，反觉讨厌，洵可废而不用。但形意拳之雷声，其义深，其用宏，其发也有序。根于肺，动于意，始由丹田而出诸口，其关系之重要，与鸡腿、龙身等五式相埒，安可与外路拳之发声，等量齐观乎？

形意拳固重用意不用力，但自始至终，浑身内外，不容些子松懈；大之如五官四肢无论矣，细之如毛发甲爪，亦须齐劲。况声之于人，为最重要之机能，安有废而不用之理？

此拳最重内外一致。拳谱云："打拳之序，内五形相动，外五形追随；内五形往外发，外五形即相连。"又曰："声随手发，手随声落。"即内外相连之义也。声于外五形虽出于口，于内五形则属诸肺，故拳谱云："肺动陈雷声。"又曰："气随声发。"可见发声即所以泄肺气，苟雷声废而不用，不徒肺气不能宣泄，而内五形之作用，亦失其一部，岂不与形意拳之奥旨大相刺谬乎？

形意拳之发声，不像他物，而必像乎雷者，亦有甚深之意义。易曰："震万物者，莫疾乎雷。"雷之为声也，可以动物，可以启蛰，可以警魑魅；无质而有力，无象而有威；生者触之死，坚者触之催，凡物之声，孰可与之此儗乎？形意拳发声亦师其意，以振精神，以鼓勇气，可以慑敌人，可以破魔鬼，俱非徒托空言，而可证以先哲之实例，学者安可以外路拳为例，乃轻视而不用乎？

校者酷嗜形意拳，初于雷声一式，亦作彼见，后聆师诲，始悟前此之浅陋。今校阅至此，爰录所记师语附之，希后之同学者勿忽。

校者蓝楸昭谨识

七曜

用必七体，头、肩、肘、手、胯、膝合脚，相助为友。

七曜者，头、肩、肘、手、胯、膝、脚，七体也。二七一十四个用法（头是双数），拳中之要领。

歌诀曰

打法定要先上身，足手齐到才为真。
拳如炮，龙折身，遇敌好似火烧身。
头打起意站中央，浑身齐到人难当。
脚踩中门夺地位，就是神仙也难防。
肩打以阴返以阳，两手只在暗处藏。
左右全凭盖势取，缩长二字一命亡。
手打起意在胸膛，其势好似虎扑羊。
沾实用力须展放，两肘只在胁下藏。
胯打阴阳左右便，两足交互须自然。
左右进取宜剑劲，得心应手敌自翻。
膝打下阴能致命，两手空幌绕上中。
妙诀劝君勤练习，强身胜敌乐无穷。
脚踩正意勿落空，消息全在后腿蹬。
蓄意须防被敌觉，起势好似卷地风。

双推把诀歌

气自丹田生，全力注掌心。
沾实始用劲，展放须发声。
推宜向上起，紧逼似熊形。
三节合一体，进取即成功。

十形要精

十形者，龙、虎、猴、燕、鸡、猫、鹰、鹞、蛇、马是也。诸物秉天地之灵气而生，均有巧妙之身形，以御敌而攫食。古人因取以为法。此形意拳之所由昉也。

龙有搜骨之法，虎有备战之勇，猫有捕鼠之妙，猴有纵身之灵，鹞有侧身之力，鹰有捉拿之精，蛇有分草之巧，燕有取水之能，鸡有争斗之势，马有疾蹄之功。

此拳内是精神，外是安逸，见之如妇，夺之似虎。其中变幻难测，如苍穹之缥缈，如江河之波涛，如风云之声色，如阴阳之奥妙，令人不可思议此拳中之性理、防身之妙术，故学者当深研究之。

第27部分 李泰慧先生心一拳术之理法精论

第一编 入门须知（凡五论）

第一论 心一之价值与关系

（甲）

心一拳术，首重体育，凡关乎体育者，无不悉心研究。故其立法以养气、练气为本，以刚柔动静为用。

今处竞争时代，人人应具国民资格，振起尚武精神。欲振尚武精神，非煅炼身体，养成强毅勇锐之体力不可。舍拳术而外，孰有愈于此者？

若卫国而战，当枪林弹雨中，忘生拼死，能短兵相接，血肉相搏，战者亦莫不利用乎此也。前日人之战俄，其柔术之收效，可为明证已。

（乙）

拳术家，宜高尚人格，清洁品行，以深沉稳健为贵，坚忍耐劳成习，毋挟术艺而扰治安，毋勇私斗而怯公战。凡此不规则之行为，皆无学识下流社会之所为者。

若心一之拳理与其用法，均精而深，非有学问者，曷可与言斯道。学者宜戒妄忍辱，反身循礼，言必忠信，行必笃敬，毋暴躁狠戾，而轻干一试，轻辄伤人。

昔有张姓者，受业百师年余，偶担柴者忤其意，怒击之中渠要部，旋毙，虽未偿命，卒以倾产。故孔子"一朝之忿，忘其身，以及其亲"之语，非吾人所深以为鉴者欤。

（丙）

心一拳术，乃文事而武备者，其理精深，其用广博，诚为斯道之最上乘也。

凡操演时，衣冠则整齐，威仪必严肃。若动则动、静即静，所谓静如处女，动若脱兔者矣。

尝观他家拳术，演时必去冠服，挺胸露体，游行数周，故作态，名曰提劲。设猝遇敌，讵待汝提劲、脱衣而后动乎？

（丁）

拳术之道，贵乎奇正攻守之理，动静刚柔之法，舍乎此者，岂得谓之拳术者哉。

若浑身强硬而直，一鼓作气，自始至终，无稍松懈者，其名曰气归丹田，实则手自手、足自足，无有总司令者为之调遣耳。

吾心一则头之俯仰，手之出入起落，身之开合屈伸，皆各臻厥妙。若发拳击敌，则刚而决，突起如飞，收回时即软若棉。

一拳一劲，权自中操；中者，丹田也。凡心一之拳，俱带有丹田之关系。故谱曰："中节不明，浑身是空。"譬以硬劲击人，如榨杆之撞，不留余步，敌或可避。心一之击，若枪弹之射，决而速，敌势难逃。或下落山崩墙倒，或上起地雷爆发，其来急，其去速，有迅雷不及掩耳之势，令敌难窥测者也。

（戊）

心一先觉，创造拳术，其法摹仿动物真形，据其自然之形势，因其自然之理，用匠心妙运，构造而成。非矫揉造作者所可伦也。细阅真形释义，便知其详矣。

学者苟能专心致志，而勇往精进，习其形势，遂揣摩其理，而研究其用，庶能洞澈古人创作之真象者矣。

然徒事手足之动作者，终于身心之理，实不能明其大用，所谓拾其皮毛者也。

（己）

身分上、中、下三大盘，用上盘之拳，长手高举，上下左右，闪倏莫定，审视敌情，悍然飘截。其态度活泼，若风吹大树百枝摇之状，虽明以示敌，敌不能逃。其击也，居高下临，有泰山压卵之势。

中、下二盘，严密包裹，深藏不露，敌每受击而不知其所以击之之故。如"肩动防着拳，腰沉必是腿"之语，此先示人以几者。吾心一则来无形去无踪。故谱曰："见形不为能。"见形者，非妙手也。

（庚）

心一务实而不务名，修己而不为人，专内而不饰外，喜真而不图美，是故拳式无闲拳空手，并无花法。整套少，散把多，皆为有用之拳。

尝见徒工媚世者，乃非糜弄巧，苦事绣掌花腿，或跌单双一字，或单双跳跕，或左右云手，虽多而无用也，虽巧而失实也，徒自炫其浮华，使人羡为美观。欲其强健身心，造福社会，胡可得也已。然此乃江湖卖技者流，能与有价值之拳术并论耶？

（辛）

理有精粗，术有工拙。然粗拙者败，精工者胜，此天演之公例，不待智者而知之矣。如精粗之与工拙，半系于师承之优劣，半由于操练者功夫之浅深耳。

吾心一拳术，长短兼用，动静时施，刚柔并行；攻则破，守则固，虽一体而其用甚多。故临敌之际，奇正相生，层出叠见，手起亦打，手落亦打也。

（壬）

法有动静刚柔，头有鹰熊俯仰之力，身有缩长开合之势。凡操演时，手之出与落，必精神团结，专注于斯，然后猛力发声，喊放其音为一，即心一命名之一也。喊一是为用心力，当发声时，全体鼓铸坚实，气力陡然奔赴于所击之点。

学者苟能历年精炼，寒暑不辍，则体育内功，获益匪浅。故拳术练到如何地步，即内功练到如何地步，二者相并而进行，若判为二途而分演之，其烦劳不甚巨乎？

（癸）

演之次序，初整后散，先虚后实，再对桩，而后人与人对搏。然此道欲粗知大略，不过一二年工夫，若求精，非十数年不可。

昔闻师言，有谢三师者，为心一出类拔萃之人。在荆州时，曾举掌击野马，马头立碎。又马仁者，在襄阳手按杨姓之头，其项遂缩，旋毙。

余先君尝闻吾师之言，亦练掌十年，能碎厚砖十层，此皆毕生之功力苦练而成。凡立志坚忍，不惮烦难，以恒继之，自能造其极巅，若三年可小成，十年者可为大成也。

第二论　心一拳术创始源流

谱传陕西西安，有姬凤者，系明名孝廉。尝见雄鸡相斗，及各动物之形，皆有生成之技能，因悟其理，始创拳术，是为心一之祖。

初只有散手，并无整套。因后学嫌散手索然无趣，故前辈方作整套，以饷后人。然整套虽属连贯，亦是磊磊落落之态，若求诸实用，则诚远超各拳术。

仅欲饰观瞻以悦人者，请谋诸他人，盖心一实无丝毫花拳绣腿之法也。

第三论　心一步法位置之活泼

拳术家，以临机应变为用。故其步法位置，宜灵动敏捷，因敌制宜，不可为陈法所拘。凡初入门时，须循规矩，及练纯熟后，其法当前者亦可后之，在右者亦可左之，惟吾意之所欲，手足即应之而至焉。

若步法之位置均有定所，其前后之脚跟皆欲还原者，此为呆滞之动作，乌得谓之为变化之拳术耶？

吾心一之练散手，自然随意活动，即整套步法，亦不限位置方向。操练时，即如此，庶可觇其心灵手敏与否，而知人之优劣也已。

第四论　心一袭击有全体专注力

一人之力，与千万人较，则力之大小，自然悬殊天壤。四肢之力与躯干力较，其孰轻孰重，人尽知之矣。

心一击敌法，凡手足肘膝肩胯等用，皆有全部之力运行专注，达于目的之上，故其力大而锐。

若手足之运动，无中部转输之力以为贯注，其躯干一于强硬不能开合屈伸，以为手足之司令。且手足之与身部，势力涣散，各自为用，不能全体输送一致，故其力小而弱也。由是而观其用力之法与运气之理，即拳术之优劣精粗，昭然若判矣。

第五论　海内同志宜保全国粹，互相砥砺，以期精益求精，化除私见，勿相嫉妒歧视

有客问曰："观先生记载之言，多称己之长，揭人之短，果心一之拳为独一无二之法门者乎？"

余应曰："否，不然也。"今处文明开化之秋，万国交通，互换智识，是以学术等科，日益精进。若日之柔术，美之拳术，其国家皆提倡进行，不遗余力，然国之与国，固宜同趋进化者矣。而斯道同志，欲保全吾国原有之国粹，而不互相提励切磋，愈进于高明，岂不坠邻国人之后哉？

况吾国拳术，正当萌蘖初生之秋，凡斯道同志，俱当扶助前进，取人之巧，济我之拙，以我之长，补人之短，庶几拳术日光，发达日速也。若嫉妒歧视，自相倾轧，欲斯道之不亡得乎？

是则慧之不惮唇舌，而不敢缄默者，此之谓也。倘海内同志，见吾之说，肯指明缺点，或有精深拳术与高明理法，能辱以见教者，慧必感谢纫佩，受为师法，没齿不敢忘其教也。

第二编　拳术掇要（凡十章）

第一章

教育家以德育、智育、体育，三者并重，然体育又为二者之基础。设无体育，则学问无竞进之精神，难达其目的者也。

秦汉而降，学者狃于咕哔之旧习，怀安乐，惮劳动，且以动作为耻，遂演成文弱病夫之国。古代学校教育，学乐、诵诗，以养心；舞勺象、舞大夏，以养身；兼教射御之属，斯习文事者，必有武备矣。故孔子为万世师表，其勇能翘国门之关，门人冉子善使矛，樊迟能踰沟，以此证之武事，讵可轻乎？

泰东西各列强，端重体育，特说柔术、剑术等科，提励全国尚武之精神，是以国势駸駸日上，雄飞全球。吾国肩教育者，有鉴于此，故改弦更张，凡学校内皆设体育各科，以期恢复吾国武士道之精神，然体育之教伙矣。

最活泼而有实用者，莫拳术若也。他种礼操，皆囿于一用，惟拳术可练习身势，增长体力，精练之后，养成一种发强刚毅之性质，以捍外侮，至便利而有实用者，孰有愈于此耶？

第二章

凡练时，须诚意慕道，始能专心致志；必清心寡欲，方可固精养神，如是则拳术可精，而气足体强矣。

复以不辞辛苦，暗下工夫，日就月将，自然精进；化柔为刚，化刚为柔，拙则生巧，迟则变速矣。继此而进，豁然贯通，在于一旦间也。

第三章

炼法如炼铅烧丹家，用文、武二火，即心一动静之谓。动则武火，非动炼无以和气血、强筋骨、增体力。静如文火，非静炼无以操调中气、转折合法、丝丝入扣。

然动静中，亦有动动静、静动动、静静静动之诀，故心一炼法，不可舍"动静"二字。斯动静之法，即刚柔之理，为心一最注重之主动力也。

第四章

研究拳之本源，若木之有本，培其根则枝叶畅茂；若水之源，浚其泉别，流清而远。拳术亦然，察其本源，方明某力发于某盘，某势根于某节。

或此盘与彼盘相用相反，或彼梢与此梢相合相生；力有梢节，势有终始。知其运用之先后，则中节权集中宫，为全体之操纵，凡百有体，均服从于命令之下矣。

第五章

手足出入、起落，身式开合、屈伸，气力动静、刚柔，其运用之妙，则存乎一心。

若表着于外者，则有行动之规矩，自然之形势。厥用在软如棉，硬似铁，黏身方纵力之妙诀。学者深加玩味而实行之，慎勿差之毫厘，而失之千里也。

第六章

演须分拆散开，先打空，后打实。先打空者，则气之生机畅达，不为他种力所阻挠；后打实者，则命中部位，方有经验把握。

盖行拳时，须注意如临前敌，耳目手足，极诸灵警。凡一人之身，若前后左右，各致其妙，故声东而击西，指上而格下，向前而却后，恍内而疑外，如常山率然，首尾相应。似此，身则活泼，而手法亦撒矣。

第七章

揣摩上法交扣谱云："上法容易，交扣难；交扣容易，上法难。"临敌浑身包裹，严密不漏；进步踩打，如霆如雷；猛勇直前，若熊若貔。

然决胜负在瞬息，稍迟疑必致误，故欲猛勇，尤贵刚断。学者心静以镇之，目明以察之，手足敏捷以应之，复秉刚明果毅之气，如是则上法交扣自易，吾未见其难者也。

第八章

须知攻守奇正之法，凡正与奇，奇与正，相生而相倚也。譬用兵者，有正斯有奇，有奇斯不离乎正矣。

故奇正相生之法，无穷也，如天地不竭也，如江河层出叠见，循环无端。

盖正有形者也，奇无形者也，是心一之法，见形不为能，空回不算奇也。

第九章

心一之拳，皆仿物物之良知良能，而原其自然之理，与自然之形势者也。

学者宜味其自然之理，而究其自然之形势。设指鹿为马，似是而非，乃纷纭不专以相矛盾，则失心一本来面目也已，可不慎思而明辨之耶。

第十章

宜郑重深藏，卑以自牧，毋为浮荡佻达之行，毋为骄矜陵人之概。凡习此道者，无利用其技，以击人之谓，将以捍敌卫身，以备不虞也。

譬国之练兵精训，练器械，造战舰飞机者，非欲轻挑战衅，以与敌国决胜负也，实扩张武力自卫，以为公法之后盾，期立于不战之地耳。

诗有战战兢兢，如临如履之戒，吾于学者有厚望矣，夫庶体创作之苦衷而深玩之。

第三编　真形释义（凡十种）

龙有缩骨之法

龙之为物，能大能小，忽升忽隐，云常从之，其变幻之态，莫可端倪。心一之龙形四把及龙门单双起手等拳是也。

盖缩者，蓄势而后发也。谱曰："缩长二字一命亡。"凡欲长之得力，必缩之有势，明乎此义，则身法灵敏，姿势活泼，若神龙之游太空，夭矫不测，其中节运用之气，宜达到于目的上，习之既久，自能纯熟，而臻化境。故能缩于下者，必长于上；屈于右者，定伸于左也。

考《少林秘诀》所谓拳术精意者有五：其一曰龙拳练神法。周身无须用力，暗听气注丹田，遍体活泼，两臂沉静，五心相印，如神龙游空，夭矫不测。是法与心一静静动之诀同，专用柔力，暗运神气于其中耳。

设用力过猛，则身法强硬，难合缩骨之姿势，且活泼夭矫数字之义，亦失之远矣。

虎有捕食之猛

风从虎，山头舒长啸，凛凛起雄风。见食缩身，双手前捕，罩若天塌，黏身纵力，长在单双，虎抱头、虎离窝，及踩、捕、裹、缩、决等。拳谱曰："起手一似虎扑羊。"

盖捕者，双手前扑也。虎尝遇物，必先缩身谛视，而后纵身前扑，迅速神急，捷如飞屯，其若此者，诚缩身之得平势也。虎具生成之良知良能，不待学焉而能者。

少林第二法，曰虎拳练骨法。须鼓实全身之力，臂坚腰实，腋力光沛，一气整贯，始终不懈。起落有势，努目强项，有怒虎出林、两爪排山之势。此与吾门动动静之诀同，惟一气整贯，始终不懈差异耳。

凡吾用气之法，曰动静。动则刚，静则柔。若出手击敌时，将全身之力，贯注于其间，即刚若铁；此手收回时，则舒其气，即柔如棉，所谓一拳一换劲，与少林派不同者。观家猫捕鼠法，便知其刚柔动静矣。

非柔无以蓄其势，非刚无以达其用，且柔可以克刚，使一于刚，则反迟钝。故静而后动，则动愈觉有力；柔而后刚，则刚更得乎势。学者不可不深察之。

熊有运掌之威

熊能人立，善缘木运掌而揉，物莫能敌。因象作十字揉把、一二仙熊出洞等拳，凡此皆属长手式，盖运者使用之谓。运其掌而揉，可以上下、前后，亦可远近、左右，惟其心之所欲，无往而不利焉。谱曰"随高打高，随低打低"，正运掌之类也。

掌法为各派擅长之技，北派谓为柳叶掌，南派则为虎爪掌，有为鹰爪掌、虎蹬掌者，形式名称虽异，其用力一也。

一者，即指向外翻，力注掌心下是也。亦有单双之别。昔岳武穆曾创双推手法，后世多宗之。吾门之双凤朝阳，及双起手掌，皆同此法。

据鲍国宝之"手法述要"有云：北派尚长手，南派尚短手。或谓短手软弱，长手迟钝，其意以为短仅利于守，长仅利于攻，各有利病，殊不知攻守之利病，与手之长短无关。苟能蹈暇乘隙，出之以神妙，虽短手亦能击人，苟应恋无术，即手伸直，亦何济于用？诚临机有方，纵长手亦无患。若不知自守之妙，虽手不离身，亦岂能御敌之击哉？

故精拳术者，无南北之畛域，长短兼用，刚柔并济。攻则破，守则固，此吾之所谓手法者也。

猴有纵身之灵

猴身轻而狡，手足捷而利，其目光尤精锐。如剪踏诸法，摇山往前进、摇山往后退之形势，皆纵身之灵。

纵者，放也，跳也，言放步而前跳也。猴之轻捷活泼，他物殆莫能过之，其由心灵手敏而身之善纵者欤。

昔秦中高姓者，精于猴拳，尝语人曰："吾辈遇敌时，出手当如飘风迅雷，使其闻风而倒，那有手迹可寻。此所谓打来勿许见，见时不足算者也。"是与吾门"打人不现形，现形不为能"者同。

以此观之，世俗所谓剪裁手法，如切、拦、斫、挑、擒、拿、逼、封等式，皆无所用其技矣。是此八法，祇（只）可为初学步者言之，若遇名家巨手，实所谓班门弄斧，贻笑大方也已。

虽宛若游龙，翩若惊鸿，不足喻其灵；出如脱兔，散如沉鱼，不足言其疾。神乎妙乎，有不可思议者矣。

马有盘蹄之能

骏马奔放，如星驰电骤，浪涌潮翻。前蹄仰而落，后蹄蹬而起，起手如马盘之拳，亦手仰而前落，足后而下蹬。头如鹰目下视，而后脑上竖。谱曰："消息只在后腿蹬。"欲敌人倾跌速而远，须后足之蹬力强而稳，故压力愈大，而膨胀反抗之力愈大也。

两足之实力，在练时即留意十趾抓地，坚立而稳固。盖未经练习之人，气多上浮，不能下贯丹田，故上重而下轻，足踵虚踏而乏实力，一经推挽，则应手而倒。此由不练气所致也。

拳术入门时，先之以养气，次之以练气。养气为无形之学，以明理为归，以集义为宗，即孟子所谓不动心之道。心不动而后神清，神清而后操纵进退，绰有余裕，始可与言命中制敌之方。

然养气之学，乃希圣希贤之关键，又岂拳术之技所可范围者哉？虽然拳术之功，首在强健身心，其用在袭敌御侮，设泰岳崩于前，而色宜不变；麋鹿兴于左，目欲不瞬。故养气之学，为决不可缓也。

练气为有形之学，以运行为主，以呼吸为功，以柔而刚为效果，以刚而柔为极致。扩而充之，以至于刚柔互用，虚实同进。学者朝夕从事于兹，加以坚忍勤劳，始终不渝，每一动步举手时，即注意使呼吸于其间。迨功成时，则周身筋脉灵活，骨肉坚实，血气之行动可以随呼吸以为灌注，凡意之所向，气即趋之。倘与敌搏，其力能深入肤理，其伤至不可救药，气之功用，大矣哉。

蛇有分草之巧

蜿蜒其身，分草而行，不风自偃，其巧何如。且蛇有吸力，嘘物自来，物若遇之，势莫能逃。谱曰"横身滚肘莫停势，左右横顺任意行"之法，可知其用矣。

设敌人狡闪，须张其手势，运其身法，以牵制之，敌虽滑，难越我范围之外。尝闻吾师云："与敌交手，敌或左右躲闪，或思逃逸，须运动姿势，多方以误之，乘机以疑之。俾敌左右为难，趁其惶惑莫知所措时，因为击之。"是乃蛇之嘘物，法亦若磁石之吸铁然。

少林之四拳，曰蛇拳练气法。吞吐抑扬，以沉静柔实为主。如蛇之气，节节灵通，其未着物也，若甚无力也；一与物遇，则气之收敛，胜于勇夫。有经验者，自能知也。

练气柔身而出，臂活腰灵，骈两指而推按起落，若蛇之有两舌。且游荡曲折，有行乎不得不行，止乎不得不止之意，所谓百炼之钢，成绕指之柔，即为此写照也。此法与分草之法，同惟吾门主全体而言。此用专在两指，学者参互考订，当自辨之。

尝见故人左右狡猾，乍进乍退，不易制者，愚意当以声东击西，指上划下，欲进而实退，欲退而实进之法掩之，敌谅难施其伎俩。此在用者因敌制胜，随机而动耳。

鹰有抓搂之妙

天空飞翔，转折快利；俯瞰食物，审视周详；能利用其爪之锋锐，与翼之飘倏，凡雀鸟狐兔遇之，罔不披靡。且两翅跌击力最锐，如进退膀肩、跌山横及攫捉诸拳法。此谱曰："肩打一阴并一阳，两手只在洞里藏。"又曰："海底捞月非等闲。"捞者，自下而上兜也，其法盖仿乎此者。

然虽抓搂，切不可用手沾实敌人之手，或其器械等物。凡不实则虚，虚则易于变化。或有时为敌手所沾，切宜顺其手势，勿与逆；顺则敌手曲而不得逞，逆则敌手得势，而知我之趋向矣。此初学者不可不知之术也。

考鹰儿捕兔把，法兔驰于地，鹰由空际扑下，用手兜提兔之后尾，兔之后身即竖起，倒翻数转。练此把时，一手自上摸而下，一手自下兜提而上，手恰按住敌人丹田之下已，则运丹田之力以送之。

昔襄阳有罗姓者，习小字门，被心一以鹰把击之，遂提起离地数尺而倒。罗乃得此手法而练习之，改名曰"抄把后"，以此把知名荆襄间，授徒最伙。常自言其少年被击之状，愚幼时犹及见之，其枪法亦高，人呼曰"小罗成"云。

鹞有躜林之急

由上集下，自下返上，剽截轻忽，诚罕厥俦。躜林者，因群爵在丛，殴而搏之。

此拳缩身严密，包裹待时乘机，故其动也闪倏，转瞬莫及。如跳林与斩截腾兔等拳，起落乃其身法落，然后起躜，然后入其练躜林之法。有用掌起者，掌起时，有翻刺之力；亦有用拳起者，则当胸直起，曰"硬起硬落若斩截"。腾兔纯是拳肘之练法。

少林第三拳，曰豹拳练力法。豹威不及虎，而力较虎巨。盖豹喜跳跃，腰肾强于虎。练时须短马起落，全身鼓力，两拳紧握，五指如钩铜屈铁。故豹式多握拳，此豹拳之法，与吾门起手横拳、硬起硬落等式用同。能通其法者，自能投间抵隙，无不操纵自如矣。

燕有取水之利

熟看燕颉颃、蜻蜓点水时、四月陇头上观农插秧针取水之式，手法出入迅速，点若弹击。练习形势，研究其理，而心领神会，斯得之矣。

火烧身、惊鱼抖手丢插等力，与起如箭，落如弓，追风赶月不放松，抢急如飞箭者，其法、其意皆同。吾拳何取乎？燕绿其缘杨春水时，临波款款轻飞，随点随起，不即不离，毫无痕迹可寻，其所重者轻而妙，捷而利之谓也。

前湘省有崔文玉者，拳术亦甚著名，求教于吾师，因较手势。崔欲先上，被师施展身势运动手法，几如生龙活虎，崔视之无丝毫破绽，竟不敢进。又欲师先上（向来吾师发虎声最雄，大能震数里；年八十有二，在普庵寺动拳发喊，钟磬皆鸣），师即大吼，随声而上，以手点其胸，崔倒退数十步外。起而请曰："吾被击退，究不知何以倒者，敢情再领教可也。"

吾师复用风吹大树百枝摇之手法击之，崔复应手倒于矮凳上，崔起再拜受教，停数日方辞去。师始用以击崔者，即燕取水之点法也。

尝闻师言："与敌相角，须有重轻。若敌甚无礼，必伤其要害者，则用动法。动则如雷霆震撼，有排山倒海之势，使敌遭之，立成碎粉。若求教而相试者，则用柔法。柔则身轻如风，往来若飞，犹画家轻描淡写，笔锋着纸，全不费力，但使敌倒退十数步外，毫无痛苦之状耳！"

此在平日练习时，须深明动静刚柔之理，开合缩长之法，进退左右之势，由规矩而造纯熟，由纯熟而臻神化。然此非苦心孤诣，深造之以恒者，不能望其肩背也已。

鸡有斗色之勇

两鸡相持，敛身作势。交战之际，一起一落，起而翻，落而深蹲；翻如鹰熊斗翅，蹲似喜鹊竖尾。

心一腿法，独占七分，起无形，落无踪，遇人好似薅草根。心一之拳，发轫于此；姬老师因观鸡斗，遂一隅三反，悟及各物皆有生成利用之技，爰采集十种真形，创此拳术。或象形，或取势，或法其理，或会其意，无不原其自然之长与自然之理。学者慎勿矫揉造作，而画蛇添足。

盖鸡拳练腿，其用重在翻蹲。故法曰"蹲翻翻蹲，不蹲不翻、不翻不蹲"之诀。心一下三盘之拳，皆为腿法。师尝云："脚打七分，手打三。"以愚度之，练下三盘，较易于上三盘，以上三盘之力，较逊于下三盘也。况下三盘其势低下，用之不现形，使敌难测而不易防也。

昔刘遇泰老师，练此腿法三十余年。吾师受业时，曾见其足尖踢墙，墙砖退出数尺，不可谓不神已，使用以击敌，敌非墙比，其何能堪此。

少林第五拳，曰鹤拳练精法。以缓急适中为宜。盖鹤之精在足、神在静，学者练此时，凝精铸神，舒臂运气，所谓神闲志暇，心手相忘，独立华表，壁悬千仞。学者瞑心孤往，久练精熟时，自能于言外得之，非仓猝所能领会也。

昔少林达摩，造十八罗汉手，以为门徒磨练筋骨，调和气血之用。后至白玉峰氏，乃搜其本源，集其大成，而一阐宗法，创此龙、虎、豹、蛇、鹤五拳，修内兼练外，而技术乃成绝学。今玩其五拳之精意，与吾心一理法相同者甚伙，故特附录于真形各项之下，俾后之学者，藉兹参考，不无裨益云。

按前撮要十章，及真形释义十种，虽各有详略，而心一大要，不越此范围矣。外有用力法十法，曰："蹲、穿、堆、崑、催、崩、蹬、抽、忍、丢"之诀，其义详后。

凡欲习此道者，先须立至诚观念，能笃信不二，练之方有益。职教授者，须察人品之高尚，性情之义侠，与重道敬师之诚心，坚忍耐劳之苦志，能始终如一者，始可尽其所传，否则不可轻授之也。非徒无益于个人，实有损于社会，且有害于国家。前此跳梁跋扈之辈，藉为护符，实生乱阶，职斯之故；遂便吾国之国粹，竟为海内人士所唾弃而鄙夷之、严禁之，实缘授教者不择人，而与人以口实者也。

今际兹武明时代，凡讲公法者，必先有强权，为之后盾。故有强权，始有公理；无强权者，即无公理也。日美各列强，重视体育各科，于数十年前得此柔术，颁布学校，几无人不习，遂养成鸷悍剽勇喜战之风，而收强国之效果。

我国以积久文弱，屡受外界之击刺，有志者起而改良教育，力图强种强国之道，是故舍提倡体育外，别无良策。体育中，惟拳术收效最广，今学校渐设拳术，以为随意游戏科，将来能发达遍及全国，收强种强国之效，与日美列强并肩齐驱者，正未可量也。

但我国人，因循苟安，群居嬉戏之风，相沿成习。畏难而不习者有之，以文人自命而不屑武技者有之，有以为火器时代拳术乃无用之学者，有学之畏其劳而作辍无恒者，种种原因，不一而足。能操持坚忍，有始有终者，仅少数人耳。

殊不知，生存竞争之世，弱肉强食，优胜劣败，国与国然，而人与人亦何独不然。历观古之伟人，其能负荷巨艰开拓世界者，类皆禀绝人之异质，耐非常之苦恼。若陶侃之运甓习劳，朝夕不辍；史可法之督师，七日不眠；占士比儿之筑大北铁道，奔走涂间五年；拿破仑之行军，仅睡四小时。此数人者，苟非历练体力，强壮筋骸坚固，安得有通天洞地、移山倒海、坚忍不拔之精神，以创造世界伟大之事业也耶。

吾愿学者，习惯劳动，立志猛进，养成刚毅果敢、冒险进取尚武之精神，为将来登大舞台、立伟业之基础，岂非培筑于此时者欤。

第四编　拳术法语（凡十五篇）

拳术之四大特色

此四大特色，为吾辈应先注意者。
其一曰：拳术之理。理者，研究身心性命之要素，发达国民体育之基础。
其二曰：拳术之精神在养气练气，使之至大至刚，不屈不挠，有独来独往之慨。
其三曰：拳术之道德能深沉稳健，坚忍耐劳，将一切嗜欲铲除净尽。
其四曰：拳术之功用在自卫而卫人、卫国而卫家。
凡能具此四者，即为拳术家之上乘，斯不背先进创作之宗旨者矣。若逞血气之勇，但讲形势而野蛮动作者，是为失拳术之本真，无价值之轻重者也。尝见鄙俚无术者，专以残忍成性，嫉视同类，但如徇私不知济公，故恃其技术，武断乡曲，扰害治安，是以正人君子视若赘疣而不屑道也。嗟呼！此非拳术之过，乃拳术未得其人之遇欤。

今之学者，苟能注重四者之道，时而讨论力行，复资以学问之深，则拳术功成正轨，自然远超若辈，不啻霄壤之判也已。

拳术为身心性命之实学

德育、智育，为培养身心性命之理；体育，为培养身心性命之法。理则运动脑力而扩充其思想者也；法则强健体力而实行其学问者也。此三者之道，宜并行而不能相悖者矣。

兹就体育而言，体育中若拳术、柔术、体操等法，皆为运动身体，活泼气血，提倡精神之用者也。然体操原地动作，分部演习，诚不若拳术之法良义备，而有实用者欤。

盖拳术之道，先之以养气，次之以练气，然后操习全体之动作。果能久于斯道者，实足养成雄伟之体力，活泼之精神。若坚忍耐劳，冒险进取之性质，尤吾拳术家之擅长者也。且内而脏腑，经此活动，能排泄一切不洁之滓渣；外而皮肤坚强，纹理腠密，外邪不易侵入，故能长保其康强，畅达其生机者矣。至若精神充实，祛病延龄之效果，自在意料中耳。

由是观之，拳术之功用，关系于身心性命者，岂浅鲜乎哉？然今之人，竟有藐乎拳术者何也？盖若辈初无身心性命之知识，故不知其身心性命为何物者。苟有稍具知识，而能重身心性命之学者，必求修养之法。是则修养之法，舍拳术体育而外，孰有愈于此者耶？

拳术之精神

今处火器时代，其制造之精利，能命中致远，几于无坚不摧，无实不破，可谓极绝顶矣。虽有英雄，亦无用武之地，乃尔拳术以眇然血肉之躯，当此快枪巨炮之敌，何异螳臂当车也耶，多见其不知量也。

余曰：否。是言所见者小，而未见其大者矣。拳术之不敌火器，即妇人孺子类皆知之；然国家注重体育，而提倡拳术者何也？端重拳术之精神者矣，夫战勇气也。

斯火器虽精，犹赖有勇之精神而用之，则胜券庶可操焉。纵有精利火器，而以懦夫赢卒持之，其不败于强敌也几希。故兵家有云，与敌决胜负，在最后数分钟，能具强毅坚忍之实力者，乃可胜耳。

吾拳术之用，实能养成此种性质，振起尚武之精神者也。况火器亦有无用之处，与不暇施放之时，则必以短兵相接，是即吾拳术家之惯技也已，孰谓拳术无用武之地哉？

勿任性

夫治学者，专心致志，神不外驰，惟教诲之是遵，造诣必弘深远大，拳术亦犹是也。

有贪多喜新在未能求精者；有畏劳惮烦徒饰虚义而作辍无恒者；或为无用之学不足轻重者；或先有他种学说印入脑海，自以为是，不肯再虚心纳教者。凡此种种任性，实足为拳术前途之障碍。

苟欲铲除障碍，须先明拳术之宗旨。斯宗旨何在？就关乎一己者，可以强筋骨，和血脉，增体力，御强暴横逆之事。就关于一己以外者，能卫群护国，强族强种，养成一般军国民之资格。然拳术之关系如斯，其重学者，宜先有笃信好学之心，复勤而劳、专而恒，其精进自无疑矣。

入门之次第

拳术初入门时，宜徐徐渐进，不可过骤。凡未经操练者，其筋骨气血，多未流通舒展，若忽变其常度，或生阻滞决裂之虞，是不可不加意者也。

气血壅涨不平，浑身筋骨疼痛，甚不舒服，初练时之现象如此，人人所不能免者。过此即如常，又渐而觉精神增长，饮食健旺，虽气力用之甚剧，亦不自知其苦矣。此即拳术家所谓入门时，换原有之旧力，而生新力之时代者也。

今之青年，每观他人之操练时，则已勃勃有勇往莫遏之势；迨至身亲其事，稍受痛苦，即心怯气馁，而退缩之心遂由此生焉，往往因之不敢再过问者良多，故无坚忍耐劳之性，而能济事者，未之有也。抑或性成疲顽，因而落人之后，即废而思返，不肯前进者；或务虚名，不专心致志，无一能焉，已则曰："吾观此甚无意味，无用处，何以劳心苦力而为之耶？"亦有曰："此教授者之过，苟教授法良，我等何能如是之不知也。"

凡此数者，皆为今日所必有之势。虽然和氏之璞，三献而后显；冶工之剑，数铸而后成；道之降降，原系乎提倡者之热心与否。但精此道者，诚能扩充其理，一意进行，是必有达到目的之一日，而与欧美拳法、日本柔术并驾齐驱者。果尔，则为拳术发展之幸，亦即吾国前途之幸也已。

慎交择友

吾师马建章尝有云："拳家有四可传，有五不可传。

人格高尚，性情忠孝，一可传也；

人无嗜好，公止仗义，二可传也；

操行质朴，勤而有恒，三可传也；

言行诚实，信道敬师，四可传也。"

"若夫心术奸险，行事乖僻者，一不可传；

性骄气傲，动辄暴戾者，二不可传；

酗酒狂悖，嗜色邪淫者，三不可传；

筋骨软弱，鲁钝不堪者，四不可传；

轻佻浮躁，手足舞蹈者，五不可传。"

譬之枪炮利器也，公用之，则可禁暴戡乱，而有益于国。若私用之，则扰害治安，而有损于国，拳术亦犹是也。不可传者传之，则其术愈深，为害愈烈，是犹赍寇以粮，资虎以翼，其害人噬人，曷其有极。凡教授者，盖可忽乎哉。

其二

朋友有信，少长以礼，此义也。无论古今中外，凡属为人道者，莫不同具此心，同具此理矣。

然吾国拳术之流弊，竟与此义有大相背者。师授之于徒，徒即以此制师者，吾尝闻其语矣，后见其乃有人焉，是狂悖谬妄不已极乎。

昔逄蒙学射，尽羿之道，于是杀羿。孟子曰："是羿亦有罪焉。"愚读之，未尝不反复讨论而感慨其事也。逄蒙固属衣冠禽兽，不足责矣，羿亦失知人之明，有不择交之罪。由是观之，知人择交，古今其难。故谚有之曰："知人知面难知心。"诚斯言也。岂不为拳术前途生阻力者耶？究之彼一时此一时也。

前承平日久重文轻武之风，相沿成习，遂使上流过问者少，大都草茅下品，市井无赖者，滥觞其间耳。其颠倒若是，不亦宜乎？

今国家注重体育，提倡拳术，斯道之尊，已非前比。况学校内不乏明礼识体之士，则今日之言也，为昔日之人言之，则可；若为今日言之，则人将鄙汝为杞人忧天者矣。

勿分派歧视

拳术盛行于北方者，曰北派；盛行于南方者，曰南派。少林曰外家，张三丰曰内家。其实各家各有所长，苟操练精深，无论何家，俱可以胜人。苟功夫不到，无论何家，均无用处。

尝见今之拳术家，辄存门户之见，炫己之长，诘人之短，以为吾家拳术独真独高，余皆不足道也，是亦器局扁浅者流，徒贻大家之笑耳。

然舍乎理法体用者不为拳术，舍乎奇正攻守者不为拳术，舍乎动静刚柔者不为拳术，舍乎起落缩长者不为拳术，同一理法体用，奇正攻守，刚柔动静，起落缩长，又何门户之足分乎？况今我国拳术，尚在幼稚时代，凡吾同志，俱宜扶助提携，互相切磋研究，取长补短，以巧济拙，庶几斯道日昌发达无疆，可望普及于全国也已。

然南北之气候形势不同，因之人民习惯体格亦异，故各地之师传各异，而派别遂分焉。其中有精粗巧拙之不同者，原于功夫之深浅，人性之智愚。或袭其皮毛者，或得其精髓者，各守其说，而愈传愈远，竟使此术演成奇零不完全之道焉。

今学校注重体育，列入拳术一科，将来斯道之发展，能扩充其用者，是又端在于今之青年者也。

勿急近功速效

拳术之学，先之以养气，次之以练气。养气则操持有素，不致妄动；练气则大而且刚，不患微弱。是二者，拳家一定不易之理也。

然斯道既由气功入手，则气之为用，无忘无助，静养中和，由循序渐进，自然充乎其中，动乎四体。譬若水之流行，盈科后进，而放乎四海者，其理一也。

盖人生之力，原生于气，气生于血；血强而后气强，气强而后力壮，力壮而后筋骨充实刚健。以此言之，欲急近功速效，断难期矣。

能勇往精进，三年者乃可小成，能经久练至十年者，庶可大成，又由此臻诸神妙之化境，非毕生之力不可。昔吾师年八十余，犹念念在兹，日夜练之不辍，坐则运气、练气，故年虽耄耋，而精神矍铄如壮年，饮食起居逾常人。苟非精练之功深，曷克臻此？

今之学者，每少坚忍耐劳之性质，无论何种学，同须具此等性质，方可底造厥成，况拳术之学，尤甚焉者乎。不然欲速则不达，见小利而大事不成，圣人以为无益，而且有损也。吾愿学者，庶其鉴而改诸。

宜重道敬师

昔韩昌黎之书曰："师也者，师其道也。"余以为天下凡道之所在，无论中外其地，贫贱其人，即尊敬之所至焉，吾尊敬其道，因以尊敬其人，则吾求道之心诚，斯道遂获以传于我，是前此尊敬之心为道为己，而与他人无关也。

苟吾不尊敬其人，遂以不尊敬其道，则无谋道之心弛，斯道即因以不传于我，是前此暴弃之行，所损在己，而与他人亦无关也。故尊敬于吾者，为其道也；凡此尊敬者，乌足为有荣于我耶？即不尊敬于吾者，乃其无求道之心也，则此不尊敬者，焉能为有辱于我哉？以此言之，其得失荣辱之理，早已判然矣。

因观"拳术蠡酌"有鲍国宝敬师之言曰：授我拳术者，师也。吾尊拳术，则不可不尊师矣；吾敬拳术，则不可不敬师矣。人未有不尊敬拳术，而能精拳术者；则人不尊敬师，则不能精拳术也，明矣！

曩时拳师授徒，师弟之礼至严，故弟子俱能传师之技。至于今日学堂，虽有是科，而学生之对于师，貌然不加敬，漠然不加爱。呜呼！欲他人之尊视拳术，可乎哉？观其说也，不可谓言之不当矣。

要之学者，须以专心致志求学为务，而教授者以扩充斯道为己任，庶双方进行，不至有畸轻畸重也已。

贵精不贵多

拳术之学，有次第先后，不可紊乱者。但初入门时，即普通练习法，将一门之拳术理由，都能明白通晓，而无疑义之候。则专门练习法，择此中之拳与吾心性相近，身体相合者一二手，即专心致志，寒暑不辍，永久练之；其余惟温习，使之不忘耳。此即由博返约，由约而不遗博之法也。

若先无普通，则吾门之拳术理由，何能周知？异日欲旁参博考，则难免挂一漏万之失，后无专门，则不易精纯，难造至神妙变化之境，此吾拳术家一定之至理者也。

凡名家巨手，莫不有擅长之绝技，终身勤练，时时注意者，故一举手间，敌即应手而不自知其何以倒者矣。

戒多言巧言

凡人莫不有心，心必赖言以宣诸口，然后心中之意得以显扬于外。故言之辞也，惟取达而已矣，不必多而巧也。多言者，德之贼也；巧言者，颜之厚矣，故古人所深以为戒者也。

若夫正言谠论，尚其有益于人，至谗诌面谀，实足倾人家国，与其多言而得中，不如不言之为愈已。昔兰亭有吉人辞寡之颂，渊明有闲静少言之传，而吾至圣，亦有巧言鲜仁之戒。以此观之，孰谓多言而巧者，为正入君子也耶。

且多言必失，巧言必佞，吾人可不三缄其口者欤？况吾拳术家，重诚静、寡言能。实力求学之人，以其务内而不务外，为己而不为人，其心多专一故也。

至若浅躁浮华之徒，虽其才略有可观，究厥成，实逊于诚静者远甚，其故何也？盖此辈钻利循私，经营若鹜，无心假及于是耳；纵其有初，而克终者，实鲜矣。

戒酒色与烟

酒性暴烈，嗜之者能迷其心志，颠倒其常态。故禹有旨酒之恶，周有酒诰之作，以其为害甚烈，有难以言语形容者，必恶之戒之而后已。烟质有毒，亦有醉性，癖之能浊人之气，熏人之肺，时生痰涎咳嗽之病，且令人齿焦而黄，惟其害较酒稍逊耳。

色伤肾、损脑。好之者，能耗人之元神，萎人之筋骨，而促短其生机者也。且古之失节伤品，亡身败家灭国者，实数难更仆，殷以妲己而灭，周以褒姒而衰，此岂非吾人前车之鉴乎？

酒之与色，为吾拳术家之厉禁，若弗操练则已，苟欲操练而弗严禁之，非徒于拳术无益，而实于乃身有大碍也。烟于操练时，或吸之，能伤气损肺，故亦在禁之之列，且消耗费用，无益于身心。况吾拳术家注重卫生，专以养气、练气为主，是物为损气者，故欲戒之矣。

戒妄忍辱

人之守身，贵先端本孝弟，以立身理法以持身。斯本既端矣，复处事以谨慎缜密，接物以谦慈惠和，诚能内外交修，妄之与辱，或可鲜也。

盖戒妄为免辱之几，无妄斯无辱矣。妄者，违礼逞欲之谓；辱者，横逆非礼之遭也。苟吾立身之道正，而犹有强暴尢礼之侵，竟可置若罔闻，姑以妄人例之可也。即世人亦不致以我为弱而忍辱，则是非之公道，自在人心者矣。苟吾不恒其德，或承之羞，斯辱也，乃为自作之孽不可活者；若不忍之，即有无限之烦难苦恼存焉。故吾拳术家，贵有武德，以深沉稳健为尚，于斯二者，宜时加注意，毋尚勇以骄人，毋持技以陵人，其貌若痴，其形若愚，庶可精于此道者矣。

昔吾先考尝有训曰："人之于身，惟'忍'字工夫难做。忍其所能忍者，非为忍也；忍其所不能忍者，乃可谓之忍也。"故圣贤以"忍"字垂教者甚多，如小不忍则乱谋，有容德乃大，孟子三自反之说，岂非勉人犯而不校者哉。慧也谨遵先训，拳拳服膺，惟恐或失之矣。

毋自满

盖拳术之学，原无止境，而人所以研究之程度，亦无止境也。设有人焉自以其术为甚高者，乃不知犹有高尚者，远出乎其前也。斯高于吾者，吾则虚心师之，可得其秘诀，而吾拳术之精，愈进于高明而不已。苟以传之于后学，则斯道由我阐发，而更显吾于斯道者能独树一帜，而别开生面者，是即吾为后学之先觉者矣。

若其固步自封，以为超出流俗者，非惟斯道无精进之希望，且具此恶劣性根，再传再厉，而遂演出无穷之恶果也已。

况技艺之精深，莫若拳术，数千年之积聚，千万人之研究，其法广，其妙多。譬若江海之深，不可以尽也；天地之大，不可以穷也。

凡习此道者，视其力之所及而取其可取者耳。即精习数十年之拳师，犹不敢自满，曰莫我敌也，矧初窥藩篱者乎？书曰："满招损。"凡物之满者，则有外溢之患，诚能虚其中，则外物方可容入。由是观之，自满者现出种种骄矜之态，虽有嘉言忠告，无门而入，亦将拒于千里之外矣。

夫一人之知识有限，能取人之长，补己之短，此学问当然之理也。如泰山不让土壤，故能成其高；河海不择细流，故能就其深，此语诚足为虚己进道之箴。世之自满者，可不三复而味之耶。

第五编　拳术谱注（凡五章）

第一章

起手横拳势难招，展开四平前后梢

四把之第一动，曰横拳，亦曰闯拳。横者，横其身也；闯者，突而进也。演时左手以掌前引，右手握拳，自小腹旁突起，用寸剪，腾身法，轰击敌之心胸，或左右胁腰软际。若用左拳，右手亦然；其法因前手上护，后拳自下突起，敌最难防，故势难招。

至展开之形势，用弓箭步法，两肩宜平，两足履地，亦欲实立而平，十趾紧，带抓力，手足之巅，谓之梢；手足之上，谓之节；前后，谓前手而后足也。

望眉斩，加反背，似虎守山，剪子股十加擒拿

望眉斩，先以一手前引，又一手握拳，点向敌之眉间，用力斩其胸膛。此式落下，变为前虚后实步法。

加以反背，则为左右两外肩之预备，两手上下交互错综，如剪子股，又两手相交，如十字。此式紧小，严密不漏，敌望之无隙可乘，有俨然不可犯之势。故云：似虎守山。

擒拿者，以法制敌，使其难逸，因而命中其要部，非以手把握敌之身手者也。学者切戒之。此拳先由攻而变为守，又由守而即寓有攻之势也。

看人如走路，打人如薅草

衣冠俨然，两手下垂，惟镇静敛神于内，不作形迹于外，并无如何之姿势，看之如寻常行路。

然与敌接近交扣时，一举手，敌则自倾，如农夫之去草，以锄薅其根也。先除其根，而草易去；譬敌先击，动其下而上即随之，此所谓以下盘击动敌人下盘之法。

打人不见形，现形不为能

名家巨手，临敌制胜，神明变化，莫可端倪。手式出入起落，身法开合缩长，或刚或柔，或动或静，无不极臻厥妙。故其轻也，如风之倏；其捷也，如隼之疾；其大声急呼，如雷霆震耳；其腾跃，驰骤如生龙活虎。与敌接近，敌即倾跌，竟不知手之为击，亦不知足之为击也，故见形者不为能。

然上盘之拳，有曰长手巴掌者，练时一手下护，一掌高举，震撼下坠，如泰山压卵，将全身之力贯注于掌上，此掌临敌有强硬逼勒手段。惟练此掌匪易，匪十数年之苦功不能操胜算。

吾门诸前辈如刘遇泰、谢三师、马仁与吾师，皆毕数十年之精力，练此掌法，几于无坚不摧，无敌不克。先击敌时，称用力即倒，倒退数十步，后练至晚年时，微以力击敌，敌即受伤，间有殒命者。

此掌之式，高举下落，诚为现形矣。然能到变化神明时，又不能拘于见形之谓，吾故曰上盘之拳，所以明示敌也；中下二盘之拳，始可言打人不见形者矣。

拳去不空回，空回不算奇

凡临敌时，须知其宗派及其程度浅深，次察其身手巧拙，敏捷与否，然后因而击之。如此者，非量敌而后进，虑胜而后会也，实慎审万全，切不可冒昧而将事，始能拳去不空回，空回不算奇也。此即兵法所谓知己知彼、百战百胜者矣。

若遇同宗派，宜相维持同归于好，毋得仇视。但吾门通例，或演拳及动手时，左足前，右足后，距离尺许，不丁亦不八；左手下垂，右手横抚诸胸前，微偏右，或摸衣钮，老年则以右手摸鬓而立，一望便知其为同派矣。纵有嫌怨，亦宜捐除；即非同派，亦不可轻伤要部

而草菅人命。此拳术为捍御外侮、强健体力、活泼精神之用，非私自斗狠，以逞一己之雄也。以后之学者，可不上慎旃哉。

第二章

抢急如舍箭，起落如箭穿

批亢捣虚，乘间蹈瑕，此为拳术家良好之利用。倘有机可乘，即便击之，使敌防之不及，御之不能。故抢夺敌人，急如舍箭。然箭之离弦，其去决，其来如飞，无停留淹迟之态世，得矣！

且手式身法起落之神速，气力贯注之坚锐，如箭簇之力，穿透正鹄而后已。尝闻师言，与敌交手时，一瞬之间，见敌虚足失手，急欲击之；若上步犹嫌迟缓，惟丢击之法最速。丢者，如手抛球之状，盖足未动而手已击去，此亦抢急如舍箭之谓也。

兵行诡道，独占杀气

兵不厌诈，拳术亦然，故有奇正显伏之法，有进退刚柔之理。或声东击西，或恍内疑外，以进为退，以退为进，复局势变幻以眩其目，大声厉色以惊其心，闪倏剽截以箝其手足，则敌受吾之支配，入吾彀中矣。

凡拳术家，宜若曾子有若无，实若虚，犯而不校之行斯可。故持己则深沉稳健，与人则谦慈和霭，诚如处女。其动也，如猛虎，如怒狮，令人望而生畏，有俨然不敢犯之势，所谓赫赫之威，以先声夺人者也。

拳拳起手，无不胜者

心一之拳，每手皆有势有用，有法有理。学者习之，苟臻纯熟化境，均可用之。拳无不可操胜券者，此由心一务实而不驰外，修己而不为人，故无闲拳空手、绣腿花法，以圈娱他人之观瞻也已。

进不能胜，必有含食之心

立身行事，贵果决，戒因循。凡事揆之以天理人情，可行，即欲行之；不可行，则止，切勿狐疑两端。尝见当断而不断者，反遭其难；优柔养奸者，实足以偾事，故进不能胜，必有含食之心。含食者不吞不吐，无刚明果断，致败之道也。

心似甜，艺如刀，遇狼遇虎莫畏缩

习此道者，坚忍勤劳，不计岁月，持之以恒。迨成功时，其体力雄伟，手足锋利，常出人意料之外者。故此人之心，犹是斯人之心，而其所练之艺，则犀利无比，有若刀然。惟其如刀，苟善用之，自无不胜，如虎狼最有力而猛者。吾至是时，善用其技，即虎狼亦为吾制，虽遇之何畏焉。

昔荆门龟山杨大年，习艺有年，后又业于吾师。师年七十矣，甚热心教之，有未合法者，即校正之，以手作势示之，不知杨动步误触师之手，因受伤焉。咯血数月，遂以不起，师言及之，尝感悼自恨不已。此即心似甜，艺如刀之明验者欤。

第三章

脚打七分手打三

心一下盘，系为腿法，最臻完善。其用多自胯以至足尖，内外上下，头头是道。

其形晦，不易窥测；其势下，稳固而力多。且练足较易于手，然手之用虽伙，究不若足之用更广也。

五形四梢要合全，跟打跟进无遮拦

心、肝、脾、肺、肾，为内五形，各有职权，为拳术家之总枢机，不可不深加研究者（其细说详后）。

手足之末，为四梢。四梢之运动，赖五形为驱策之将领，故二者凑合一致进行。譬若兵家，将则好谋有勇，兵则精练服从，以此临敌，克奏肤功必矣。

遇着要取胜，四梢俱要全。手去脚不去，则枉然；脚去手不去，亦枉然，克敌之道无他，厥惟全体一致而已。如上盘击敌，则中、下二盘随之进行；用下盘时，则上、中二盘为之护从。虽全体俱动，而其精神气力之灌注，则专集于所用之一处，此欲用之一处，即为主动力，余则为被动力也。

知远知近方动步，知进知退百战胜，不知进退枉学艺，不知起落枉用力。上法交扣之步法，有剪步、过步、殿步、寸步等用，皆以觇敌距离之远近，而为之酌量适用者。临敌机宜因其动作而急以进退应之，则每战必胜；若身法迟钝，立如土偶，不知进退攻守之方，学与未学等耳。

明乎起落缩长之义，则体力愈形充畅灵警，手足之用，更觉雄厚敏捷，昧乎此者，不可与言用力之道矣。

宁叫不是，莫叫停势

行拳练艺时，或有不经心处，偶尔错误者，即因其错误而衍之，以底完全。苟此时驻手停势，以待校正，则旁观不雅，故以错就错，亦未为不可也。此与人之操行不同，苟操行有过，即欲改之，不可掩饰。盖拳术之学，取其变化多端，临机应用，原不可以陈法拘之者也。

大抵老前辈，以此道传世者，初皆由其创作而成，苟吾能造诸极峰，登神明变化之境，亦何尝不能于旧法之中，大阐其新法也，惟初学者，先须以规矩，循序渐进，不可躐等耳。

宁在一起先，不在一起后

兵法曰："先发者制人，后发者制于人。"先发者，有夺人之势，有减缩人之雄心，故能制之。谚曰：打人不若先下手，先下手者方为妙。敌先受击，则其气馁，馁则备御之不及，何暇再战，即此理也。

只着一心行正道，不用拘搂掤打枉费力

有起落进退，奇正攻守，刚柔动静之理法，斯为拳术之正道。若拘搂掤打，无法门，无价值，直可谓之未学者野蛮之举动，儿童之厮打耳。

凡学者于此正道，操持有恒，研究纯熟。苟临敌时，须果敢陡决，如利剑之斩钉截铁，切毋沾连濡滞，是为行乎正道者矣。

若还明了六合理，四梢齐动永无失

心与意合、意与气合、气与力合，是为内三合。肩与胯合、肘与膝合、手与足合，是为外三合。

舌为肉梢，牙为骨梢，毛孔为血梢，手指、足趾为筋梢，此谓内四梢。手足四肢为外四梢也。内外一致，复济以精深之拳术，故有动无失。

更有三尖当相照，三心之实亦须明

鼻尖、手尖、脚尖此三者，每举动时，必常相照着一路进行。两臂闪开掌心实，丹田明起本心实，十趾抓地脚心实，是三者为三心实。

三尖照，则进行时身如雁行，全体连络一气；三心实，则体力雄伟而隐固坚实。初学于此，宜常注意焉。

第四章

脚起而翻，脚落而躜，不躜不翻，不翻不躜

足之行动，具自然之形势，曰翻躜。故起也，足尖自翻；其落也，足尖自躜。恒人如是，惟其理用，未加觉察耳。

若不先有躜势，后即无翻力；不先有翻势，后即无躜力，二者相依而行，若影之随物，响之随桴也。姬先师因其理用，扩而充之，遂创鸡胸腿之练法。

十趾抓地头顶天，含胸顺气到丹田

此二句，言每拳落下时，身体停立之姿势。足落抓地，则脚心实而稳；手起则头带熊势，手落则头带鹰势，而后脑顶天，故缩长力愈觉灵敏；胸开则背合，背开则胸合，合则含，含则气顺，此时宜注意于气，暗送到丹田。

学者于初练时，凡手足出入起落，则以敏捷为贵；惟此手停落后将换彼手之际，则行动宜缓，缓则每手停当，且可暗运此气，初觉勉强，久则纯熟自然矣。

身体康健气血和，时习学成英雄男

拳术为体育之最上乘，其宜于卫生，优于体操者多矣。有全体之运动，天然之活泼，足以磨练筋骨，调和气血；足以增长体力，却（祛）病延年。推其极效，可以强种强族，其用可以卫国御侮。人人练成坚实强健之体质，一般勇悍尚武之精神，又加学力才识之优胜，异日志在四方，或从政，或从戎，必能战风雨，敌寒暑，冲瘴疠，凌波涛，樱患难劳苦，而能勇往前进，其冒险成功之志，总必贯澈（彻）始终，如是岂非英雄男儿者耶？

即凡农工商，苟能精于此道者，获益必匪浅鲜，此则社会之所共信者也。

起先前，进左腿，左腿未落右腿随；起先前，进右腿，右腿未落左腿随

凡动步进行，左进右随，右进左随，整齐连络，互相撑持。
譬之江风海涛，汹涌滚腾，前进后继，滔滔不已，正如此类也。

起如弓，落如弹，将人打倒还嫌慢

此言先蓄势而后发。故手起时，身如弓弦之断而弓乍翻，则出手力大而更得势；手落时，身即缩紧圆小，如弹落之势，即为起之势而蓄。故翻弓之力决而猛，是以将人打倒犹嫌慢也。

起如箭，落如弓，追风赶月不放松

与敌接近，敌或后退，己则紧随之，趁渠足未稳时，猛力突击之。敌或远隔，欲前击之，则用剪踏法，如怒虎之出林，如鹰鹯之逐鸟，飘倏猛扑。故手势起若箭穿，手落身如弯弓，其去也急而决，有追风赶月不放松之势。

手如药箭，身似龙弓，去意好似卷地风

药箭毒而利，龙弓强且硬。以此龙弓，发彼药箭，无坚不透，无敌不毙矣。

有此龙弓之身，用此药箭之手，则其去意之速，有似卷地之风。愚按此语，谓操练时须具有此等理想，非谓以此轻施之于人而伤之也。

学者宜斟酌慎审，苟有用此者，非万不得已，切不可轻用。为公仗义则可，为私济奸，则不可。尝见轻手伤人命者，纵能脱逃刑律，其下场时总无好结果，此不可不鉴者也。

第五章

进步踩打莫留情，鹰啄斩手足下存

手之与足，足之与手，上下维持，互相辅助，不可须臾离也。故进步之时，下用足踩打，上则用手左鹰捉、右斩手，上下一齐并力，且果敢而断，不稍留情，敌虽强，无不胜矣。

远者不发脚，发脚不打人

距离过远，则不能发脚，即动步则敌逸我劳，有主客之判，势难劳胜逸、客制主。故深于拳术者，先必观测距离，详审而后发，不至卤莽以将事也。

见空不打，见阵不上

临敌时，须察其浅深强弱。果敌之术深也，见其有空可乘，则其空斯所以陷我者，非真谓之空也。我若打其空，即被其愚矣。

或遇劲敌，列阵以诱我，我则不可率尔径上，须以手法试之，待破其阵，然后突击之。敌虽深而强，亦安能愚我而诱我哉？

随高打高，随低打低

手法出入起落，随身法之缩长进退。故长则高，缩则低，练习上中下之步法，均备于临敌时可随敌之高低，而措之以咸宜也。

上打鹰熊斗翅，下打喜鹊竖尾；前打鹰儿捕食，后打猛虎翻身

一人之身，上下前后，极其妙用，无一缺点，惟不言身之左右者何也？盖左右，即此身之一转移间耳，故不言左右，而自在其中矣。

此拳不用多闪战，抢进中央总为强

此二句，承上文上下前后而言。凡此拳进行时，须一路径行为，尚不必左右闪战，惟一意抢进敌之中央为强。能占领其中央，则敌势逼而难防，我则趁势而易击之。盖近逼已夺其心之故耳。

但击敌进行之路有三：一中路，曰踏中门；二左上，曰左侧方；三右上，曰右侧方。无论何家，总不越此三路也。

四两能拨千觔（斤）力，缩身纵力撞倒墙

敌以千觔（斤）来，我以四两能拨之，厥道维何？曰柔能克刚而已。所谓因敌之势而顺制之，是以不觉其费力也。

凡身势之缩而小，至纵力之时，则必猛而大，故墙可撞倒。是在练习时能研究缩长之理，至交扣时，方确有把握也。

上法须要先上身，脚手齐到是为真

手足附着于身，身到而手足自然均到。何谓上法，欲先上身也，岂非明示手足有所后乎？

盖先上身者，因临敌时，须以身法先抢进其部位，然后运动姿势猛击之，则手足初无形迹可寻，使敌不能窥测而先有预备之筹故也。

四迷包裹，严密不漏；四梢齐动，五形乱发

四体迷离，形如包裹，使敌难觅真象；严不可犯，密不得间，令人无从捉摸。

苟学者于此，将拳术体用理法，精练以至豁然贯通地步，即四梢齐动、五形乱发之时，亦无往而非其道矣。

勤学好问识见多，临机应变斯为妙

拳术之功，由实力煅炼而成，其理由细心揣摩而得。若知识足、闻见多，则由虚心好问，博览群搜，故日就月将，学有缉熙于光明，此周王之所以勤学也。以能问于不能，以多问于寡，此颜子之所以好问也。古人之勤学好问犹复如是，繄予何人兮，何独不然？

然学问之道，贵识经权。凡初学，先遵规矩，以至于熟练变化之候，即可不泥成法，以能知机应变，斯为拳家之妙用者矣。

第六编　拳术谱注（凡七章）
——后附练五形、五营法、练上法、剪踏诀

第一章

头打落一随脚走，起而未起点（占）中央，脚踏中门抢他位，纵是神仙也难防

头分四部，前左右后。四者之中，惟前为最，后者次之，左与右焉，又其次之。然元首为全体之至尊，偶尔用之，不可以为常者也。随脚进行，乘将起未起之际，占据中央之地，先踏进中门，抢夺敌之位置，伺其隙，以前脑猛点其胸膛上下穴，及左右金钱穴，无有不受重创者。

我已占领其地位，彼将立脚不稳，复以猛力击之，斯时纵为神仙，亦难防我矣。盖头打

之法，须头之鹰熊力，身之缩长力灵警，则头打之势，愈觉得力。落一者，即审定部位，丝毫无错，不偏不倚之谓，斯所注意者也。

第二章

肩打一阴并一阳，两手只在洞里藏；顺横全凭盖势去，缩长二字一命亡

肩之为用，厥分四名，其名维何？阴、阳、顺、横，充其极用，各有妙境。

练阴肩则肩向外翻，阳肩则肩向内跌；两手左右交护，只在胁下，洞里藏着，防敌之袭，如左右肩跌山横等法是也。顺肩自上落下，横肩自下起上，如长手下落之法，均带有顺肩之用，如十字穿膀势，俱练横肩用法。此二式全凭长手上起，盖势而落。

然手之起落，又以身之缩长为权衡，故"缩长"二字，可以制敌之命矣。

第三章

肘打曲一点胸膛，起手一似虎扑羊，怀（懹）在混过一旁走，还在胁下左右藏

用前肘之法，先以一掌上指敌之眉目间，喝声尽力，曲其肘，恰点在胸膛上下及左右穴。又一手，伏在此肘之下，以为后援，步法下沉而后蹬，其势有如虎之扑羊。肘亦有四用，此为前肘法；二后肘法，击背之敌也；再左右侧肘法，亦有所谓压肘、撞肘者。考其用，均不若前肘。

凡练左右击敌法，身法左右转侧，手式随之上下掩护，须混过敌人，任其一旁乘间而击之；惟吾之肘，宜藏在左右胁下，此即所谓打人不见形者矣。

按曲一与落一之理同，但"曲落"二字之义不同，因其体异，故用字不同耳。

第四章

手打起落头所挡，泽龙未起雷先响；天地交媾，云遮日月，武艺相斗蔽目光

心一拳术，自上落下者多，由下上起者亦多，惟平出之拳少。故手之起落，循敌之头部上下，而其头适当冲要。

凡行拳时，先大声急吼，所以示勇鼓气也。及近敌突击时，亦发声以助其力，譬之泽龙，乘云雨飞腾之时，霹雳已先震矣。

天气下，地气上，二气氤氲，蒸为云雨，日月虽明，亦被遮掩，竟刹那间空气弥蒙，莫辨西东。如拳家角艺，先必蔽其目，而后击之，即此理也。

第五章

胯打中节并相连，脚手齐到自无言；外胯好似鱼打艇，内胯抢步便是难

胯之进行，辅以中节，次第并用，斯为得矣。手之上护，足之下行，势所当然，理无疑义，其用亦有内外法。

外胯之用在击敌之外腿，己之足尖须向外摆，拍位方稳固而得力，如鱼游水，其尾左右活泼，有摆艇之势。

内胯之用，须抢敌之胯内，足尖微向内勾，若能抢步得手，击之自易。然内胯之用，谨防腹下。以余度之，究不若外胯之法臻完善者也，学者当能辨之。

第六章

膝打低处人不明，疑是猛虎出了笼；横身滚肘莫停势，左右横顺任意行

膝之用力，猛而毒，其势下，人莫能测。击敌时两手上护，膝自下猛力提打，高可击小腹与腿眼穴，下可击腿部诸处，惟小腹不可轻击，击辄致毙，宜慎之。敌受击不明其故，所以疑似猛虎出笼。

横身滚肘莫停势者，盖以身法、手式护其膝，乘间而上击之势。

左右顺横任意行者，言其能备身法手式之妙。则膝之用，或左右，或顺横，任意行之，无不可也。膝除提击外，尚有前点、左右点击诸法，此亦交扣时常用之要着，所不可忽者矣。

第七章

脚打踩一不落空，消息只在后腿蹬；来无形、去无踪，遇人好似卷地风

按近交扣，脚落踩打，左右拍位，不使落空。其用力消息，只在后腿蹬紧，蹬则踩力出而锐矣。进行之际，来去飘倏，无形无踪，其遇敌也，好似卷地之风。

此外尚有前踢、后踢、内击、外击诸法。后踢，即后跟击后敌法；前踢，即鸡胸腿法；内击，即盘膝腿法；外击，即铲脚腿法。盖后踢，实不若前踢；外击，亦远不若内击，拳术之用，以深沉稳健，不见形者为尚。如外击、后踢法，虽有善用者，亦未尽合法，学者祗（只）可知之，不必习其用也。鸡胸腿、盘膝腿之法，详中卷下盘法内。

按此谱分为头、肘、肩、手、胯、膝、腿七章，即吾门所谓七拳头者。头者，头领之谓。七拳之中所属之拳甚伙，兹特释其有谱者，余详中卷。前辈以此七拳形势，为豹头、鹞

膀、虎捕、鹰捉、龙身、鹤膝、马蹄等名，学者宜顾名思义，庶可颖悟而扩充其用矣。

心一内五形职司实权暨配五营位次诀

第一形

心动如火炎

心赤，属火，位南，为前营，其味苦，其用为礼。火性炎上而势焰赫赫，故心气之动如火之炎。心一行拳之气，即呼心气也。

平日静养按纳，使之无声无色；动时则爆如火炎，直冲空气而上，令人望而畏之，有不可向迩之势。此养心之学，即学问深造，意气和平，而得其原由于克己复礼之功，故视听言动，不犯非礼，且明达世情，洞彻物我，目光务使远大，度量但求弘深，其应事接物，则不卑不亢，无争无忤。

凡事惟衡之以礼，持之以公，则此心常泰然而坦荡，无一毫人欲之累矣。学者苟于心学先养之以静，次用之以动，则其用也，方有本源；故静如山岳，动若龙虎者也。

第二形

肝动如飞箭

肝青，属木，位东，为左营，味酸，其用为仁。木性绦畅而上达，故肝气之动，急若箭飞。如心一长手上起之拳，及穿崩等力，属于肝之用也。研究起落缩长之法，明乎动静刚柔之理，则肝之功用，入乎神妙矣。

若夫人生喜怒哀乐之情，咸足以激动肝气，此数者之发，能中乎节，即谓之中和者也。否则喜乐过剧，肝气发扬而荡；哀怒过甚，肝气抑郁而毁。

凡欲养生者，宜守分安命，素位而行，谨嗜欲，惩忿戾，戒贪妄，祛骄矜，则心常宽，而肝气常平矣。是为养肝之道，吾门所宜注意者也。

第三形

脾动胁夹功

脾黄，属土，位中央，为中营，味甜，其用为信。土性敦厚而能容载，故脾之气动，则胁夹之功显。如长手下落及跳林等力，皆胁夹运输之力。

凡物有本末，拳有根梢，末之枝叶荣花，系乎本之养液；料梢之运动强健，赖乎根之灌注力。明于此者，则脾动之功用，思过半矣。

盖脾主消溶水谷，以养荣卫。故卫生者，宜起居有恒，饮食有节，且有定时。若饭后徐徐行动，所以助其消化也；夜眠不宜醉饱，所以休养其力也。凡生硬不易消化之品，与夫厚醲辛辣之物，腐臭不洁之食，均宜慎之，否则伤脾损胃，妨碍卫生。此即所谓练外兼养内者也。

第四形

肺动成雷声

肺白，属金，位西，为右营，味辛，其用为义。金性坚而敛，肺主纳气，故肺之气动，能成霹雳之声。心一之练虎音，及每拳之发声，皆为肺气之动。苟肺气练足，则音自洪。

其平时宜在空旷或森林之处，多吸收新鲜空气，使肺部常纳新换旧；且操练运使，恒劳动呼吸，使肺量涨缩力日形健旺，则气自足，收力大声雄之效者，必然之理也。

第五形

肾动如水浪

肾黑，属水，位北，为后营，味咸，其用为智。水性活泼而流动，故肾之气动，如水之涛，荡漾无凝滞之态。蛇分草、身滚肘、大小抽把等拳，皆为肾动之功用。盖肾藏精，精生气，气生神，是三者为生人之至宝。

凡养生之培基者，须先固肾气。肾为先后天生活之基本，故操则存，舍则亡。而吾拳术家亦首重固肾，远淫欲，即此理也。

肾足，则其气洋溢乎四体，晬于面，盎于背者，无在而不觉其精神活泼，天真烂漫矣。常见青年沉湎冒（冒）色者，外则似强，其内实干，动即气促、手颤、足疲，不能行路耐劳者，皆肾亏之道，所谓金玉其外，败絮其中者多矣。长此而往，几何不沉溺孽海与黄壤为邻耶。

学者欲精拳术，须先养身，是五形之说，不可不三致意焉。

五形结论

五形合一气，放胆即成功

拳术虽精，尤贵胆识。识由学问而得，胆则历练而成。尝见夸勇炫技，以为气雄万夫者,迨事变仓猝,乃手足失措,竟尔瑟缩退怯,此其故何欤?盖由于无胆之所致耳。

由是观之,胆力与拳技关系,良匪浅鲜,是练胆之法,更不可缓也。故五形之功,联合一气,惟能放胆者,即成功矣。

风吹大树百枝摇

心箴有云:"天君泰然,百体从令。"盖心为全体之主,凡心之所至,百骸皆奏效,以承其旨而无敢违者。

故五形合为一气,而手足四肢,各灵其用,各施其术,如风吹大树,凡百枝叶,无不随其摆摇者矣。

心要抖,手要撒;起要横,落要顺

临敌致用,心则抖决,无稍迟疑;手则撒野,无稍留情。

手起身自横,手落身自顺,此五形合一之功用,亦吾家拳术之身势,为自然之法者也。

拳似炮,龙遮身,遇敌好似火烧身

拳之起落时,突击猛勇,似炮之轰发;身之转侧时,活泼夭矫,如龙之遮身。其遇敌也,以五形一气应之,但见手法敏捷,身势闪倐,好似火之烧身云。

盖火烧身之势,机应灵警,感觉神敏者也,与警鱼抖手丢决等力同。惟此系指肢体上而言。火烧身者,专注于体,微有区别耳,学者庶明辨之可也。

心一上法剪踏次第诀

一寸　上法进行时,前足微向前移数寸,引动后足,此谓之寸。
二剪　后足腾步而前,极力进行,前足仍立于前,惟以足尖抵地,重点专注于后腿上。
三穿　谓剪步将落地时,身法下落而前蹿,如箭之穿鹄者然。
四就　已落地时,我之距离,须与敌相就。
五架　我之身法手势,与敌能接架。
六合　我之交扣,须与敌之交扣处相合。
七齐　接近时,身手严密,欲无隙可乘,则我之七拳头整齐,急须注意者。
八正　拳头既整齐矣,而我之身法须正,不偏不倚,亦无前无后。
九紧　既齐且正,犹患包裹不严密而松散,故欲紧则无懈弛之弊矣。
十近　既身手紧固,犹恐交扣未合,我之身与敌之身未亲切比近耳。
十一起落　交扣既近矣,须知手法身势起落之理,则灵活而得力。
十二进退　敌退则我欲进,或进而不得势者,则必退而再进。宜进宜退,临时须详察之。

十三阴阳　或阴进而阳攻，或阳进而阴攻，临时须明其理。
十四五形　运使心肝脾肺肾之真气，以制敌人。
十五动静　明乎动静之理，则宜刚宜柔，无不克中机宜。
十六虚实　审判敌之虚实真伪，先为之防，则我不得受其制矣。

此为临敌时上法交扣之诀，学者宜慎思明辨其理，练习研究其用，既专且恒，不辞岁月，则此剪踏诸法，自能得心应手矣。

第七编　养气法

第一章

练拳术者，首重体育强健，次及卫生。御敌苟无发强刚毅之体质，深沉稳健之气魄，其临大敌，冒枪林弹雨，决死生，而能处之泰然，不惶遽变色，举措失常者，盖寡矣。其道维何？曰：不动心而已矣。

故心动，则气亦动；心为气之帅，气为心之用也。能持其志，不害其气者，则此心恒坦然荡荡，便足为斯气之司令；而气之充乎四体者，自能循正轨，各奏厥职，听指挥于司令之下矣。是则孟子志壹，则动气之谓也，譬之手握兵符，身任阃外者，平日赏罚严明，且能以礼待士，以恩接下，其部下之心悦诚服，为之争奔走，效死力者，必然之理也。

然有时乘危致变，士不用命，以致全体瓦解，功败垂成，将亦无如之何，此为气壹，亦足以动志矣。是气既经养之有素，而后不躁暴妄动气，不妄动而后心志清明，斯能操纵进退，咸得其宜。

凡吾拳术家，以克敌致果为义，以临机应变为用，是养气之功，可不深加研究者耶。

第二章

人之生也，莫不有争，厥分二端，曰私，曰公。私乎一己者，为生活经济学术程度者也；公乎国家者为扶持种族，推尊国权者也，斯二者乃吾国民当然之义务，应负之责任。

苟有外界之侵凌，前途之障碍，势必精心殚力，以求之蹈汤赴火以争之，虽竭力捐生，而此心终必勇往直前，不遑他顾矣。此曾子所谓自反而缩，虽千万人，吾往矣！昔孔子曰内省不疚，夫何忧何惧，其理一也。

吾拳术家，诚能从事于此，以明理集义为先务，凡百行事，揆之以道，守之以法，即可毅然进行，无疑矣。

盖理无往而不直，义无地而不宜。人之气或有时而馁，然则吾之争也，果缘理直而气壮者，不诚然乎哉；若反是而争，则其气必馁矣，非徒无益，而又害之可不慎欤。

第三章

器局狭隘，态度轻浮，无容忍之量，无自反之责。惟以意气任性，见有拂意之行，即忿然暴动，形诸辞色，甚至与人斗狠，如斯人也，其不偾事戮身者几希。此吾拳术家所宜深戒者也。

故以深沉稳健为量，坚忍耐劳成习，能养成此气，始可精于拳术者矣。如湖海之水，探之不觉其深，搅之不觉其浊，但见澄然之波，邃望无垠，难测其涯际云。

曾征诸往事，有唾面自干，不拂人之怒者；有羹污朝服，犹怜婢伤手者。观古人之雅量高远，雍容流行，如清风明月，其气象直与天地万物上下同流，各得其所者，霭然一致矣。

盖吾人之见地，虽未能远超前辈，亦必黾勉将事而追随之，斯可也。设有无礼之干于其前者，不惟不斥其妄，并欲心悯其愚，而哀其无知。苟有知觉，稍具人道者，何能以非礼加人也耶？若动辄触怒，睚眦必报者，视此可以自愧无地矣。

第四章

风、寒、暑、湿、燥、火，此六邪者，曰外感，实为吾人身外之劲敌。苟能卫生得法，使正气充实，亦足以抵御之，俾不能侵犯吾躯也。

喜、怒、忧、思、悲、恐、惊，是七情者，曰内伤，亦为吾人身内之劲敌。若见道不明，控御无术，则喜怒不节，忧思兼并，以致五内气郁不平，元气斲（斫）丧，终必覆亡而已矣。

此二者，若顺其理，明其用，发而皆中节，所谓道履中和，诚益于人者也。使反乎中和，则为灾、为伤矣，是可忽乎哉。

盖吾拳术家，首以强体养气为本，则凡有害于吾气者，均宜慎之远之，不使扰及于吾身。若外感内伤，一为自外搅乱吾之正气，一为自内剥削吾之真元，即二者是也。

尝考"阴阳应象大论"有曰：天有四时，以生长收藏，以生寒、暑、燥、湿、风，此五者之发，皆以时，则万物俱生；发皆不以时，则万物俱死；故生于四时，死于四时。人有五脏，化为五气，以生喜、怒、忧、怨、恐，此五者，发而皆中节，即九窍俱生；发皆不中节，则九窍俱死；故生于五脏，死于五脏，是论关系吾身存亡之理，洵不诬也。

第五章

饮食男女，人之大欲存焉，斯为人生所必有，而不能必无者也。苟能持之以道，则诚有百利于人生而实无一害者，曰惟节而已矣。

饮以养阳也，食以养阴也。人生阴阳二气，籁饮食以为养之者，故终日不再食，则有饥渴之害，其气亦必馁矣。是饮食本以养生者，若过之或不及之，皆足以有害于吾身。

男女居室，人之大伦也。凡世界之种族，百业之进化，皆造端乎夫妇，是男女诚有百利者。然御之不以其道，或不以时，或过之，则有沉溺蛊惑之疾；或不及之，则有孤阴独阳之咎，盖利与害常相随也。有利者斯有害矣，故明于养身者，操之以节，但享其利而远其害焉。

凡饮食必以时，贵清洁精鲜。或浓厚之味与暴烈之物，皆不可多，多则伤胃损气。《灵兰秘典》论曰："脾胃者，仓廪之官，五味出焉。五味淫，则伤胃，胃伤则气血凝而不行，是为五味之邪，从本生焉。"

凡卫生者，食以时，无过饱，量腹所受，夜深无醉饱，过度皆以其停滞生病，亏损脾胃之气故也。吾拳术家于醉饱后，或房事后，均宜徐徐静养，不可躁动，违则损气伤身，切宜戒之。

第六章

玩人丧德，玩物丧志，省斯言也，吾人当知所以警矣。有举世以为非者，而举世之人竞驱之若鹜，赴之若流水，惟恐或后焉。曾推原其心，究不知其何以然也。前鸦片之祸，烈于洪水猛兽，吾国遭其荼毒，沦没于黑籍者，其数不知凡几，真所谓蓼虫食苦而自甘者。今幸禁之，此祸已除矣。

惟是青年昧于养身之道，类多以害身毁性者为养身，以纵情徇欲为爱身，噫！何不智之甚耶！是故沉湎面麋，以戕其性，以毁其身；陷溺淫海，以丧其德，以毙其生，竟以为倜傥风流，英雄气概，而人莫我若也。

或博戏雀战，酒食征逐，靡明靡晦，式号式呼，浪掷金钱，不以为奢；废业误时，不以为过，犹自谓豪性挥霍，侠气慷慨，而人莫我若也。

或嬉笑讥刺，热嘲冷语，以巧其言；钻利营私，奴颜婢膝，以成其行；攘夺权利，互相倾轧，以济其私，犹以为才冠一世，气雄万夫，而人莫我若也。

或器具什物、衣服饮食，咸取给于外来，宫室台榭，改旧图新，以西式为美观，犹自谓挽回利权，提倡国货，而人莫我若也。

凡此数者，皆为丧德丧志之行，所当深以为戒者。今有明知其非而故犯之者，亦有不知其非而冒昧行之者，社会中大都如是者多耳。此由养身之学未明，养气之法不讲之故也。

吾拳术家，以品行清洁为尚，约身循体为本，屏除嗜欲是务，十丧德丧志之行，实进道之障碍，为吾身之大害者，可不深加惕厉而铲除净尽者哉。

按养气之学，其大要不外守敬循礼，以存其心，无害其气而已。其余条目，在学者斟酌损益焉，可也。

今际此武明时代，凡为国民者，仅有文事而无武备，岂能任当时之义务者哉？故学校教以各种科学，练以拳术体操，而后习文事者，乃习武备矣。亦若古之庠序，教人文舞为匀，武舞为象，兼备文武之舞者为大厦，其道同也。所谓同者，磨练筋骨，运动气血，增进体力之理也。

诚如是也，则今日之拳术，可谓返古者矣。是在拳术家务其改良，斟酌尽善，不可不从事于学问，故宜汲汲讲求养身养气之道，及强身练气之法，庶不失古人刱造拳术之宗旨者也。

然养身、养气之学，为圣贤工夫，行之甚难，言之亦不易也。兹特举其大概，至若言之綦详，自有经典。则慧也可为指津者，自愧于斯道不过管窥之一斑云耳。

第八编　练气法

第一段　总论

拳术气功之学，已分为养气、练气二种。养气之学，其用在心，所主在理，是为无形之学，上章已言其梗概矣。

兹论练气法，练气者为有形之学，其用在运动，其法在呼吸。但运使呼吸时，此心须反观内省，默察其气，运送至于注意之处，蒸腾勃勃，像想其形，若真荡漾漾回于其间者，积日累月，持之以恒，久则功成。

厥法由柔而刚，复刚而柔，充其极用，则虚实动静，进退左右，或刚或柔，或柔或刚，无不左宜右有，各契机宜。

盖练气之次第，先由丹田起点，丹田气既足，渐及于丹田之外，渐次引及于躯干之全区域，久之觉全体充畅，精神气力格外增长之时，遂渐次运送达于肢体之极巅处。斯练气之功成，遍乎周身上下，无处不至，无微不入矣。

此时再立志精进，则气功将由此而臻妙境，他日结果之伟效，诚有令人惊为奇异者也。

第二段　运使

时间

每日可分晨、午、晚三时。若学校中午时有课，可减少一时，每时之运动不限。
刻数总以坚忍能耐为尚，每时可运动二次，每次略立十余分钟之久，后能增加，获效更速。

地址

宜光明高爽清洁之地，凡厨厕与堆积渣滓污秽之处，均宜远之，恐霉菌及不洁之气吸入肺部，妨碍卫生。

若旷野高山，上有林木掩映，下有清泉激流，空气最清新鲜美者，于运使呼吸甚相宜。

禁忌

凡关乎运动呼吸，必运行真气。故平时宜镇摄其气，使其周流舒畅，毫无亏损、震伤、壅郁之患，斯无害于其气矣。

若暴怒、震惊、悲哀之后，醉饱、房事、远行之际，此皆正气有亏之时，苟未休息复原，切不可运动呼吸。譬之花木新栽，本根尚未稳固，忽以烈风扑之，其不颠而伏萎而枯者，未之有也。

运使法

人面南而立，如寻常状，略静立数分时，将一切杂念悉屏诸身外，惟一念在心，方侧身开左足，向东立。

步法前虚后实，重点在右足。两手垂下，随身上翻，然后两手尽力随身吐下，如此式上下翻转数十次。至右足压痛不能忍时，再换左足，遮身向西，以右足前立，亦如前式行之。后转身面南，步法则换成骑马式，两腿蹬下曲而平，两足据地须坚而实，然后如左右式行之，惟手上下时，头亦与之俯仰，身亦开合缩伸。但"堆鬼"二力须带上，不可使身浮起，以致气不能直贯丹田，是为切要。两手如前，停后作摇铃式数十次，若惊鱼抖手式毕后，两手平出，向前作丢铃式数十次。丢铃时，须将全力输送于掌心下，庶为合法，此运使名地盘法，取其练足力稳固之意，又名摇铃、丢铃法，取其全体上下活泼之意。身法手势须柔而刚，刚而柔，不可操之过急，亦不可弛之太缓，当斟酌损益，时刚时柔，或半刚半柔之中也。

盖两手运使上下之时，呼吸亦随之。手上则为吸，手下即为呼。手上时口内默念一，手下时口中默数二，如此练之，则呼吸之力一气到底，使肺部增加缩涨力，得以吐旧纳新，而新气力遂由此生焉。

一次式完后，徐行数十步，使气平静时，继续行二次式。总以有恒无间为要，两腿站立以坚忍为尚，始有效耳。

但初行法时，两腿必痛，周身亦不舒服，继至半月后，渐觉如常，过此即气力增长。此拳术家所谓除旧力换新力之时代者也。

第三段 呼吸

心一五形法曰："肺动成雷声。"盖肺为纳气之府，由其呼吸伸缩力强，则气白大，故发为声成雷。力乃气之出，气足而力自足，此一定之理也。

是呼吸之术有三，一为立定不动之呼吸，一为演习拳式上之呼吸，一为静坐默数之呼吸。此三诀能历年行之，持久不倦，实能增长气血，扩充体力，且能祛病延龄。

但学者须谨遵拳术规约，能清心寡欲则裨益匪浅，倘或不慎，反以害身，不如不习之为愈也。

第一法

面南而立，身直足平。先呼出浊气三口，然后曲腰，两掌伸直，下抵于地；复两手指作钩形，如拔物状，徐徐提上，使气贯诸丹田及手掌间；迨腰伸直时，两掌转向上撑，气即随手而上，呼声猛力放出。上托下引，下抵上提，各五数；复左右上下各四数；又两掌向前，各五数；左右掌出入各四数后转身，先左后右亦如之。但每动，须曲腰，庶使腰肾得坚强之效。

各式毕，仍还原面南而立，以左右拳轻轻敲击鼓荡胸腹间，次及于全体四肢，有拳不能到处，可甩小沙囊，总以轻为贵。行之既久，虽重亦不觉矣。

惟敲时，全体切不可鼓气，鼓气则恐气血凝滞而生他患。务使气血自然活泼流通，觉得充畅圆满，久之则筋脉灵动，骨肉坚实，气血健旺，可随呼吸以为贯注，凡意之所在，气即从之。

但呼吸时，气由鼻出，须循序渐进，不可过骤。至成功时，虽猛力击之，不觉其痛，即暗受重击，亦若无事。然此由平日敲时身不鼓气，使呼吸之气运行身内，自然雄厚坚实；倘有意用气，则力能穿透肤理，呼吸之功，不诚大矣哉。

第二法

心一练习法，无论为拳为把，凡手足出入起落，身法开合缩长，诸式皆以动静二法统之。动为刚，口呼为一而发之，将全身之力，贯注于斯；静则柔，谓手式收回时，即换前力以俟新力再动，而呼吸之气亦随动静之力为缩涨。心一所谓一拳一换劲者，随动静之法与呼吸之气故也。

平日练习时，行动宜缓，惟出手将落时，宜急须以抖决力猛击之。学者苟缓急得宜，即呼吸之功可随诸施行无碍矣。此即心一练到如何地步，而内功亦练到如何地步之法也已。果能内外之功一致并行，始终以恒，则成功之效岂不事半而功倍乎？

尝见操练者，其心毫不注意，亦无气功呼吸之用，但徒事手足之动作而已，虽日操练，究于身心有何益耶！

第三法

每晨黎明时，或课毕休息，及夜静月明风清时，可行此法调气敛心。

整襟静坐，头昂而目光下视身端，而胸次豁然，将万籁寂静收存此心于腔内。用舌抵上腭，默数呼吸，移时则津液自舌底金泉穴内涌出满口，其味甚甘；即将满口津液三分之，以眼光反观，咽送到丹田内；每咽送时觉如泉流括括有声，如此静守三口，共咽送九次。然后徐徐起行，觉咽送之津液在丹田内潆回，有活泼之态，照前第二法，各呼吸法运使一次后，即照常应酬外事。

此法在清晨日未出时，至高山大野茂林旁；或月明风清时，在山巅石上。面东静坐，照前法，吸收新鲜空气和津液，咽至丹田，亦照前法行之。稍息数分时，即运使拳术二三式。苟能持久不倦，庶于身心获益，当不鲜也。

按运使呼吸之气功法，拳把形势之运动法，以年限之远近，功力之浅深，分为有形之气功时代，无形之气功时代；与有形之运动时代，无形之运动时代。此亦学者所当知之者也。

昔吾师尝曰："斯道精之不易，苟能苦心孤诣、猛勇精进者，前十年之气功与运动，是为有形时代者也；后十年则有形、无形二者各居其半；若更精进十年，即无形者，实居多数耳！"

然有形者，人能知之，斯无形者，何谓也？盖历练年久者，气血流通，筋脉灵活，能随心应手，敏捷神妙矣。是时不必再苦事有形运动，惟行止坐卧之间，以意运气，想象其如何动作之姿势而已。身虽未动，而心中默想之，其气亦能从心至于所之之处，且甚有效。此则无形之呼吸运动时代者也。

但未至其境，必不能知其地之山川人物，此理之当然者，然则斯言也，可为知者道之，不知者难与言也。

第九编　用力十法

第一法曰蹚

蹚者，俯而前进也。谓缩身敛势，急力前进，务求接近交扣之法，如一寸、二剪与蹚林之姿势，乃其法也。起时身法略大前进，将落时忽身法缩小，譬若鹞之捕雀，先高飞审视后，即飘然突入林中，以掩其不备。下盘之蹚力，注在足上。

凡人行动时，足落则趾蹚，足起则趾翻，故心一因此自然之势，讨论其理，扩充其用，遂使寻常之动作，演成心一最活泼敏捷之大法者矣。

第二法曰穿

穿者，身向前穿出也。如以石击石，有反激回跳之力，而前跃不已，即四把之前二把。实力猛起，两足坠地时，身向上穿出，均有跃然莫遏之势；盖因缩长之力猛，故其落地现出此穿力也。犹枪之跳弹，由地跃起其力，尚能洞穿敌人者矣。

兹特举四把而言，余均仿此，或前有障蔽，能以身法穿破之，或何其隙以手足之法穿入之，斯二者为上下穿插法，又穿力中之另一用法也。

第三法曰堆

堆者，积聚而成，如数学之堆垛法，由零星散数而集为整数者。拳术家练成五形四梢之体，结为五营六合之用，内外浑然一气，上下连合，凑齐一致进行。其身敛作一团，稳沉而坚实，譬若物之堆积，上压其下，下承其上也。此即儒家万殊一本之说，散之则由一本发为万殊，卷之则由万殊合为一本。心一堆力之法，即此理也。

详"堆"与"缩"二字之义，似略同，以实考之，诚有不然者。缩者，缩其身以待势之发也。则堆之为用，无时不有，如动静缩长、起落进退之中，皆存此法焉。盖此法寓有深沉稳固、坚实不拔之意，玩而索之，斯得之矣。

第四法曰嵬

嵬者，紧压其身，下沉其势也。谓操练时，须注意中节之后部，以力压逼，使其下坠，则命门尾闾自然沉下，而身势脚根愈形稳固矣。

凡未经操练者，多下轻而上重，缘其身之不能下沉，两足履地，不能坚实，气多上浮而不能下降丹田之故也。此法亦曰嵬山力。山者，犹言人之身也，取其如山静镇之义。曰嵬山者，紧身下沉，若山势嵬嵬，盘踞屹立，莫可撼也。

吾心一起落缩长之身势，皆具有此法。按"堆嵬"二力，有上下交相为用之关系，堆力注重于体上、中二部，嵬力则专重于体下之后部。有嵬力下沉，则上之堆力更觉得势；若下无嵬力，则堆力涣散，失其所托矣。故嵬为堆之基础，堆为嵬之屏藩，二者相需而行，如狼狈相依，可合而不可离者也。

第五法曰催

催者，前手已至，后复催之，使之愈速而愈有力也。如撄捉斩手等拳，猛力下击，敌势已难堪矣；犹恐敌倒之不速，复捧出中节翻起两手之拳，极力以催之，有滔滔不绝之势。譬如大风掠海，潮腾汹涌，后浪紧催前浪，波荡震撼；又若疾风骤雨，排山卷地而来，其势愈压愈紧，令敌无处插足，无地容身者也。

盖操练时，身手下压力重，故激而翻起，是则谓之催法，然此催宪本于身之顺横力而得。凡心一手法，手起则身横，手落则身顺，横而顺，顺而横，二者之酝酿，遂构成后劲，收此自然之美果也已。

第六法曰崩

"崩"者，过屈而忽伸，极压而爆发之势也。或如强硬之弹簧发机，或如弯弓之弦而速决者。其力强，其去疾，令敌无从抵御者矣。心一四把之前二把，皆此力也。

练时身手紧缩，不嫌其小，遇敌则乘机突起。四把之后二把，则为天塌力，高举下压，前后共为四把，而吾心一之法虽多，尽备此中矣。

详四把之用，无平出之拳，前为下击上，后为上击下。二法以寻常攻守之法论之，必曰攻宜乘间，守宜紧固；手之出，以上不过头，下至膝止，为合法。吾心一则不然，内多长手高举之势，在俗眼必谓空大，敌可乘虚攻入者。此所谓但知其常，不知其变，但知其正，不知其奇者也。所谓俗眼者，即此是也。

盖拳术之用，须知全身头头是道，层层预备之法。如五花八门，列阵四方以待敌。所谓之空者，吾即谓之实，正欲其乘空来袭，吾则以逸待劳，以静待动，因而制之，其成功较易耳。苟周身无拳术可恃，又无奇正防御之法，纵手不离身，亦何济于用耶？

由是观之，崩塌等力虽长手高撑，却有多数之奇兵伏其下焉。且重出叠见，如环之无端，诚有出入意料之外者；厥空若是，庸何伤乎？然非精于斯道，深明拳术之理者，岂足以语此欤。

第七法曰蹬

蹬者，足之力也，系后足之足跟用力向后蹬出之谓。

心一拳之步法，有三种：

一曰弓箭步，前腿屈若弓，后腿蹬直如箭，两足前后距离，以人之长矮为衡，约二尺五寸余。

二曰前虚后实，将全身重点注在后腿上，惟前足据地有二势，或以足趾蹬地者，或以足跟蹬地者，因身势之变化而异。两足距离约一尺五寸。

三曰前实后虚，以重点注在前腿，后腿则屈于后方，用足趾据地而行，距离亦一尺五寸许。

凡一切动作，均不越此三种步法，随手法、身势之转折，而步法因之亦变换进退敏捷，纵横灵动，无不自如人意也。

与敌接近交扣时，步法略如前虚后实之桩，惟前足据地落实耳。至发声纵力时，即突变为弓箭步，将全副精神注于前冲，又须后足猛力向后蹬出，则所用之气力，能灌送到顶，前冲之力愈觉强健，而敌之倾跌，愈速愈远矣。

第八法曰抽

抽者，以手抽物，或上或下，或出或入也。中卷后编内载有大小抽把练法。其式有上、中、下三等，以左右手翻绕而上下抽之，身法亦随之辗转开阖，拳势则潜伏其内焉。

盖抽之为用，设有一物入而不出，而欲出之者，则必用抽；或下而不上，必欲上之者，则用拂；或上而不下，必欲下之者，亦用抽。

观其形，则有上托下撩之势；论其法，则有阵式回护之用；详其理，则有轻飏特出不沾于物之意。学者苟能深加揣摩，自能心领神会者矣。

第九法曰忍

忍者，隐而不发也。凡临敌时，外示安闲镇静之态，两目则审视精确，至如何抵御击刺之法，早已决定于胸中耳。

惟两手下沉，双足据地，并不作如何之形势，与寻常者然。若得机而动，则力从中发，遄焉突击，俾敌难于觉察，有迅雷不及掩耳之势，即兵家出其不意，攻其不备也。

交扣法以沉着确实为贵，进退适中为宜，最忌浮躁轻进，及孤注一掷之弊。倘突击过度，则易为敌制，在我已无余地余力之可恃矣，欲求不败得乎？

故忍之一力，有为拳术家最宜注意者也。亦有临敌故动，形势赫然，大声猛吼，有嘣如猛虎之状者，要之在其人操持有素，胸具成竹，始克起落合法，进退有方，虽急遽苟且之际，亦灵台静镇，终不至卤莽以偾事也已。此二者，一静于外，而动于中；一形于外，而诚其内，皆各臻厥妙，其用一也，视乎人之操纵者何如耳。

第十法曰丢

丢者，以手抛物也。与敌距离稍远，瞥见其有隙可乘，若动步以击之，则敌必觉而备我矣，反误此良好时机。届此之际，欲不动声色，能急于击之者，厥惟丢耳。盖丢者，足未动而手先抛至，复以半身前送之，可以击倒敌人，达到目的者矣。

凡临敌之时，转瞬万变，惟眼明心灵手敏者，能先着祖鞭也。况术有浅深、有难易，应之者，势不能前后一致；在临时者审机乘变，因时以制胜耳。此关乎经验阅历，而得非可以他求之者也，故与人以规矩，不能与人以巧者，即斯之谓欤。

余按十法之用，遍及周身上下，无处不备，无用不灵。故十法为心一拳术之主脑，为形势运动之要素者也。

若拳术中具有此法则，形势活泼而敏捷，运动稳固而强健，有背乎此法者，则为无谓之行，为野蛮之举动耳。譬若雕琢之机械，人无主动之能力，如手足之麻木，人无活泼之精神，犹得谓之为完人，胡可得也已。

盖心一拳术之有十法，犹躯壳之有灵魂也，人无灵魂则躯壳无生存之望，尽人知之矣。苟心一无此十法，则不得谓之为拳术，其理亦犹是也。

学者将此十法，深加体察，复参以真形十种之理，与各盘运动之势，时时研究力行，持之专与恒，庶领会贯通，而得心应手，有终身用之，不能尽者矣。

第十编　心一器械阐微

技击总论

盖古戈矛刀剑之制，所以戡乱御侮，供战争之用者也。今为火器时代，远则巨炮，近则快枪，若古之武器之属，皆为不用之品，无所施其技矣。

虽然考各国枪制，必有刺刀冠其上焉。由是观之，刀剑戈矛之器，纵不实现于阵前，而其用法仍存于战争之间也。凡两敌距离最近，枪炮不暇装放时，必上刀头，冲锋而前进，以短兵相接，战际兹时也。惟有精于技击，善使刺枪之法者，乃可操胜券耳！

况技击之学，尤为吾国擅长之技，古人以此除奸慝、平暴乱，立功疆场，震威异域者，殊难枚举，然昭乎史册者，班班可考也。吾人特欲保存原有国粹，故将枪法、棍法、刀法、铜法等用，逐类详载，俾学者有所参考，以为研究进行之助云。庶精乎此道者，临敌决胜时，我可制人而人莫我制也已。

岳家枪法十二诀

第一章

岳家枪法十二诀曰：吞、拦、挑、扑、圈、点、扎、刺（此八法为枪之诀）；闪、摇、轻、倏（此四法为身之诀）诀云最妙。此十二诀，为枪法中运使击刺之要道，皆尽于斯矣！

学者所宜注意，深加研究者也，兹将十二诀解释如下：

一曰吞

吞者，象喉吞食之意。其法足未动而身先扭转，手向后缩，以枪身拨开敌之枪头者也。谓交手时，我先出枪击敌，敌即刺吾枪而忽压入，我此时欲进不能，退已不及，惟有扭身，两手猛力缩回，以己之枪身，挪开敌之枪头，我即活动，可以左右进退，不致为敌所扼矣。

尝闻师言，前清咸丰间，官文督鄂时，吾师为其防营教练。偶一日，在校场，执枪教练忽有出莫不意，自远掷枪射击者。瞥见之时，枪头已将及身，师即下其势，放开右手，以左手高撑枪之后身猛摆之，其枪力旁坠于地，此与吞之法，似是而实非也。

盖吞法用枪之前身，此则用枪之后身。由是观之，法难限定，惟善用者，临机应变为何如耳。

二曰拦

拦者，隔开敌人，不使及于吾身也。其法敌以枪下刺，自吾腹腰以下，皆可用拦。

此拦法有左右二用，凡敌枪由吾枪左入者，吾即用左拦；自吾枪右入者，吾即用右拦。谱云："穿拦护膝者。"是为右拦法，谓吾枪由左向右而拦也。

三曰挑

设敌以枪上击，吾枪之左自胸以上者，皆可用挑。夫挑者，有挑拨引起之意。

其法右手伸直，紧握枪本；左手上曲，向左翻拨，俾枪头斜过吾身，即进步反枪击之。详左手上挑之时，掌向左翻，为阳；即乘势反掌向右，为阴。此时枪则直点敌人之喉。

然阳手上挑时，亦有乘势伸直反臂向前扎出者，是较反手为阴之用，尤觉便利多矣。

四曰扑

扑者，有上逼下之势。凡敌以枪上击，吾枪之右自头以至腹者，均可用扑。

其法左手用力下压，以己之枪身，碰开敌之枪头，吾即随势而进，跃起枪头，点其咽喉或其心胸要害处耳。

盖扑者，虽用力下压，要亦不可过于按实。须两手起落，灵动而敏捷，即用拦挑诸法。亦但使敌枪不及于吾身而已，不可实力拦挑太远，远则弊生。

且两手用手太过，则多笨迟，其弊一也；己之枪头偏远，不易回复，其弊二也；我之枪头，不能照准敌人，俾吾身有隙可乘，其弊三也。

故善用枪者，两手具有弹力。若敌枪经吾之弹力，彼枪自然撇开，而吾之枪头仍对准敌身，则自卫甚固，击人亦易。庶乎此者，方称妙手矣。

五曰圈

圈者，如环团圆之意。其法两手抱枪，摇作圈形，己则飞身向前，由圈之中心射击之。盖圈所以护身，不可过大，但与己身之目标相当耳。

明唐顺之、余大猷尝论枪之圈法有云："圈之大小，系乎功力之浅深，深则圈小，小则紧固，我能击敌，敌莫能近我也。浅则圈大，大则松散，易为人制矣。"然圈小之功，非十年不可，凡人欲求一艺之精者，不亦难乎？

以上五诀，皆为自卫抵御之法，先固其身，而后击人者也。

六曰点

点如书家用笔法，以中锋着纸，运行点缀之谓也。然随点随起，既欲力透纸背，又欲转折快利，精神贯注，圆畅自如，方免偏陂濡滞之弊矣。

两手执枪，宜轻宜重，双足进退，不即不离，宛若蜻蜓点水势，毫无形迹可寻，且不多费力也。盖点法亦用以御敌之枪，惟用者两手宜活泼而敏捷耳。

七曰扎

扎者，出枪击敌也。此法分三式，有上扎、中扎、下扎之用。

练此枪法纯为两手伸缩出入之力，凡击敌者皆利用乎此法也，为技击家所宜注意者矣。"登坛必究"中所论枪法有云："你枪发，我枪拿；你枪不动，我枪扎。"此古人用枪之法也。惟先用拿法，使其枪不能运动，然后扎之耳。

八曰刺

刺者，如以刀向前刺物之状。然枪之锋铓在前，何以云刺？因其法有防御之用，以己之枪身刺开敌枪，随用枪头以击其身之故也。此即枪法所谓："用即是防，防即是用。"

按以上八法，为枪中之诀。有七法，为防用并行者，独扎之一法，纯乎为用，而无防也已。

九曰闪

闪者，身法灵变活动之谓。凡执枪操练时，其身势之转折变化，或大小起落，其步法之进退左右，或驰骋活泼，往者如风，来者若电，斯可尽乎身法之妙用者矣。

明戚继光氏论技击有云："凡枪棍刀剑之属，须求实用，不可务花法；步法以进退敏捷为尚，有若疾风骤雨之势。"此说与岳家之闪法同。由是观之，古今之英雄所见略同耳！故戚氏镇蓟州时，敌呼为"戚家军"，终其身莫敢犯之者，其与"岳家军"之名，实相埒也。

十曰摇

曰稽枪法，古有称为兵器中之王者，以其锋颖犀利，力能透甲。故其用时，指头扎面，如箭之穿鹄，星之流空。是以古名将精此者，甚伙也。

然其用仅在锋铓，苟身法摇动，能避其锋者，虽犀利亦无所施其用矣。是以岳家枪法具有"闪摇轻倏"四诀，皆为活动身势、步法者也。

凡持枪临敌，务以侧身为主。人之侧身，则目标狭小，以尺寸较之，当不逾六寸，敌之枪锋对我，必向此六寸中扎来。吾不移步法，微以身法向左右摇动，则其枪锋偏过，我即乘此以击之。斯时敌方扎出，尚未收回，焉能御我之击耶？

十一曰轻

轻者，手足轻便而快利，身法飘忽而活泼，非率尔轻佻、不持重之谓也。

其法能轻，则行动游荡自合人意，来无形，去无踪，斯免笨重之弊矣。

凡临敌交战，切不可浮躁，须慎审以将事，毋畏敌而生惹思之念，毋轻敌而怀疏忽之心；苟能除此二弊，处之以静镇，应之以神速，则此心清明，手足耳目，各灵其用矣！而不能胜敌者未之有也。

十二曰倏

倏者，其身法起落，手足进退，突如其来，忽焉而往，或乍出而乍入，令人眩目惊心者也。

考其状态，譬若烈风之骤，御之不能；迅雷之震，掩耳不及，若闪与倏，诚为法中之妙诀矣！然先不有"轻"之一诀，何能显出闪倏之实用于其后也。故"闪、摇、轻、倏"为身法之要诀，四者应一致并行，苟舍其一，难乎为用矣。

尝按杨家子午枪法，共七十二枪，分为四路，有前左右后之区。其法曰：吞、缠、裹、对、扎、挑、扑、掳、斩等诀。其用以子午枪、杀手连环为主体，与岳家枪法相较，微有不同耳！

岳家持枪法，先左手；杨家持枪法，先右手，不同之点一也。岳家之用，纯为枪锋；杨家之用，有"对斩"二法，详此二法系为枪身之用，不同之点二也。岳家之枪，长短适用；杨家之枪，利于短，不利于长，不同之点三也。岳家持枪之法，前手为阳；杨家持枪之法，前手为阴；不同之点四也。

爰将二家之法，参互考订，变通其制，去此不同之点，便为岳杨合法矣！是以名曰岳杨四路枪。然不同之处，各家自有妙用，吾何得擅改之，因既曰枪法，其用在锋，当无疑义。若对斩之用，枪身祇（只）可谓之棍，焉得谓之枪耶？故棍但便于短，不利于长；枪则长短皆宜也。

凡人右手之力，较大于左手。杨家持枪，先右手者，以对斩之法，须右手力下压之故欤。今更此二法，则完全为直力矣。既为直力，则左手宜前，而右手须持其后，庶枪法出入之直力尖锐，而且稳固者也。

单刀八法

斩、截、劈、刺（是为刀法），轻、圆、飘、倏（是为身法）。

第一法

斩者，刀横锋砍去，或斜面削出也。凡左右内外，皆可用之。

练法以右手紧握刀柄，由左向右者曰外斩，由右向左者曰内斩。盖刀之出入起落，身法步法，亦随之转折变化。

步法宜进退迅速，身法则欲包裹紧小。能迅速，斯能制敌；能紧小，则无隙可乘，防护亦易尔。

第二法

敌以器击，则我用刀或左右拦拨之，或上下挑压之，是即谓之截。

但拦拨挑压之际，宜因其势，谨用刀背与身法，顺势抢进，使敌不沾于吾身而已。切勿以刀口迎敌之器，致损刀锋也。此刀之利钝，关系吾身之成败，故临战时，爱护此刀，即若吾之性命者然。

第三法

刀迎敌面，临头而下者，劈也，如用斧劈物之意。

夫劈之法，刀由后绕转过前面，划空中作圈形。然用时之起落须神速，不可迟缓，缓则前面无备，或为敌所算耳。

且刀法宜随身转，不可离身远，远则敌人，无以御之。

第四法

刀锋向前点，或向下扎者，谓之刺。盖刺之为用，系刀法中之最要诀，以其防护严密，前进敏捷，使敌难于招架，而我之出入上下，轻且便矣。

以上四法，为用刀之秘诀也。苟能将此四法操练纯熟，而研究其理，则其用法、变化多端，宁有底耶。

第五法

刀之操持，权在右手。其刀之出入，上下左右，惟务防范抵御，使敌不能侵犯于吾身。此身进退俯仰，谨随刀法以为转折者，故欲轻，轻则灵敏活泼，无笨滞之弊矣。

若练刀与练枪之法较，练刀之身，更轻于练枪之身。然其故何欤？因枪身长而略重，刀短小而且轻也。若以练拳法衡之，则迥（迴）不相同矣。

第六法

身法无须用力，敛气柔身，轻软若棉，故能圆转自如，捷若旋风，则刀绕乎周身上下，便极严密，无一毫渗漏处矣。

且用刀之法，贵锋利神速，不专恃乎力之大也。苟能锋利神速，即稍用力，则其到处，自能洞穿敌人。

使用力过猛，致无含蓄余地，身则强直，手亦生硬，不能自由活泼矣！讵非反为力大所累者哉？

第七法

足之行地，不闻声响，其轻若叶，其飘若风。则进退之迅速，左右之敏捷，恍然太空之琼花飞舞而乱坠者矣。

盖此飘然之态，又若一叶扁舟，顺流扬帆，御风而行，其去之远，如飞箭，如流星，毫无留难停滞之势云。

第八法

倏者，乍动而暴发也。设以三尺剑而与敌之长枪大戟相接战，不以身法进退之神速，左右之便利，其不为敌所制者，几希矣！

故其立法曰"倏"。凡练刀之身法，倏然而左，倏然而右；瞻之在前，忽焉在后；其来也疾，其去也速。令敌目眩心惊，无从抵御者也。

以上"轻、圆、飘、倏"四字，为练刀身法之要诀，参以"斩、截、劈、刺"四字之刀法，操练力行而讨论其理，领会其意，则得心应手之妙，自有不可形容者矣。

第28部分　马步周先生《行意拳详解》

行意拳之意义

行意拳之"行"字，普通已改为"形"。意义是这样：在内为意，在外为形，如劈、崩、攒、炮、横，取象于金、木、水、火、土；龙、虎、猴、马、鮀、鸡、燕、鹰、蛇、鲐、熊等，取象于雄禽猛兽，无论任何动作，表现出来的总离不开所想象的形迹。

现在我所讲的行意，是刘纬祥先生闻之于郭先生的。意义比较深刻："行"者，走动也；"意"者，心意相合也。行意二字连同，就是行动与心意化合为一的简称。意动则行，不待勉强，无时无地而无意，亦无时无地而无行。浅言之，则里表如一，将心意见诸实行也。若以形象来表示心意，有时不甚真切，而只是皮毛；有时形迹殊类，而缺乏精神。八卦名家程廷华先生评刘纬祥先生之猴拳云："吾见猴拳多矣，他人猴拳专模猴子之表面姿势，惟君能表现出猴的精神来，所以到处高人筹地！"

纬祥先生，不解文字，而富研究性。其解释行意拳，有如下述：

"行走即是拳，行走即是练拳。行意拳本不讲什么拳套，专讲求它的功用，或用以养身，或用以制敌。若练的时候，只是按着拳套，等到对敌时，对方离开拳套，那你又如何应付？且一手一式，练的时候，是一样练法；使的时候，又是一样的使法。盖见于架式者，固为拳；即不显于架势者，亦为拳。如能使各种动作与心意相合，只要气有所归，而意有所止，随时可发而为拳，随地即致其功用，此所谓意自心生，而拳随意发也。将拳练得与走路一样的随便，行走的时候，也一样地练拳，即将拳练得不加思索，而应付自如，心动即意动，意动即气动，气动即力动，将心、意、气、力合而为一，其拳自能发得出，而使得上。故行意拳之练习，只要心意自然，气力随和，胸襟开展，随时可以操练，随时可以应用。如气往下沉，扶住丹田，而力贯周身，不必胡乱用力，即能得到许多益处。无论坐、卧、走、立，只要扶丹田，而气有所归，意有所止，百病自消，身体自健，寓拳术于行走坐卧之中，斯行意拳之真义也。"

由上面刘先生的一段话，尽可以找出行意拳之真意义来，也无须我来再画蛇添足。

行意拳之一气说

孟子云："吾善养吾浩然之气。"韩昌黎亦云："气盛则言之长短，与声之高下皆宜。"

而所谓之气者，究属何在，与人生是否有关？现在尚为不成问题之问题，许多学者已向习而不察的内含去探讨，尚未得圆满结果。编者从刘纬祥先生学行意拳时，常闻先生云："天为一大天，人为一小天。天有混沌不分之太极元气，人亦有与生俱来、父精母血所结成的'先天真气'。这种气是天地造化之源，人类性命之本。人能养是气而保之弗失，则长生，斲（斫）丧之而听其涣散，则夭死。行意拳的练法，是以后天人为之锻炼，参阴阳，合造化，旋乾转坤，由后天返先天，保养此真气，而使之登于寿域的基本功夫。"

由刘先生的说法，我们可以悟到，此先天之真气，为吾人生活之原料；练气的功夫，行意拳最为适宜。其适宜之点，于五行十二形的劲路上分别说明，此地笼统地说一点，以作证明。

一般国术家的论调，多半说内家练气，外家练力。我以为拳术无内外家之别，只看其懂"一气之说"否？姑以行意拳论，六合要诀，气与力合，为首要；气之所到，力即随之，使气有着落，力有寄托之所。气充周身，力用之不尽。

试就其各种姿势言之：臂膊不许伸直，伸直则力竭；又不许太屈，太曲则力难发出。似直不直，似屈不屈，力含蓄而不尽，气周流而不滞。进可以攻，则动为雷霆；退可以守，则静如泰山。

练拳的时候必须气沉丹田，即休息时，亦宜顾及此气，毋使之离藏气之府。若练拳时急促忙迫，气喘心跳，只重力之大小，将臂伸得直直的，拳打得远远的，则内家拳亦无异外家。换句话说，习少林花拳与各种长拳者，也知道气沉丹田，不作强弩之末的竭力姿力，又何异于行意拳也。

行意拳之两仪说

两仪之说，由易理抄袭而来，简言之，即阴阳也。盖太极真一之气，动而阴阳划分，天地以立。然孤阴则不生，独阳则不长，必也阴阳调和，而后雨泽露润，万物化育，人身亦然。静坐家修真图，晰分人体为二十四节气，比之以四时，凡四体百骸，一举一动，无一不可以阴阳分之。阴阳和，则体健而动作顺遂；阴阳乖，则体弱而举动失措。习拳者为保持此先天真一之气，则不能不注意两仪。

试以人身之大肢体言之：肩，阳也；胯，阴也，肩与胯合，即阴阳相合也。手，阳也；足，阴也，手与足合，即阴阳相合也。以动作言，伸为阳，缩为阴；起为阳，落为阴，伸缩自然，起落合度，亦阴阳相合之理也。详细言之：阴中有阳，阳中有阴，动作开合，无一处无阴阳之变化。学者体会其意，始能悟内功拳之妙境，达技击上乘也。

姜容樵袭取马学礼先生以"鹰""熊"二式为两仪之说，下一定义：两仪者，拳中"鹰、熊"之势，防守进取，往来之理也。吾人俱有四体百骸，伸之而为阳，缩之而为阴，故曰阴阴暗合也。先哲在深山穷谷之中，见有鹰熊竞志，固取法为拳，防守像熊，进取像鹰，越此二者，其拳失真。

行意拳之三体说

行意拳为内功之数，与丹书为表里。闲尝翻拣丹书，内云："道自虚无含一气，便从一气产阴阳，阴阳再合成三体，三体重生万物张。"所谓三体者何，乃天、地、人三才之象也。故姜君容樵所著《形意母拳》名之为三才。以姿势言，为行意拳之初步桩法；以拳理言，为头、手、足三大部分。

三体又各分为三节，内外相合。其详如下：

甲头

头为根节；在外为头，在内为泥丸。脊背为中节；在外为脊背，在内为心脏。腰为梢节；在外为腰，在内为丹田。

乙手

肩为根节，肘为中节，手为梢节。

丙足

胯为根节，膝为中节，足为梢节。

此理合于洛书之九数，乃阴阳之宗，万物之祖，道家之所谓金丹，拳术中所谓内劲也。

歌云

熊鹰竞志，取法为拳；阴阳暗合，行意之源。

孙禄堂所编《形意拳学》载称：腰为根节，脊背为中节，头为梢节，与本编少有出入，节录之以当参考。

行意拳之四梢说

人体血肉筋骨之极端为梢，或谓之余。舌为肉梢，牙为骨梢，甲（指手指甲与足趾甲而言）为筋梢，发为血梢。拳之内劲，要达于四梢，使四梢变其常态，敌人生畏惧之心。

然如何而能使之如此，则有一定之方式：舌如催齿，牙若断筋，甲若透骨，发须冲冠。心一动而内俱动，气自丹田生。如虎之恨，如龙之惊，气发随声，声随手发，手随声落。一枝动，百枝摇，则四梢无不齐，内劲无不出也。

歌诀如下：

A、血梢

怒气填胸，竖发冲冠。
血轮速转，敌胆自寒。
毛发虽微，推敌不难。

B、肉梢

舌卷气降，虽山亦撼。
肉坚似铁，精神勇敢。
一言之威，落魄丧胆。

C、骨梢

有勇在骨，切齿则发。
敌肉可食，眦裂目突。
惟齿之功，令人恍惚。

D、筋梢

虎威鹰猛，以爪为锋。
手攫足踏，气势并雄。
爪之所到，皆可凑功。

行意拳之四法

四法之说，无论任何拳术皆有之，不过练法不同，体用自异。而行意拳之四法，不能不特为标举矣！所谓四法者：即身、手、脚、步，动止之法规也。分言之如次：

一、身法

身法要正，不可前栽后仰，不可左歪右斜。前进时，一直而进；后退时，一直而退，总不失"中、正"二字。

二、手法

手不可使僵劲，要顺其自然，内劲自能发出。歌曰：其劲在腕，其力在指，转动灵活，开合自如。

三、脚法

脚法最为讲究，故古之习技击者有"脚打七分，手打三"之至言。而行意拳之脚法，与其他门派更有不同。其歌曰：脚起而躜，脚落而翻；不躜不翻，一寸为先。

四、步法

步法凡有三种，一曰寸步，二曰疾步，三曰踮步。

寸步者，即张身用寸力催逼而进，后足一蹬，前足自进，不必换步。

疾步者，马形步也。其要全在后足用力，所谓"消息全凭后足蹬"也。疾步比寸步前进之度数要大，有骏马疾蹄之义。

踮步者，一足放直前进，后足随之。此种步法，最为普通，练时亦较"寸""疾"二步为易。

行意拳之五行说

行意拳以五行为基本功夫，所谓五行者，即金、木、水、火、土也。内有五脏，外有五官，皆与五行相配。心属火，脾属土，肝属木，肺属金，肾属水，此五行之隐于内者。目通肝，鼻通肺，舌通心，耳通肾，人中通脾，此五行之着于外者。我国历代名医私相授受，莫不以是为生理学上之圭臬。且五行有相生之道，如金生水，水生木，木生火，火生土，土生金是也。而亦有相克之道，如金克木，木克土，土克水，水克火，火克金是也。五行生克之理，古儒多用以解经，阴阳家用以测造化，拳术家以是取名，用以坚实其内，整饬其外。取相生之道，以为平时之操练；本相克之义，以为对手之破解。其说如次：

一、劈拳

劈拳行似斧，于五行属金，所以养肺也。
盖劈拳姿势开展，能使肺量阔大。
其劲顺，则肺气和；气旺则人体自壮矣！

二、攒拳

攒拳行似闪电，于五行属水，所以养肾也。
盖攒拳之练法，如水由地泉中突然涌出，曲曲流行，无微不至。
其气和，则肾足，清气上升，浊气下降；其气乖，则肾虚，而拙力不能化，真劲亦不能出矣！

三、崩拳

崩拳行似箭，于五行属木，所以养肝也。

盖崩拳乃一气之伸缩，两手往来，如连珠箭。

其拳顺，则肝气舒和，精神焕发，筋骨坚强，脑力充足；其拳乖谬，则肝气损伤，脾胃亦不和矣！

四、炮拳

炮拳行似炮，于五行属火，所以养心也。

盖炮拳乃一气之开合，如炸炮之忽然炸裂，其弹突出，性最烈而形最猛。

心沉气稳，则拳劲自顺，而心中虚灵以日长；其气乖，则心为之昏，而四体失和矣。

五、横拳

横拳形似弹，于五行属土，所以养脾也。

盖横拳出式为横，其形则圆，其性则实，是一气之团聚也。

此拳练法，气要圆，劲要和；否则脾胃不但不能养，且气努失中，而四体五骸，无所措施矣！

由相生之理论之，劈拳能生攒拳，攒拳能生崩拳，崩拳能生炮拳，炮拳生横拳，横拳能生劈拳。由相克之理论之，劈拳能克崩拳，崩拳能克横拳，横拳能克攒拳，攒拳能克炮拳，炮拳能克劈拳。此行意五行生克之说也。

后人有以心、肝、脾、肺、肾内五行编为歌诀者，述之如次：

心动如火起，肝动如箭飞，脾动气团凝，肺动吼雷声，肾动如闪电，顺气即成功。

五行中又有五劲之说：五劲者，即踩、扑、裹、束、决五种劲。

踩劲，如踩毒物；扑劲，如兔虎之狠扑；裹劲，如裹物而不露；束劲，如上下束而为一；决劲，如水之决防。

而五劲之中，无论某种劲，使用时必须以决劲奏效。其诀如下：

三节明后，五劲相佐；踩扑裹束，惟决勿错！

行意拳之六合说

行意拳一手一式，莫不有阴阳之分，因之而一动一作，莫不有"合"字为之用。

由静的姿势言：身无偏倚，心平气和，意不他动，气沉丹田，则内劲自能达于四梢，此之谓心与意合，意与气合，气与力合，内三合也。

以动的姿势言：两手扣劲，两足后跟，向外扣劲，是谓手与足合；两肘往下垂劲，两膝往里扣劲，是谓肘与膝合；两肩松开抽劲，两胯里根抽劲，是谓肩与胯合，此外三合也。内三合与外三合，总名之为"六合"。

六合之法，为行意拳致用之秘诀，稍失之，则不足以尽行意拳之高妙。若能旁通博引，则更有取之不尽，用之不竭者。

如内三合之精微处：心与眼合，肝与筋合，脾与肉合，肺与身合，肾与骨合。

外三合之精微处：头与手合，手与身合，身与步合等，无一处无联合之理。

亦有作如是之说者：行意拳具有鸡腿、龙身、熊膀、鹰爪、虎抱、雷声之六式。用之时，必须六形合为一体，始能致效。所谓六合，即此六式合一之谓，并附志于此。

行意拳之七疾说

行意拳七疾之说，乃能然先生经验之谈，见王俊臣君钞本《行意拳谱》，与刘纬祥先生亲口授受于郭云深先生，转授于吾者，其间虽略有出入，大致尚不支离。今观靳云亭君所述，如出一辙。遂摘录于此：

七疾者：眼要疾，手要疾，脚要疾，意要疾，出势要疾，进退要疾，身法要疾也。习拳者，具此七疾，方能完全制胜。所谓纵横往来，目不及瞬，有如生龙活虎，令人不可捉摸者，惟恃此耳。

（一）眼要疾

眼为心之苗，目察敌情，达之于心，然能应敌变化，取胜成功。拳谱云："心为元帅，眼为先锋。"盖言心之主宰，均恃眼势转移也。

（二）手要疾

手者，人之羽翼也，凡捍敌进攻，无不赖之。但交手之道，全恃迟速；迟者负，速者胜，理之自然。故俗云："眼捷手快，有胜无败。"

拳谱云："手起如箭，落如风，追风赶月不放松。"亦谓手法敏疾，乘其无备而攻之，出其不意而取之，不怕敌之身大力猛，我能出手如风，即能取胜之也。

（三）脚要疾

脚者，身体之基也。脚立稳，则身稳，脚前进，身亦随之。行意拳，须全身用力平匀，不许一处偏重，脚进身进，直抢敌人之位，则彼自仆矣！

拳谱云："脚打踩意莫容停，消息全凭后足蹬；脚踏中门抢地位，就是神手也难擎。"又曰："脚打七分手打三。"由是观之，脚之疾，更当疾于手之疾也。

（四）意要疾

意者，体之帅也。既言眼有监察之精，手有拨转之能，脚有行逞之功矣。与其迟速紧慢，均惟意之适从。

若立意一疾，则眼与手脚，均得其要领。故眼之明察秋毫，意使之也；手出不空回，意使之也；脚之捷足先登，亦意使之也。明乎此，则知"意疾"之重要矣。

（五）出势要疾

夫存乎内者为意，现乎外者为势。意既疾矣，出势更不可不疾也。事变当前，必势随意生，随机应变，令敌人迅雷不及掩耳，张皇失措，无对待之策，方能制胜。

若意变甚速，而势疾不足以待之，则应对乖张，其败必矣。故意势相合，成功可决；意疾势缓，必负无疑，习技者可不加之意乎。

（六）进退要疾

此节所论，乃纵横往来、进退反侧之法。当进则进，竭其力而直前；当退则退，领其气而回转。

至进退之宜，则须察乎敌之强弱，强则避之，宜以智取；弱则攻之，可以力敌。要在速进速退，不使敌人得乘其隙，所谓"高低随时，纵横因势"是也。

（七）身法要疾

行意拳中，五行、六合、七疾、八要等，皆以身法为根本。拳谱云："身如弩弓，拳如箭"。又云："上法须要先上身，手脚齐到方为真。"

所谓身法者，摇膀或胯，周身辗转，侧身而进，不可前栽后仰，左歪右斜。进则直出，退则直落，尤必顾到内外相合，务使其周身团结，上下如一。虽进退亦不能破散，则无几不可捉摸而敌不得逞，此所以于眼疾、手疾等外，而尤贵身疾也。

行意拳之七曜说

"用必七体，头肩肘手，胯膝合脚，相助为友"。此李能然先生为连环拳用法而言，即俗传"连环拳必踏七星"之说也。而河南马学礼先生所传拳谱，有七曜之说。所谓七曜，即头、肩、肘、手、胯、膝、脚，人身肢体上之七大部分，其用法要领，编为歌诀，兹录于下：

打法定要先上身，脚手齐到方为真。
拳如炮形龙伸背，遇敌好似火烧身。
头打须要站中央，全身齐到人难当。

脚踩中门夺地位，就是神仙也难防。
肩打一阴反一阳，两手只在暗中藏。
左右全凭盖势取，缩长二字一命亡！
手打注意在胸腔，出势好似虎扑羊。
着实用力须展放，两肘只在胁下藏。
胯打阴阳左右便，两足交换须自然。
左右进退直剑劲，得心应手敌自翻。
膝打要害能致命，两手空晃绕上中。
妙诀劝君勤练习，强身胜敌乐无穷。
脚踩正意毋落空，消息全凭后足登。
蓄意须防敌觉察，起势好似卷地风。

刘纬祥先生语录中，述行意拳之打法有十三处，多半合于七曜。歌诀中所不同者只有数字。兹不备录，仅志其为七曜所不具者如下：

拳打三节不见形，如见形影不为能。
能在一思进，莫在一思存；能在一气先，莫在一气后。
胯打中节并相连，阴阳相合得之难。
外胯好似鱼打挺，里胯藏步变势难。
膝打几处人不明，好似猛虎出木笼。
和身转着不停式，左右搠拨任意行。
臀尾打人势难着，起落犹如虎出牢。
左旋右转靠身进，敌欲防之亦难逃。

白西园先生，更为七顺之说，作行意拳体用之准绳，后世学者，转相授受。编者从刘纬祥先生学拳时即闻之刘先生，求学北平，晤孙禄堂先生，见其为谢谈宾改正三体式，亦如是指导。年来作行意拳之考究工作，于海内拳谱多所搜寻，见靳君云亭所编《形意拳图说》，亦有如是之记载，故不惮烦赘，补录于此：

肩要催肘，要肘不逆肩；
肘要催手，而手不逆肘；
手要催指，而指不逆手。
腰要催胯，而胯不逆胯；
胯要催膝，而膝不逆膝；
膝要催足，而足不逆膝。
首要催身，而身不逆首。

心气稳定，阴阳相合，上下相连，内外如一，此之谓七顺。

行意拳之八字诀

八字之名称：一曰顶，二曰扣，三曰圆，四曰毒，五曰抱，六曰垂，七曰曲，八曰挺。三体一站，八字具备，皆所以蓄力养气，使敌我者，失所措也。理亦至当，学者宜特别注意。

八字之中，又各有三种，详述如次：

一曰顶

顶之用有三：头后脑骨向上顶，如怒发冲冠。头为周身之主顶，后脑骨向上顶，则颈椎、脑椎、腰椎由伸张而疏松，因之肾气可以上达泥丸宫，精神充实。所谓："头顶通三关，性命得幽闲"也。

手掌向外顶，如推山岳。如此则肩部之关节可以松开；足跟之蹬力可以直达指尖，四梢因之而齐矣。

舌尖上顶，能导上升之肾气，下行归入丹田，强肾固命。此三顶之说也。其歌曰：头顶有冲天之雄，手顶有推山之功，舌顶有吼狮之雄。

二曰扣

扣之用有三：两肩要扣，则前胸空阔，气力到肘；手背、足背要扣，则气力到手，桩步力厚；牙齿要扣，则筋骨伸缩，而外坚实。此之谓三扣。

其歌曰：扣肩力到肘，扣掌力到手，指扣气周身，劲力能雄厚。

三曰圆

圆之用有三：三圆者何？脊背圆抱，则其力催身，尾闾中正，精神贯顶。前胸圆，则呼吸顺通，两肘撕称，可以收肘催手之效矣。虎口圆，则里抱之力出，蓄势待发，劲达指甲，是谓三圆。

其歌曰：脊圆力催身，胸圆两臂匀，虎口倘能圆，猛力自外宣。

四曰毒

毒之为用有三：即心、眼、手也，此专就用法上言。刘纬祥先生尝语门子云："眼要毒，手要奸，打死还嫌慢。"彼所谓"眼毒""手奸"即眼、手之毒也！"打死还嫌慢"乃心毒耳！

其歌曰：心毒如怒猫捉鼠，眼毒如觑兔之饥鹰，手毒如捕羊之饿虎。此谓三毒。

五曰抱

抱之用有三：丹田要抱，则气不外散，击敌必中；胆量要抱，则遇敌有主，临变不惧；两肋要抱，则出入不乱，遇敌无险。

其歌曰：拥抱丹田气可收，心胆抱定握长筹，两肋须用环抱力，纵遇劲敌亦无忧。

六曰垂

垂之用有三：气下降垂于丹田，则身自稳定；两肩下垂，则臂舒长而灵活，可收肩催肘之宏效；两肘下垂，则两肱成圆形，能回顾两胁。

其歌曰：气垂丹田，身稳如山；两肩下垂，力催肘前；肘垂固胁，两肱亦圆。

七曰曲

曲之用有三：两臂弯曲，如半月形，则富含蓄之力；两膝弯曲，犹如半弓，则富有弹性；两腕弯曲，至四十五度，则力达手指，不致如强弩之末。

其歌曰：两肱下弯力含蓄，两股前屈弹性足，手腕弯曲力雄厚，不知按此技必输。

八曰挺

挺之用有三：即颈、腰、膝盖也。

其歌曰：挺颈则精气贯顶，挺腰则力达四梢，挺膝则气恬神壹。行意之奥妙，斯谓得之。

行意拳之八要说

行意拳八字诀之外，又有所谓八要。八要者何？

一、内要提；二、三心要并；三、三意要连；四、五行要顺；五、四梢要齐；六、心要暇；七、三尖要对；八、眼要毒也。

一、内要提

所谓内要提者，紧撮谷道提其气（刘纬祥先生所谓提肛），使上聚于丹田。复使聚于丹田之气，由背骨而直达于脑顶，周流往返循环无端。站三体式时，极宜注意及此。

二、三心要并

所谓三心要并者，顶心往下，脚心往下，手心往回也。三者所以使气会于一处。盖顶心不往下，则上之气，不能入于丹田；脚心不往上，则下之气，不能收于丹田；手心不往回，则外之气，不能缩于丹田。故必三心并而为一，而气始归于一也。

三、三意要连

所谓三意要连，即前面所述"六合"内之"内三合"，心、气、力之意也。

不过"连"字之意义较深，有先后主副之别。此三者，以心为谋主，气为元帅，力为将士。盖气不充，则力不足，心虽有谋，亦无所用；必气练好，而后可以外帅力，内应心。而三意之连，尤当以气为先务也。

四、五行要顺

五行有内外之别。内五行为心、肝、脾、肺、肾；外五行即劈、崩、攒、炮、横之五拳也。

所谓顺者，即因应变化，必顺其生克之序，毋使夺伦，气所到，架势随之；架势之所至，气即注之。气力充则架势为有用，架势熟而气力乃增。五行要顺者，不外乎此。

五、四梢要齐

所谓四梢要齐者：舌要顶，齿要叩，手指脚趾要扣，毛孔要紧也。

夫舌顶上嗓，则津液上注，气血流通；两齿紧扣，则气贯于骨髓；手指、脚趾内扣，则气注于筋；毛孔紧，则周身之气聚齐之云者。

即每一动作时，舌之顶、齿之扣、手脚趾之扣、毛孔之紧一齐如法，为之无先后迟速之分。盖以回者如有一缺点，即气散而力怠，便不足以言技也。

六、心要暇

心要暇者，即心定神宁，遇事时不慌不忙之谓也。

夫慌有恐惧之意，忙则有急遽之意。一恐惧，则气必馁；一急遽，则气必乱；馁乱之时，则手足无所措矣。

若平日无练习之功，则内中亏虚，遇事怯缩，临敌未有不恐惧、不急遽者，故心要暇，实与练气相表里也。

七、三尖要对

三尖者，鼻尖、手尖、脚尖也。

手尖与鼻尖，成一平直线；手尖与脚尖，成一垂直线，此谓三尖相对。偏于左则右虚，偏于右则左虚；偏于前则前栽，偏于后则后仰，以外形言如是。以内行言，如偏斜过度，则周身用力不均，失其自然，而气以散漫；脚心虽往上，气亦不能上收；手心虽往回，而气亦难内缩，于气路上实有大碍，故三尖必须对也。

八、眼要毒

眼要毒之说，于前面"八字诀"中第四字中亦略言之矣。不过彼处所言，乃用法上之表现，此地所言，乃平日之体养。

盖"毒"字之征象，即光芒夺人之谓，欲实现之，非元气充盈者不能。而行意拳，先由内壮作起，气沉丹田，五脏舒展，因之而精神灵活，脑力充足，目光亦神采弈弈，威严可畏；若失其内功之修养，毒必消失，用之时亦难制胜矣！

八要之歌诀如下：

> 紧撮谷道内中提，三心要并气归一。
> 心谋气帅力为将，内外五行须顺序。
> 四梢整齐技精明，心定神宁始克敌。
> 三尖顺直内外修，目光锐敏神弈弈。

行意拳之九歌

一、身

前俯后仰，其式不劲。
左歪右欹，皆身之病。
正而似斜，斜而似正。

二、肩

头宜上顶，肩宜下垂。
左肩成拗，右肩自随。
身力到手，肩之所为。

三、臂

左臂前伸，右臂在肋，
似曲不曲，似直不直，
过曲不远，过直少力。

四、手

右手在肋，左手齐胸，

后者微揭，前者力伸，
两手皆覆，用力宜匀。

五、指

五指各分，其形似钩，
虎口圆满，似刚似柔，
力须到指，不可强求。

六、股

左股在前，右股后撑，
似直不直，似弓不弓，
虽有直曲，每见鸡形。

七、足

左足直前，斜侧皆病，
左足势斜，前踵对胫，
随人距离，足趾扣定。

八、舌

舌为肉梢，卷则气降。
目张发耸，丹田愈沉。
肌容如铁，内坚腑脏。

九、臀

提起臀部，气贯四梢。
两腿缭绕，臀部肉交。
低则势散，故宜稍高。

中华民国二十五年《侠魂》三周年连载

第29部分　田镇峰先生《行意拳论述微》

作者对行意拳，曾下过绝对追求的工（功）夫，由工（功）夫里面已发现不少的真理，但同时也找出来很多的毛病。现在作者一方面要阐发它的真理，一方面还要纠正它的毛病；并且又经作者参以多方面的学理，根据若干年的经验之获得，再对它加以改进。此编是作者主张"国术革命"以来对技击术本身首次的、有系统的创作物。至于他的革命精神，由他的文章里便能见到，用不着编者烦述。

作者时常说："我于研究拳术，虽天天出上几身汗，而对个人所练的工（功）夫，总是觉得越练越使我怀疑，越练发现的毛病亦越多，越练总觉得过去所练的多有的是错误。就拿我编的《太极拳》来说吧，现在每翻开它，顿觉得幼稚不堪！好在太极拳是编集的性质，里面的东西差不多尽是替人家说话，而个人的意见并不多，将来必定把它重编一次。"我们本着作者说话，便能了解他的工（功）夫确是由脑汁和血汗换来。虽然这样，在他永是日无停息，去发掘拳术的真理。现在的行意拳，仅只是他发掘出来的一部分。

《求是月刊》编者附志

我早就想把"行意拳"作一个简短的论述，然每感到个人的工（功）夫太差，所以总没下笔去写。

现在：一、因着多方面朋友的要求。二、我应当写的东西太多，故才不得不把它提前写出来。既是这样的紧促，而疏忽荒芜的地方，当也难免了。直接地说，我现在写的只限于我现在所知道的——"行意拳"。那么我将来对它再研究有"新的发现"的时候，只好再把它重述一下子。

"行意拳"，即是一般人所称道的"形意拳"，"形意"这个名词，似乎有点不妥，尤其不少的考据家来证明当初本就是"行意"，还有的说是"意拳"，后来的人因着"行意拳"里面有象形取意的龙形、虎形种种，因之也就把"行意"误为"形意"，其实以字面上来说，"形意"两字是很肤浅的。

古本《行意拳学》上面的"……打人如走路，看人如蒿草，手上如风响，起落似箭钻……"那不是很能证明它的功用吗？行，即是如同走路般地便可把人打出去，"意"寓于"行"，故名之曰"行意"。

其他的拳是见"着"解"着"然后发，因"势"变"势"而后取。"行意"则不然，"行意"是无"停止"，无"解势"，无"蕴着"，无"准备"。它的要义是——见"着"

打"着"，见"势"打"势"；起如箭，落如风，追风赶月不放松。以此，足表现出来"行意"两字的确实性。

作者在幼年"拳迷"的时代，常常不断听见老先生们把"行拳"两字挂在口头上，尤其连"意"字都不谈了。以我的理智推测，当初定名或者就是"行拳"，亦或许是"意拳"，"行拳"也罢，"意拳"也罢，它的含义总是高深的（闲时我再另把它解述一下）。而后者的人或许因着行拳里面有龙形、虎形几趟象形取意的拳名，故此以象形取意的意思改为"形意拳"亦未可知？真若是这样，我认为那是完全把"行拳"的意义丧失了！也等于：摹仿虎，就像虎；摹仿猴，就像猴玩的把戏而已！

以我考究的结果，知道"行意拳"是进化出来的一种拳术，创始的并不早，或许就是明末时的姬隆风先生的创始。因为在古本拳谱上面极易证明的是：姬公，名际可，字隆风，生于明末清初，为蒲东诸冯人氏。访名师于终南山，得岳武穆王拳谱……由此一点，可以推测出来姬隆风先生是一位秉赋奇颖、富有天才的拳技革命家，或许他当时感觉到个人的资望微渺，故意捏造出一种事实，易使一般人对拳技上加以无上的重视，所以他便把岳飞搬了出来，而自承岳飞的替身了。

那本古拳谱上面的文义，据文学家的谈称，决是清代的著作，并不是宋儒的文章。然以作者这浅显的眼光看来，他们的谈称是很对的，因为那本拳谱上面，对于练法、用法叙述得极详，似乎是集合各家之大成。并且我还认为岳飞在当时那种牺牲奋斗、为国家争光荣的环境里，也决没那些闲工夫来编著这本并不需要的拳谱；而他仅不过教导兵士们几个简捷实用的拳势，使他们有所运动而已。同时我还觉察到那本拳谱的精微细密，绝不是一时半刻能够著述得完的。尤其那本拳谱的真义，包括的是少数的拳术理论，大部分是实际经验——精神与汗的结晶。

我既已说过那本拳谱上的东西是集各家之大成，可是现在呢，大成已经是丧失得一点也没有，拳的轮廓也竟不知所了！我武断地来说：姬隆风是一位集大成的拳技经验家，工（功）夫不是多么奇特，然而颇有见地，并且还有循循善诱、教人以诚的手段，使对方信仰"神"，不信仰他。就是对方的工（功）夫超出了他的时候，他也可以说对方是向"神"的路途上走，更易使对方增加无穷的信仰，故此才有他的高足曹继武先生的"癸酉科连捷三元，钦命为陕西靖远总镇大都督"。

继承曹继武衣钵的是戴龙邦。戴先生的工（功）夫比觉着曹继武或许有过之无不及。因为戴家是家学渊源、世代书香的门第，戴先生嗜文而又好武，整天价除了练拳就是读书，整整地在拳术上研究了一生。以我所听到老人们的传说，山西戴龙邦是登峰造极的工（功）夫，并还听说戴先生的工（功）夫已练到"冲空"神化的地步。

戴先生以下的李能然，也是一位声望素著的拳术家，就以他的绰号"神拳李能然"来说，他的工（功）夫也就可想而知了。李能然的门弟子比较多，不过门弟子中工（功）夫最好的当推郭云深、宋世荣、刘奇兰数人，其他也不过是平常的工（功）夫而已。

然自郭、宋、刘以下，传至现在的人，比较着有实在工（功）夫的，以我所知道的只有孙禄堂、尚云祥他们二位。前者的是抱定宗旨不能教会人，后者的是想教人又教不会，以致传衍到现在,而"行意拳"的精粹是完全消失了。如其有人不相信的话,你尽管破例地试一试,你准承认我说的话是经验之谈。

这样说起来,"行意拳"这不竟然不很好吗?其实,并不是"行意拳"不好,是首由他们老先生们以"神"的力量开创,而一代一代地又被他们以"神"的力量没收了去。那么我现在先把"行意拳"的老谱上面精粹的地方,择要地抄些下来,然后再叙述现在教"行意拳"的人所教的,若与拳谱上一比,便可知道所教的是矛盾!最后,再把我对"行意拳"的见解和经验,依次地叙述下去。

拳谱上面说:"其拳大要不外'五行''阴阳''动静''起落''进退''虚实''手与足合''肩与胯合''肘与膝合''眼与心合''心与气合''气与力合',不动如山岳,难知如阴阳,无穷如天地,充足如太仓,浩渺如沧海,元(编者按:应为"玄",清朝为避皇帝讳,用"元"代替,后同,不注)耀如三光,以此视近世演武者,异乎不异乎,同乎不同乎……"

又说:"斩截,裹胯,挑顶,云岭,起手鹰捉,出势虎扑,鸡腿,龙身,熊膀,虎抱头……寸("足前"),钻,就,夹,合,疾,正,经,胫,起落,进退,阴阳,五行,动静,虚实……起是去也,落是打也,起也打,落也打,起落如水之翻浪……进步低,退步高……静为本体,动为作用。若言其静,未露其机;若言其动,未见其迹……精养灵根气养身,养功养道见天真;丹田养就长命宝,万两黄金不与人。六合自古无双传,多少元(玄)妙在其间;设若妄传无义者,招灾惹祸损寿年。武艺都道无真经,任意变化妙无穷;岂知悟得婴儿义,打法天下是真形……心动身不动,则枉然;身动心不动,亦枉然。一场要把势吊鬼,闪展腾挪足底随……我的场中不定势,或把或拳,望着就使,随高打高,随低打低……行如槐虫,起如挑担,若遇人多,三摇二旋。"

又说:"起手横拳势难招,展开四平前后梢,望眉斩肩翻肩背,如虎攫出截手炮。骤行如风,鹰捉四平,足下存身,进步踩打莫容情。抢上抢下十字立,剪子股势如擒拿。进步不胜,必有寒势之心;打人如走路,看人如蒿草,手上如风向,起落似箭钻。遇敌要取胜,四梢俱要齐。手足不相连,必定艺儿浅。手起足不起,则枉然;足起手不起,亦枉然。三意不相连,必定艺儿浅;拳去不空回,空回总不奇……拳打遍身是法,脚踏浑身是空。远去不发足,发足不打人,见空不打,见空不上。先打顾法后打人,先打那个顾法,浑身是法,俱打的是本身随机应变……今之武者,专论架式,封、闭、闪法,不知日间了然在目,还可少用;若遇黑夜之间,伸手不见五指,如何用之,必自误省,悔何及矣!惟刚大之气,养之有素,而忽然发于一旦,依本心本性直扑上去,随左打左,随右打右,身大力勇者,亦一动而败之也……"

又说:"眼要毒,手要奸,脚踏中门裆里钻。眼有鉴察之精,手有拨转之能,脚有行动之功。两肘不离胁,两手不离心,出洞入洞紧随身;乘其无备而攻之,由其不意而出之……心与眼合多一力,心与舌合多一精。头为一拳,肩为一拳,肘为一拳,胯为一拳,把为一拳,臀为一拳,膝为一拳,足为一拳,腹为一拳。头打落,随足走,起而未起占中央,脚跐中门抢他位,就是神手亦难防。肩打一阴反一阳,两手只在洞中藏,左右全凭盖世力,束展二字一命亡。肘打去意占胸膛，起手好似虎扑羊，或在里胯一傍走，后手只在胁下藏。把手起落头手挡，降龙伏虎霹雳闪，天地交合云遮月，武艺相斗蔽日光。胯打中节并相连，阴阳交合必自然，外胯好似鱼打挺，里胯抢步变势难。肫尾打人不见形，猛虎坐窝藏洞中，背尾全凭精灵气，起落二字自分明。膝打几处人不明，好似猛虎出木笼，和风展转不停势，左右明拨任意行。足打踩意不落空，消息全凭后足蹬，与人交勇无虚备，去意好似卷地风。足打七分手打三，五行四梢俱要全，气和心意随时用，硬打硬进无遮拦。腹打去意内五行，好似还弓一力精，丹田久练灵根本，五行合一见奇能。起无形，落无踪，起如蛰龙登天，落如霹雳击地。以上以下十五处打法，俱不脱丹田之气。束身而起，藏身而落；起如风，落如箭，打倒还嫌慢；起如箭，落如风，追风赶月不放松。论身法，不要前栽，不要后仰，不可左斜，不可右歪；往前一直而出，往后一直而落，论步法，寸步，快步，践步，不可缺。论足法，足起而躜，足落而翻；不躜不翻，一寸为先。肩要催肘，肘要催手，胯要催膝，膝要催足。远践，近践，进合膝，展身纵力。手起如钢锉，手落如钩杆，意一动，浑身俱动；心动如飞剑，肝动似火焰，肺动成雷声，脾肾胁夹攻，五行合一处，放胆即成功……身似弩弓，拳如药箭，能要不是，莫要停住……上法须要先上身，手足齐到方为真；内要提，外要随，起要横，落要顺，打要远，气要催。拳似炮，龙折身，遇敌好似火烧身。拳打三节不见形，如见形影不为能。能在一思进，莫在一思存。能在一气先，莫在一气后。起横不见横，落顺不见顺。"

在前面已把"老谱"上比较"着重"一点的，差不多都曾引证出来了，我们根据着所引证的，概作一个简短的叙述。要知我们的叙述，并不是顾名思义地仅仅为文字方面的解释，是若干年血汗所积成的"经验"。

"老谱"所云之五行、阴阳、动静、起落、进退、虚实，并不蕴蓄什么神妙。所说的"五行"，即是人人都知道的金、木、水、火、土。然它仅为"数字"的顺序，以代表拳的名称前后而已；至于金生水、水生木……金克木、木克土等，亦即是拳之克制的代名词，其理并不神。阴阳呢？更是人人都知道的普遍名词。在拳上说：动为阳，静为阴；进为阳，退为阴；刚为阳，柔为阴；伸为阳，曲为阴；分为阳，合为阴；实为阳，虚为阴；上为阳，下为阴……但此，亦不过是动止的"代名词"。

而"动静"之说，颇含实理，"静"中必寓"动"，"动"中亦必寓"静"；有"静"无"动"则呆，有"动"无"静"则盲。无"动""静"则僵滞，有"动""静"则灵活。在一着一势，皆须蕴以动静；在每一部位，亦必蓄以动静，否则，必致呆板不灵，即谓之"死拳"。而拳经上说：静为本体，动为作用。若言其静，未露其迹；若言其动，未见其机。不多的几句话，对于"动静"之说，解释得多么清楚深妙呀！

"起落"，在每一动作中皆不可缺。有"起"必有"落"，有一"落"亦必蓄一"起"。在行意拳上说："起"是"去"，"落"是"打"，起落如水之翻浪。我们要想象，水中的浪，如何的自然而又汹涌，在每一起落活动之间，都能及得上波浪，是多么引人入胜的情景。在行意拳的起落，本含有繁复的奥理，候我一点一点用浅显的文字把它形容出来。

"进退"，是拳术上顶注意的一桩事。而任何一种拳，概皆有"进退"，不过"进退"与"进退"不同。行意拳的"进退"，是内在的了解，并不是外向的动作，其进也未见其进，其退也未显其退，这才是行意拳中的"进退"。在不知道的人，都说行意拳是"抓切糕"，由此，便可知道行意拳外向的呆板。其实，行意拳的真义并不呆板，而人们所保守的，并不是行意拳的真义，仅只是我们那宝贵的五行、十二形。至甚还有人说十二形是：子鼠，丑牛，寅虎，卯兔……而行意拳真义之丧失，亦可想见了！其丧失的原因，就是为着行意拳的值价"高"；因"高"，一般人们才紧守着秘密，把它看为至宝至贵，决不轻易传人。宝到现在，眼看就要粪土不值！我们所根据的，只有老拳谱上面一点理论，凭着那点理论，再研讨搜求它的真理。幸而尚有老谱，否则的话，行意拳便成为弃尸遗骸了！

"虚实"，在一拳一势，皆得分清虚实；兵法云："击首则尾应，击尾则首应，击其中间，则首尾皆应。"然拳术之虚实，亦不外乎此。而虚则实之，实则虚之，以表面上看，可谓无关紧要，如真做到虚实相应的地步，非经以相当的时间和血汗不可，甚或对拳术上摸索一世，然仍没摸到真的虚实。虚实，在每一关节，每一部位，每一动静之间，皆得蕴有虚实。若想真的做到虚实相应，第一要有功夫和学识，然后还得要有天才，有了天才，还得加上些血汗！

手与足合、肩与胯合、肘与膝合是外三合。据人们讲述外三合，是把行意拳的三体式摆在那里，手对照足，肩对照胯，肘对照膝，就算达到外三合的标准。其实，这种的讲述，要把行意拳的真义去分析一下，恐怕他们讲述的抑或是错误。比如，在站桩和练拳的时候，在每一个动作，都把手、足对照起来，这是不是呆板？在站桩和练拳的时候，在每一个动作，统把肩、胯对照起来，这是否能趋于自然的程度？在站桩和练拳的时候，又把肘、膝对照起来，这能不能使局部随意活动？却相信，问题虽不大，但决不是一位挂着招牌的国术家能把它解述清楚的。我晓得，一般拳师们，能用"对照"之说，去解述外三合，这还算是很可以的拳师，甚至有些文质彬彬的拳师们，他连外三合的对照都不知道，所以，当然要对他们怀疑。

作者在血汗、时间、金钱里面所得到的经验，知道：手与足合，是在每一"蕴着"，手与足之间都要发生关系；每一动作，手与足之间也要发生关系；每遇发劲，手与足之间更要发生关系；每遇实战，手与足之间必绝对的有互应的关系。再浅白地说，就是：我们出手必有足，我们出足必有手，手与足的连系，是永不能使它们中断。我们体会到，而一般的拳术不是这样还有的可说，为何行意拳的本义是这样，而行意拳的事实竟不是这样！唉，保守派的拳师们，大概你们除了保守之外，所会的就是把有意义的"行"改为浅意的"形"吗？人们都劝我少发些牢骚，现在这不又跑到牢骚上去——不关繁，只要有我发牢骚的机会，我的牢骚和我对拳术上的经验，以及由经验而又引起的牢骚，终会有发完的一天。

眼与心合、心与气合、气与力合是内三合。据一般人们口头上说的，甚或有些拳谱上写的，竟成了心与意合、意与气合、气与力合。"意与气合"与"心与气合"固然心与意之间没有多大区别，但"心与意合"与"眼与心合"未免相差太悬殊了。

拳术家所说的"心"，即是理学所谓之脑神经，根本"心"的能量，决不会有理解力。

而拳家所说的"意"，亦即是由脑神经的能力所潜伏表现的东西，它单独决不会存在，意，即是脑神经的作用。我们本着学理来说，"心与意合"是矛盾的现象，"眼与心合"是合理的表现。

眼与心合，是使眼与脑神经发生直接的关系，无论在每着每式每一作用的时候，都要发生关系。倘如眼与脑神经的关系断绝，那么他这种拳，便可谓之"死拳"，无意义的拳。

可也不能这样说，当真中国的拳，每着每式每一作用，而眼与脑神经都完全连系一致的话，那不中国的拳术真正科学化了吗！倘如是，作者也就无所事事了，若普遍到了那样程度，也即是作者歇业大吉的一天。

然而，在过去的时代，根本不晓得脑神经是什么东西，所以在那时候每判断某一种事，或思索某一种事，所代表的名词——即是"心"。先师们既将眼与脑神经关连在一起，我们这后辈的拳师们，为何把它失掉？而承担这种罪过的人到底是谁？

心与气合，是使脑神经与气发生直接的关系。无论在每着每式，每一动间，都不要忘掉气；而气的作用极大，倘你把它作平常看，那它也无所谓气与不气。

无论是内家、外家、长拳、短打，皆不可忽略了气。然气与气不同，有的形于外，有的蕴于内。形于外者为外气，蕴于内者为内气；外气是形势的表现，内气是健体的要窍。心与气合，即是使脑神经与气发生直接的关系，要有相互的作用；气，倘不以神经中枢为意导，便失掉作用。而神经中枢不藉气的力量去形容，也一样丧失它的外形表现。而先师说的：心与气合多一力，便足征心、气关系的重要。我们根据这点，就该特别对气一部分，使它时刻不能与神经断绝关系，否则，便永离不开空洞的路，至云实在工（功）夫，则更是谈不到。

气与力合太复杂了，若以内在潜伏的意识来说，气，单纯得很；力，以我解释就是劲。劲，并不是人人都有的一种东西，如果没有时间上的锻炼，及明师的指导，是永不会有的。

气与劲是一体的，它俩决不能形为两种东西。倘若气与劲的关系隔断，而气也仅止是气，决没什么作用。倘劲与气不发生关系，而劲的能量也就丝毫无有，更谈不到什么作用。统而言之，气、劲，皆须受神经中枢的支配，假如消失支配力，气、劲也就全无意义了。

气和劲是关连的，它活动的力量，是随诸姿势动作而异。姿势倘不适当，就不能表现出它的特能。在每一姿势动作之间，皆应贯注气、劲，如此，工（功）夫才能日新月异地进步。但气与劲，有的注重形态（外面的），有的注重内容（内在的）。我的分析是：注重形态的是外功，注重内容的是内功。

"形态"比较着易，"内容"比较着难。注重形态的，工（功）夫虽不大，看来倒显得极有工（功）夫；注重内容的，个人觉得已经是很痛楚，但外人看来甚觉得稀松。作者常说：我们练的工（功）夫，谁看谁爱，我们虽没下多大工夫，但旁人看来以为是有功夫，这种的拳，统称为"外家"；我们练的工（功）夫，练起来是真痛苦，但外人看来以为是平平常常，这样的拳，统称为"内家"。我们所分的内家、外家，是不以门派、拳宗为限，是以拳的形态为准。

至于内三合，彼此皆有相互的关系；比如眼与心（即脑神经）合的"心"，心与气合的

"气",气与力合的"力",俱关连在一起。而每存一意,气、力即关诸意想而出。

行意拳又名为六合拳,所指的也就是外三合和内三合。我们根据老拳谱上说的"六合自古无双传,多少元(玄)妙在其间;设若忘传无义者,招灾惹祸损寿年",便可知道行意拳的价值。同时我们还能领会到,说这话的人,即是始创行意拳的人,不然他决不说"六合自古无双传",并且他这话或许就是用的一种策略,使学习的人知道此拳的贵重,自岳武穆传到现在,所会的人只限于我们,没传到任何人的身上去。然这种策略,目的也仅不过是想着把行意拳的价值提高,使人们重视,因着重视,方可传衍到万古千秋。

先师的用意是很对,无奈继承这"用意"的人,太把行意拳"贵重"得过了火,以致贵重到:我这几手不能随便地往外教,太随便了必定使他们看不起。唉!这样一来,一点一点的便把行意拳的价值装到棺材里去!

岂止行意拳是这样,一切的拳术也无不是这样,甚至中国每一种有价值的技术,差不多统通是这样!

武艺都道无真经,任意变化妙无穷;岂知悟得婴儿义,打法天下是真形

就以这四句话,足可把武艺(即拳技)的巧妙处发挥得丝毫无遗。第一句(武艺都道无真经)的含义,足表示出当时人们对武艺的轻视。第二句的含义,是说当时之轻视武艺是人们对它"茫茫然",根本就不明白武艺影响于人的关系,所以原作者才不平地又说:"任意变化妙无穷",但是他这种的不平,有谁去了解呢?结果他只有把他的肺腑之言,藉他的经验烘托出一种奇颖的方式来,有待于未来的知己而已。

我们根据多方面的事实才知道,不但在过去的时代是轻视武术,而现社会里对它也一样的是轻视。这种原因,当然归咎于我们与武艺本身有切肤关系的武艺阶级者。现时代的一般人,虽有不少的因着一阵高兴,去对它抓挠两下,但这种情形,我们只能认为他是一时的高兴。实在说来,他对武艺的真面目,哪能窥见十二万分之一呢?终究,仍无法使他脱掉脑海里面对武艺轻视的印痕。

看来极明显地一句话——"岂知悟得婴儿义",但内容深极了。作者对技击一道自幼到现在,永没离开爱好,并且爱好得时常达到最高潮。就这样地努力,而今也仅不过是能明白婴儿时期的快活,了解婴儿时期为什么那样活泼。其实就这一点肤浅的意义,人们也仅止达到理知的程度,难以有体验的深知。进一步说,就连个人在婴儿时期的快活,也一样是懵懂不知道所以然。

由我们的体验,知道第三句的"悟"字,确有精深的含义,倘不是对拳技本身拼过血汗的人,他决不能了解。如果能彻悟到婴儿时期的情景,和体验出婴儿时期的快活来,这已入到邃精的阶段,而打法一说,当不成问题了。尤其原作者惟恐人们对他说的话不注意,故而又把语句加重,始云"打法天下是真形"。

天下,亦即是宇宙。在上面不多的七个字,把时间、空间全都包括起来,凭此一句,即可知道当时作者对拳技一道下过多少时间和空间的实证工(功)夫了。如果人们想着明白"真形"是什么,当然亦须经之以时间和证诸于空间。就这么一"经"一"证",里面包藏

的便是金钱与血汗！

心动身不动则枉然，身动心不动亦枉然，一场要把势吊鬼，闪展腾挪足底随

我们由老谱这四句话，再根据我们的经验，知道"心动，身不动，则枉然"固然是枉然，但是太难；"身动，心不动，亦枉然"也是枉然，比较甚易。因为心（脑神经）动是人人所能的，而身动与心动动于同时，不是一般人所能的，并且也不是一个普通拳家所能的。我们暂把心动搁起，来专说身动。

身动决不是心（脑）一动就能驱使着身体各部，随着心也去动。心动是经验上的理知，身动是工（功）夫上的锻炼。要想心一动，身也跟着去动，这非有若干年的工（功）夫和明师的指导不可。身动，是由局部的锻炼，进至全局的同时锻炼，再进去关节互为作用之抵抗锻炼，更进至关节互为作用之连系锻炼。如此经过相当的时间以后，再去由人与人的互作，用合理的证验方式，来证实已往的锻炼方法是否合理。这样由人与人的关系证实以后，才能再进一步由人与人的关系证诸于实验，此时才能彻底了解什么是"心动，身不动，则枉然"。

至于"身动，心不动，亦枉然"，任何人也能明白：只会向前伸手，而尚不知道伸出手去有何作用，这当然是枉然。因它含义甚明，并且于拳技本身的关系太小，故毋庸注释。

一场要把势吊鬼，闪展腾挪足底随

里面也无非包括的是：虚实相应，变化突忽，出奇制胜，随机应变……诸方法而已。因蕴意浅显，故不另述。

我的场中不定势，或把或拳，望着就使，随高打高，随低打低

就凭这极浅白的几句话，便可知道当时的作者对于教拳的宗旨。

上面说的"不定势"，并非在练习的时候不固定姿势。我们推想他的意思是说："不定势"一是不固定当时所练的式子；二是精神上已有了理想与事实的对象；三是有了毛病就要改，发生了问题就研究，根据多方面的需要一步一步的再向前改进。

虽然当时的作者没用出"国术革命"四个字来，但以字义所蕴蓄的，却是"革命行为"。我们由这句话可以看出来原作者的不守旧，可以晓得原作者的创造精神。他说的"或把或拳，望着就使；随高打高，随低打低"，这是多么畅然爽快呀！并且由"随高打高，随低打低"的句子里，便能知道原作者的实验工（功）夫，倘没若干年的实地经验，哪能领会到这种随高打高，随低打低的妙义呢？而原作者这样实验创造不守旧的伟大精神，竟没人代他发挥出来，至今仍是湮没不彰！

行如槐虫，起如挑担；若遇人多，三摇二旋

我们根据这四句话的原义，再和前面那五句话对照起来，是可晓得前者说的是"技术改进的理论方式"；此者说的是"技术改进的非理论方式"。前者是对人人的，是多方面的；

此者是对个人的，是一方面的。

"槐虫"行走的时候是一起一伏地走；可是"行如槐虫"并不是说在练习的时候使我们一起一伏，若是这样去练，未免大错而特错了。凡先师们说的话，有的地方是隐秘，有的地方是牵强，也有的地方颇合实理，不过我们也不要问他、隐秘也罢，牵强也罢，然总须对他的话加以审慎的思考才是，思考以后，准能发见不少的真理。这是作者由经验上得到的结果，而敢断言的。

对生物学稍有经验的人，大概皆能知道"槐虫"活动的情形。作者今把对它的理解，和它与拳术的关系，写在下面：

槐虫爬在地上的时候，是直而又直的，但它未曾向前活动之先，是把全身缩短，缩短的形式是首部不动，全体之中部及尾部先向前蓄力进势，即成为中部突起，首、尾着地状；此时它的活动并不停止，立刻又把身的中部及首部伸出去；刚伸出去以后，而身的中部及尾部便又随地向前缩动。

槐虫的行动是这样，我们现再解释它的活动与蓄劲。

它在未向前活动之先，是先蓄意，由蓄意而发出的力，始才把身体前部"弹出"；身体前部既被弹出后，则又藉身体前部的蓄缩的力量，一时不停地把身体后部带上前去；带上前去（缩进）之后，立刻又由身体后部激出一种力量把身体前部弹出。槐虫前进的方式是这样。

槐虫的首先发力点是在后足部分，由后足之蓄力始弹出前足部分，再由前足部分之蓄力和带力而使后足部移；前移定了以后，立刻又发出一种力量把前足部弹出。它这种的活动，我们作一结语是："蓄而后发，劲发于足，藉力于腰，形断而意未断。"归纳起来，以练拳来解释是，后足催前足，前足带后足；后足又催前足，前足又带后足。虽是简单的几催几带，决不是一般人所能了解的，甚至也不是一位平常的拳师可能了解的。

"起如挑担"，倘不是有经验的人，对它决不能解释得很周密。作者曾加入过"扁担团"（苦力挑担之谓），说来当然要澈（彻）底了。现根据作者的经验，对这句话详解在下面。

"起如挑担"就是说：练拳的时候，逢着矮的式子，或是极低下的式子，必须藉足趾之蹬劲而至于附骨关节，由附骨关节再蹬之于膝关节，由膝关节再发于髋部。盖髋部为力之主宰变换机关，再由髋部发于上肢各部。凡由矮的姿势或最低下的姿势起始活动（无论向上起或向前进，皆总称之谓"活动"）的时候，在每一关节，皆为主要发劲和运动之枢纽。所以在素常锻炼上，必须要适合多方面的需要，最要紧的便是关节锻炼，次者即是力的重心——局部与非局部的——挪移锻炼。

在拳技本能之要义，但凡遇着发劲，皆起始于足趾骨，中经各局部关节蓄劲与运劲，及劲的抗争传导作用，劲、意相交时的反射作用，而再弹发于"的"。我们晓得，并不是原作者对上面的劲形容得过于肤浅，实在是处在当时的时代，没有科学代他拟定出很多的名词来，所以他才藉"起如挑担"四个字，来代表他的发劲之蕴意而已。

我们切要知道，倘没"起如挑担"四个字传留到现在，焉能使我们发见上面许多的真理。作者觉得"起如挑担"四个字科学得很，最可惜的是几经沧桑，始终没人把原义发挥出来！怪不到行意拳门日有减色，而减色的原因，当不只此片面的一种理由了。

"若遇人多，三摇二旋"，说得太浅明，再没有浅明的解释了。不过我们每一个研究拳术的人，切要晓得遇见"多人击来"的时候，已不能容许我们加以准备或微有思索了，就在这未准备、不思索的当儿能把人打出去，当不是一个平常技击术家可能做到的。

"三摇二旋"之义，对工（功）夫浅的人们无论解释得多清楚，他也一样是不懂，而在造诣深的人们，因字思义便能知道原文的妙义。不过我说的造诣深的人们，是限于学术兼优的人，读者切勿对它含混了。虽说这样，也无妨解释几句。

"若遇人多"，大概谁也懂；"三摇二旋"，我们要把它分作两方面来解释。

摇：即是不停地活动着，但并不是说只活动三下。旋：即是不停地转动着，但也并不是说只转动两下。原作者的意思不过是说："虽遇到多人击来，也用不着枉费周折，便能把他们打出去！"我们越读他这两句话，越觉得说得痛快淋漓，由这句话，颇能代表原作者的工（功）夫之一斑了。

不过我们晓得"摇""旋"的定义，没有工（功）夫做不到；有工（功）夫身体不灵做不到；身体灵了，不懂力学原理做不到；懂得力学原理了，而对局部"直射""反射"的发劲，没有锻炼过的人又是做不到。归结而论：摇、旋的意义深得很啊！

"起手横拳势难招"这句话，完全说的是实用法。至于人因为什么要说"起手横拳势难招"，而不说"起手竖拳势难招"？这当然使我们大有研究的必要了。

横劲之对称曰竖劲；竖劲是人人都有的一种劲，横劲是由工（功）夫锻炼出来的一种劲，练不适当了，也一样不能熟悉横劲的奇妙。

竖劲亦即是直向之劲，容易被人乘机；横劲是转折之劲，不易被人诱撼。"起手横拳势难招"就是说，凡遇发手的时候，要蕴蓄着横劲（因为横劲容易转折迂迴，使敌人莫知所之），切不可以直力突击。虽说如此，但没深功的人是做不到的。

作者每每听到形意拳家对此话的解释是"出手就有横。"倘我们以理论的推究，固然出手就有横，然横从何来？始终没人有合理地解释过。现在仅止是简单地写出几点来，并不是横义的全篇。

展开四平前后梢，望眉斩肩翻肩背，如虎搜山截手炮

这三句话，说的是用法，没含什么深意；不过倘对行意拳没有邃深的研究，也绝对不能领会它。

"四平"，是指着眼、手、足、身来说。平者？坦也，和也，治也，均等也，易也。它的意思是说，凡用眼、手、足、身的时候，不能离开坦、和、治、均等、易五个条件。而五个条件的意义，坦，作自然解；和，作逆来顺受解；治，作以法治人解；均等，作发力衡平解；易，作见易则无阻解。

"前后梢"的意义，是前者手为梢，后者足为梢，以身为中。前者足为梢，后者腿为梢，以腹为中。浅白些说，凡以四平势击敌的时候，切不可离开中力。

"望眉斩肩翻肩背"，说的是用法。它的意义是：望眉不击眉，而斩肩。斩肩是指敌方，翻肩背是指个人。关于这点，只要能懂拳，便能明白过来，用不着作者徒劳笔墨。

"如虎搜山截手炮"，如虎搜山是形容截手炮的要义；而截手炮的要义即是见着打着，见势打势。盖截者，即是阻止，阻止着敌力不能向前进攻。不过这种的阻法，不是直对（以个人之力，突截敌方之力为直对）的，是侧对（用侧击、牵引、袭击的方法以阻止敌力前进，并同时尚能制敌于倾斜，或倾倒，此便是侧对）的。虎是多么勇猛呀，用截手炮的方法，再施以虎的猛劲，则摧敌何难！

骤行如风，鹰捉四平，足下存身，进步踩打莫容情

这四句完全是用法的形容，如其没在行意拳上下过绝对追求的工（功）夫，他对这话是不能解述清楚的。

"骤行如风"，是说使用时之行动迅疾如风。也就是说，应敌的时候，一举也如风，一动也如风。练少林拳的人们，每都说行意拳的步伐慢，由此一句，我们都能知道行意拳的步伐并不慢，不仅不慢，并且还很快。至于现在一些练行意拳的人，使用的时候因为什么竟会不快了？那这个问题极容易解答出来，并不是他们使用的方法不快，实在是把行意拳的真义弄丢了。而一些说行意拳行动不迅速的人，他说的那些不成为行意拳的行意拳。

"骤行如风"的意义是动；"鹰捉四平"的意义是静；鹰捉四平，是既经发手之后，手抵敌身的时候所用的劲，这种劲，便即是鹰捉劲。此劲，是寻常对它要养之有素，然后才能用于敌身。鹰捉，是手指关节的吐劲和手指关节的扣劲的形容词。而行意拳之鹰捉，是每在必有的一种劲，所以拳经上说："起手鹰捉。"

"四平"的意义尤其深奥，今作浅显的解释是：四平，就是在发手的时候，宜保持全局部的力量均衡。

"足下存身"，是蓄势待发下趾部分的形容词，里面所含的意义是足打。

"进步踩打莫容情"，是蓄而既发的形容词，它说得很浅白，用不着解释。倘再更浅白地说，就是教你在使用的时候不要客气，不要留情，也就是说，留情就要败。

"踩打"是进步时之足打，这种的足打是足向前的荡力，此荡力很难，又须素常对它作澈（彻）底的研究过，才能在用的时候应意自如。

抢上抢下十字立，剪子股势如擒拿

这两句话说的是用法。意思是说，无论身前进击，向后退击，皆不可失掉中力。中力就是有左右力，必须有前后力；有前后力，也必得有左右力。左右前后齐而出之，即谓之十字力。上面的立字，不是指站立而言，它是形容左右前后四个力，使这四个力有所寄托。

"剪子股势如擒拿"，又说的是用法。"剪子股势"并不是两腿交差的剪子股（作者若不指明，人们必误解为两腿交差的剪子股，因少林拳是那样），是胯间的拗劲的剪子股。因为腿的剪子股是明势，敌易防；胯的剪子股是暗势，敌易败。

"如擒拿"三字，并不能独立，它关系于一切的发劲和固劲。倘不把它弄清楚，若出

手也擒拿，回手也擒拿，那不成了空洞劲吗？焉能谈到制敌。"如擒拿"三字若明显解释出来，就是行意拳经上说的"起手鹰捉（起手鹰捉是素常的练法，也是临敌的用法）"。读者切要知道，鹰捉并不是狠劲，是极自然的一种劲。它的劲是：神足，而蕴于内；气足，而蓄于内的一种劲。对鹰的性能研究过的人，便很容易明白这点意思。我们在每一动作之间，时时刻刻皆不能失掉"如擒拿"三字，倘如失掉，而拳的妙处也就没有了。

进步不胜，必有寒势之心；打人如走路，看人如蒿草，手上如风响，起落似箭蹲，遇敌要取胜，四梢俱要齐

上面说的，是联贯的使用法。意思是说，只要发出手去，不能把敌人制服，甚而发的空了，无济于事，那是很危险的！

"寒势"就是怕势，一怕便不敢再发，既不敢再发，哪能不被敌人击败呢？总而言之，若进步即胜敌，第一须有明师的指导，第二要有工（功）夫上的锻炼，不然，便永难达到"进步不胜，必有寒势之心"的鹄的。

"打人如走路，看人如蒿草，手上如风响，起落似箭蹲"，这当然又是用法。您瞧，说得多么自然哪，打人的时候就如同走路，打人如同走路并不难。我们练拳的人，除却应该会的那些花拳绣腿外，另外还须搁上些正当的工（功）夫。这种正当工（功）夫，即是行步实战法。行步实战法，以作者的多年经验，现在才知道就是行意拳。

看人的时候又如同蒿草，这尤须在素常要练之有素，不要把"看人如蒿草"误解为骄傲。看人如蒿草，是自然的一种表示，意思是说制胜敌人是极有把握的，所以才把敌人当作蒿草。

"手上如风响"，出手的确有风，作者对此已有了经验。这种的风，要在基础锻炼时把它养成，倘如锻炼不当，出手决不能有风；若在练的时候没风，而在用的时候无论如何是不会有风的。

"起落如箭蹲"。"起落如箭蹲"这句话，作者可上当不小。起初练拳的时候，总是一出手就想快，孰料出手越是想快，到了用的时候它越是不快。近几年来才改变了方针，在练拳的时候给它个越慢越好，孰想就这一慢不打紧，居然到了实用的时候竟能特别快；不发手则可，一发手便倏然能及敌身。爱好此道的人务须把这些话弄清楚，我所说的慢，是在慢的练习时一种特殊的练习方式，不是平平常常的慢就能使它更快了，哪能说是不把敌人制服呢？

不过"遇敌要取胜"，不要忘掉"四梢俱要齐"。四梢齐当然是个整劲，不必再烦琐地赘述了。

手足不相连，必定艺儿浅。手起足不起，则枉然；足起手不起，亦枉然

素常练拳的时候，时刻都不能忘掉手与足的关系。话虽这样说，但须由工（功）夫上面的追求方可做得到。

对初步学拳的人，只能口头上说给他，使他注意手与足的关系。实际上急切是不能做到的，必须教授有方，先将它的身体某一部分纠正良好之后，然后方可纠正另一部分，如此一点一点的增加，渐渐才能顾及大多部分的姿势上的正确。

由姿势上的正确进步，始可注意到手和足，手足相连，没有三五年的纯功，是难以做到的。进一步说，就是在实用的时候，倘不把手足连贯施用出来，也决不会发生多大效力。但是，势必由老师不客气地给我们"引手"，我们才能练习到手足一致的程度。不过，这样的老师太少了。

手足既不相连，当然艺儿浅，无须再注述。出手忘掉足，固是枉然；出足忘掉手，亦是枉然。这个意思太浅白，不用着注述。

三意不相连，必定艺儿浅；拳去不空回，空回总不奇

三意，是手、足、脑。如在实地与人交手的时候，单凭脑子的想象，不用手足的辅动是不成的，所以，应注重手足的一致。

前者的"手足不相连，必定艺儿浅"，是初步的述义；此者的"三意不相连，必定艺儿浅"，是进一步的述义。

三意者，除手足外，又加了个脑，但到这种程度，工（功）夫就深得多了。三意（脑、手、足、）若不相连，效力自要失掉，发手既不生效，当然是艺浅。

"拳去不空回，空回总不奇"，不是简简单单就会做到，一则要有名师的指导，二则要有实际的工（功）夫，三则要有实战的经验，然后始能拳去不空回。

不过，无论技术练得多么到家，也难免没有一时的失手。至于发手，要保持不空，那除非用稳军计，使对方于不知不觉中，冷不防的来个杀手捶，或者能出手不空。但这种行为，是极不道德的，也是我们"国术革命家"绝应该避免的。我们认为"拳去不空回，空回总不奇"这话，于拳格上甚有出入，应作多方面讲才是。

拳打遍身是法，脚踏浑身是空；远去不发足，发足不打人；见空不打，见空不上。先打顾法后打人，先打哪个顾法？浑身是法；俱打的是本身随机应变

我们练拳，是使各局部达于一种目的，然后渐渐才能生出许多方法，有了这些方法，方能说到打（这"打"字，也即是作者定名的实战）。"拳打遍身是法"的打字，叫解释为二：一是指实战，一是指练拳。实战时，单凭肢体各局部所运用出来的方法，不过此种方法系下意识作用，并不是这一着解那一式，这一式打那一着的方法，也可说是一种活力的运用，并不是方法的死守。

活力的运用，非由素常练拳时候对它注意不可，此种注意，也即是练拳时候要使全体各局部皆合乎法则。练拳时候，主要的是精神运用。精神运用是使精神支配肢体，倘若在此时期把各局部的注意力（也就是方法）失掉，那么一到实战的时候便极难奏效了。

作者尝说，打容易，练难！其实真遇到明师，练并不难，所难者，还是不易遇到明师。

以"拳打遍身是法"来说，便知一些：练长拳的不注重短拳，练短拳的不注重长拳，练刚手的忽略柔手，练柔手的貌视刚手，拳掌好的而不知练腿，腿法好的而不知操拳，至于一切抱敌对思想的，是大错特错了。拳学既然说着练拳时候遍身都是法，为何我们不把长、短、刚、柔、快、慢……的方法练习完备？足见这种门户观念，是些少受教育的人所形成的，著拳学的祖师，并没门派长短的观念。甚至我们之倡"国术革命"，恐怕革来革去仍跑到无人所走的路上去，过些年头，甚还有人说我们不是革命，是平平常常的使国术向复兴路上走。

"脚踏浑身是空"，含义并不复杂，它和"远去不发足""发足不打人"是关连的。脚踏的踏字，可作用字解，凡想用足的时候，是含危险性的。用足，不仅是空，倘如遇到一位极有经验的拳师，来个游走硬拼直撞法，立刻就会被他摧倒。因为辅佐于手的东西，使手能增加长度的，全凭着两只足。两只足能进退速，闪躲快，发出手去就会生效；反之，发出手去就不能达到敌身。

若抬起一只足来（着地的当也是一只足），恰好正是敌人摧我的时机到了，遇着对方富有经验，很容易把抬起之足撞回，继之摧（催）我倒地。要知，足踏之力虽较手为大，但它的迟钝程度亦较手为高。既明这个道理，倒不如专重腿的灵活，无须注重腿能踢远，如此，方可增加使用时的速度。并且，足所发的劲是有一定限度（尺寸）的，在限度之前或后，是一点效力皆无，就是腿法最精、转折最快的，遇到敌方把我的限度错过，也仅能藉转折之快使被摧的程度减低，若想复把敌人摧毁是难而又难。有些人们，交起手来，腿被踹断，或被踢伤，这就是发劲恰好适度，再说，也是受伤的人对于腿的运用经验太小。至于发足不能生效，已由"远去不发足，发足不打人"给肯定住，可是，它对进身的蹢、挂、勾、踢，在字义里对我们说，仍许可我们借机使用。

"见空不打，见空不上"，是堤防敌人的虚手。一些拳家都惯用虚招变实手之法以摧敌，倘见到敌方有空隙处，切勿在此时发劲，否则便坠入敌人彀中。练行意拳的人，惯讲见招打招，见势打势，但这种招与势的认识，则又非有较优的传授不可，同时还须有相当的经验。而行意拳为何专讲见招打招，见势打势，其他的拳倒不注意这项呢？这无疑的是行意拳善于进法与剧劲、冲打之故，其他之拳，似少有这种的注意。

但现下会行意拳的人，也有很大的毛病，什九是忽略了腿的锻炼与转折上的运用。如此说来，各门各派的拳，皆有相当的长处，但也有不少的短处，不过其病各有不同罢了。原因是人们拘泥于门派，不去采人之长，舍己之短。

"先打顾法后打人，先打那个顾法？浑身是法；俱打的是本身随机应变"。这几句话，所注意的是顾法。顾法也就是保护本身之法，但此种法，皆在姿势里面包括着，也可说，每一着一式统不能离掉顾法。最高尚的，是顾法与打法兼而有之的拳；稍逊的拳，便把顾法与打法截然分作两事。

在一趟拳里，划为每手是顾法，每手是打法，此种拳，我们认为是退化拳，当初决不是那样。其余那三句，说得很浅白，描写之生动已跃然纸上，无须注述。

今之武者，专论架式，封、闭、闪法，不知日间了然在目，还可少用；若遇黑夜之间，伸手不见五指，如何用之，必自悟省，悔何及矣！惟刚大之气，养之有素，而忽然发于一旦，依本心本性直扑上去，随左打左，随右打右，虽遇身大力勇者，亦一动而败之也

上面的今字，处于现在也算是古。以"今之武者"的蕴意，近慨叹状！若从全句批评，顿显出至大至刚之气，洋溢于字外，尤其以"今之武者……悔何及矣"那一段整句来说，已充分表现出是位创造家说话。

虽有这种激昂的话流露字外，但他仍要把功迹赠送与前人。然字义里呢？又含着前人是"不论架式，专重内容"，似乎尚暗涵着说，仅不过是后人把它丢掉罢了。可是若推敲"惟刚大之气，养之……亦一动而败之也"那一段整句的含义，已明显地是原作者对拳技上有另一种的创造，这种创造精神，我们由字义里便可搜寻出来。如此这般地一说，姬隆风先生何尝不是一位国术革命家。我们虽抓住一个（国术革命）名词，结果实际还是拾前人的牙慧。拳技之在过去，屡有进步的现象表现于社会者，原是每有杰出的人才，不断地在创造着，而姬隆风先生，仅止是创造者之一罢了。

惜前人给遗留的实在东西特少，使我们发掘也发掘不来，幸而遇到一位姬隆风先生，尚还赐给我们一点宝贝——拳学。史书上虽有些关于拳技的记载，然记载的仅是些空泛理论，还有的一些是怪诞神奇，使我对技击本身无从捉摸与探讨。

以下仍谈姬先生的创造：

"惟刚大之气，养之有素，而忽发于一旦"，这三句话正关照上面"黑夜之间，伸手不见五指，如何用之"。意思是说，那些专论封、闭、闪法的拳，若两只眼睛没有辨别力的时候，就失掉作用；因它专讲招数，不讲内容，倘招数无由所施，他的能力也就没有了，与常人无异，若说拳术家，是彀（够）不上的。

所以紧跟着又说"惟刚大之气，养之有素"。不过，"刚大之气，养之有素"，不能作平常时，里面是含有深意的。若用浅白的解释，刚，是一种的劲，大，是万象的包罗。劲，不是呈显在外面的，是涵于身体间的，遇用的时候，才可随诸外界的刺激而施展它的活力。这种活力，也可说是下意识的力，在当时仅止是由意感而发，敌人被击到若何程度，是不能理解到的。

养之有素，极明显地，就是在素常对于"刚大之气"的培养，一时不可疏解。也即是说，"刚大之气"是日积月累培成的，至于"刚大之气"的养法，是方式的、思想的，不是随便就能做到的。

我们搜掘旧的宝藏，创造新的方式，就是使方式的意义不成为问题中的问题。但思想呢，是属于个人的见地，我们只能尽到诱掖的责任，不能有把握地纠正。至"忽然发于一旦"，不是理想的，必须藉"刚大之气，养之有素"方可。

最后的几句"依本心本性，直扑上去……"与前者是关连的，是用的形容，没含着奥

义，说的既浅白，当无须解释了。

眼要毒，手要奸，脚踏中门裆里蹐；眼有鉴察之精，手有拨转之能，脚有行动之功，两肘不离肋，两手不离心，出洞入洞紧随身，乘其无备而攻之，由其不意而出之。

上面一些话，完全说的是打法，亦可说是打法的一个单元。说起来却很容易，实作起来非有经验不可，非有老师给引手、说手不可。然而，目下的一些拳师，连他个人对这些话都莫明其妙，焉能再说手呢。在未解述打法之前，先谈一谈什么是引手，什么是说手，因它与打法是一而二、二而一的东西。

引手与打手不同。打手是毫不客气地互打；引手是一方为领导，一方是实打。领导的人，即是有功夫的人；实打的人，即是学习的人。不过这种的学习是高级的学习罢了。若想把引手两个字解释得最清楚，必须使引和手各个独立，成为单名词。

引手，是指有功夫的一方而言，普通说也就是老师或友师。引的原义，是把对方的功夫引出来，不使他的功夫窝藏在身上而空空的无用。

"引"者，并不是实击对方，是用虚手，但这种的虚手是有寸量的，不是极虚，也不是沉重，是一种观察对方功夫的大小而施出的一种相当的力。这种力，也不能伤了对方，然亦不能不使对方感觉到厉害，在拳语上说，即叫"擎手"，擎手亦即是颇有把握的一种手。什么叫有把握呢？说伤人，就能伤人；说不伤人，就可以不伤人，这就是有把握。不过有把握是相对的，不是绝对的，只能把它用于有工（功）夫的人身上。

至于怎样就叫有工（功）夫？须有二人的比较，方能证实，并不是空空就可以指定某某有工（功）夫，某某没工（功）夫。总而言之，凡是站在引的地位，便是位绝对的有工（功）夫的人，否则，他就没资格引。相信，无论拳术练到多么高深的程度，没人把我们工（功）夫给引出来，终归没有大效。

"手"是指没工（功）夫的一方而言，普通说也就是学生或友生。手的原义，是把个人的工（功）夫完全发出去，至于对方能挨不能挨是毫不顾虑的。浅明地说，就是实打，不客气地打。我常说，应像打贼般的那样打才对。此者，方为正确的实验。

倘照一般老师给学生引手——有的不叫引手，叫说手，叫伪手。伪手是一种假手，意思就是老师用假手，学生用真手。古法虽为这样，但一般老师用伪手时，则未必是伪，甚或有些老师在用伪手时不仅不伪，并且还用"杀手"（即是最厉害的一种手）把学生打怕了，打的学生一辈子怕老师！就是学生练的工（功）夫能超过老师几倍，结果他总是怕老师，他脑子里总忘不掉老师的手的厉害！

故此，我定名这种老师打学生暗用的杀手，名为镇手。镇手就是把学生吓住，永世要畏惧老师！那么我说这种"镇手"，是最不道德的一种手，在国术革命场合里，是绝对不准应用这种手的；否则，便是背叛国术革命！先师所传伪手的命意，是很恰当，其方式也与我们所说的引手一样，因为一般拳师不往大道上走，并且还跑到歧路上去，故此我们才把伪手一说废除。

说手，是述理的，这种手，可暂用，不可常用。暂用，是偶尔间给学生讲些用手之理，不妨害学生的工（功）夫。倘常用起来，就错了，极容易使学生养成一种假手的习惯。此种习惯一养成，拳的精粹成分，就会日渐退步。然这种说，有一个时期风靡一时。现在虽有各级考试逼促着，但总没跑出这个时期，因为，各级考试所定的比赛规则，根本不是使拳技本身进步的，且是退步的！实际，是假的成分过充。

关于说手的意义，大致就是这一手破那一手，这一着打那一势；那手来用这手封，这手来了用某手解；某手是指上打下，某手是击左打右；某手是虚手，某手是实手；某手是轻手，某手是重手；某手是长手，某手是短手等。

前面讲的是基本（引手）之方，下面要讲的是实验（打法）之义。

至于为何把"眼要毒……"一段话，称作一个单元呢？因为每一个拳术超长，对实击方面确有工（功）夫的人，确乎不能忽视这一段话，甚至他每常应用的也不外乎这一段话。"眼要毒"，并不是狠毒之毒，毒的形容以浅意来说即是锐利，没有锐利的眼睛，动手是难奏效的。但其锐利所达之标度，全看素常对眼睛方面之训练以定其高低。我们每一个练拳的要知道，眼睛的锻炼，较比周身一切锻炼都难，它占的部位虽小，它负的使命最大。手，是要受视神经间接之指挥的，手之"奸"，是抛却情的观念，迅急而出之，不是诈意。

"脚踏中门裆里钻"，即是接近敌身之意，与出手是相连的。须注意：眼、手是意的衔接，是不能有刹那间的分离的。与人交手的时候，眼是一部分，肢体的活动又是一部分，由视觉传达于脑之后，肢体间自会表现一种自动作用，此自动作用，亦可谓之下意识作用，如呼吸步行等不受意识支配是一样的。这话说来容易，懂也容易，若实作起来不是简简单单练几年拳，多请几位把式匠式的老师就能学会的，必须多多的参考诸家的学理。

在技术本身说，手、足能自动作用而不受意识之支配者，所凭借的是素常对关节上的注意锻炼，与姿势上的合理的纠正，以此合理纠正所演成的姿势，日无间断地向前研进，久而自然，即可到无须由意识的指挥，而手、足便可自然地活动。归结来说，这种的活动是永不能与视神经脱掉关连的。

"两肘不离胁"，并不是紧靠着胁，是挤劲，就是使肘不要弛张之意。"两手不离心"，不是两手要抚摸着心，是两手直对于心。

"出洞入洞紧随身"，是对"两肘不离胁，两手不离心"的进一步的解释。也就是说，手之出入的时候要紧凑，不要开张。但这一套手法，是于练习的时候要注意的，由各局部的注意锻炼，到应用的时候，方能成为一个整劲，方能成为下意识的自然活动。

心与眼合多一力，心与舌合多一精

上面两句的"心"，仍当作脑神经解，惟"心与眼合多一力"，我们应把它改作"眼与身合多一力"。因为眼与脑神经永不用失掉协调作用，凡眼能视见的东西，脑神经必有当然的感应，假如脑神经没有感觉，便不能知道所视之物为何物，故此才把它改为"眼与身合多一力"。其解释如下：

对方的活动与目接触之后，则刺激视神经，而传达于脑神经，遂生感觉，由感觉，方能统制周身有规律地活动，以此活动的能力多寡，始能判断其工（功）夫的高低。眼与身合，是由素日的锻炼，方能使肢体间的活动受到眼的支配力量而出手奏效。

比如平常若只注意锻炼两手，到与对方接手的时候所应用出来的也仅止是两手；再如平常若只注意锻炼两足，到与对方接手的时候所应用出来的也仅止是两足。倘能练到一有感觉之后，而身体便能发生一种自然的活动，那这就是工（功）夫的到家，所产生的力量当然就大了，此种力量，也可谓之为劲。

"心与舌合多一精"，此精字，系指舌舐上腭所生之精液，即是说，脑神经与舌相合，便能生出精液来。此精液不仅免去口干舌燥之弊，并且助神益精。此者虽属小节，但忘记的时候居多，足见凡事看难非难，见易非易。

头为一拳，肩为一拳，肘为一拳，把为一拳，胯为一拳，臀为一拳，膝为一拳，足为一拳，腹为一拳

以上，头是一拳，肩（左右）是两拳，肘（左右）是两拳，把（左右）是两拳，胯（左右）是两拳，臀是一拳，膝（左右）是两拳，足（左右）是两拳，腹是一拳，此十五拳，老谱解曰：

头打落随足走起，起而未起占中央，脚跐中门抢他拉，就是神手亦难防

"头打落随"，是势（即肢体活动之形势）落的时候与随对方活动的时候用头打。"足走起"的意思是起势用足，落随用头。势落的时候与随对方活动的时候用头打之打；其打字，并不是姿势的打，而是劲意的打。然此种劲意的打，是间接地打，并不是直接地打。何以故呢？因为头是领劲的，头并不是像其他门拳那样"老和尚撞钟"等的打法去打人，不过，其劲在未发之初，负最大责任的便是头。头若把挑顶、云领、聚意失掉，劲抵敌身的时候也是不能奏效。

起势虽说是用足，于未起势、初命意之间，负督率责任的便不是头。倘注意练头，周身其他部分便会紧凑；否则，便会疏散。凡姿势之一举一动，负使命最大的就是头，我们练拳的人，每时每刻所不能忽略、也是绝对不准忽略的就是头。

"起而未起占中央"，是说先有意向的占，然后才有姿势的占，倘先有姿势的占，而无意向之占，即是姿势的空向，毫不足用。有了意向之占，继以姿势之占，此时即"脚跐中门抢他位""就是神手亦难防"。此两句话是形容头的重要，并不是夸大其词。

"脚跐中门"的"中"字，即是"姿势之占"这种占法，须有相当的工（功）夫，然后方能知道对方某处是"中"。此者的"中"，是对方姿势的中心。对方的中心，寄托在两足之间，有时也寄托在一足，但一足太危险，行家不常用。对方姿势的中心，亦即是重心的寄托所在，只有我们出足与放劲合为一体，足到处也恰好是对方重心的所在，而对方便极易被打出去。倘我们再用方法牵制住他，便很容易使之倒地。"就是神手亦难防"，是形容当时占到中心的神情，上面的意思已把它的实在解释出来。

肩打一阴反一阳，两手只在洞中藏；左右全凭盖世力，束展二字一命亡

"肩打一阴反一阳"，是形容开、合劲。肩的活动，有三个注意点：一、沉肩，二、合肩（两肩前抱者为合），三、开肩（两肩反张的为开）。

在臂部活动的时候，肩为主要部分，两臂之劲发动的大小，全视肩部灵活与否以为断。阴反阳，是合劲反开劲；阳反阴，是开劲反合劲。总之，肩之应用，全凭开、合的变换以胜敌。

其余三句，与第一句连贯起来，其整个的意义，即是肩打。前两句的意义，是以肩为主，以手辅之。开，即是顺势，合，即是拗势；开劲反合劲，也就是顺势与拗势的变换。这种变换的界分就是髋，比如左髋在前，左肩在后，即为拗势。左髋在前，左肩在前，即为顺势。拗势在拳术上说则属阴，顺势在拳术上说则属阳。

肩打的阴阳有两种，一种是直接用肩打，此种的肩打在技击上说，亦可谓之靠打。靠打即是进身的打法。一种是间接用肩打，此种的肩打便即是藉肩之展纵以击敌。然此种打法最难，不仅要遇明师，同时还得对关节的活动要有相当的锻炼。两手是辅佐肩的，时时在蓄劲以待。

"左右全凭盖世力"的力字，并不是说的本力之力，而是由拳技锻炼出来的劲。此种劲，是无限境的，异常的充锐，故此始名之为盖世力。盖世二字，不是夸大，恰是形容劲之妙用。浅白地说，无论用左或用右，所凭借的就是劲，不是光用招数能可胜人的。

"束展二字一命亡"，说的并不离奇，只要懂得束劲和展劲的，就知道击人以死是很平常的事。束和展，是两种特殊的练法，必须把全部关节都松开，而后始能束。此者的束，也就是关节的紧聚，与局部的折叠，由束，始能展。展者，就是将肢体全都关节松弛开来，这种的松弛并且能超异寻常。

中华民国二十四年《求是月刊》连载
中华民国二十五年《侠魂》三周年 连载

第30部分　张侗轩先生《国术讲义》

张荫梧（1891—1949）字桐轩，河北博野人。自幼崇文尚武。少习少林武术，后习形意拳。其崇尚乡贤颜元之四存（存性、存学、存治、存心）说，创办四存中学，在北京、保定、博野都有四存学校，课程中皆有国术一课。其得力门生有博野时希哲等。

1916年由张荫梧先生倡导发起成立了学生社团"武术研究社"。1918年由其组织编辑了《武术研究社成绩录》，此书堪称为第一本有系统的形意拳教科书，书中收录了大量的形意拳珍贵资料。

第一讲

今日为诸生作第一次之拳术讲话。首先略述本人研究拳术的经过：余研究拳术，乃系民国二年开始，及到五六年，在保定军校求学，同学人数达两千名。中国二十二行省及特别区，都送学生来校。南方一带同学的思想，得风气之先，求知欲最富，对于北方人的人格性情，都喜实地考查，对于古称多慷慨悲歌之士的燕赵"河北"尤其注意。同时余对各省区的人格性情，亦怀有热烈考查的同情。

但人类社交，必有一种联络之工具：如下流以冶游、赌博、抽大烟；中流无聊，以酒食征逐围棋；上流以诗文艺术之高尚娱乐等，均系彼此结合的一种媒介。余等当时联络之具，即为拳术，常在寝前一时暗地练习，每当星期日觅地共同研究，都感觉极浓厚的兴趣，视正式功课，尤加一等。余在当时，几成为一般考察北方人民性格者之唯一目标，对于拳术之研究，尤具最大之热心，这可谓第一期。

保定军校毕业后，在山西国民师范学校教授五年，其中三年，课外教授拳术。但教授法最初一月，只教站势，一因学校系求知之地，学生求知欲最盛，欲得其信仰，须先灌输相当学理。故当时曾编成《拳术讲义》一部，此外更有随时的口授，对于学理之研究，较为深刻。按中国拳术，向来没有专书，即有亦系片段偏颇之说，为利为害，往往相缘。余纯由大拳师的动作形态上及自己习练经验中，探索而得，颜习斋先生所谓"学问当于事物中求之"，余之拳术，确与此语符合无间，这是第二期。

余对拳术，每日按时练习，与饮食无异，直至今日。其间惟雁北作战受伤，间断六日；在北平落马跌伤，间断十日而已。故余之拳术，论其来源，系纯洁的结交朋友，健全身心，论工（功）夫有十九年不断之时间，论学理并非道听途说，口耳记诵之学，纯由事实之经验练习而得，此非自诩，确系客观之事实。而所以先谓诸生述者，因吾人关于自修之事则应缄默，闇然潜修；至于行政、教育，必先使人彻底了解，所谓"自明诚谓之教"也。如诸生先未了解，自无信仰之心，又何肯下苦工（功）夫，作深刻之研究乎？

但尚有预先申明者。俗语说："会看，看门道；不会看，看热闹。"这话是说世间事物，金玉其外者，往往败絮其内，表露愈多者，其储藏者愈少。如洋货商店，其货物摆满柜前，玻璃照得五光十彩，而柜台以内，实少储藏；至于金珠银店，其门面陈列有限，而后台则"实藏兴焉"。又如学校，凡举止阔绰、修饰时髦之学生，其程度成绩，多属中平，或竟下下，所谓高才生者，断不在此辈绣花枕中，乃在一般朴素笃实、整齐庄重之青年内。其故即因劳其精力于浮华之修饰者，学问上之自修，势必为之减少；而弹精力于学问自修者，自无暇注意于浮华之修饰也。

故真有价值之学理，往往不在极端新奇之中，而在平易近人、切近事实之内。中庸说："智者过之，愚者不及"论语说："过犹不及。"这过犹不及一语，未免令人怀疑。世界进化，惟恐不速，过乃进化之速，何得谓与不及相等？实则并无可疑，盖进化须循正当的轨道，轨道乃是离心力与向心力均衡之妥适道路。进是离心力，为什么能进？是因为有向心力。所以进化是合乎事实需要的一种演进，并不是"索隐行怪"、争妍斗奇的一种躁进。

吾人学书画、学诗文，有句诫语说："由俗入古，由古反俗。"这话表面上也似矛盾，学书画诗文，惟恐不能脱俗入古，既然脱俗入古了，何以又须反俗？盖脱俗入古，乃模仿之工（功）夫，也就是离心力的造诣；由古返俗，乃创造之成效，那就是向心力与离心力均衡的结果。如诸生此际作文，惟患材料不多，但到完篇以后，须讲究剪裁锻炼，方极作文之能事。故在现时，犹想立宪复辟，盼望真命天子，固然是倒车的"愚者不及"；但急进者遽欲破除国界，放弃民族主义，高唱世界主义，是则"智者过之"，直等于不及耳。故孔子说："极高明而道中庸。"老子说："大智若愚。"诸葛孔明，未出茅庐，已知天下三分，乃六出祁山，鞠躬尽瘁，死而后已。孔子"知其不可而为之"。皆可谓由古返俗，外表似愚，实则大智。所以世间事物，真有价值者，多不外此种原则，大都平淡无奇；惟魔术幻影，以骗人图利为目的者，则表面光怪陆离，变幻多端，刺激人之精神，甚为剧烈；思想愈幼稚者，愈易受其诱惑。小孩对于魔术电影，乐得手舞足蹈；若成人揭其黑幕，则所谓识破不值半文钱矣。明白此理，方可开始讨论拳术。

余所练拳术，乃形意与八卦。论中国拳术，种类甚多，大别为内工（功）、外工（功）两大派。形意、八卦系内工（功），内工（功）可是不只这两种。内工（功）拳之来源，亦可谓鉴于智者过之、愚者不及之流弊，乃建筑在联系均衡之原理的基础上面。中国向来练拳术者，只知对于身体的筋肉骨节作极端之锻炼，而对于内心气息，毫不顾及，以致号称拳术大家，往往五脏内伤，寿命短促。而一般提倡静坐如宋儒及打坐参禅之佛家，又专注意于心息之沉静保养，如所谓"心放在腔子里"，而于身体筋骨，及听其坐废，不加劳动，故其结果，往往手足麻痹，心如死灰，而形亦如槁木。二者皆偏于一端，一偏于内，一偏于外。要知宇宙生成之道，并不是独立而存在的个别物体之综合，而是相互联系着的物质之统一体，并且这联系中，是彼此交互适应，而有一个均衡性的存在。

所以畸形发展，单调偏枯，决无善果。过刚则折，过柔则弱；鳏夫亢阳不寿，浪子纵欲，亦痨疲而死。其至善万全之道，乃在调剂均衡，内外合一，无过无不及之间。尧舜十六字心传，其要在"允执厥中"。孔子称"执用两中"，孟子称"汤执中"。所谓"中"，也就是均衡的意义。

故阴阳调和，两阳适中，而万物育，岁功成。人是宇宙间的一体，他的生存发展，当然要与宇宙生成之道相合，故肢体心息，不可偏重，偏则生病。惟身心交养，动静适中，乃能常保健康。内工（功）拳者，即一面调养心息，一面运动筋骨，双方并进，内外同修，将心意与肢体，均衡地打成一片，融合无间，所谓尽人合天，践形尽性，若内工（功）拳者，乃其实现者也。本日时期有限，此不过略发其端而已。

第二讲

自武术研究会成立，对于拳术研究，已订有定时，乃日咋诸生届时不到，此实大错。武术研究会乃诸生自动所组成，章程系诸生公议自定义，吾与马冀良先生系诸生聘请指导，分属师长。今师长按时而至，乃学生反届时不到，于情不顺！于理不通！

昔张子房与黄石公遇于圯上，黄以子房为之纳履，始谓"孺子可教"。及约期受书，子房来迟，黄石怒不即授，必待子房先往静候，然后授之。此非黄石故自鸣高，盖学问之授受，双方必有至诚恳之心志，极浓厚之感情，方能有效。师长对于学生固必视如子弟，痛痒相关，有诲人不倦之精神；学生对于师长，亦必视同父兄，极其敬爱之情。对于学问，尤必有迫切之要求，如饥之于食，渴之于饮，乃能深造自得也。现代学校教育，师生之间，全基于权利义务之上，讲室上课，形同市场交易。此种弊习，若不彻底祛除，则教育完全破产。

本日继上次讲演，说明拳术之种类。因研究学问，首重认识，次下工（功）夫，再次方有结果。譬如欲赴北平，先须辨识北平之方位，认清必经之道路，按照路单而行，方能达到。若不辨方位，沿平汉路南行，岂非愈走愈远？既经认识之后，即须遵照方向，开步前进；若徒然认识，而不实行，足不出户，亦决无达到之日。颜习斋先生常讥宋儒格物致知而不习行，是徒认识路径，一步不行，有何用处？此认识之后，又须实下工（功）夫，凡百学问皆然，而拳术尤要也。至认识之进行，首辨功用价值，次辨门径，兹依次述之。

按拳术之完整立场，当然建筑在强健身体、充实精神的上边；但农工之操劳，现在学校之各种体操——打球、竞走……亦为强健身体之运动，又何贵乎拳术？拳术与体操，究竟有何不同之点？

按农工操劳，其目的在于作业，身体之运动，乃其附带之条件，故有时为完成其作业计，纵至戕贼身体，亦所不顾。如铁工常因打铁过劳，以致咳嗽筋挛；担夫常因负担货物过重，以致肩部陷凹是也。至现在学校各种体操运动，其目的并非别有所在，非农工之作业可比，与拳术之目的正同。所谓有时为完成目的，不顾戕贼身体之流弊，当然不致发生。不过是学校各种运动，大都以物质为主，使吾人之身心，偏重受物质之支配。如足球、网球、杠子、木马等多以物质为主体，而身心偏于被动。故有时人的身体力量，不能追及物质，或不能与物质相称时，亦不得不倾其全力以就物质，甚至戕贼身体，亦所不顾。试观各大学当运动竞赛时，常请大夫随临，以备诊治，而各种扩大竞赛时，往往有当场吐血受创者。而凡运动员每次赛毕，必须多人左右挟持，其身体及内心之受创，亦概可想见。

至于普通拳术，其目的多偏重于格斗，而运动以肢体为主体，如单刀、花枪、皆受肢体之支配，任手足之拨弄，较之学校各种运动，以物质为主者，故自不同。但以肢体为主，而脏腑受其支配，往往肢体之力增一分，而脏腑之元气，即减一分。试观向来一般大拳术家，常多筋骨跌伤，年命短促，盖利害参半，一正一负，仍等于零也。

故吾人当研究武术之始，对于各种运动之方法及功用价值，既经辨明，则吾人所需要之原则，须如下列：

（一）目的为强健身体，充实精神者。

（二）以身体为主，不受外方物质支配者。

（三）外而肢体，内而脏腑，中而各种器官，联系均衡，有统一的体系，受脑力的指挥者。

必须具备此三种圆满无缺之原则，方能够得上强健身体，充实精神。究竟何术足以当之？则惟有吾人现在练习之内工（功）拳术而已。欲知内工（功）拳之三美俱备，当先明内工（功）、外工（功）之区别，且容下次详述。

第三讲

内工（功）与外工（功）之基本区别：

——内工（功）与外工（功），其基本之差异有三，兹表列如次：

甲：

内工（功）由腹部呼吸：内工（功）身体姿势，顶头、合胸、提肛，故其呼吸，全由腹部。

外工（功）由胸部呼吸：外工（功）身体姿势，两肩后张，凸胸、突臀、小腹内敛，故其呼吸，全在胸部。

乙：

内工（功）力量由腰腹推出。内工（功）拳全身气力集中腰腹，故其力量纯由腰腹发出，达于肩膜，节节推进。以下部言：由胯推膝，由膝推足；以上部言：由肩推肘，由肘推手。如压水机然，气压以下，水由内喷射而出，绵延不断。又譬之用兵，腰腹为大本营，四肢为前后卫、左右翼，紧相联系，紧扎紧打，敌人当之，无法摇撼。

外工（功）力量由四肢自造。外工（功）拳因气上浮无根，其力量仅由手足屈伸抑扬，外体俯仰取势而成。此种力量，一因来源有限，不过系一肢一节之筋骨外敲，自然短促浮薄；且因欲伸先屈，欲抑先扬，种种作势，使起点至落点距离甚远，需时因多，而有迟缓之弊。若譬之作战，毫无纵深之配备，将以所有军队完全摆列在第一线，表面虽势甚强固，实则所谓黔驴之技，若遇识者，避其实，击其虚，立即全线崩溃矣。

丙：

内工（功）的动静是整的。内工（功）因气力集于腰腹，上下左右，内外器官，有统一的体系，息息相通；故其动静，全身一贯如圆球，一动而无不动，一静而皆静。譬之作战，全军戒严，局紧机灵，此呼彼应，故其动静是整个的。

外工（功）的动静是局部的。外工（功）因体无重心，欠缺统一的体系，故其动静，是各部不甚关连。

第四讲

内工（功）与外工（功）之基本区别，已如上述，兹分述其来源与方法：

一、腹部呼吸之方法

欲作腹部呼吸，须在身体姿势上着手，并不是在呼吸的气上用力。

如其基本姿势——太极势，左足跟靠右足胫骨，足尖正向前方，右足尖向右斜三十度，两足跟向外扭劲，足尖抓地，两腿徐向下弯，约百二十度。两胯平均扣劲，膝挺，腰挺，提肛，两肩向下前垂扣，胸向前合而空阔。颈挺，头向上顶，两肘下垂，右手抱腹，左手伏胸，口闭齿合，舌抵上腭。若作如此姿势，则脊骨是直的，脊背的中线凸起，形态是团结的。喉管与小腹呈垂直线，气息直达小腹，自然由腹部呼吸，此不过粗浅解释。

若细论之，此种姿势，形如胎儿。据道家言：人前身有一脉自脑经鼻、胸，下至丹田（小腹），名曰任脉；后背有一脉，自脑经脊及尾闾（脊椎末端），转达丹田，名曰督脉。胎儿在母腹中，任督二脉一气连贯，息息相通，循环一周，名曰周天。可见先天呼吸，实由小腹（丹田）。故内工（功）腹部呼吸，乃是反先天。

至由胸部呼吸之外工（功）姿势，肩向后张，腰向下塌，臀部向后上翻起，小腹向后抽，则与胎儿恰成反比。以道家眼光观之，此种姿势，则脊骨是曲的，脊背中线是凹的，形态是疏散的，任脉由胸腔与腹腔之间拉断，不能下达丹田（小腹），督脉由尾闾后翻折断，不能前通小腹（丹田），前后隔离，与先天完全相反，纯属后天形式。

按此姿势，最扼要处，则在顶头、合胸、提肛三点。因顶头而脊骨垂直，喉管调顺；合胸，则横膈膜下降；提肛，则小腹上昂，如此则呼吸线自然流畅下达腹部，此与生理学颇吻合，乃科学的，非玄学的。

内工（功）一切作用，全在具体的形态上求之，实合于生理科学之原则。道家练气葆真，义固不殊；但一般导引家及世俗之拳师，往往穿凿泥迹，专向气求，或用力作深呼吸，或以意助气下注，是皆矫揉造作，拔苗助长，非徒无益，而又害之。

不知腹部呼吸。如将先天姿势摆好，即欲禁止其不由腹部呼吸，亦所不能。他们执气练气，恰如鲧之治水，随流堵塞，愈增泛滥；又如宋儒求仁，以仁为心德，遂专言心性，冥思静索，所得不过镜花水月而已。

昔禹治水，因势利导。孔子答颜渊问仁，其目的为非礼勿视、听、言、动。内工（功）摆出先天姿势，不练气，而气自达腹部，其旨正同禹之行水、孔子之求仁也。

又告子之不动心，谓"不得于言，勿求于心"，是硬把此心捉住，何能彻底不动。孟子以人心之动，一由于知闻有疑，一由于理曲气馁。若能知言，则理明知周，心无疑惑，当机立断，自不致动。再能集义以养浩然之气，则"仰不愧于天，俯不怍于人"，理直气壮，心更无由动矣。

内工（功）之异于导引家，正如孟子之不动心，异于告子之动心；一系求本，一系逐末。一系兑现之科学的，在客观具体的事实中——身体姿势——求之，且有步骤节段，有条理秩序。一系空虚之玄学的，在主观的意想中，漫无方法，毫无着落。

总之，内工（功）以腹部呼吸，而腹部呼吸纯出于先天姿势之自然，尤宜切守孟子所谓"勿忘""勿助长"之二大戒律。姿势未能合法摆好，是"忘"也；以意干涉呼吸，使气下注是"助长"也。忘固不可，助长亦不可，守此二戒，站好姿势，则呼吸自由腹部矣。

二、推力畅达之方法

前言内功力量，非如外功之仅由筋骨伸缩本身取势，乃由腰腹内部向外节节推出。但此种推力，究竟用何方法，始能顺利发出？一言蔽之曰：因势利导，除其障碍而已。

腰腹之力，有如河水，欲腰腹内力之外推，正如欲河水之入海，其法莫如修治水道，疏浚河身。水道既清，河身既顺，则河水自然畅流下注矣。

又如作战，腰腹为后方，手足为前线，欲使后方的给养、车马、子弹、枪炮，迅速达到前线，惟有将"交通纲"布置完善，如火车汽车、各种设备，异常便利，则补充的到达自然迅速矣。故推力产生之法有二：

（甲）关节须曲圆

人身上部之肩、肘、腕、指，卜部之胯、膝、胫，乃股体之枢纽，即内力之锁钥。欲内力之顺利推出，首须将此等关节，加以疏通，使不阻滞。

其法即将此等关节，摆成似曲非曲、似直非直之圆形；换言之，即成钝角形，顺其自然之姿势，如此关节疏阔，内力之外推，自条达无阻。若反是而摆成锐角形或直线，则如筑堤堵塞，闭门下键，内力无由输出矣。

（乙）梢节、中节不要使劲

关节摆成钝角圆形，内力固可输出，但梢节、中节，如用力使劲，则外部之力阻碍，亦足使内力不能畅行。

据物理学上说，在同一时间、空间，不能并存两种物体。譬如上面所言作战，交通纲虽已布置精密，铁道、汽车路虽经修理完善，而常为前线官兵占据阻碍，则后方人马给养，亦无由输送前方。盖内工（功）拳以顺应自然之规律，为基本原则。关节不调，乃无形之干涉；用力使劲，乃有形之干涉，均违反自然之规律故也。

三、动静整肃之方法

前言外工（功）动静为局部的，内功为整的，但人身是由很多的肢体连系而成的，按纵的说，头、腰、膝等，均可各个自由俯仰伸屈，随时活动。按横的说，肩、胯，更可自由向左右张合。但腰腹为全身中枢，头部为一身纲领，中枢懈弛，纲领不振，则全身当然要随之涣散。

欲其整，其方法有四：

一曰挺：即挺颈、挺腰、挺膝是也。

二曰抱：即抱肩、抱胯是也。

三曰提肛：因提肛而腰腹紧张。

四曰顶头：顶头而纲领自振。

如此纵挺、横抱、中提、上顶，则上下联贯一体，左右打成一片，自然全身整肃矣。

至于动静变化起来，在形体上，要手与足合，肘与膝合，肩与胯合；在精神上，则心与意合，意与气合，气与力合。

若以生理学说明之，此气为充于神经纤维中之力，而其动也，皆能听命于心意，以心意之强弱，为气之张弛，力之大小。按心意属于心，气力属于物，心物交融如一，非如晚近之唯心唯物，截然为二，不可相容也。如此则上下一贯，左右一体，四肢相合，内外相应，心物交融，所以无论动静，自能整肃。

按以上三种方法，是就全部拳术中仅摘其扼要，加以说明，申之以发挥，欲诸生识其要领，得正当的途径。须知其全体大用，应在不动姿势及各种拳势，及三节、四梢、八字诀、九歌中求之，此不可不知也。

第五讲

内工（功）各基本效能产生之方法，已经说明，兹分述其功用：

一、腹部呼吸之功用

内工（功）以腹部呼吸，其产生之来源与方法，已如上述。惟腹部呼吸，比较胸部呼吸，究竟有何优点，急待研究。

按人类之呼吸长短深浅，与身体之强弱有密切关系。即凡呼吸愈深长者，其身体愈强健；呼吸愈短浅者，其身体愈衰弱。如人当跑步完毕，遍身疲劳时，其呼吸即短促而气喘；而垂死之病人，其呼吸仅在喉间，短促愈甚，即其明证。腹部与胸部，其与鼻孔之距离，腹部比胸部几长出一倍；即腹部之一呼一吸，比胸部之一呼一吸深长一倍。普通人用胸部呼吸，每一百息，为时五六分钟，最多不过七分钟；而腹部呼吸，每一百次，需时九分钟。即因胸部呼吸之路线短，需时自少，腹部呼吸之路线长，故需时较多也。

前在某学校，逢招考新生，检查体格，用机械试验呼吸。机器最大限度，为一百八十度。普通人用力呼气，最高级者，能吹达一百六七十度，气已呼尽。余用腹部呼吸，竟超过一百八十度以外，一时成为惊异，疑余有何异术。实在余并无他术，不过以腹部呼吸，非以胸部耳。腹部呼吸与胸部呼吸之优劣，可以见矣。

二、推力之功用

关于推力畅达之方法，上次曾经讲过，共有两端：

（一）将肘、腕、指、膝等关节，摆成钝角圆形；

（二）顺应自然，不着力使劲，如此则浑身关节疏阔，筋骨灵活，由腰腹发出之力，无所障碍，自然舒畅推出。而其对人身之伟大功用，亦即由于此，其最著者有三：

（甲）循环器官健全，血液流畅

据生理学言，人身血液，由循环器官之心脏及各血管贯注周身，除旧布新，昼夜流行，周而复始。若循环器官震撼不定或滞塞不通，则血液停蓄一处，血管有破裂之虞。且此处积聚，他处势必空虚，又易发生贫血之症。

血管破裂与贫血症，皆有生命之危险，故用脑过度，及猛烈运动之人，往往发生此症，则由关节阻滞，血液凝聚，一则由循环器官震撼，血液激进过速故也。

若畅达推力，使关节疏阔，血管流畅，则循环器官，稳定健全，血液周流畅行，何至有贫血破管等危险哉？

（乙）消化作用良善

据生理学言，吾人食物入喉后，经消化器官之作用，甄别精粗，分道运转各体。粗者由大小肠排出，精者化为精血，营养周身。但肢体如闲逸不动，关节如阻滞不通，则消化力必至减少。

又血液之进行过激，亦足耗散消化之作用，故厌动喜静，及运动过激之人，往往患消化不良之症，身体之营养既稀，自无健康可言。若畅达推力，则两弊俱可免除，而消化作用良善矣。

（丙）免除性欲的危险

人生当童年时，肌肤红润，体态丰肥，成年以后，逐渐枯燥，这是什么缘故呢？问到这里，我要引证一段黄帝内经，内经上说："女子七岁，肾气盛，齿更发长。二七而天癸至，任脉通，太冲脉盛，月事以时下，故有子。三七肾气平均，故真牙生而长极。四七筋骨坚，发长极，身体盛壮。五七阳明脉衰，面始焦，发始堕。六七三阳脉衰于上，面皆焦，发始白。七七任脉虚，太冲脉衰少，天癸竭，地道不通，故形坏而无子也。丈夫八岁肾气实，发长齿更。二八肾气盛，天癸至，精气溢泻，阴阳合，故能有子。三八肾气平均，筋骨劲强，故真牙生而长极。四八筋骨盛隆，肌肉满壮。五八肾气衰，发堕齿槁。六八阳气衰竭于上，面焦，发鬓斑白。七八肝气衰，筋不能动，天癸竭，精少，肾脏衰，形体疲极。八八则齿发去。肾者主水，受五脏六腑之精而藏之，故五脏盛，乃能泻，今五脏皆衰，筋骨解堕，天癸尽矣。故发鬓白，身体重，行步不正，而无子耳。"这一段话，怎样解？原来男子属阳，老阳之数极于九，少阳之数次于七；女子属阴，老阴之数极于十，少阴之数次于八。阴阳虽是相反，实亦相成，孤阴不生，孤阳不长。如日照万物，能生活是阳了，但没有风雨的调济也不能生，这风雨就是阴。如女子是阴，但她身上没有热，就不能生活；若无男子与他交合，决不能生长小孩。这男子与热皆是阳，可见阴阳交互适应，决不能单独成立。

　　人自下生以至五六岁的时候，男女的精神上没有什么大区别，只有形体上的区别。在这时期的男女，不能以阴阳代表他们，只可说是混合。迨至七八岁的时期，男成阳，女成阴。但是阴阳交互适应，不能单独成立，前已说过，所以无形中，男女的数就换转了。少阳之数，本该七，然而变作八；少阴之数，本该八，却变作七。男二八而精成，女二七而月水至，男二八、女二七，肾气平均，真牙生，这时期男女才可以结婚，交合才能造出强健子女。四八，四七，五八，五七……男女渐渐衰老，天癸也不多来了，所生子女，也就不大强壮了。女到七七四十九天癸断绝，男八八六十四，精气竭。所以十二三岁以前的男女，皮肤光泽，肌肉丰肥。十六、十四，春情发动，面色肥肤，渐渐的就枯燥了。因为未发动以前，精气在五脏六腑及周身散布；发动以后，五脏六腑的精气淫溢滴灌于肾，所以男女在二十岁左右，非常危险，人格生命，最难保持，可算人生极大的难关。因为这时期欲火烧身，不能遏止，虽千譬万喻的讲道理，也不能消减他们的性欲，他们明知是败德戕生的事，不能自已，明知是个火坑，也要跳下去，这完全是因为心理的主张，胜不过性欲。但为什么他们的性欲这样大呢？实在是因为肾内包藏着许多危险物（精）在里边鼓动，若想挽救，非从根本下手不可。内功拳术却有绝妙法子，就是"釜底抽薪"，他的意思，以为欲去戕贼身体的害，须能使心里做主；欲使心理作主，须减去性欲。欲减去肾里藏着的许多精，这种功用，道家的"还童""筑基"很与这相同。

　　现在把佛、道两家修炼上不同之点引证来说说，很可以作我们有力的参考。人是由"原质""原尘"二种构成的，原质是肉体，原尘是魂魄。魄就是力，魂主知觉，魄主运动，人的思想动作，就是魂魄的功用。常人死后，魂魄分离就是鬼。有道行的人死后，魂魄合一，就成神。佛言："变者受灭"，若不变的，原无生灭。肉体是变的，故肉体必死；灵魂是不变的，故灵魂不死。魂在人身，能消化于脑髓中，故主知觉；魄能消化于精血中，故主运动；人死后，魂魄离，物质独立，魂有知觉故聚，魄无知觉故散。

　　佛家以见性为主，洗发智能，把灵魂提炼出来，余下的精气凝结成的物，叫作"舍利"，就是力的原尘，成了结晶体。

道家性命双修，见性以后，吸取力的"尘原""锻炼"成形，把灵魂藏在里边，就叫作"金丹"。

佛家的舍利，是余下的力凝结成的；道家的金丹，是提炼的力凝结成的。佛家的舍利离魂独立，道家的金丹，是与灵魂合而为一。

金丹、舍利所含的力，从哪里来的呢？因为佛、道两家凝神息虑，每日吃的饭食，吸取他的精力，消化于精血中，毫不费用，越聚越多，听他自己凝结，就成了舍利；若加上一番锻炼，便成了金丹。常人每日吃饭，也有精力，不过是随吸随用，随用随尽，甚至所吸的力，不足补充所用的力。如青年人房事过度，或手淫妄想，体魄虚弱，灵魂大受影响，哪能不速其死亡呢？

童年的人，天赋的元精，周遍全身，所以童子虽偶起性欲，因他的肾窍没有开，元精绝不能泄出，这叫作无漏。无漏的人，修真很容易，因他的精力，弥满全身，可省第一层功夫。

必先加一层功夫，叫作"筑基"。筑基的工（功）夫，就是炼精化气。这种工（功）夫，在使人身所含的精运到周身，不使再入肾中，与童子一样，元气周遍，泄无可泄，基础一定，大丹自成，这纯是道家的工（功）夫。

若是佛家从断欲入手，精虽不泄，但仍在肾中潜伏，并未运化周身，所以很有功夫的和尚，当有被妓女扰乱动心，以至丧生的事。

内工（功）拳术，与道家修炼的工（功）夫有很多相同之点，所以推力之功用，能使精气散布全身。大拳师每至还童地步，肌肤丰润，精神焕发，使人羡慕。你们对此不可误会，以为还童就能断后嗣，实在功夫纯正，毫不间断，也得二三十年，才能还童，此二三十年的工夫，还耽搁了你们的制造国民吗？

第六讲

动静整肃之功用——其功用共有四点，分述于下。

（一）呼吸路线，均衡稳定

人生呼吸，最忌喘促，贵于自然舒畅。然欲保持此自然舒畅，使之动静不变，而尤赖呼吸路线之稳定均衡。若呼吸路线龃龉摇动，则呼吸出入自然喘促不畅。

查呼吸路线之扼要处，在顶头、合胸、提肛三点。倘此三点动摇不定，涣散不整，则呼吸必至阻滞喘促。

整肃之方法，即在纵挺、横抱、中提、上顶，全身整个一体，动静不变其位。而呼吸路线之扼要二点，亦因此而保持稳定均衡矣。

通常见拳术家练习武艺，经久而气息不喘，形色不变，即群赞其工（功）夫之深，殊不知其原因，固在姿势整肃，呼吸路线，毫无颤摇窒塞也。

（二）减轻疲劳

人当运动起来，自身对环境的斗争、对器械的操纵所生出来的疲劳，是不可避免的，也是合理的。

自身内部，因为各部肢体的交互冲突、各部关节的彼此矛盾、各种器官的震撼不定发生出来的疲劳，那是最无味、最不合理的，是所应避免的。

整肃功用：能使全身各部肢体，交互适应；各部关节，连系切合；各种器官，稳定均衡，上下左右，甚至能将普通的工作或走路所发生的疲劳，用内功拳术把它解除了。这的确不是神秘的，而是科学的至理，由实际经验中得来的。

（三）神经器官灵敏

神经为司知觉之器官，关系甚重。若神经麻痹不灵，一切失其知觉，行尸走肉，尚得为健全之人乎？

人当衰老，举动笨重，半由神经灵敏；若青年而感觉迟钝，即为不健全之表征。但查人身神经，以脑髓为中枢，脊髓为大干；交感神经等，又以脊髓为中枢。脑髓在人身，如三军之司令，脊髓则如干部，若头垂脊弯，肢体懒散萎靡，有如司令混狂，干部废弛，哨兵怠惰，各旷职守，不相联络。一旦有警，哨兵所得消息既晚，临时的报告必迟，而干部司令又不在位，命令传达，当然要迟钝，动作自笨。故肢体萎顿，与脑脊之关联不密，或失其联络，其感应何由灵敏？

惟有姿势整肃，顶头、挺颈、挺腰，脑髓与脊髓位置稳定，坐镇中枢，手足各关节挺劲，外而手足肘膝肩胯，内而心意气力，上下相应，内外相合，浑身一如戒严，哨兵彻夜守望，四处密布，戒备甚严，一有警报，事先防范，传达消息与发布号令，皆系直径，不走迂回之路，自然神速，自然随机应变，有活泼敏捷之妙。

一般大拳术家，往往敌人由后方来袭，并未近身，即已觉之，致时应敌，即由全身戒备严密，当下得报、当下防备之故也。

（四）收放心

孟子曰："操则存，舍则亡，出入无时，莫知其乡，惟心之谓与？"可见心是出入无时，很好流动的，必用操存的功夫，才能存在身上；若不用操存的功夫，就泛泛如不系之舟，如无缰之马，飘荡奔逸，无所息止。

试思心为人一身之主宰，若此心泛泛无羁，放逸无着，则所谓心不在焉，视而不见，听而不闻，食而不知其味，对于身体健康，学业进步，岂不大有妨碍？

故普通教育家，谓儿童性质浮躁，有内浮、外浮之别。若系外浮，并不足惧，惟系内浮，则甚危险。所谓内浮者，即心泛泛无定，身虽安坐教室，而心已远驰无着，所谓"一心以为有鸿鹄将至，思援弓缴而射之者"。此种儿童，教育非常棘手，因彼在形式上服从规则，遵守命令，静坐听讲，使教者无由督责，而实际上则形同木偶躯壳独存，对于所讲，茫然不知何物也。

至于外浮之儿童，举动粗躁，常好嬉戏，但一经入室坐定，即能一意听讲，专心诵读，虽因玩游旷废，究竟在师长监督之下，规则范围之内，多少必有所得也。故孟子曰："学问之道无他，求其放心而已矣。"但是普通人对于放心多不知求，孟子叹息人类自己失掉了自己的心，又曰："人有鸡犬放，则知求之，有放心而不知求！"又曰："放其心而不知求，哀哉。"可见这收放心，乃人生一个最紧要的问题。所以禅宗的打坐、净土宗的念佛、耶教的祈祷、宋明理学家的焚香静坐，其目的皆在收放心，所谓使此心长在腔子内也。但是各家所假的方式，大都过于空洞，毫无着落，毫无把握，所以不易收效，且有偏枯之病。当前因勉强矫拂，令人苦恼，坐久因血脉停滞，伤害健康，流弊甚多。

若我们这内功拳中的不动姿势及运动起来，都是用以身摄心的法子，足趾、足跟、膝、胯、肛、腰、肩、肘、指、颈、头、牙、舌等，均是着意之点。或是有一定的姿势，如站太极势，自脚跟踹地以至舌顶上腭，每一动作，心即着之，循环上下，周而复始，使此心完全系于身上下，不能放逸，所以绝不空洞，极有把握，很易收放；并且身心双修，其结果毫无偏枯之病。此种法子与"顺其流而利导之"的方法，甚相契合。

本来心之本性是好流动，很灵活的。此种好动灵活之性，原属美德，譬如水性流动，功用甚大。善治水者，宜法大禹，因势利导，入江于淮，以供利用。若如鲧之治水，处处设堤筑防，阻其流通，泛滥之害，反以愈甚。

又《西游记》把心比作一个猴子，实在惟妙惟肖。玩猴子者，若把猴子硬拘囚在一个地方，不许它动，是很难作到，纵使勉强作到，也很戕贼它的天性。惟市上善弄猴的，用一个木杆，杆上设置若干玩具，使猴子上去戏玩，既能遂其好动的本性，又能施展其灵活的技能，以悦人心目，虽千变万化，纵横上下，总不离开此杆。

所以我们这以身摄心之法，使心自足至头，中间有无数着意点，任其流动，而并不离身，此与大禹治水，猴儿弄杆，同一因势利导。此种收放心之方法，其事既简易而无神秘，其效又迅速如斯响应。至各家之锁压心猿，制其活动，勉强把持，将使心如死灰，冥顽不灵，与鲧之防水，及硬把猴子囚拘在一地者，有何异乎？且我们以身摄心之法，与颜李锻炼心能之法，尤不期而合。

颜先生常谓提竦精神，使心常灵活，其解"操则存，舍则亡"两句话道："识得'出入无时'是心，操之之功始有下落，操如操舟之操，操舟之妙在舵，舵不是死操的。又如操兵、操国柄之操，操兵必要坐作进退如法，操国柄必要运转得政务。今要操心，却要把一个死寂，如何谓之操？"盖宋儒言存养之法，主要在令心中无一事，其弊为耽空守寂，戕贼心体灵活之本性。颜李令人常提起一种严肃的精神，寻事去做，使身心不至散漫无着。故谓："心有事则存，身有事则修。"又谓："学者须振萎靡，破因循，每日有过可改，有善可迁，即日新之学也。"这种身心内外一齐振起的主动哲学，实为"践形尽性，天人合一"之元始的儒家哲学不祧之宗。

所以李恕谷先生说："圣学践形以尽性，今儒堕形以明性，耳目但用于听读，耳目之用去其六七；手但用于写，手之用去其七八；足恶动作，足之用去九；静坐观心而身不喜事，身心之用亦去九。形既不践，性何由全。"我们这以身摄心之法，揆之"践形尽性，天人合一"之精神，深明吻合，故在颜李学说上，又有重大的根据，毫非杜撰臆说可比也。

第七讲

内工（功）拳之第一步基本工（功）夫。

站势——不动姿势。

凡研究任何学问，第一步为认识，第二步为下工夫。

颜习斋先生常言读书如看地图，看清道路方向，即须行走，博学、审问、慎思、明辨，乃为笃行也；若不笃行，何必学问思辨？所谓看地图及学问思辨，即认识也；开步行走及笃行，即下工夫也。

关于内工（功）拳，与外工（功）之区别，及其方法功用，前已讲明，诸生已有相当认识。今当言第一步之工（功）夫。

但在未言之先，有一语申明，青年心理，多喜奇好异。而本日所言下手工（功）夫，说来极为平常，并无新奇，但大家切不可失望。要知世界一切事理，于吾人身心有实际之利益者，原在平淡无奇之内；而一切新奇可喜者，不惟无益，或反有害。

即如食物，凡含滋养料极富，若稻粱菽黍，其味皆轻淡，而未必爽口。至于由山珍海味，佳肴美酿，足以竭口腹之欲，宴酬之乐者，其滋养品往往有限。消极上说，既无多裨益于身体，积极上每足为健康之妨害，所谓"膏脆肥脓，乃腐肠之药也"。故一般小说家与演说家为博虚荣货利，往往迎合社会之心理，利用青年之弱点，偏为离奇怪异，可喜可愕之词，说得天花乱坠，最足刺激一般人之脑筋，令人手舞足蹈，乐而忘倦，而论其于文化及生产上实际之利益与价值，则往往等于零。

余之所以重复作此题外之言者，因所讲拳术，并非江湖卖艺者，及通常体育家言可比。庄子所谓"艺也，而进乎道者也"，诸生得之，可以终身收用。然则此第一步工（功）夫为何？即站势是也。站势乃不动之姿势，诸生早已习练，但内工（功）下手工（功）夫，何故以不动姿势为基础？

因以前所言，内工（功）异于外工（功）之三特点：一为腹部呼吸，二为推力，三为动静整肃，其方法皆以不动姿势为基础。如腹部呼吸，不在气求，而由于顶头、合胸、提肛；推力不在力求，而由于关节圆曲；动静整肃，不在动静上求，而由于纵挺、横抱、中提、上顶、内外三合。故欲内工（功）三特点圆满做到，全在站好不动姿势为初步。

盖吾人平常之姿势乃昂胸、张肩、凸臀之后天姿势，与内工（功）先天姿势完全相反。欲矫正平常姿势，使复于先天姿势。换言之，就是将疏散的，变成团结的，已非顷刻所能，纵短时间能之，而长时间未必能持续，并且在静时即便能做到，若一经动作，即不能保持，所以非下锻炼的工（功）夫不可。

工（功）夫的步骤，更须本着"行远自迩，登高自卑"的原则，由易入难，由浅入深。不动姿势尚未成熟，若动作起来一定要散乱的。譬揉泥作球，甫成球型而即蹴之，必立即瓦解；曝于日光而后用之，较坚固矣；然一经风雨，仍必瓦解，须置于窑中，经火锻炼多时，然后可坚如圆石，颠扑不坏。

初学对于站势甫经明了，往往以其单简容易，忽视不练，急望出手，不知基础不稳，空中楼阁，能不倾颓？无本之水，其涸也可立而待。孟子曰："盈科而后进，不成章不达。"又曰："大匠诲人，必以规矩。"此言诚合乎科学之原理。

内工（功）拳既属于科学的精神，科学乃有一定之因果律，有一定之系统，须有一定之步趋，断不容躐等以进，尤不容悬想而得，必验诸事实，按步前进，历阶而升，不容凌越，故既属老拳师于练拳之始，亦必先站势。

余前教人，须先练站势一月，方可出手。万一感觉干燥，可以原势缓行，以资调剂。

俟站势有相当工（功）夫，出手毫不散乱，任何动作，而腹部呼吸、推力、动静整肃三特点依然完美保持；然后进而学习各种技术，所谓根本固，而枝叶自荣矣。

信仰

吾人对于一切学问，既经认识而下工夫，尤必有一种至诚信仰之心；若信仰不坚，则势必犹豫怠弛，中道而废，或作或辍，前功尽弃，徒劳无功。惟至诚信仰，方能月就月得，不问其功，虽自折千挫，亦能不屈不挠，贯彻到底。

所谓信仰者，并非宗教迷信。中庸谓："自诚明，谓之性；自明诚，谓之教；诚则明，明则诚。"意谓世间万事，人生不知者正多，苟欲灼知其理，必先发深信不疑之心，乃能精诚专一，作深刻之研究练习，以求至乎其极，而底于豁然贯通之地，此自诚而明之说也。

若先用博学、审问、慎思、明辨之功，以求其理，迨理明知致，然后笃信力行，此自明而诚之说也。

诚而明者，固始于信；明而诚者，亦始于信。先不存信仰之心，闻其说者，断不能明其义。故孔子云："民无信不立。"可见万事都由信起。

诸生对于内工（功）方法功用，既有相当认识，可谓明矣；即当继而用诚字之工（功），从此以至诚之心，固执力行，积力日久，又有新的光明发现。天下无论何事，断无垂手坐致者，必先经相当之牺牲，下相当苦功，方能有相当效果。

譬之若无耕耘，断无收获。且耕耘之功力愈大者，其收获亦愈大；耕耘之工（功）夫小者，其收获亦愈啬。盖成功愈大者，其阻力亦愈大；必经过长期之时间，与多量之精力，方能打破难关，排除阻力，以达到目的地也。若欲速见小，则阻力既丝毫未经排除，又安能有成功之希望？此不动姿势，所以须至诚练习，笃信力行，而不可怠也。

第八讲

内工（功）拳第二步工（功）夫。
运动根本要点：

一、不使劲

关于第一步基本工（功）夫——不动姿势之重要，前已讲明。今将进而言第二步工（功）夫——运动。但运动亦有一先决条件最关紧要，此先决条件不具备，则一切运动皆将失其功效。惟此种先决条件，道破亦极平常，并不新奇，即不用力、不使劲是也。

通常出手打拳，用力惟恐不足，使劲惟恐不猛。余今言运动之先决条件，竟禁止用力，禁止使劲，纯任自然，诸生遽聆此言，必同为诧异。不知内工（功）拳术，无论动静，以先保持先天姿势为基础，先天姿势若散乱不整，运动起来，无论如何五花八门，不亚生龙活虎，而与内工（功）拳之基本精神完全违背。盖用力使劲者，在外工（功）拳术，为动静之要素；而在内工（功）拳术，则为破坏先天姿势之唯一大敌也。

盖内工（功）拳先天姿势之三特点：一曰腹部呼吸，二曰推力流畅，三曰动静整肃——皆建筑于先天自然姿势之上。倘用力、使劲，则三者之功用均无由呈现，必化为乌有矣。试依次分述之。

（一）腹部呼吸之不可用力——使劲

腹部呼吸之伟大功用，在呼吸器官稳定，呼吸路线深长，免去气息喘促之大病。而用力——使劲，则呼吸器官必致摇动，气息喘促，万难避免，此乃生理上一定之因果。且腹部呼吸之方法，不在气求，全在顶头、合胸、提肛等姿势之保持。

而用力——使劲，在初步基础未固之时，则上项姿势必被牵动而改变矣。

（二）推力之不可用力——使劲

推力之大本营在腰腹，其劲系由内向外节节推出，所谓由腰腹推肩胯，由肩胯推肘膝，由肘膝推手足。

其产生之方法，亦不在力求，惟在关节圆曲，兼无外力之阻碍；若用力——使劲，则关节之屈伸过度，势必不能保持圆曲，而推力无由流畅。

且肢体伸缩之力，乃是弹力，不是推力；乃是外力，不是内力。依物理学说，在同一时空之内，不能并存两种物体，若后天之外力过重，先天之内力必被其影响，而难于推出也。

（三）动静整肃之不可用力——使劲

动静整肃之方法，为纵挺、横抱、中提、上顶、内外三合，而其实施之原则，全在各处力量均衡，无所偏重。若手足单独用力——使劲，则均衡之势为畸形发展所破，乃成外工（功）之局部运动，与内工（功）正成反比矣。

由是而谈，则不用力、不使劲，为动静之先决条件，彰彰明矣。故余尝谓内工（功）动时，有两特征：一曰拳无拳。虽说是出手打拳，乃系全身出动，手不过全身之一员，随其全体之出动，故如无拳正习斋之所谓千万人中，不见有我也。

二曰脚无声。谓虽开步，举趾进退，而因势乘使，并不特别着重，故无脚声之发扬也。但此须牢牢坚记，所谓不用力，乃是不用外力（弹力、局部力），并非不用内力（推力、整力），因为内力与外力，截然为二。而且用外力，实在妨害内力的发展。此两种特征，皆不用外力，不使外劲之结果，并无别种神奇妙诀，存于其间也。

盖内工（功）这不用力，纯为积极的，而非消极的，只是叫人把外力占据的地位让出来，好使内力流畅出来。盖内工（功）之推力，纯是自然之内力，欲其流出，首必排除矫强制造的外力，外力如不排除，则内力不能产生。如修饰新房，必先洒扫清除，举旧有之破纸废物，廓清一空。

在表面上看来，不用力、不使劲，不过为保持先天姿势之完整，乃属消极之作用，似无重大之价值。实则世间任何事物，其积极上之功效，均以消极的为基础。孟子曰："人有不为也，而后可以有为。"又曰："养心莫善于寡欲。"换言之，凡在消极上不能无为，即断不能在积极上大有作为；在消极上不能寡欲，在积极上，即不能达其养生之目的。如上述收拾新房，如不清除废物，则新制器皿何能搬入陈设？

尝观贪官污吏劣绅土棍，及一般腐化青年，并非无发愤努力之心、上达进取之志，无奈满身嗜好，所有精神时间，尽消磨于声色物欲之内，实无余力以求上进也。盖人之精力时间，原属有限，消极上能节省一分，积极上即增加一分；消极上多耗费一分，积极上即减少一分。诸生试思，倘在通都大邑，朝夕驰驱于繁华靡丽，金歌翠舞之场，目眩神昏，精疲力竭；又安能研习切实高深之学问，砥砺贞固之人格，锻炼强健之体格，充实活泼之精神也？

故本校校训为"忠实纯洁，自强不息"，其中"纯洁"二字，乃自强之基础，亦消极为积极之母也，关系极重，诸生须特别注意为要！

二、紧张胸腹

以上所述为不用力、不使劲，此在拳术上，实一大革命，要亦实验之谈，非杜撰也。

历来一般自号为内家拳者，除太极纯用柔软、八卦用走转外，若形都是先打明劲，后打暗劲。所谓明劲，即用手足之力，惟恐不猛也。若辈常谓，须先打明劲三五年，方可打暗劲。他们所谓明劲、暗劲，就是外力、内力的意思。

我主张下手即不用力使劲，乃超越一级，直打暗劲，实节省无限精力时间，比较直接简易。前人往往有打明劲三五年，精疲力竭，而仍不得所谓暗劲之门者，不知冤枉下几多辛苦，何等可叹。我纯由实验中所创获，在拳术上，实另关一新门径。惟所谓不用力、不使劲，形似消极的，实属积极的，只是叫人把外力占据的地位让出，好使内力流畅出来，此在不使劲中已反复言之矣。

然则内力发动之要诀，果安在乎？曰：全在腰腹紧张。形意出手，纯用内力，而内力之大本营，全在腰腹。故第一步，须排去外力；第二步，须紧张胸腹。所谓紧张者，是使中枢稳固灵活的意思，正是疏松滞呆的反面。譬之行车，手足关节为交通纲，腰腹为策源地，欲前方与后方联络一气，非交通设备完善，同时此等机关，又不被外人占用，方能彻底发挥其功用。

前言不用力、不使劲，就是排去外力之障碍，使关节圆曲，推力流畅，即所以使交通完善灵通。但交通机关纵如何完善灵通，而策源地之组织松懈，人员萎靡不振、麻木不仁，前方纵需要孔急，而后方无力应付，则交通功用，仍化为乌有。然则手足纵不用力、不使劲，关节纵如何圆曲，若腰腹疏松，则中枢不稳固、不灵活，内力亦无由发出矣。

如此说来，紧张腰腹是很紧要的。但腰腹紧张之方法又安在呢？曰：扼要之法，端在提肛。如提肛不善，则绷腹无由紧张，即内力无由推出。若打绷拳，尤易表现。打绷拳时，若不善提肛，则前进甚感困难。如善于提肛，站好姿势，一出手开步，即有不能自己之势，轻便敏捷，历多时而毫不感觉疲乏。

尝观天津公安局消防队一般队员，举关刀之力愈大者，行步往往迟钝艰难。是皆由将全身力量，分作两截，一集胸部，一集臀部，前俯后仰，一挽一留，互相牵制龃龉，故行动极苦也。

又尝相马，凡屁股上翻者，多系劣马，走路甚缓，但颠跛不平。凡屁股内敛，俗名流水屁股者，多系良骥。

我再举一通俗的例子。我们于乘坐人力车时，观车夫臀部瘦小而内敛者，必轻快异常；臀部肥大而突出者，跑起来左扭右摆，甚缓慢也。我前不明其故，自练形意数年以来，始悟其一不能提肛，全身力量分成两截，前后互牵；一能提肛，全身重心适中，整个一体。故形意，如不会提肛，全身动作，不由腰腹指使，则一切动作，均失其功效，毫无价值。

但提肛一事，普通善之其少。即我自民国五年开始习拳，由民国十八年在沈阳北大营开始练习形意，直至民国二十三年，方会提肛之真义。以前数年，每打绷拳片时，即感疲倦。民国二十三年后，提肛功成，即连打百次以上，亦无半点倦意，但如鱼游水，畅快异常，所谓手无拳，脚无声，身如圆珠，整个一体，前进如矢，是多半由于提肛娴熟之故也。

但因两肘不离肋，两拳不离心，应用练体，均收其效。盖肘不离肋，拳不离心，正面封守严密，两肘有如火车之拐轴，籍其压力抽力，旋力攒力，可进可破。苟习之日久，得之于心，应之于手，临机应斗，确有其意外之收获也。这一点我由实验所得，其自然之力，实称可贵。

三、挺膝

在运动中，当一步一趋、屡进屡退时，身体姿势，最易忽高忽低、忽起忽伏，而全身之整肃及呼吸路线，为之摇撼阻滞。其原由于人身关节，在纵的方面，以膝盖于下部，受身体的压迫牵动甚大，最易紧松张弛，一遇急剧跄跟，更易屈伸不定。

如打掤拳时，臂应如箭，进行起来，头顶与地面成并行线。而一般初学或老拳家，往往呈现波浪状态，即因膝部关节松紧无定也。若打龙形、猴形、燕形等拳，姿势有高低起伏，更须注意挺膝，在急剧行进间，仍能维持不变也。

四、挺腰

运动起来，当身体前后易位，向左右转时，胃与胯最容易不合。或肩转而胯未转，或胯过而肩未过，亦足使整肃姿势及呼吸路线为之破坏。其原由于人身关节在横的方面，而腰适为其中间枢纽，当肩胯向左右转时，全恃腰部居中，作一致的连合。一般初学或老拳家，当换掌，往往因向左右转时用力过度，肩胯不应，以致气阻不顺，顿生疾病者，是皆因不明挺腰，腰随肩转，倾斜偏重之故。

故当左右转时，须注意挺腰，使上半身肩胯紧结联络，随势相合，而整肃姿势与呼吸路线随时可以保持矣。至习形意而腰疼、胸闷、气逆者，多不明挺腰之故，且打炮拳、横拳为尤甚，须注意及之。

五、挺颈

当身体向左右转时，头部亦容易牵动倾斜，与胸部失其联络，趋于一偏，亦足破坏整肃姿势及呼吸路线。

故一般初学或老拳家，须特别招顾挺颈，使头与胸联络一体，呼吸畅达，自无喘促之病矣。所谓"人无头不走，鸟无头不飞"，头为领袖是也。

六、磨

当两足向前进行时最易分散，失其联络。故初学或老拳家举步前进，但求形势美观，或拳脚有劲，往往两腿向左右自由开张，成为杂拳、花拳之局部运动，失其整肃，而所谓由脐推膝、由膝推足之推力亦失。

如欲保持整肃与推力，有一实验良法，名曰磨劲。即当行进之时，当令后腿胫与前腿胫密切贴近，势如磨荡。即开步时，形式分离，而其内胫仍相贴切，站在一条线上，无使丝毫离异，如此两相膝靠，腿与胯常相联络，任如何快脚趋走，而整肃与推力亦能保持不变也。

七、擦

当两拳出动时，两臂最易开张分敬，而使整肃不能保持。且因两臂自由开张，两拳容易用力使劲，形成两手之局部运动，肘腕关节难保圆曲（沉肩、坠肘、塌腕），使推力为之阻滞。维持之法，名曰"擦肋"，亦是由实验得来。即令两肘贴切两肋，出拳收拳，两肘与两肋，互相摩擦，如此两肘贴切，两臂自不左右开张，而整肃与推力均可保持。

我近几因练形意，尤好打掤拳。因擦肋之故，衬衣两腋两肘常擦穿成孔。经验既久，灼知欲拳无拳，多靠擦肋；欲脚无声，多靠磨胫，进可以攻，退可以守，体用兼收，并非理想，乃由实验得来。

在应用时，更有八字诀，曰："手不离心，肘不离肋。"其意以为必能封守而后能战，与兵家之旨吻合，孙子曰："先为不可胜，以待敌之可胜。"盖两拳当交手时，两肘不离肋，两拳不离心，可想象其上中部封守之严密矣。

如西洋拳交手时，两拳在胸肩前，左（右）拳在前，右（左）拳在后，不断上下交错，亦严密封守之意。如击之以拳，未着其身，即被其上下交错之拳破出矣。故后方防御工事须异常巩固；兵力集中后方，并不全集前方，使敌人来攻，愈进愈厚，深入则陷于重围。

肘不离肋，手不离心，则易致胜。盖肘不离肋，敌攻我上部，我肘擦肋收回，腕及小臂上抽（即抽挂意），左臂收回，右臂推出，可防可攻。

敌攻我中部，我肘擦肋收回，腕及小臂下压（即压拉意），右臂收回，左臂推出，可进可破。左右逢源，临机应变，因时宜致，要视敌势为之转移，不可拘守成章。手不离心（胸腹之间，约一尺之圆径。如遇袭击面部时，则利用左右臂上抽，即以向上、向后抽挂之力破出其拳。如系左拳抽，右拳即推；右拳抽，左拳推），利用两小臂两腕抽压攒旋，左收右出，左收自然之力，再赴之以整肃之推力，封守严密，进攻容易，则敌人无可乘之隙矣。

我现在教授本校学生，即本此法。首练静势，次练动势，再本各要领行之。虽日期很浅，而收效甚宏也。

中华民国二十四年《山西国术体育旬刊》"温故探新"连载

第三卷

形意拳之历史源流

第1部分　形意拳溯源
——高降衡《形意拳基本行功秘法》

形意拳，相传为宋人周侗所发明，得其传者，仅岳武穆一人。武穆名飞，字鹏举，河南洛阳人。父早亡，事母至孝，少负节气，足智多谋。自得周翁拳法，便殷勤行持。

陕西牛皋闻名往访，至则周翁已死，遂与武穆为莫逆交，尽得斯拳之奥妙。后金兵侵宋，武穆等大破之，于是威震遐迩。世常言："撼山易，而撼岳家军难。"可见其武功为如何矣！

惜乎金元数代，鲜究斯技，以至几失流传。降及明末清初，蒲州姬隆风访师终南，得《武穆拳谱》，归而依法精练，斯拳乃得重兴。后传曹继武。

继武苦学十二载，功方成。康熙癸酉科联甲三元，钦命为陕西大靖远总镇都督。后告老归籍，传河南马学礼。

学礼与戴龙邦交素笃（龙邦，祁县小韩村人），善技击，广交游，时开广盛店于河南十家店，故以《武穆拳谱》授之，时乾隆末年也。

迨道光十八年，龙邦子文量（大闾）、文薰（二闾）及妻侄郭维汉，皆至十家店帮龙邦执旅店业，兼讲学武艺（俗传李政曾为三人之教师）。

道光二十一年间，有陕西牛希贤者来店就食。贤固牛之后裔，而精通斯拳者也。闻龙邦好友尚义，故来访究竟，而人不知也。后以贤之举动异于常人，卒为龙邦所发觉，贤被诘无奈，乃俱道所以。文量、文薰、郭威汉三人，自此遂以师礼事之。

某夕，雷声叠作，大雨倾盆，贤忽仰天而叹，良久不语。时文量等侍于侧，怪而问之。贤曰："余潦倒半生，家屋残败，值此大雨，想已倾圮矣，故不乐。"文量等交相劝慰，并杂以他言，后亦渐安。过数日天晴，文量等达龙邦之同意，暗差店伙携款入陕，代贤大兴土木，历一载有半，厦方成。

隔数年，贤思归，龙邦父子留之不听。及还其庄，见屋已变，心怪之，而不敢遽入。询诸邻人，始知颠末，于是大为感动。居有间，复至广盛店，尽传其所知。

厥后李洛能，慕技往访，至则希贤已就木矣。文量等以其远道访师，行端情诚，遂与之相友善；于是四人日究斯技，行功弗辍。

咸丰间，捻匪作乱，清帝派兵征伐，匪之就擒，四人与有功焉。尤以文薰为最，故匪平之后，敕赐黄褂以表其功。

光绪初，文量等以年老归里，戴五昌、戴梁栋、朱氏、温老六、贾大俊等因得其传。余事贾翁有年，聆其述传如此。

第2部分　心一拳术源流谱
——《心一拳术》

启教先师氏姬凤名，乃明名孝廉，系陕西西安府人。其兄龙名，乃名宦。

姬先师因读书古寺，见雄鸡相争，奋力激斗，与动物真形，原其良知良能，遂悟其理，而作拳，名曰"心一"。

凡习心一者，呼气法即为心气；曰一者，须其心专一，纯然无二，始可奏升堂入室之效。《大禹谟》云："惟精惟一。"惟其心一者，乃能精耳。盖心之所至，则全身之精神亦必随而赴之。苟其心一，用于手，则气力必贯注于手；苟其心一，用于足，则气力必奔赴于足，故天君泰然，百体从令。若反乎此者，心即放逸，复杂无定，则出入无时，莫知其乡矣！虽曰从事于学，亦岂能有所得乎？吾门拳术之命名，即此理也已。

厥后数传至刘先师，名遇泰，系汝宁府汝州郊县人。曾游学于陕西十载，复自锻炼数十年，凡上中下三盘之拳，无不精妙神明，故名震遐迩。闻师言，刘先师因练鸡胸腿，往来后院中，地成深轨云。

吾师马建章，系河南南阳新野县人。幼嗜拳术，曾习字门无心得，遂弃之。后耳刘先师之名，就其家而学焉，凡六阅寒暑。后此朝夕勤练，终其身未尝稍休。

尝游湖、广、苏、杭、皖、宁等省。前清咸丰间，官文督鄂时，聘师为防营教练，官募齐鲁燕秦之壮士八百余人，师擢第一，人皆称曰"马八百"，以劳绩保五品衔。

有文瑞者，受业于吾师有年，后为随州总兵。因援杭请吾师教练，至杭被李秀成围困三月，绝后援，且饥不得食。城陷，瑞死之，师亦陷入李之营中，为其医马，月余脱出。自此遂漫游湖广数十年，教授弟子亦不下数千人。泰慧受业时，师年已七十八矣。留舍三年，因患痢而亡，年八十有二。

吾师身魁梧，性义侠，深于养气、练气，故技艺超迈，勇健异常，为拳术中出类拔萃者矣。

生于清嘉庆辛未十六年正月首日巳时，没于光绪十五年己丑七月二十五日辰时，葬于慧之宅北罗镜山下，其地在荆门城南六十里之赵家庙东二里，而强勒有碑文以志不朽焉。

时民国七年岁在戊午春三月
荆门后学德谦李泰慧谨识于商业专门学校

第3部分　积健社形意拳师承记
——宝显廷《形意拳谱》正续编

形意拳之鼻祖，姬公隆丰也。远溯姬公以前，代远年湮，传说匪壹，俱无文献足徵，未敢据为信史。惟自姬公以来，年代未远，承学斯术者，于其前辈之姓氏里居及授受之系，类能确凿言之。递相传述，以其远绍而无据，易陷于诬罔，宁断自姬公，世系昭然，确实可信。今述师承，所以戴姬公为初祖也。

姬公，讳际可，隆丰其号也。为山西蒲州人。约生于明末，没于清初，其年月未详。公性豪迈好武，初精大枪术，名重一时。复自念言吾术不能以徒手胜，虽工犹有憾，乃遍游名胜，物色英杰。

至终南山，遇一方外士，出岳武穆所著拳谱授之，并示以进修之略。其谱所诠，即形意拳也。拳以形意名者，其攻守进退之式，大都取象鸟兽龙蛇诸物之形，并师其巧捷优胜之意，故曰形意。守象熊势，攻象鹰势，即其例也。

公受书后，练习揣摩，不遗余力，一旦豁然契悟，明中节之奥，达四梢之微，内功外形，自然连贯。始知前此授人者，乃根节、梢节之术，皆肤浅末技耳。于是精进愈力，造诣并深，复本形意之旨，发明鸾刀、大刀、大枪、软鞭等器械之术，为吾国武艺辟一上乘法门，鳏此姬公形意之名，乃遍播于国中，且盛传于后世矣。当时门墙之盛，更可想见，但能得公神髓，继往开来，至今遗绪尚存不坠者，惟马学礼、曹继武两公而已。

马为河南人，世称传其学者为河南系；曹为显宦，以其技传之戴龙邦。戴为山西人，世称承其学者为山西系。迄今传公之形意者，非河南系即山西系，余则无闻焉。故两公之于形意，亦百世不迁之宗也。

马公，讳学礼，为河南省河南府人。性英敏，工技击，慕姬公形意之术，恐其珍秘，不轻授人，乃侨装为佣，投役于姬公之家，窥探秘奥，潜自研习三年，得尽其学。将辞去，乃以实告，姬公嘉其志行，罄以平生所得授之。

公归河南，赞者盈门，公出所学，启发后进，成就甚伙，为一系开派之祖。公之弟子，造诣极深，堪称巨子者有二人焉，即张志诚、马三元是也。但马不幸早死，传公之学者，惟张一人而已。

张公，讳志诚，河南南阳府人。与河南府马三元同师马公学礼，于中节之术，俱臻阃奥，为马公入室弟子。

但三元性刚好勇，远近拳师与之角技，被其击毙拳下者，不下数十人。后得精神病，误杌为人，竟触杌惨死，其术未得传人。故传马公衣钵者，仅公一人而已。

公极重品谊，门墙高峻，苟非其人，入门不易，以故公之弟子得窥堂奥者，惟其甥李政已耳。

李公，讳政，河南鲁山县人。张公志诚，公之舅氏也。幼得受业其家，淳谨力学，孟晋无伦，张公诩为宅相，钟爱逾恒，尽以其艺授公。

公得传后，益自克励，营一驮帮业，自为首领。北地之驮帮业，名为运输，实则护商之标（镖）行也。公每日以骡马为伍，骡马前行，公则以鸡形步追之，追及复以鸡形步反走，迨距离稍远，复追之，如是反复往来，须骡马休息而后已。公治学之坚苦，即此可见一斑。

公初习明劲，推手能断碑碣。厥后，化刚为柔，技艺遂臻神境。公之晚年，河北有富翁水姓者，酷嗜形意拳，生四子，曾延数师教之。后慕公名，不远千里，聘至其家。

其故师某，见公体貌清癯而年又耄，颇轻易之。谓水翁曰："李某虽负虚名，觇其壮，貌不似有本领者，以之为师，徒误诸公子耳！"翁曰："已延至，将奈何。"师曰："甚易！甚易！长公子孔武有力，技亦不恶，使之佯为奉茶，乘其接入，猝不及防，顺势骤击，必可中伤。欲为人师而先败人拳下，能不引愧自去乎？"翁子果如师言，甫欲击公，公用火烧身式喝以雷声，翁子乃跌出丈余外，茶在公手涓滴未溢。公复坐，从容而啜，若无事然。水翁及其师皆惊悸无人色。阴询其子曰："汝击彼，彼仅一喝，何以遂跌出耶？"曰："此老身手，似皆有眼；吾手甫动，彼忽抖擞一喝，状若霹雳之触，吾头顿失知觉，吾亦不知如何被跌也。"师某咋舌而叹曰："此老雷声之效，至于此极，是真神乎其技者矣！"乃相率谢过，公鄙其心术，不屑教诲，竟辞去。后以其术，传其故友张聚。

张公，讳聚，河南鲁山人。素营斋馆业，与李公政善。李每周过其门，必邀之至馆内，殷懃款洽，李公见公诚挚，亦常喜与清谈。过从十余年，公敬之不少杀一日。李公谓公曰："吾术为内家上乘法，平生未尝轻易授人，今以授予，子其好自修习，他日择可教者教一二人，否则宁自秘之不传也可。"

公学成，传其子，小字老格儿。年十五，即大成，河南教师败死其拳下者不胜枚举，至今河南周口武术家犹喜谈其轶事，惜仅弱冠不幸夭死。公后视其表侄买壮图诚笃可教，遂尽以其术授之。

买公，讳壮图，河南鲁山人。张公聚为其表叔，因得受业于门。公治学勤敏，与老格儿相若，而醇谨过之。老格儿早夭，公遂为唯一之传法者。

公得传后，精进不已，其家距某集约数里许，往来频数，辄以鸡形步行之。乡人有见而讥笑者，竟置不顾，如是数年，全学成而后已。厥后艺臻化境，有与较技者，辄被跌于丈余外，公能以快步扶之不使倒地，其巧捷已可想见。于是名震四方，人咸尊之曰"买师父"，而不名。

公初为皮货商，学成仍隐旧业，常往来鲁山、舟口间，故此两地迄今尤有传其术者。公之门徒甚盛，艺臻阃奥者，亦不乏人。长安安大庆，尤为入室之高足云。

安公，讳大庆，字善卿，陕西长安人，伊斯兰教之阿衡（编者注：应为"阿訇"）也。初与买公壮图为友，因重其技，乃晋而师事之。买公亦信仰回教者，以武术论，买公为师，公其弟子也；以宗教论，公为主教，买公则教徒也。以此关系，凡公有所请益，买公无不循循善诱，互相崇敬，公亦不能不兢兢自励。所以买公之门，咸推公为巨子也。

公固以形意擅长，为河南系之嫡子，但于别派技术亦尝有所研习。公为宗教导师，游历甚广，凡足迹所至之地，如陕豫川鄂，皆有从公学艺之徒。惟所请业，大都属意别派技术，鲜有专攻形意者。盖形意拳为内家上乘，其式甚简，其法甚精；式简则不入俗，法精则不易习。以不入俗，故愿学者寡；以不易习，故学成者稀。所以公之弟子虽伙，业形意者不过数人。而能继公之后传，河南之学者，迄今则仅宝师显廷一人而已。

宝师，名鼎，字显廷，陕西长安人。幼善读，颖悟异常。及长，任侠好武，不喜章句帖括之学。乃弃儒习射，小试遂冠，军列武库，人咸器之。师以武科取士，专重弓马刀石，殊属无谓，复弃举子业，专攻武术，遍访南北名家，执贽请业。

师于武术，特具天才，教者每授一艺，祇（只）一二徧（遍），便得要领，令其试演，形式毕肖。但师任操何技，非至十分纯熟，决不轻于另易。为之师者，见其性敏而学力，莫不乐为教授。

师肆力武术，踰十余稔，未尝少间。先后师事者十余人，友而师者又若干人，所精拳术器械，约二十余种，五十余目，内功十三段亦竟全功。社友黎咸章君，作有"宝显廷先生国技师承表"，其载另文，兹不赘述。

于是声名大噪，延聘教授者趾踵相接，几有应接不暇之势。实至名归，亦殊足以自豪矣！然师向上之志弥笃，并不以此为足，复执贽安公善卿，学形意拳。师此时于形意门之技术已有成就，其拳术如炮拳、四把拳之类，其器械如鸾刀、大刀、大枪、软鞭等，皆已练习至精。且其师资如河南鲁山之三大马父子、陕西河北李四官夫及其高足许升诸先生，皆形意门河南系之佼佼杰出者，师皆亲炙甚久，已被许为入室弟子矣。

师以安公为买公壮图之高足，河南系之嫡子，形意拳之专家，因进而师之，以蕲登峰造极也。安公素性刚厉，落落难合，师事之甚谨，曲尽请益之志；且搁置他技，积力精进，以求一门深入。安公见师品端学勤、奉教惟谨，自谓已得传人，乃以所得买公者，全以授师。师步趋两载有余，直庚子之变，清廷禁习拳术，不得已，始辞安公，潜自修习。自此遂专习形意及内功，旧时所学各种艺术，虽亦间尝修习，要不如练习形意及内功，自始至今，未尝一日或间，其造诣之深，自可想见。故安公入室之弟子，咸推师为巨擘也。

师自卒业于安公，声誉愈隆，知者交相荐擢，师亦欲为世用，遂投身军籍，历任连长、营长、队长等职，惜际遇坎壈，位不称材，未获大展厥能也。师虽置身仕途，于其所学技术，未尝因之荒废。

民国纪元后，连年驻防川北，后复转职川北镇署，常川驻潼。此时从学甚众，文武学校，亦竞相延聘。以故之弟子，虽不尽为川北人，而以受业于川北者为最盛。

嗣有二三故旧，请师扩大教坛，以开川北风气，师乃慨然允诺，于民国十年挈办积健武术社，一力担任教授，凡入社肄业者，慨免修金，川北之有武术团体，自此社始。自成立至今，先后社员达五百人以上。惟社员以军政界人为多，往往成就一技一艺，即以更调他去，以故此往彼来，更迭不常，但每日入社学习者，至少亦四五十人以上。

师每日鸡初鸣即起，盥漱毕，诵古兰经，复次练习内功，复次练习形意门之技术。黎明乃入社指导学习者，数十人中有学内功者，有学拳术者，有学各种器械者，师乃一一就其所学，口授手喻，必使其领解而后已。课毕，始退食入署办公。公余之暇，或于社，或于家，仍课男女生徒如故，至夜分九时，始休息就寝。每日如是，以为常课。本社成立迄今十年，除去岁师曾一次旅行外，虽寒暑风雨，未尝少闲，洵十年如一日也。

师平生无他好，惟于武术嗜之甚笃。今已年近古稀，不啻热忱教授，而犹笃于自修，洵为孔子所谓"学不厌，教不倦"者也。师不仅武术精博，足为后学师范，其品谊之高洁，识见之卓越，遇人之慈祥，恺悌举足，为人矜式，以非区区数言所能罄，他日当以另文表之。

师于武术，不持门户之见。尝云："南北各派，虽法式不同，而皆各极其妙，万勿以皮相之见，轻易轩轾。"师含精咀华，自刱一拳，名曰"南北合"（师自刱技术，尚有多种，拳术如"武术启蒙"，器械如"混元棍、大刀进枪、双刀进枪"等），即此可见其意。

师学武术之序，始而泛习诸家，撷取众长；继则由博返约，专攻形意及内功，故形意内功，尤为师众长中之特长也。

师于古代军人，极钦崇武穆，故其技术，亦以服膺武穆为最深。人咸知形意门之技术，渊源于武穆，而不知师之内功，即武穆易筋经之法（闻师曾得一古本《易筋经》，与其内功全同，此书后为友人借观佚失，惜哉！），不过书所记者糟粕，师所得者薪传也。

本社同人，前数年请业于师，多属别派技术，近年学形意及内功者，渐不乏人。如社友黎咸章君，于"内功十三段"已竟全功，现正研习形意；其余学斯二者，亦正努力精进，将来成就如何，此时尚未可量。维师热忱提倡国技于此上乘法门，尤以发扬光大，期勉后学；但少室衣钵，尚俟能者授之。记者年事少长，所谓虽不能至，而心焉向往，愿与同人共勉之。

此篇所记，惟以积健社直承之历代先师为限，其余形意门之古德尊宿，慨未列入。盖此派传播甚盛，代有俊杰，若为泛述，自觉所知有限，又苦文献不足，诚恐罣一漏百，贻笑方家。故虽心焉向往，而亦未敢轻于试尝也。

记者酷嗜此术，又为积健社社员，仅于斯道直承先师及其授受之略，闲尝闻问于师者，拉杂记之，以备一己之记忆，免贻数典忘祖之讥已耳！

本社同人，不以疎略见斥，复请于师，强以此篇，附于拳谱之末，欲俾后之学者，知斯道渊源所自云。尚冀此中先觉，匡我不逮，俾前辈之幽光，益愈发扬，斯又不啻末学之幸也已。

记者　蓝楸昭谨识

第4部分　行意拳之历史
——刘纬祥《国术讲义·行意拳谱》

拳术创始于达摩老祖，达摩乃印度僧人，梁武帝迎于金陵，与谈佛理。后渡江至魏，止于嵩山少林寺（在河南），面壁九年而坐化。

当达摩与弟子说法之日，以为欲超凡入圣，达到乐国，非有健全之体躯不可。有健全之身体，乃有充足之精神，庶不为思虑所困，病魔所侵，则心机灵动，襟怀阔朗，一切事物皆无所喜，无所怒，无所忧，无所惧矣。自能心性清澄，万法皆空，遨游天地，逍遥物外，此所谓不为世俗所沉溺也。故创《易筋》《洗髓》二经，演出"八段锦"、拳法以教弟子，为健身之术。不过当时，其意义虽深，而方法甚简。

迨后习之玩久，学者日众，演变蜕化拳法愈繁而拳套愈多，程度不同，而门派遂分。故吾以为，拳术无论怎样的程度，要之无非强健身体，充实精神的旨趣，盖同源也。

行意拳为岳飞所创。岳圣武穆，宋之汤阴人，颇精拳法，为当时之名将。数破金兵，且善以少击众，质既以破金之原因，盖常以拳法教士卒，且将拳法应用战阵，故能知己知彼、百战百胜。

武穆本朴素名师，而精通拳法，且天资卓越，又能融会贯通，故以枪为拳，立法以教将佐；更以枪为拳，立法以传后人。以人为战阵之缩影，将行军之奥义，悉纳于拳法之中。故曰："打拳即行兵，五营四梢要聚齐合一。"后来皆遵守"以枪为拳，见着便使"，及"打拳即行兵"之遗教，而递相授受，以至今日。

彼五拳、十二形，当拳使亦可，当枪使也可。譬如崩拳，一拳之打出，既合乎拳法，又合乎枪法，枪拳合一。且不拿枪时当使拳，而拿枪时仍当枪使，而成为崩枪矣。以后武穆遇害，其弟子警惶惶，遂散布天下，深山久隐，各遂不彰。故宋以后之行意拳师，皆不欲以真名问世，年代久远，系统不可稽考。

明末清初，姬公讳际可，得行意拳拳法于异人。姬公字隆丰，蒲东诸冯（今山西蒲县以东）人氏，家富有，喜拳术，游历天下，冀访名师，了无所得。

后至终南山，见山腰一庙，时岁六月，天气酷热，遂持笠上山，视之为岳圣庙。入庙休息，忽睡去，醒来见神像手中持一书册，页页飞舞，视之乃《岳飞行意拳谱》，如获至宝，叩谢而别，持归研习，十二年艺成。

然谱书所载，皆五拳、十二形等之精义，姬公即按义演拳，发明变化之迹，而穷奥妙之源。行意拳所以能流传至于今天，皆姬先生之功也。吾人之所谓行意拳不讲拳套、本无拳套，盖姬公所传之拳法，皆从谱书上之精义演成，厥后递相传授，代有发明，故行意拳既有固定之拳法，又有奥妙之拳法。

后姬公传之于陕西靖远镇大都督曹继武（康熙癸酉科联捷三元）。初姬公闻名诸冯，闭户锻炼，不令人观看，人目之为神拳。时曹继武在陕西省开有镖局，凡镖车之自山西回至陕西者，皆过此店。保镖者闻神拳之名，言之曹继武先生。曹继武先生即特亲押镖车，诣姬公店所，固请一见。曹继武乃惊喜曰："此非神拳，特其功夫深邃，已练至化境矣。"而遂迎姬公至陕西，而拜于门下。

后曹继武传之于姬寿，姬传于山西太谷戴隆邦，戴隆邦传于深州李能然。李能然传之于深州郭云深、刘奇兰、太谷宋世荣、车永宏、保定白西园、河北祁州张树德、深州李太和、河间刘晓兰。

白西园传之于北京齐德元。

刘奇兰传之于深州李存义、耿继善、张振标、饶阳周明泰、河间张占魁及其子刘殿琛。

郭云深传之于饶阳田静杰、定州许占鳌、完县李奎元、大名李玉山、清苑李静斋、易州张品斋、冀州陈凤高、河间刘纬祥。

按行意拳，昔皆系单传，皆不轻易传人，可见古人传授之慎重。故曰："六合自古无双传，多少玄妙在其间；设若妄传无义子，招灾惹祸损寿年。"直至李洛能以下，所传授之弟子，乃渐众多。

李洛能先生，讳飞羽，字能然，人称先生洛能、老能、老农。本河北深州人，少通拳术，以家贫赴山西太谷，在祁县开菜园以糊口。每令其佣者送菜至某富家，富家聘一塾师，日率其弟子，于课余，习拳于广院。佣者送菜时，辄得见之，便告知洛能先生。洛能固喜拳术者，曰："再送菜时，我当亲往。"翌日，担菜去，果见塾师督率习拳，洛能将近，乃停足院旁，凝神观看，如是已非一日。塾师因语曰："视尔形色，莫非通达此拳术乎？"洛能唯唯。塾师曰："尔观余等所练习之拳何为？"洛能曰："颇有进行。"塾师笑曰："尔既知此种拳有进行，尔之拳术程度一定不错，可前来一试。"洛能连曰："不敢。"塾师曰："无碍。"洛能遂以拳进击，塾师未起，一伸掌，而洛能身已在一丈之外，不觉得愕然，服塾师之神。

身后常以菜馈塾师。塾师曰："为何做出此？"洛能：："余别无他物以敬先生，不过藉此区区者，以敬先生，聊表微意耳。"塾师嘉其诚恳，乃曰："尔喜行意拳乎？"洛能下拜曰："余实欲习此，先生收我作弟子可乎？"塾师曰："不可，余食人之禄，教人之子，安敢收尔；但尔诚恳，殊可不教？尔即持余书，往投表兄戴隆邦先生可也。"

洛能既拜于戴隆邦门下，二年间，只学得一趟劈拳、半趟连环。虽所学的少，但勤加习练、不稍懈怠。

某岁，值隆邦之母八十寿辰，凡隆邦之弟子，前往拜寿者，皆集于寿堂，各练其平日之所学。洛能亦练一趟劈拳及半趟连环拳而退。隆邦之母，素晓拳术，对行意拳之奥义了如指掌。问洛能曰："尔因何连环只练半趟？"洛能答曰："只学此拳，已练二年矣。"及晚，母谓隆邦曰："李飞羽，颇忠厚，并勤学，练二年之久，竟进步神速。不过尔所教者太少，彼若无恒，早必中止矣。彼既用心去学，何不用心指授，速将拳法授之，否则行意拳恐失传矣。"戴隆邦受严母命，将己心得悉授之洛能先生。洛能先生更精心锻炼，十年而艺成，拳法"吸滑莫测，奥妙无穷"，因之名闻遐迩，时人称先生曰"神拳李洛能"。

初郭云深先访友至西陵，从孙亭立学"八极拳"及"猴拳"。孙亭立先生为沧州刘店庄人，于八极拳极有根底，并善梨花大枪，常谓郭云深先生曰："以后见着练半步拳者，提心防他。"盖半步拳，即行意拳也。

后郭云深先生赴山西太谷，晤李洛能先生，以同乡关系，助之灌田以自给，因得见行意拳，喜曰："此真半步拳也。"遂师事李洛能先生，并将所学之"猴拳"见示。李洛能先生以猴拳之手法灵速、气势严整而神气活妙，因加赞许。初练猴拳，是后行意拳之所以能流传至河北省，郭云深先生之功不小，然太谷实为行意拳之发祥地也。

郭云深先生，家非富有，力食四方，兼访名师。十九岁赴山西，及三十二岁学成，复还西陵，骤与旧友相见，几无识之者，因笑曰："郭云深今载半步拳而归也。"

纬祥少时从刘晓岚（河间人）先生为贾于西陵，学"八极拳"。刘晓岚与郭云深乃谱兄弟，亦孙亭立之弟子。及郭云深先生返西陵，已逾十载，而独无弟子，刘晓岚遂命余拜郭云深先生为师。时余年十六岁，得学五行拳及连环拳、杂式捶拳及六合棍法。后与同学者，有陈凤高、张品齐。吾等每日从郭云深先生一半练拳、一半讲解，耳提面命，获益良多。

郭云深先生自山西归来后，最初收余等师兄弟三人。后三年，郭先生曾一度返故里，示行意拳于刘奇兰。刘先生遂率其弟子李存义、耿继善同来西陵，同郭云深先生习拳，亦拜李洛能先生门下。刘奇兰与郭先生师兄弟也。于是每年必率其弟子来西陵一次，每往返两月，互相研究，互相切磋。

余从郭先生学五年后，宋世荣先生由北京至西陵，余因执弟子礼，从之学十二形、八式、四把等拳。夫行意拳家不期而来西陵者，凡数人，岂非天意？故西陵实为行意拳之第二发祥地也。

后余之北京，访白西园先生于打磨厂。时先生为清廷之御府医士，每日进宫，颇为忙碌，余仅得从先生学十二连捶。

按宋世荣先生之拳法打得活妙，极灵活奥妙、虚实莫测。郭云深先生打得刚硬，真抖擞叫绝，万夫莫当。而白西园先生之拳法，则奸滑抽撤，渺无踪迹，三摇二旋，不可捉摸。此三位先师各有独到之处，真行意中之圣手也。

距今四十年前，余与同盟兄弟，太极拳家刘德宽、八卦拳家程廷华、行意拳家耿继善、李存义等会于北京后门，共议合太极、八卦、行意三门为一家，自即日起，此三种拳术，即不分殊域，消除界堤。练此种拳者，可兼学他拳，并且可以互相授受。后更罗至他门名手，故每集合，辄数十人，互相研究，互相角技，直打破分门分类之陋见。夫拳术专家济济一堂，共谋策进，可谓盛举，吾国拳术家之互相讲通，当自此始，亦一极可纪念之事也。

太极拳实外采柔软、内含坚刚；是由柔软而进于坚刚，更以柔软而应付坚刚。故取掤、捋、挤、按之手法而得粘、沾、连、随之功效。无非以身分五行，以意支撑八面，法方圆复始之理，然后以静制动，以柔克刚也。

八卦拳，则貌似刚实，而内存灵变，取回旋之步法，以期避敌之锋芒；取换掌之手法，以期蹈敌之不备，无非死中求活、刚中反柔也。

行意拳，则刚中求柔、柔中反刚，以使刚柔并融，庶几水火既济，而拳法自然。夫步法取逆退连环之妙，身法取阴阳相合之形，手法取虚实无踪之功，气势取吸滑抖搜之巧，自然能去能就，能强能弱，能刚能柔，能进能退矣。

行意拳，实据五行之中宫位置，进退灵便，起落咸宜。八卦拳，则绕五行之八方轮盘，回旋不休，往来不息。而太极乃跐五行之穿插方位，圆转如意，连绵不已。总之，皆能刚不见刚，柔不见柔，欲刚则刚，欲柔则柔，各有其长，各据其妙，其目标实相同，其归结实当一样。夫心意都有所专注，而气力有其着落。合三门为一家，非无故也。

李奎元初学于许二把，许与郭云深先生为金兰交，因此亦拜于郭先生门下。许占鳌在六合门内与张树德乃师兄弟也，后张先生与郭云深先生成金兰交，遂从郭先生习行意拳，因师事李洛能先生，向命许占鳌则拜郭云深先生为师。李玉山乃郭云深先生南游时所收弟子，大名"德王庙人"；三五年前，玉山曾来保定晤余，然而其年已逾六十岁。

按行意拳访得于终南山，由陕西流传，一至山西太谷，甫至河北西陵，发扬光大，遂散见于黄河以北。然自来于拳法之传授，极为谨慎，极为郑重。故一得真传，莫不尽毕生之精神，致力于斯途，以期副历代先师之雅意，而光展行意拳门之大道。宋世荣先生尝云："行意拳，以拳为艺。"郭云深先生尝云："行意拳，以拳为业。"即使吾人视行意拳，当一种学问、当一种事业看待，宜修其一生，致力于斯道也。吾辈之复斯言，其勉乎哉？其勉乎哉？

马公学礼，乃河南洛阳人，曾为曹继武之幕府文先生，雅爱行意拳术，因从曹继武先生学，故大河以南至今行意拳门之一支，盖马先生所传也。

顺序下去：

达摩老祖—岳武穆—姬际可—曹继武—马学礼—姬寿—戴隆邦—李洛能—刘奇兰、张树德、车永鸿、李太和、刘晓岚、白西园、宋世荣、郭云深……

第5部分　形意拳之起源

——吴图南《国术概论》

形意拳，相传为南宋岳武穆所发明，外採凶禽猛兽之掌长，内五行生克之原理，遂创此拳，以教士卒。其拳以五行、十二形为体，以展、截、裹、跨、挑、顶、云、领八字为用。而于身体各部分之练习，皆有自然一定之顺序。其进功之阶，先用明劲，次习暗劲，终于化劲，务使气力达于四梢。至于垂肩坠肘、沉气顶颚、瞪目咬齿、三顶、三扣、三元、三抱、三垂、三月、三停、六合等法，皆其余事。

至其主要基功，除七拳、八字、二总、三毒、五恶、六猛、六方、八要、十目、十三格、十四打法、十六练法、九十一拳、一百零三枪外，则有"站功"与"盘根"。无站功不足以固其本，微盘根，安能动转自如。盖此二法，为形意拳中之秘宝，惜乎失传久矣！此武穆拳经之大略如此也！

武穆之后，精于此道者，不过私相授受而已，历经元明，代有传人，文不足徵，著述无从。迨明末清初之际，有姬际可者，字隆风，访道终南，得武穆之拳经，精心研习，加意探讨，数载揣摩，尽得其妙，遂以其术传授曹继武。

继武，为康熙癸酉科武试状元，官至陕西靖边总镇，生平无所好，惟喜武功授人以娱晚年耳。

继武之后，或谓洛阳有马学礼者，私淑继武者也。又谓有李政明者，身轻若燕，有"燕子李"之称，于乾嘉间在河南信阳州传形意拳，有山西祁县戴龙邦者，亲往请益，造诣颇深，名震山右。

著者以为继武之后，政明之前，其间或尚有人在；而政明是否继武弟子，无法可考，不得不有待于同道博雅之士。而龙邦之后，形意拳之系统，始有正确之事焉。

第6部分　形意拳史简述
——姜容樵《形意母拳》

形意拳，相传创始于宋之岳武穆。第考诸史册，仅载其知拳，而未详所治若何，及受之何人，传于何方，学者憾焉。

盖武穆生当金虏南侵之际，其精忠大节，固已彪炳于寰区，出其绪余，亦足以惊世而骇俗。时人崇拜岳少保之为人，习斯拳者，实繁有徒。惜武穆为奸相秦桧所构陷，含冤以殁，斯技遂绝迹于天壤矣。即有能之者，亦销声匿迹，未敢显露；岂技以人传，虽尝韬晦于当时，尚可继续于后世，显晦固有时耶？

厥后有姬龙丰者，山西蒲州人，精拳技，尤擅大枪术。于明末清初，往终南山访道，遇异人，授与岳武穆王《拳经》，内载五行、连环、龙、虎、鹰、熊、蛇、鲐、燕、鸡、鹞、马、猴、鼍等形俱备，象其形，取其意，是为"形意拳"命名之由来。

隆丰于斯，朝夕练习，默识揣摩，后乃大悟，为斯术中兴。又越若干年，山西太谷县，戴龙邦来奔投拜门下，执弟子礼，学乃大进，造诣亦独精。时远近附之者，亦颇有其人，惟未能深入室奥耳。

又河南先进马学礼，知斯技之奥妙，恐不能得其传，乃乔装若役，佣于姬龙丰家三年，遂得尽窥其秘旨要义。濒行自陈来历，隆丰因嘉其志，悉以所长授之，故学形意真能得其神髓者，仅戴龙邦、马学礼二先生而已。

马归河南，举其所知，以诲学者，一时执贽者盈门。而最称高足者，止河南马三元、南阳张志诚二人。

自后张志诚传鲁山李政，李政传鲁山张聚，张聚传买壮图，买壮图传长安安大庆，安大庆传宝显廷，斯为河南一支之源流也。

若戴龙邦先生传与山西一派，则其广，迄今盛行三晋；因未能详悉，故不能记其崖略。

迨后直隶深州，有李洛能先生，讳飞羽，字能然者，素喜拳术，尝经商于人谷，闻戴龙邦先生善形意，遂往谒，得其指点，因师事焉。时李年三十七岁，自受教后，昼夜练习，至四十七岁，学乃大成，为形意拳北派之一支，盖能对于斯技发挥而光大者也。

回籍后，教授门生。深洲郭云深、刘奇兰、宛平宋世荣、大兴白西园、太谷车毅斋、祁州张树德、河间刘晓兰、新安李镜斋，皆其入室弟子。要皆卓然有声，为海内有数之人物。

郭云深传许占鳌、李奎元、钱砚堂。

刘奇兰传李存义、张占魁、田静杰、耿成信、周明泰、刘凤春。

其余各先生，亦皆各有传人，因未能详，概从略。

至李存义先生，则传至郝恩光、尚云祥、黄柏年、姜玉和、麻锡广、左振英、李星阶、郭汉芝、周玉祥、李文豹、赵云龙、郭永录、李海亭等，入室者，盖不下数百人。

张占魁先生传之韩慕侠、王俊臣、刘锦卿、刘潮海、刘汇川、武铭、魏成海、王占恒、白学海、马登云等，入室者，又不下数百人。余亦得幸列张先生门墙，备数而已。

李魁元先生，传孙禄堂、韩奇英、李汉章。论余之同辈中，所传门生之多，以孙禄堂、韩慕侠、尚云祥、郝恩光诸人为最。若禄堂所授，如陈微明、李润如、靳云亭，皆有声国术界。

此形意拳源流支派之概略也，述其可知者如此。

第7部分　形意拳之源流

——靳云亭、凌善清《形意五行拳图说》

技击角抵之术，我国自古尚之。管子云："于子之属，有拳勇股肱之力，秀出于众者，有则以告。"荀子云："齐人隆技击。"汉书亦云："齐愍以技击强。"此其明证也。至六朝时，天竺僧达摩始挟其所谓西域技击者，来传之于中土。于是北方之强者，群起而趋之，今犹有所谓达摩拳、达摩剑等，流传于世。而形意拳亦其一也。我国自古所传之武技，大都偏重于刺击，而达摩所传者，意在于摄生，而刺击次之。

形意拳者，其名译自梵音，其旨即在于养气。故当时颇重视之，而流传至今，尚能不失其本意者也。梁普通中，达摩渡江赴魏，卓锡于嵩山之少林寺，面壁九年而化去。寺僧有得其一体者，复与中国固有之武技融会而错综之，超逾腾趠，以之胜人，于是始有所谓少林拳者名于世，而去达摩所传之意，亦日愈远。

北宋时，有张三丰者，隐武当，为黄冠，究心达摩之术者若干年，得其玄奥，乃尽弃少林之成法，而一以练气为主。有从之者，即授以形意拳以为练习之初步，成效既著，学者蠭起，世人遂名之曰"内家"，而称少林为"外家"。而形意一拳，至是亦遂为内家所专有矣。

宋既南渡，岳飞召集乡曲子弟，研习拳棒，以备金人，而图进取。得"武当派"所传之形意拳而善之，为之著谱而阐发其大要，形意拳之功用更大著。自是而后，自宋而元，自元而明，虽代有传人，而名焉不彰，无从考核。

至清初，蒲东诸冯人，有姬际可，字隆风者，访名师于川陕间，得《武穆拳谱》于终南，研习之，尽其术后，以授其徒曹继武。继武以授姬寿，寿序《武穆拳谱》，梓行于世。

同时洛阳有马学礼者，私淑于继武者也，亦得其传，名著大河南北。咸丰间，祁县戴龙邦，与其弟陵邦，俱受业于学礼，造诣俱深，名震山右。

同治末，深州李洛能，闻二戴名，特至晋访之，好其术，学之九年而技成。及东归，设学授徒，从其游者颇众，直隶之有形意拳，自此始。

能既殁，其徒刘奇兰、郭云深、车永鸿、宋世荣、白西园等，皆能继其学。

刘奇兰复传诸其子锦堂、殿琛、荣堂及其弟子李存义、周明泰、张占魁、赵振标、耿继善。

郭云深传刘永奇，李魁元。

李存义复传诸尚云祥、李文豹、李云山、郝恩光及其子彬堂。

张占魁传诸韩慕侠、王俊臣、刘锦卿、刘潮海、李存副及其子远斋。

李魁元传诸孙禄堂、李云山、复传诸其子剑秋。

尚云祥传诸吴桥靳云亭。民国初元，靳云亭、李剑秋等相继南下，著书立说，提倡斯术于大江南北，风起云涌，盛极一时。

民国十七年，国民革命军北伐告成，奠都金陵，明令设馆奖励国术，而对于斯拳，以其源远而流长，法简而意深，提倡尤不遗余力。然则斯拳也，此后其将家谕户晓而为强国强种之基础乎，私心祷之，跂予望之。

第8部分　形意拳术简史
——刘殿琛《形意拳术抉微》序

宋岳武穆王，精通枪法。及为帅时，乃脱枪为拳，用以教将士，遂自成一道，为后日形意拳术之始。

厥后历金、元、明三代，其技无名。迨明清之交，蒲东有姬公际可者，访师终南山，得《武穆拳谱》，尽擅其技。继传曹继武先生。先生秋蒲人，修其术十二年，仕至陕西靖远总镇大都督，卒成一世之业。李政继之，传戴龙邦。龙邦传其子文英、文雄及郭维汉、李飞羽。飞羽，字能然，皆为及门弟子。飞羽复传先父奇兰公及郭云深（深县人）、白西园（饶阳人）、李太和（深县人）、车永宏（太谷人）、贺运亨（太谷人）、李广亨（榆次人）、宋世荣（北京人）、张树德（祁州人）、刘晓兰（高阳人）等，绵绵延延，形意迄今而大昌，始先父寝馈斯道，垂四十年，所授生徒甚伙，燕赵好武之士多归之。

余生不才，有忝家学，惟窃先人之余绪，以自存活。清之季年，在津任法政学校武术教员。民国初，复任京师清华学校教员，当时津门之武士会京师之尚武学社，皆推余为总教习。即与同志磋商，欲以武术强中国，编纂教科书，呈部立案，颁行全国。适值张坚白先生巡按两粤，余应其聘作岭南之行议，遂中辍。

丙辰返京，稍稍得暇，乃本闻于先子者，一一笔记之，拟成数篇，并绘其图，以贡于好武术者，为之初步。他日进而上之，再举其精深变化者，悉箸于编，或足以发明先子之传，以上报我国家。惟高明鉴其区区之愚，而不责其不文也，则幸甚！

民国九年十月深县刘文华自序

第9部分　行意拳史

——马步周

我国之有拳术，当远在太古，人与兽争的时代，其所以保全种族，能为万物之灵者，当恃此一对拳脚。不过未有文字之先，用某拳某脚，克服某种猛兽；某手某胯，克服某种雄禽；皆不能如写实史学家之记述，只有口授摹拟而已！

到部落时代，渐知集团的力量，匹夫之勇，不若众志成城；虽趋重文化政治，而忽略原始争生存之工具——拳术。而于古籍中有时还可以见到，管子云："于子之属，有拳勇股肱之力，秀出于众者，有则以告。"荀子云："齐人隆技击。"汉书亦云："齐将以技击强。"或谓行意拳之十二形，取象于龙、虎、鹰、蛇，即人与禽兽争斗时之拟状态，溯行意拳之历史，当远在三皇五帝之先。文献无征，此说实不可考。

凌桂青所编《形意拳图说》，叙述形意拳之源流："六朝时，天竺僧达摩，始挟其所谓西域技击者，来传之于中土，于是北方之强者群起而趋之。今就有所谓达摩拳、达摩剑等流传于世，而形意拳亦其中之一也。我国自古所传之武技大都偏重于刺击，而达摩所传者意在于摄生，而刺击次之。形意拳者，其名译自梵音，其旨即在于养气，故当时颇重视之，而流传至今尚能不失其本意者也。梁普通中，达摩渡江赴魏，卓锡于嵩山之少林寺。面壁九年而化去，寺僧有得其一体者，复兴中国固有之武技，融会而错纵（通：综）之，超逾腾起，以之胜人，于是始有所谓少林拳者名于世，而去达摩所传之意，亦日愈远。北宋时有张三丰者，隐武当为黄冠，究心达摩之术者若干年，得其玄妙，乃尽弃少林之成法，而一以练气为生，有从之者，即授以形意拳。"根据凌君的话，我们可以知道行意拳非中国之土产，乃袭取于天竺。更可以知道少林拳为达摩之一体，形意拳方是大成法。而凌君的武断说法，既无典籍之根据，又非哲学之推理，更不是为考古专家以底层及器物来证明。也不能使我们深信。

又有许多学者，谓行意拳创自岳武穆，乃其家居时教乡曲子弟，预备抵抗辽金的技击术。因乡曲人头脑简单，故其姿势亦简略，重实用，而不重美观。武穆死冤狱，忠义之士，衔恨深隐，遂抱技远藏，不显于世，而代有传人，未尝坠地。至明末，隐者鉴清人之残横，复托诸姬隆丰先生，为覆清复明之准备。此说虽无文献之征，尚近情理，始用之为行意拳有史之发端。

姬公，讳际可，字隆丰，为蒲东诸冯人。得行意拳谱于隐者之手（其详见拙著"国术史料姬隆丰传略"，与保定省中《行意拳讲义》），朝夕研摩，以神拳名天下。后以之授曹继武，曹先生以行意拳联捷三元，官陕西靖远总镇大都督；又传山西姬寿与河南马学礼。姬寿序《武穆拳谱》梓行于世。马学礼得曹先生之传，名著大河南北，咸丰间地方掌故，志马先生之事迹颇多（见拙著国术史料）。时祁县戴龙邦与其弟凌邦，私淑姬寿先生，颇得行意拳之奥义，又至河南执业于马先生门下，造诣益深。戴氏兄弟归家时马先生为之祖饯，谓门弟子曰："行意拳去河南而复西矣！"由是谈行意拳者，皆归宗于二戴。

清同治末年，河北深州李洛能先生，酷好技击，年三十七矣。闻二戴名，负笈晋谒（李先生学拳轶事，可参看"国术史料"），九年技成，东归授徒，一时从游者，有郭云深、刘奇兰、宋世荣、白西园、车永鸿、刘晓岚、张树德、李太和等十数人，皆升堂入室，能继李先生之衣钵。李先生既殁，郭、刘、宋、白、张、车诸人之弟子，布满各地，不可详述。略就其著名者言之，郭先生始收之弟子为刘纬祥、张品斋、陈凤高三人；其后则有许占鳌、田静杰、李奎元、李玉山、李静斋等八人。

刘晓岚先生则传诸杨笏珊、刘维珊等数人；刘奇兰先生则传李存义、耿继善、赵振标、周明泰、张占魁、刘殿臣等；白西园先生传之齐得元；宋世荣先生传之贾蕴高、葛才元、王敦本等；车永鸿、李太和二先生，各有传人，其详不可考。至刘纬祥、李存义、张占魁、李奎元诸先生，人数既多，弟子亦日众，另有世系流传表，兹篇不备叙。

第10部分　行意拳世系流传表

本表自有拳谱始，附会前说以岳武穆为行意拳之创始者，第二世为姬隆丰先生，截至现在，计十一代。知者录之，不可考者，付之缺如，预备继续补录。

（创始者）岳飞

（二世）姬隆丰

（三世）曹继武

（四世）姬寿、马学礼

（五世）戴隆邦、戴凌邦

（六世）李洛能

（七世）郭云深、刘晓岚、张树德、宋世荣、李太和、白西园、车永鸿、刘奇兰

（八世）（刘纬祥、许占鳌、李玉山、陈凤高、田静杰、李静斋、张品斋、李奎元）——郭云深弟子

（八世）（李存义、张占魁、耿继善、刘殿臣、赵振标、周明泰）——刘奇兰弟子

（八世）（刘维珊、杨笏珊）——刘晓岚弟子

（八世）（齐得元）——白西园弟子

（八世）（葛才元、温敏、贾蕴高、邢绍绪、吕钰、王敦本、董俊）——宋世荣弟子

（九世）（尚云祥、刘子英、姜玉和、郝恩光、孙兴武、郭永禄、李文豹、马玉堂、李云山、李彬堂、黄柏年）——李存义弟子

（九世）（孙耀卿、马庆生、谢谈宾、王占恒、韩超群、王俊臣、孙伯婴、孙百魁、岳毓奇、编者、刘玉楼、康锡华、刘书琴）——刘纬祥（原名蕎山）弟子

（九世）（韩慕侠、白学海、姜容樵、刘锦卿、刘朝海、张远斋、李存副）——张占魁弟子

（九世）（孙禄堂、马耀南、刘鹤斋、王鑫白）——李奎元弟子

（九世）（于传章、张奠华）——耿继善弟子

（九世）（李应埙、于殿魁、于凤鸣、朱正平）——李静斋弟子

（十世）（陈式侃、汪金辉、张生元、杜金桂、陈式仪）——王占恒弟子

（十世）（李玉琳、夏连田、宋蕴山、郝家俊、夏治士）——郝恩光弟子

（十世）（靳云亭、许笑羽）——尚云祥弟子

（十世）（李剑秋）——李云山之子

其他诸先生皆代有传人，以时间仓卒，未能尽录，容后续补。

中华民国二十五年《侠魂》三周年连载

第四卷

形意拳名家序跋文献

曹曰玮《武经（七书）汇解》序

　　尝考唐《艺文志》，天宝间诏以《武经七书》定本刊于学宫；自是以后，笺释此经者代有宗工，然多挂一漏十，言不尽意，传暨胜明，又用以标题取士，与八股帖括并行，而此书之蕴遂日就荒芜矣。

　　当今之世，圣天子在上励精图治，天保治内，采薇治外，甚盛事也。余以樗栎之材，滥获一第。公退之暇，间取古今注疏，博观纵览为学，以入政之一助，而心窃异之曰：此兵家之权舆也，其中行军、立阵、克敌制胜之道，变化莫测，有与天文、地理、阴阳、鬼神相为表里者，固非浅学所能骤窥。然苟不为分析其名义，条陈其指趣，使人各有所得，则终身习之，有白首茫然而不知其颠末者矣。

　　用是不揣谫陋，与白门黎子观五肆力蒐讨，因得汇辑前人之说而为此书，分为七卷，抉择必精，贯通务浃，所以推阐隐秘，发挥奇奥者，其用意盖详且密也。惟在世之善读者知别出只眼而开拓心胸，以贮之耳。

　　丙子冬抄，集成，复与黎子商所以名之者。黎子曰："前辈诸名家之解，支分派别，譬则江淮河汉也；是书采本穷原，而有以会其归焉，譬则海也；请以汇解名之。"余曰："诺。"今俾之锲板问世，庶可践吾成言，以不虚吾之志云。

　　　　赐武状元及第癸酉科解元联捷钦依二等侍卫陕西靖远副将官左都督秋浦曹曰玮题
　　　　时岁次乙酉季秋之吉

李洛能《形意拳谱》自序

形意拳术之始，本乎天地之大端，与夫造化之原理。盖天地之辟于一无气也，万物之生于无知，形意之成本于无意。盖无意至极生有意，意诚心正乃至于静，静则察候六脉，溶煅二气，静极生动，动而震发四肢，贯通百骸，是谓先天存乎静，后天藏诸动也。故，意为体，而形为用；静属阴，而动属阳。体运动静，得阴阳消长生生之功，而真之一气生焉。

孔子曰：冬至养其阳，夏至养其阴，吾善养吾浩然之气，此皆修养正气之谓也。盖形意拳之原理，则培养天一之道，由后天而达于先天也。

重阳不重阴，太刚必折；重阴不重阳，过柔不坚。刚柔相济，乾坤之道乃成。古之传斯术者，多以心法口授，缺少记载，使后学者茫然不知途径，须以涵养正气为先，以为之序。

李洛能《形意拳谱》又序

盖夫体育一途，创自达摩老祖师。迨至宋朝岳飞，又精研内经之意义，化生五行十二形之原理，因名为形意拳，总合五纲十二目，统一全体功用。在内为意，在外为形。是术乃修身之原本，明心见性还原之大道；揽阴阳之造化，转乾坤之枢机，诚强身之捷径也。

十二形，实本天地万物化生之理，取世间禽兽之具有特能者，妙效其性能，摹效时久，自能精神入体。

形意拳术实与卫生关系至切，如能长习，则疾者能愈，弱者能强，男女老少皆可练习。既无折腰屈膝之痛苦，又无跃高纵险之危劳；斗室席地，长衣缓带，也可演习；虽属武术，迹近文雅。

练习时，身分阴阳。以前心为阴，脊背为阳；手心为阴，手背为阳；大指朝上为阴阳掌。以右肩在前、或左肩在前，皆为阴阳身；拳虎口朝上为阴阳拳。

宝鼎《形意拳谱正编》自序

兹谱正编，旧籍也，弗悉何时何人所撰述。曩曾叩之先师，谓其前一辈即有此谱，亦不知其渊源所自云，据此知非近人所作。文虽平易，理则真谛，洵斯道之典范也。苟非深得此中三昧者，决不能道出片语只字；虽不必为终南授之书，厥为数百年前斯道尊宿所著述，可断言也。惟流传虽久，向无刊本，大都业斯技者，转相传钞，藉资参证已耳。

余师事安善卿先生，亦于其家钞得一本；每遇旅行，辄置行箧，以备随喜翻阅。民国六年，余率部曲于川北剿匪，此本因友人借观，置成都；不幸刘戴两军于锦城交讧，延烧居民千余家，吾友亦罹斯劫，此本与其居所，俱被回禄收去矣。

厥后积健社成立，承学新技者，请觅斯谱，屡函故旧索求，卒无所获。无已，乃本记忆所及，录成一篇，颜曰《形意拳寓意揭示》，附于《内功十三段图说》后印行，聊应学者之需求焉耳。

无何赵生侠民于书肆，购得《国术大全》一书。余取而读之，见有拳谱一则，未标出为何种拳谱；细审之，即旧所传钞之形意拳谱也。对之如逢故人，无任狂喜，爰照钞一本而什袭之，所刻虽非完璧，大致似属原文；古人遗籍，吉光片羽，亦可珍也。审其字句，讹夺甚伙，乃请蓝君楸昭，代为校正。楸昭，积学士也，前任第二十九军军政校政治教官，余亦充任该校国技教官，因与相识。楸昭虽文士，亦喜论究武术，近且加入本社，练习形意门之技术，兹编订正，多其力也。

今岁孟冬，为积健社十周年纪念，本社同人请以斯谱付印，以公同好。对于余所记述者（形意拳寓意揭示），彼等亦不欲割爱，期以并行。闲尝两相比较，意义相同者固多，但旧谱阙佚，余书具载者有之；余书所略，旧谱特详者亦有之；两者并存，虽有部分重复之嫌，亦有相互补苴之益。

爰与楸昭商榷，以旧谱为正编，以余所述者为续编，复以所摄五拳图式加以说明，附之篇末，共订一册，仍名曰《形意拳谱》，即此编也。虽若白绫之衲，而斯术之纲领毕具，学者细心玩索，不啻足资入门之助，藉以升堂入室可也。书将付印，同人嘱为弁言，爰述其巅末以为序。

民国辛未孟冬
长安宝鼎显廷甫识于潼川醝署

宝鼎《形意拳谱正编》张序

吾国武术，初始于器。古之弓矢剑戟，名式各殊，皆所以为御侮自卫之具。然一器之形虽同，而一器之用则异；又视夫人之进退变化，而判优劣焉。

夫器，死物也，苟运用者无九攻三折之妙，推进掩手之精，虽曰执长戈大矛，安见其能摧斑摄胆敌万人、以防百夫耶。故用器者，必先于体；守体者，必先于气；调气者，必先于造化。于是五行之义，太极、无极之微，综天地万物阴阳顺逆之理，进至于人之四肢六脉，筋骨血肉，无不审其变化，穷其精奥，俾期合为一体。自此内家之术日彰，拳功之用日盛，所谓借物为武，未若徒手敌强者也。

长安宝先生显廷，夙得师承，精于内家，博通武器，兼擅拳术。岁乙亥，因公来甘，春浦得拜识于皋兰，承其指授，心悟颇多。

春浦本习军事，故好之尤切；先生赠以抄本《形意拳谱》，为先生辛未在蜀，因积健社同人之请，订正撰述之本。春浦喜而周阅，益佩先生传统之精深，即欲继续研习，固不必有敌万人、防百夫之志，亦将以为柔胞孱弱之躯，略进钢丸铁卤而已。复以此册，携之故都，付诸排印，藉广流传，并记短言于首。

中华民国第一丙子孟夏
武清张春浦德涛序于北平寄庐

宝鼎《形意拳谱续编》自序

国民之体力，一国之强弱系焉。居今二十世纪之国，非文弱柔脆之民所能揩拄，可断言也。光复以来，百度维新，提倡体育，不遗余力；于是各处设武术社，竞尚太极、八卦、形意拳。

吾师尝云：形意发明于明末清初时，溯其始传自山西蒲州姬隆丰先生。先生精大枪术，武艺超群，旋以大枪藉械伤人，而徒手则不能奏效也。乃往终南山访友，适遇异人，授以《岳武穆王拳谱》，始识形意以"鹰、熊"二势为本，守像熊，攻像鹰；又分上、中、下三节，理甚微妙。乃悟昔之授人者，悉属枝节肤浅，而中节之拳罔闻焉。

河南马学礼，深知此拳之奥，而秘恐不能得其真传，乃侨装苦役，投姬隆丰先生处，佣工三年，尽窥堂奥。濒行，自陈来历，隆丰先生嘉其志，尽以其所长授之。

马学礼先生归，举其所知者以诲来学，一时执贽者盈门；而升堂入室，止马三元（河南府人）、张志诚（南阳府人）二人而已。

自后张志诚先生传李政（鲁山县人），李政传张聚（鲁山县人），张聚传买壮图（鲁山县人），买壮图传安大庆（陕西长安人）。大庆即吾师也，步趋二载属；庚子之变，地方官恐祸生不测，严禁讲武。余之所习，亦中道废；然其中义理，则窃喜与闻焉。

今老矣，办公有暇，爰将吾师所口授者，汇次成篇，附入气功谱内，仍归内家门径，以公同好。阅此者，循行而弗怠，必能靫筋砺骨，强毅有为，以树奇功于当世，宁独余之庆，亦民国之庆已。海内贤豪，如能匡所不逮，则幸甚。

丙寅春三月
长安显廷氏识于三台醚署

李存义《形意真诠》自序

拳勇角抵之术，上古有之。古之谋国者，莫不重视拳勇之强族，御敌卫国之用。昔管子云："于子之乡，有拳勇股肱之力，秀于众者，有则以告。"荀子也说："齐人隆技击。"汉书有"齐愍以技击强"，唐代有"拔河之风盛"。此历史上对拳勇强身强国之明证也。

余小时家贫，无资入塾攻读，帮人赶车为生，兼习拳艺。后在江湖鬻技，以维生计。走遍齐、鲁、燕、晋各地，遍访名师；执贽从学于河间刘奇兰先生门下，习形意拳，凡九载，蒙师指授真传。盖刘奇兰先生乃师祖李洛能之高弟也，当时人称"神拳李洛能"。自此乃觉形意拳长功快、发力整，用法深奥。

夫习拳艺者，对己者十之七八；对人者，仅十之二三耳。拳艺之道，深无止境。得其浅者，一人敌；得其深者，何尝不万人敌耶！习拳固宜虚心谦谨，非多历年所熟、复而无间断，未足以致极境。能致极境者，一由于虚习，一由于恒心，设辄作辄止，安能望其深造耶！

形意拳，以静为本体，动为作用；寂然不动，感而遂通，是化劲练神还虚之境。明、暗二劲，是体用兼备。先将周身四肢松净，神气内敛，提肛实腹，气沉丹田。拳式中之刚柔曲直，纵横捭阖，起落进退之法，练则为体，较则为用。如余所著之《形意拳真诠》中用法有"手打七分脚打三，五行四梢要齐全。胆上如风响，起落如箭钻。气连心意随时作，硬打硬进无遮拦。蛰龙起水雷先动，风吹大树百枝摇。内实精神，外示安逸。打法定要先上身，手脚齐到方为真。内要提，外要齐，起要横，落要顺，气要催。遇敌好似火烧身，去意犹如卷地风，追风赶月不见迹"都是用法。又如刀剑谱中所言各节，俾后之学者，有所遵循。

余自学形意拳以后，入镖业谋生，兼授门徒。于"庚子之役"亲率门人参加张德成、刘十九等人所组之义和团，抗拒洋鬼子侵略军于天津老龙头火车站。我们用单刀剑戟杀敌，洋人望风披靡，实仗练形意拳之功和胆壮，气盛势雄，乃能视敌如草芥也。事后乃创武士会于津门，授徒以自娱。至民初，又应上海霍元甲所创之精武体育会之邀请，为形意拳教练云耳。

己未孟冬
李存义序于天津武士会

李存义《南北拳术教范》总说

拳术，本为我国固有之技能，其来源极久。上古之拳术，类皆取禽兽之动作，连络演成，究竟始自何时，创自何人，颇难考证，姑不具论。

以近代所宗之"少林、武当"两大派言之，固皆斑斑可考者。少林派之武术，起于梁，而盛于金元，以迄近代，尤见称于世。武当派之武术，起于宋，而盛于明，近年以来，经其门人力加提倡，亦盛行于南北。我国武术，即以此两派为正鹄；其余如闽、粤派等，则皆系此两派之旁支；不出于此，即入于彼。

惟两派之拳法，固截然不同；即一派之中所传之法，亦往往有互异之处，此皆在于传授者门道不同之故耳。且南北两地之人，性情迥异，南柔北刚。故北方人之拳法，宜于长拳阔步，迅疾攻击；而南方人之拳法，宜于梢拳短腿，从容自守，此术语所谓大开门、小开门者是也。兹且不论其传者之互异，与南北之不同，即就两派中所有拳法而言，其种数何止十百，欲尽道其名，恐亦非易也。

吾人以有涯之生，而从事于拳术之练习，尽一二种之精髓，固亦非难。若欲并此各派、各家而尽擅之，世间恐无此人也。故少林门中，恒以"罗汉、金刚"两种拳法为主，任择一种，练之非至登峰造极时，不准更练别种拳法。而武当门中则以"太极拳"为主，下功苦练，历久弗辍，甚有费数十年之苦功，而专练此一种拳法者。此等练法，固足以造就最高深之武术人才，而绵延其一派，或一家之长技，然非尽人能躬行者。因我人生于世上，必不能专事于武功，而不及其他也。童幼之时，既须兼顾读书；成人以后，又当谋取职业，仅能分其余暇而习之；则上述之练法，似不甚合宜。

且练习拳术，以强身祛病而防患御侮为主；就强身祛病而言，事至简易，不论何派、何家之拳术，皆能收效，初不必高深之武功也。

若言防患御侮之道，则非有特长，不克致用；欲以最短之时间，而收实用之效，则舍集取各家之特长融合变化，会合为一之外，实无他法。

拳术教范者，即汇各派各家之精华而成之法也。予之编辑是也，其动机有二：一因鉴于上述种种原因，欲集诸家之所长于一起，使学拳者得收事半功倍之效，而能致于实用。一则鉴于近来学校中之体育，类皆偏重于模仿东西洋各国之成法，恒以某国式徒手，某国式器械为号召，对于中国固有之拳技反不加重视。即有以之教授者，亦仅附列于体育之中，聊备一格，并非专修。

吾人但一观各校之竞技比赛，非篮球，即足球。而国术之竞赛，实未尝习，闻是可证也。予对于此事，窃谓不然。国术之在学校中，应列入必修科中；最低限度，亦须与他种运动并重，盖拳术之功效，固较其他为大也。有此二因，乃毅然握管而编此教范，不论其属于何派，出自何家，凡有长足录者，皆搜罗之，加以编次，连络成趟，虽不敢谓尽拳术之能事，然撷取精华，亦足致用矣。

或有以拉杂为嫌者，予固未敢加辩；但欲于短时期内，尽各派、各家之特长而尽学之，使致于临机应斗之用者，舍此更有他道乎？故虽拉杂，不足病也。

书成付梓，略述予编辑之本意云尔。

孙禄堂《形意拳学》自序

闻之，有天地然后有人民，有人民然后有庶事，有庶事而后万民乐业，此自然之趋势也。然所以富强之道，在乎黎庶之振作。振作之主义在精神，若无精神，则弱矣。人民弱，国何强？欲图国强，须使人民勿论何界，以体操为不可缺之一科，如此则精神振矣，国奚不强！

前此，文武分歧，文人鄙弃武术，武人不精文理，此其中似有畛域之分焉。今国家振兴庶务，百度维新，学校之中，加入拳术一门，俾诸生文武兼进，可谓法良意美已。

余幼而失学，即喜习武事，并非图猛力过人之勇，只求有益卫生之功；不以气粗力猛为勇，而以不粗不猛、刚柔相济而为勇也。人有言曰："武学与文学一理。"理既同，则何分轻重？然文学之士所以不讲武术者，实因有粗猛不雅之弊耳。

余于形意一门，稍窥门径，内含无极、太极、五行、八卦、起点诸法。探源论之，彼太极、八卦二门，及外家、内家两派，虽谓同出一源可也。后世渐分门类，演成各派，实亦势使之然耳。

余习艺四十余年，不揣固陋，因本闻之吾师所口授暨所得旧谱加以诠释，盖亦述而不作之意也。

余尝闻吾师云："形意拳创自达摩祖师，名为内经，至宋岳武穆王发明后，元明二代因无书籍，几乎失传。当明末清初之际，有蒲东诸冯人姬公先生、讳际可，字隆风，武艺高超，经历有年，适终南山，得《岳武穆王拳谱》数编，融会其精微奥妙，后传授曹继武先生。曹先生即康熙癸酉科武试，联捷三元，供职陕西靖远总镇者是也。先生致仕后，别无所好，惟以平生功夫授人而娱余年，以技传戴龙邦先生（山西人）。戴龙邦先生传李洛能先生（直隶人）。李洛能先生传郭云深（直隶人）、刘奇兰（直隶人）、宋世荣（直隶人）、车毅斋（山西人）、白西园（江苏人）诸先生。诸先生各收门徒，郭云深先生传李魁元、许占鳌诸先生；刘奇兰先生传李存义、耿继善、周明泰诸先生。

余侍李魁元先生为师，从学数载。曾在北京白西园先生处，得见《岳武穆王拳谱》，并非原本，系后人录抄，所论亦不甚详，惜无解释之词，只篇首有跋数行。余一是顿开茅塞，立愿续述完备；明知学术谫陋，无所发明，窃仿此谱，深心研究，再照此拳各式，一一著载成书，实无文法可观，于吾所学，不敢稍有背谬。至其间有未至者，尚望诸同志随时是正为感。

中华民国乙卯正月望日
保定完县孙福全谨序

孙禄堂《形意拳学》陈序

  余从禄堂先生学形意拳术，将及四载；始知式简而意精，学易而习难，无过于形意者矣。夫日月往来而明生，寒暑往来而岁成，造化一阴阳屈伸之理。形意有往体、有来体，于顺中而求逆；一屈一伸，不运气而气充，不加力而力无穷。究其功之所至，合阴阳，参造化，而与太极同体。故先生是书，首论太极之体；昧者不察，乃言形意非太极，岂知拳术精微之乎？

  盖能得浑圆一气之意，则合乎太极式与法。其粗焉者也，世之习太极拳术者，未得浑圆一气之意，虽能演长拳及十三式之形，又乌得谓之太极耶？

  先生兼明形意、八卦、太极三家，故能合冶一炉，而参论之。好拳术者，虚心研察，其益于身心，岂浅鲜哉。

己未春三月
蕲水陈曾则序

孙禄堂《形意拳学》赵序

　　武力诸技术，率皆托始达摩，而支分派别，真以伪杂；或利用而不良于观，或上下进退善为容而用焉，辄窒因以致败，则传受其要也。

　　拳法门内人言，以太极为第一门，而世俗所传绵掌、八极、十二节，充其量不过一匹夫之所能。其专事吐纳、导引、若五禽、八段锦，造次敌至手足无措，又无以应变。唯形意，体本太极，扩而发之，不穷于用。且年过可学，一介儒生，下至妇人女子，力无不可为者；而缓衣博带无择。技之至者，进乎道而通乎神，佝偻丈人，承蜩累五丸不坠犹掇；吕梁丈夫，蹈水与齐俱入，与汩偕出；庖丁十九年，解牛数千刀，刃若新发于硎；庄子固多寓言，抑岂遂无其事，而故为此俶傥，以自快其所托也。

　　书中所称拳法大师郭云深，某尝闻其力能摧壁，又令五壮佼拄巨竿于腹，一鼓气五人者皆倒退至五六步外，扑地跌坐，顾终身未尝以所长加人，隐死茶肆。孙君既为其再传弟子，溯源所自，术业之精，不问可决也。

　　往岁，某见有写本五公山人，新城王余佑所著刀法拳术，心窃好之，而未暇录福以存，迨迨今二十年，十三刀法已梓行，不复能忆其拳术，亶忆其主要曰意、气、力；而力不自力，他人之力，皆其力，道在用藉，极其所至，可以撼山洒海，轩拄火地；凡意气之所至，皆力之所至，与今孙君所传是不同出一原，抑原一而异其支与流裔，孙君当能知其所以然。凡所与游，倪有录传其书者，尚望转以相告，勿秘藏也。

民国四年五月
湘帆赵衡序

孙禄堂《形意拳学》艾序

夫人生于世，享大年康强之乐，莫不得之善修者也。在古有吐纳导引之术，究不免逐偏诡正，圣人病之。今我中华昌运宏开，寰瀛之内，卫生之说溢焉。然殷尤所抱，恒见羸躯之士，枯形寡神；焦肌之童，瘁体多病，其故何在？实不知修身之道也。因思人生，重于完玉；知养其身，而不知其所由养，徒侈谈卫身之说，庸有济乎？

向尝闻之先身而生者，先天也；后身而生者，后天也。先天之气在肾，后天之气在脾。先天之气，为气之体；体主静，故神藏而机静。后天之气，为气之用；用主动，故神发而运动。是知内五神脏之水、木、火、土、金之五气，循环相生，随天地阴阳五行之气，同周流而靡间。于以达诸耳目形骸者，神发其智矣；通诸筋骨，脉络者，精发其华矣。身体坚强，灵明贯彻，非善为修持者，安能知此。素问曰："上古之人，其知道者，法于阴阳。"又曰："今时之人，逆于生乐，起居无节，故半百而衰。"又曰："女子七七任脉虚，地道不通，故形坏而无子。"是知人之材，非同金石，若不善为修持，岂非夭折自取乎。

顷者，友人孙禄堂先生，持《形意拳学》示余，且诏之曰："能将此学参悟，即可得此拳之妙；能将此拳练有粗得，即可获无穷之益。"余披展玩寻，渐悟一二，复请教于先生。先生曰："五行拳者，生于无极者也。无极者，乃人之无意想、无形朕、先天极妙之主体，冲和之本，始太极阴阳动静之初原也。万物之生，负阴抱阳，一物一太极，太极本无极，人之真元所从而来，灵明所从而抱，五行拳生于此而与之通。通则变完全人身之阴阳，而保此灵明者也。永人之天年，畅达人之血脉筋骨。欲从后天反先天，而尽卫生之术者也，苟以异端目之，远矣！且练此拳，非独壮男，即老人童妇，皆可随便练习，有百益而无一害，虽以之强我种族可也。"余因是言，而悟是学，且识先生欲寿世作人，培中国强盛之基，先生之用意，可谓大而远矣！

然则此形意拳，根于无极，能与阴阳合德，四时合序，迥非古时吐纳导引之术所可同日而语，尤非今日之技艺家所可望尘也。

是学也，先生得诸李魁元先生之口传心授，而渊源于宋代岳武穆之发明，远创于达摩祖师。名虽为拳，实则为再造生人之秘钥，寿育世界之宏规；武而兼道，文而不腐，可为至宝。

先生手作既成，爰嘱余为序。余恐负先生之意，是以不揣谫陋，聊赘妄语于简端，非敢谓于先生之旨趣有合也。

大兴厚庵氏艾毓宽谨识

张兆东《形意拳讲义》自叙

将欲转弱国而致之强，必先有以强其民，此武术之所以提倡也。在民国二年时，前冯大总统方督直隶，余始纠合同志，呈请冯总统得立"中华武士会"于天津。阅二年，冯总统任江苏督军，余在南京，复纠合同志呈请冯总统又立"中华武术研究社"于南京，事属创办，多经困难，两会幸能成立。逊来海内同志新学形意者以万数，其有志欲学而未得师者，尤加多焉。欲皆使之通明此拳，又岂亲授之所可得哉！是不可不作书也。

昔在南宋时，武穆王岳飞始传此拳；及明末有蒲东人姬公际可者，始得王所著谱。深州刘奇兰先生习之此拳，始传于直隶。先生以传于其子殿琛及李存义与余。

余师事刘先生，幼而读姬公所得谱，以为其文深，人多不能明其言，不宜作今日之教科书也。而余以不文，不能自作书，因口述以言，请洴阳乔善宜先生笔之成文，润色之得十三篇，百有三十章。文不避繁，而求其详；言不避浅，而求其明。庶海内同志新学此拳者，与欲学而未得师者，披而观之，了然而悟，皆得以通明此拳，而体力日增，则武术将日益发达矣！

夫武术之日益发达，则是强健之国民日益加多，而吾国其庶几强乎至，书中不无错谬，尚望海内通人指而正之。

中华民国四年

直隶河间张兆东序

张兆东《形意拳讲义》乔序

且天下事，患无实，不患无名，盖实至者名自彰。每见世人有一善之能，互相谬赞，立鼎垂碑，以期久远；乃人往风微，无真迹可考。名不符实，亦只事过情迁，安能久而不变，逾世弥彰哉！

若岳武穆王则不然。王，宋人也，生于相州汤阴，讳飞，字鹏举。父早丧，事母至孝，家贫，好学不倦，犹好《左氏春秋》与《孙武十三篇》。及长，应募于宗留守帐下为将，雅歌投壶，彬彬然有儒士之风，屡尚战功，名震当时。精通枪法，以枪为拳，立此法以教诸将，名曰意拳；均取龙、虎、猴、马、鼍、鸡、燕、鹞、蛇、鲐等精能之法，又名曰形意。

然自王遇变之后，历数百年，湮没不彰。至明末清初时，有姬公，名寿，字际可者，系蒲东诸冯人，访名师于终南山，得王真传，并得拳谱数页。然经二百余年抄录，讹错甚多，未免失其奥旨。

今有河间张君，字兆东，精是艺。慨华国人多危弱，欲将是艺公诸海内，使我四万万同胞转弱为强，遂在南京、天津等处，创办武士会及武术研究社，烦予作谱为教科书。

予家鲜仓雅，腹惭边笥，抱歉滋深。然既为强国起见，亦属义不容辞，因率尔操觚，忘厥鄙陋，因作十三篇，每篇十章，共计一百三十章，因名《形意武术》云。练法用法皆寓其中，故以修身、武术冠其首，勇敢殿其末；使后之业是艺者，均为有用之成材，不至流为鄙匪，方不负张先生之本心也。

是书一出，尤望海内精于是艺者，严为指疵，非特予一人之幸，实社会之幸也。

民国四年
沸阳乔庆春善宜氏叙

刘殿琛《形意拳术抉微》自序

宋岳武穆王，精通枪法。及为帅时，乃脱枪为拳，用以教将士；遂自成一道，为后日形意拳术之始。

厥后历金、元、明三代，其技无名。迨明清之交，蒲东有姬公际可者，访师终南山，得《武穆拳谱》，尽擅其技。继传曹继武先生，先生秋蒲人，修其术十二年，仕至陕西靖远总镇大都督，卒成一世之业。李政继之，传戴龙邦。龙邦传其子文英、文雄及郭维汉、李飞羽。飞羽，字能然，皆为及门弟子。飞羽复传先父奇兰公及郭云深（深县人）、白西园（饶阳人）、李太和（深县人）、车永宏（太谷人）、贺运亨（太谷人）、李广亨（榆次人）、宋世荣（北京人）、张树德（祁州人）、刘晓兰（高阳人）等。绵绵延延，形意迄今而大昌，始先父寝馈斯道，垂四十年，所授生徒甚伙，燕赵好武之士多归之。

余生不才，有忝家学，惟窃先人之余绪，以自存活。清之季年，在津任法政学校武术教员。民国初，复任京师清华学校教员，当时津门之武士会、京师之尚武学社，皆推余为总教习。即与同志磋商，欲以武术强中国，编篡教科书，呈部立案，颁行全国。适值张坚白先生巡按两粤，余应其聘作岭南之行议，遂中辍。

丙辰返京，稍稍得暇，乃本闻于先子者，一一笔记之，拟成数篇，并绘其图，以贡于好武术者，为之初步。他日进而上之，再举其精深变化者，悉箸于编，或足以发明先子之传，以上报我国家；惟高明鉴其区区之愚，而不责其不文也，则幸甚！

民国九年十月
深县刘文华自序

刘殿琛《形意拳术抉微》王序

技击之术，由来尚矣。初民鲜食，其时无箭镞锋刃之具，乃日与鸷禽猛兽相搏击，且猎取之以实口体，其必有术焉以致之。代远年湮，无可征考。

要之奋手足之烈，不假五兵，有断然者，月令有角力之文。春秋时，挟辀超乘踰沟，悬布抉门诸示武勇于战陈间者，为左氏传所侈陈。又闻管子之为教也，"于子之乡，有拳勇、股肱之力，筋骨秀出于众者，有则以告"，则其时重视此术，可以概见。华陀有五禽之戏，达摩有易筋之传；岳忠武教练士卒，杂采技击，以张其军，故当时有岳家军之目。至明戚南塘《纪效新书》始有"拳经"一篇。清之初元，黄主一百家始著《内家拳法》，今俱行于世。

至于戚氏所称"宋太祖之三十二势、温家之七十二行拳、三十六合锁、二十四弃探马、八闪十三番、李半天之腿、鹰爪王之拏、千跌张之跌、张伯敬之打"，又皆往昔专技名家。惜书缺有间，乃无传人，滋可惜矣！今之论者，以少林拳式，区而为五，曰龙、曰虎、曰豹、曰鹤、曰蛇；后人衍之，曰狮、曰犬、曰猴，与华佗五禽之戏为近，殆亦异流而同源欤。

吾友刘子殿琛，少壮习形意拳，甚有声名。其术得自家传，而远宗忠武拳式，殆即世所称少林正宗。余曩昔长京师第四中学，聘请来京，授诸生拳术，温然有儒者之风。余去职且四稔，而刘子仍蝉联教授，勿旷勿黜，众口翕然，洵所谓艺而进于道矣！

属以新编《形意拳术抉微》一书相示，且将付梓，坚请为序。余自揣不文，又不曾肄习此技；辞不获已，因参稽是术之见于记载者，拉杂凑砌，以塞吾责焉耳矣！

中华民国九年十一月
王道元序于沤卢

刘殿琛《形意拳术抉微》江序

呜呼！今之时代，一优胜劣汰、弱肉强食之世界也。立国于大地之上，其国民苟无尚武精神，不至于危亡者几希。

观夫欧美之注重体育，及日本之以武士道为国魂者，其国强，有由来也。我国武术之精巧，久已著名于世；惜为专制政体所抑压，以致未能发达。幸民国改建以来，国人多欲尚武图强，提倡拳术。然我国拳术门类繁杂，犹多江湖花拳一流，徒重美观，不求实际，是亦为国人应注意者也。

民国四年，予任陆军训练总监处骑兵监长时，适改定陆军教育；令乃于该令中增加拳术一门，并请设立武技术致练所，均蒙批准。于是遂招集各门拳术家，细心考察，加意选择，研究多日，始得形意拳术一门，为最合军用。

盖该拳为岳武穆所发明，用以教练军队，专能以少胜多；简单精巧，最切实用。且无论老幼，皆可学习。虽千百人，亦能齐一操作，而于兵士之三年退伍期间，每日学习一次，即可应用。若他拳，虽各具巧妙之处，然非自童年学习，操练十数年不为功，用于军队，则不相宜矣。

该拳不惟强健筋骨，并具有佛、道家之禅理。上则精神贯顶以养生，下则气达丹田以固命；大则可以强国强种，小则可以祛病延年。其利益，诚非浅鲜焉！

今有形意拳术大家刘殿琛先生，得家传之精奥，不自秘密，著书行世，具有普及全国之愿心；形意拳之精华，尽发泄于是书，诚为学者之终南快捷方式也。

刘君曾充武技术教练所教员，学员毕业，已有数班，成绩极佳。

予习斯拳数年，亦承刘君之指教，得以略窥门径，颇有进益。刘君之热心教授，殊堪令人佩服，书成命予为序。予本军人，粗鄙不文，焉能为序。仅就予之所知者，略举大概，以告国人，使国人知所注重可耳，尚乞阅者谅焉。

时在庚申冬月
陆军中将江寿祺谨志于都门

李剑秋《形意拳术》自序

形意拳术，传自北魏达摩禅师。至宋岳武穆王得其传，常以枪与拳合，立之一法，以教将佐，名曰"形意"，形意之名自此始；历金、元、明，数代，此术之传不可考。

至明末清初，蒲东诸冯人，有姬公际可字隆风者，访名师于终南山，得《武穆王拳谱》，以授曹继武先生。曹以授姬寿先生；姬先生序《武穆拳谱》而行之于世，即今通行之形意拳谱也。

同时洛阳有马学礼者，亦得其传。咸丰年间，祁县戴龙邦与其弟陵邦，俱习艺于马公家，尽得其术，名震山右。

同治末，深州李洛能先生游晋，闻戴名访之，好其术，学之九年而技成。及东归，设学授徒，从其游者颇众，直隶之有形意拳术，自李先生始。先生既殁，继其传者，博陵刘奇兰先生外，郭云深、车永鸿、宋世荣、白西园等先生，皆得形意之要。

刘奇兰先生传诸其子锦堂、殿琛、荣堂三先生，及其弟子李存义、周明泰、张占魁、赵振标、耿继善诸先生。

郭云深先生传诸刘勇奇、李魁元诸先生。

李存义先生传诸尚云祥、郝恩光诸先生，及其子彬堂先生。

张占魁先生传诸韩慕侠、王俊臣、刘锦卿、刘潮海、李存副诸先生，及其子远斋先生。

李魁元先生传诸孙禄堂诸先生。

余叔祖文豹，父云山，皆从学于李存义、周明泰二先生。余因得家传，回念幼时多病，中外医士，俱无术为治；遂专习形意拳术，不特病愈，且增健焉，形意之为大用，诚无疑也。屡思公诸大家。

民国元年，刘殿琛、李存义、张占魁、韩慕侠、王俊臣诸先生，先后发起武士会于天津，及倡尚武学社于北京。其后孙禄堂先生又有《形意拳学》之著。余犹以为此术之发达，仅偏于北部，而孙先生所著，流传亦未为甚广，因不揣谫陋，而勉为是书焉。

民国八年十二月十九日
束鹿李剑秋序

李剑秋《形意拳术》蒋序

  我国拳术，传之最古，自重文轻武之习俗成，而士夫置之不讲，致习者多推鲁无文之人，不能有所发挥；遂使固有国粹，日久湮没，良可痛惜。

  近数十年，经学校之提倡，唤起国人研究之心；始则随意练习，继而采入正科，南北两派，分道并驰，各就所师，以相授受。间有著书立说者，法门务求其广，形式务求其繁，未能从基本下手，欲学者之获益，难矣！夫失肢体之动作，苟不与精神并运，则流于器械作用，貌合神离；以之饰观瞻则可，以言实用则未也。

  今之拳术，求所谓肢体动作与精神并运者，其莫如形意拳乎。相传此法创自岳武穆，流传于大河南北；其法在以意使形，聚气于小腹，一动一作，形与意无不连络。

  且练习时，又无腾跃跌打之姿势，但求实用，不尚观瞻，学者不感困难。然及其习至深奥，则非其他各种拳术所可及；且得以祛病延年，通乎妙道，实合内功、外功而一之，宜乎风行于各学校也。

  束鹿李君剑秋，精此术，教授于清华学校既有年，就经验所得，编成此册。黄生方刚，请序于余，余门外汉也，未便重违其请，爰述数语以遣之。

民国八年十一月
蒋维乔叙于京师之宜园

孙禄堂《拳意述真》自序

夫道者，阴阳之根，万物之体也。其道未发，悬于太虚之内；其道已发，流行于万物之中。夫道一而已矣，在天曰命，在人曰性，在物曰理，在拳术曰内劲。所以内家拳术有形意、八卦、太极三派，形式不同，其极还虚之道则一也。

易曰："一阴一阳之谓道。"若偏阴偏阳，皆谓之病。夫人之一生，饮食之不调，气血之不和，精神之不振，皆阴阳不和之故也。

故古人创内家拳术，使人潜心玩味，以思其理；身体力行，以合其道，则能复其本来之性体。

然吾国拳术，门派颇多，形式不一，运用亦异，毕生不能穷其数，历世不能尽其法。余自幼年，好习拳术。性与形意、八卦、太极三派之拳术相近，研究五十余年，得其概要；曾著"形意、八卦、太极拳学"，已刊行世。今又以昔年所闻先辈之言，述之于书，俾学者得知其真意焉。

三派拳术，形式不同，其理则同。用法不一，其制人之中心，而取胜于人者，则一也。按一派拳术之中，诸位先生之言论形式，亦有不同者；盖其运用，或有异耳。三派拳术之道，始于一理，中分为三派，末复合一理。

其一理者，三派亦各有所得也。形意拳之"诚一"也，八卦拳之"万法归一"也，太极拳之"抱元守一"也。古人云："天得一以清，地得一以宁，人得一以灵，得其一而万事毕也。"三派之理，皆是以虚无而始，以虚无而终。所以三派诸位先生所练拳术之道，能与儒、释、道三家"诚中""虚中""空中"之妙理，合而为一者也。

余深恐诸位先生之苦心精诣，久而淹没，故述之以公同好。惟自愧学术谫陋无文，或未能发挥诸位先生之妙旨，望诸同志随时增补之，以发明其道可也。

民国十二年岁次癸亥
直隶完县孙福全序

孙禄堂《拳意述真》陈序

孙禄堂先生以形意、八卦、太极拳术，教授后学，恐久而失其真也，乃作《拳意述真》。述先辈传授之精意，而加以发挥；竣稿后，命余序之。

三家之术，其意本一。大抵务胜人，尚气力者，源失之浊。不求胜于人，神行机圆，而人亦莫能胜之者，其源则清；清则技与道合。先生是书，皆合乎道之言也。

先生学形意，拜李奎垣先生之门。李之师为郭先生云深，而先生实学于郭，从之最久。幼弃其业，随之往来各省；郭先生骑而驰，先生手揽马尾，步追其后，奔逸绝尘，日尝行百余里。

至京师，闻程先生廷华精八卦拳术，董海川先生之徒也；访焉，又绝受其术。程先生赞先生敏捷过于人，人亦乐授之。蚤从郭，暮依程，如是精练者数年。游行郡邑，闻有艺者，必造访；或不服与较，而先生未尝负之。故郭、程二先生赞曰："此子真能不辱其师。"

先生年五十余，居京师。有郝先生为真者，自广平来，郝善太极拳术，又从问其意，郝先生曰："异哉，吾一言而子通悟，胜专习数十年者。"故先生融会三家，而能得其精微，笔之于书，表章先辈，开示后学。明内家道艺无二之旨，动静交修之法，其理深矣！其说俱备于书，阅者自知之。

余因略述先生得道之由，以见先生是书，乃苦功经历所得者，非空言也。

民国十二年岁次癸亥仲冬
靳水陈曾则序

薛颠《象形拳法真诠》自序

法曰：

虚无上人，法号灵空；
花甲两度，其颜犹童。
参赞古易，象理禅宗；
负荷兹道，传之无穷。
五台南山，卓锡崇峰；
求真访道，三教精通；
以术延命，普度众生。

闲维锻炼身心，术亦多矣。创于古者，为熊经鸟伸、呴吸导引，华佗氏之五禽戏是也。盛于今者，为各项运动，孙唐氏之体操法、冈田氏之静坐法是也。

然前者去古弥远，久失真传；后者肤浅平庸，不足为训。吾人生当晚近，不及私淑古人，欲求一性命精修之道，诚有如暗室中摸索，纤微之物终于取得无从，岂非恨事！就令有一二师资，出而任此启承重责，往往因遇非其人，不肯轻予授与。或虽遇其人，而机缘不合，非浅尝辄止，废于半途；既务广而荒，莫精一技。甚至愈演愈远，歧而又歧，不唯身躯无自健全，且有病害中于肢体，终身成为废疾者，比比皆是，讵非至可痛心者乎？

吾师虚无上人，法号灵空，卓锡五台，功行圆满，已得上乘法，而犹以不获造极、普济群伦为歉。年高已至花甲两度，仍遍历二十四省名山大川，寻师访道。积时既久，爰本凤得三教真旨之窍奥，精研内家、外家之功，运用先天固有之真，培养后天有象之体。近取诸身，远取诸物，推演变化，妙极神明。内运其意，外发其象；象由于意，致意实在于象先，故象形者，即诚中形外意也。盖有象而外，全非真象；无意之中，确有真意。法曰："有象有意，不成妙意；即象即意，不可思议。"此非浅造者，所能领会万一也。

吾师以先知先觉之资，负启导后知后觉之责，迷途指径，正路可由。倘习斯道者，真能悟其真意，运彼性灵，通其变化，内外和合而神完，精炁坚凝而性定；健行不息，效用渐积而宏大，其身有不健、寿有不延者，无是理也。

颠不敏，亲炙于吾师之门，几易葛裘；虽精究其法术，愧仍未尽其神化。但恐斯道自我得之，复自我失之，上无以对吾师，下无以慰同好，特草是编，以公世人，并为吾师广播善缘耳。是为序。

中华民国二十一年
束鹿县薛颠著于天津国术馆

薛颠《形意拳术讲义》自序

盖夫体育一途，创自达摩大师，名为内经。迨至宋朝，鄂王岳飞，又精研内经之意义，化生五行（金木水火土）、十二形（天地间动物之形）之原理，因名为形意拳。总合五纲十二目，统一全体之功用；在内为意，在外为形。是术乃修身之本源，明心见性还原之大道，揽阴阳之造化，转乾坤之枢机，诚强身之捷径也。

元明二代，几于失传，至明末清初时，浦东诸冯姬际可字隆风先生，适终南山，得鄂王内经数编，乃精是术。后传曹继武（康熙己酉科武试三元，供职陕西靖远总镇）先生。先生致仕归里，隐居田园，授徒以娱晚年。山西戴龙邦尽得所传。戴先生再传直隶深县李飞羽先生（世称老能），李先生又传门徒多人。其子太和又传李振邦（李飞羽之孙、李太和之子）、薛振纲等。

余幼年失学，天性好交，慕朱家郭解之遗风，喜习武、爱击剑；得侍李振邦、薛振纲二先生为师，从学二十寒暑，微悉门内旨趣。但诸先生耳提面命之外，未著专书，余恐后之学者，不知形意拳真意，爰不辞固陋，立愿叙述。

每势备一图像，附一浅说，表明拳内原理，以及五行十二形之性质、精神、奥妙；再按各拳之形势，编辑成书，以公诸同好。非敢自矜一得，聊以广技击之传耳！实无文法可读，然与吾所学，未敢稍有悖谬。未尽善处，想必不免，尚望明斯理者，随时指正为盼。

薛颠《形意拳术讲义》傅序

吾国以积弱不振，受侮列强，其原因固非一端；而国人轻视体育，忽于运动，盖亦致病之由。

拳术者，中华固有之国粹、最良之体育运动法也。昔管子重拳勇、齐人隆技击，拳术之兴，夐乎尚已。降及隋唐，少林派出，外家始盛；说者谓太宗之平王世充，昙宗等亦与有力焉。迨至宋时，而张三丰以绝技名世，内家祖之。明代则张松溪为最著，而陈元赟乃传其术于扶桑，彼日本之所谓柔术、武士道者，皆吾国拳术之流派也。

迩年张子岷、李芳宸诸先生，懔国势之凌夷，悯国术之衰微，力加提倡，特立专馆，各省闻风兴起者，颇不乏人，而河北省国术馆亦早成立。惟自来精斯道者，传授心法多属，而命承学之士钻仰为难。今束鹿薛君，以国术之名家，阐师传之秘奥，编为讲义，解以详图，俾学者得以研究科学之方法，领悟其中之妙用；较诸般剌蜜谛之《易筋经》，与夫前人之著《内功图说》者，亦何多让！

吾知付梓后，其有裨于体育而可以强国者，必非浅鲜，宁仅个人健身之助而已哉！惜作义于国术未窥门径，扣槃扪烛之谈，固知其无当于要旨也，是为序。

中华民国十八年十月

荣河傅作义叙于天津警备司令部

薛颠《形意拳术讲义》曹序

古者大学之教，春夏学干戈，秋冬习羽籥；凡以节宣其志气，调剂其刚柔。文武之道，一弛一张，不可偏废也。

拳经之作，始自达摩，传者有《易筋》《洗髓》诸篇，岳武穆又增《易骨》篇，其后张三丰者，亦精其道。世称"少林、武当"为拳家"内、外"二宗。

拳之为术，其粗者求之于血气；其精者，求之于神明。形不离意，意不离形，此形意拳之所以名也。学者因意以象形，因形以示意；得之于心，应之于手，斯可以为老斲（斫）轮矣。

泰西今言三育，吾国古称六艺。礼乐者，德育之事也；射御者，体育之事也；书数者，智育之事也。后世既分文、武为二科，又重文而轻武。儒者方劳神敝精于八比帖括之学，以雍容雅步为贤，固不屑留意于技击。武科功令，佁取弓刀石及骑步射，亦不足以窥拳术之堂奥。而方外之士，习以自卫，且以嘘噏吐纳、熊经鸟申为养生助道之具，秘不轻言。至江湖游侠之徒，亦各有师承，久之亦渐失其真。求能深造有得、因技而进乎道者，难乎其选矣！

有造育人才之责，不为之倡率，明立课程；而草泽之间，转相授受，以为秘术，其弊也。勇于私斗，怯于公战，遂以好勇斗狠，为世诟病，此非拳术之过，而国家重文轻武之过也。诚使国家复古大学之法，知有文事者必有武备，则知所谓春夏干戈者，即今之所谓兵势体操也；所谓秋冬羽籥者，即今之所谓柔式体操也。

今之学校当列拳术为专科，拳术即精，本根先立，一切枪法剑术，不旬日而可皆通，所谓操本以求末也。古人尝言，非强有力者，不能以行礼。行礼犹然，而况于军旅之事乎？吾知拳术之有益于吾国民者，非浅鲜也，故乐薛君之书之成，而为之叙。

中华民国十有八年岁在己巳十月之望
乐寿老人曹锟

薛颠《形意拳术讲义》吕序

我国武术一技,历代传授有人。尝观史籍所载,古侠义者流,其慷慨之风,颇足动人。钦慕如鲁之朱家、汉之郭解,皆以倜傥任侠著名当代。近如张三丰、甘凤池辈,亦名冠一时,考其事迹,良以孝义为先提,迥非江湖滥技持艺于世者同日而语。

盖斯术之有三,要良师、功夫与天资耳!尝观前辈之精于斯技者,长衣缓带,状态雍容,循循然若儒者相,是技之不尚气血之勇也,乃其明证。而闻其风者,能使鄙者宽,而薄者敦,乡间兴廉让之风,社会踵倜傥之迹,足为人世之金鉴。

今我薛师讳颠,近著《形意拳讲义》,探本穷源,立论本乎至理,为形意拳开一曙光。人人手此一篇,如得良师之在坐,虽不能精通其技,亦足为强体寿世之宝筏焉,爰缀数言为序。

民国十八年己巳孟冬
大城吕子光谨序

薛颠《形意拳术讲义》卢序

拳技一门，有内外两家之分。世人尝云：外家祖达摩祖师，曰少林派；内家祖张三丰先生，曰武当派。考其真理，名殊而源同，其所为拳之用劲，不外乎形与意。形于外者为形，蕴于内者为意，故有形意拳之名。世人不察，以为外家主刚，内家主柔，乌知刚柔不可偏重，且亦未尝须臾离也。

吾国拳术，发明最早，历代世有传人；然皆口传心授，隐秘其法，不以著书传后人。讲武术者，莫不宗其所传，浅俗歌诀记之，不能详其理法。然习之者，多不能尽其术，且传者又多秘其要法，言术而不言理，后学更无从问津矣！

吾友薛君，精技术，视此传法年久，必当失传，因著《形意拳术讲义》注及图解，以饷同志；详其动作，志其应用，而于五拳十二形之练法，尤为重视。

此书出而慕形意拳者，得有涂辙，真空前绝后之作也。读者苟能悉心体会，豁然贯通，自不难阶及神明。余不敏，敢真言不贡，对于斯术未窥门径，略赘数言而矣。

民国十八年岁次己巳中秋
热河卢文焕序

薛颠《形意拳术讲义》郭序

夫技也，何以生？生于人之智。天地变端，万物莫测；龙之行云，虎之御风，凤翔岐山，鹤唳长空，莫非技也。曩达摩老祖之五禽、心意等禅功，皆相禽兽之形而始得。

迨宋岳鄂王，复精研之，而易名曰"形意"。清季，吾乡戴先生精是拳，后传直隶深州李老能先生，而盛行于直隶。

渊虽不敏，然慕形意之真传久矣。今岁至津，得列薛国兴先生门墙，始得知形意之真意。薛先生之习形意也，师事李老能之孙李振邦先生，故所传弥真。恐后学之误入歧途也，故将所学著为书，以鸣于世；其殷殷诱掖之心，诚自古所罕见。尚望学者用心求之，庶不负著者之苦心也。

山西祁县郭仰渊拜撰

姜容樵《形意杂式捶》黄序

尝闻郭云深太夫子云：形意拳之道，有三步功夫，有三种练法，有三层道理。功夫是"易骨""易筋""洗髓"；练法是"明劲""暗劲""化劲"；道理是"炼精化气""炼气化神""炼神还虚"。凡兹数语，洵为不刊之论，习形意者，应奉为圭臬。

盖形意，名虽为拳，实至道也。吾师忠元先生，尝以三步功夫为最勉余；初未深信，迨至一旦贯通，乃知斯术确与丹道合而为一者也。

吾友姜君容樵，近以《形意杂式捶》将付梨枣，来信征序。余与姜君为同门，且至近稔，知姜君之热心国术，殆二十余年如一日，其由经验中所得，足可光大斯术而有余。吾知斯书发行，纸贵洛阳，可预期矣！余因略述所知，以告海内同志，非敢云序也。

中华民国十八年九月廿四日

任邱黄柏年序于邗江

姜容樵《形意母拳》自序

余幼随家叔德泰公习迷踪艺；继从姑父陈玉山先生游，亦迷踪同门。其时初不知形意、八卦、太极为何物。偶有道及形意、八卦、太极如何如何者，余且嗤之以鼻，斯盖习拳者故有之通病，及今思之，且自笑也。

民国前三年，得识李存义先生，见其教人循循善诱、不厌不倦、心甚羡之，而未得入室。明年，遇张兆东先生于沧州官廨，时先生随天津营务处马克耀至沧查办一事。余与先生之侄张子朋为金兰友，因得拜识，已许列为门墙。旋以事牵，未亲受教而别。

民元，张、李两先生创办"中华武士会"于天津，一时瑰琦怪杰之士麏集一堂。余亦于此时决心赴津求学，比至余友麻春廷、倪成玉、麻锡广已先至；复得结识李瑞东（即绰号"鼻子李"者，向恺然误为李富东）、李德冲、许占鳌、郝恩光、刘锦卿、黄介梓、韩慕侠等。是时心之愉快，匪言可喻。满拟从此苦练，以遂初志，讵料好事多磨，竟为友人邀赴辽东，坐失良机，懊恼曷极。

民二，事不如意，闻张先生居南京，余遂负笈走宁，至则先生已赴姑苏；转而之苏，先生又以反宁闻。往返劳顿，半途患疟，羁迟逆旅。迨病愈，始至宁，而受业焉。是为余练习形意、八卦之始。

十八年来，时习时辍。由民三至民九，中间得存义先生指授，亦颇不少。迄今未得两先生什一，有负裁成，心滋惭愧。

兹编尚武丛书第七种，为《形意母拳》。所谓形意母拳者，即五行拳、相生相克连环也。此为各形之基础，故谓母拳。

其次第则先述形意之历史，及系统、优点、奇正、名称、魂魄、形意八卦合一说、五拳生克连环说。次则无极、太极、两仪、三才、四象、四梢、五行、六猛、六合、七星、八卦、九数、十目、十二形、十三格、十四打法、十六处练法、九十一拳等；二十三节，又次则内功十七段，最后则为形意母拳讲义，末附形意、八卦名家之轶闻。

以上多为吾师张兆东先生所亲授，间得李存义先生之诱掖，吾友韩慕侠、刘锦卿之指导，附志于此，非敢云序。倘得海内同志多所匡正，指其谬误，斯尤余所磬香祷祝者也。

中华民国十八年四月
沧县姜容樵序于海上尚武进德会

姜容樵《形意母拳》张序

凡人于理未精透，术未深造，既未亲尝此中之甘苦，而确具有真知灼见者，必不能道其只字。非遇海内名师，而又肯苦心孤诣以求者，必不能得其真传。口耳浅尝者流，即使著为宏论，号召徒众，直道听途说而已，奚足道哉！凡学术皆然，固不独拳术一端已也。

余友河北沧县容樵姜君，初习迷踪术，后习形意母拳于海内名拳术家张兆东先生。盖张先生得之于刘奇兰，奇兰得之于李飞羽，飞羽得之于戴龙邦，龙邦则得之于姬隆丰。推其原，则传自宋之岳武穆，是为形意之嫡派。

姜君既亲受业于张先生之门，又得李存义先生为之指导，知其受两先生之渐染熏陶，为已深矣。迩者鉴于国术之不公开，为我国相沿之积习，乃不自珍秘，爰将平日所心得而受之于师者，从而披露之，编尚武丛书第七种《形意母拳》。先之以历史，俾明斯术之源流；继之以学理，俾明内容之精义；而终之以讲义，使学者得从事于实地之练习。篇中本本原原，悉本其师说，故能言之亲切有味若此。

自斯编出，凡具有拳术基础者，可藉此互相印证而多所发明；即未尝问津而富有研究性者，亦可循序渐进而得其途径。吾知此书一出，定能不胫而走，其嘉惠后学，岂浅显哉！余故乐而为之序。

中华民国十八年四月
铜山张剑泉

贾蕴高《宋约斋先生哀荣录》跋

  蕴高当孩提时，性喜书；先严尝折柳为管，教以执笔法，令画地作字。

  及稍长，又嗜武术，先严因授以潭腿练习法，嗣又授以长拳。于是秉承家学，昕夕苦练，不稍辍。

  庚子之乱，吾家在黑龙江商业储蓄损失殆尽。先严不得已，乃命弃儒就商于太谷。时北平宋约斋师，方以拳技教授谷城，余闻之，欣然向往。以友人介，谒师于永善兴钟表局；时高朋满座，未及详询。适太谷车毅斋先生及河北李存义君，讲论内劲等法，津津若有余味。坐甫定，即见由车先生练虎形，师亦练该鼍形，余私心羡慕，望洋兴叹，始知向来所学仅属皮毛，虽经先严弓冶之传，而未能深造，实武术中一门外汉耳。

  因思执贽师门，俾资精进，惟以商务之暇，时间短促，从容求教，势所未能；且未几而行商赴豫，而武汉、而申江、而江宁，虽从事实业、军政各界，而日勤习武，冀从师之愿，或有时偿也。

  民国改建，由申返晋，随即赴谷，再谒师于汇珍轩钟表局；受教多日，茅塞顿开。

  民国三年，复如师所。师见余意诚而性刚直，求学之忱，孜孜不倦，颇合武侠资格，慨然出其平生秘藏，宋版《达摩洗髓经》一卷，郑重授予，并为详加指点；且谓："此书价值连城，为世珍本，千载仅逢；得悟其旨，不但与太极、形意、八卦融会贯通，即成仙了道，亦指顾间事尔。吾之衣钵，今悉举以付子矣。"乌乎！师之言犹在耳，而神归道山，已自十六年于兹，吁可哀已！

  余以半生奔走，无暇报答师恩，现身入工界，而所交诸名流，实不乏人。因出师遗像，并坿（附）以传略墓志，徵诸赞词，汇印成帙；俾后之谈武术者，因是编以想见师之为人，其于表彰国术，津逮邯郸学步者流，固非浅尟（同"鲜"）；而蕴高数十年身受师惠，或冀少酬于万一，庶几古人爱人以德之遗意也夫。

民国二十年岁次辛未秋九月
贾蕴高谨跋于并垣

靳云亭《形意五行拳图说》自序

　　孟子曰：持其志，无暴其气，是心与气相为表里者也。心为气之将帅，气为心之卒徒，若第有将帅而无卒徒，临阵之际，谁与为用？吾人无论所为何事，心有余而气不足，必无可成之理。故孟子又曰："我善养吾浩然之气也。"

　　余幼时，体弱多病，不能耐劳。或告我以形意拳者，专以养气为主，气足则体壮，而病自去矣。遂遍访精于此技者，得乐陵之尚师云祥，宛平之孙师禄堂，从游门下，先后十数年，非特病愈而体甚强，获益良多矣。

　　按形意拳学，创自达摩祖师，由中州而燕京，简而不烦，雅而不俗；浅而易明，劳而不伤。依法习练，日须片时，便使筋缩者伸，弛者和，散者聚，柔者刚，血脉流通，精神强固，不问老幼，并无妨碍。

　　己未秋，为泽丞盛四先生召来沪上；又承诸同志者所不弃，朝夕相聚，研究健身颐养之道者，已垂十载。

　　今年春，吴君砥成沈君骏声复怂恿敦促，瞩将此法流传，以饷（飨）来者；因授意于大东书局编辑主任凌君桂青，倩渠为之绘图立说，梓以行世用。特不揣冒昧，附志数语，以就正于当世有道之君子。

吴桥云亭靳振起识

刘纬祥《国术讲义·行意拳谱》韩序

余师刘凤纶先生，字纬祥，河北省河间县人，为行意拳名家郭云深先生之入室弟子也。少随郭云深、宋世荣习拳于西陵，得郭先生之刚，法宋先生之柔，融会贯通，遂成名手。

壮年遍历黄河南北，从白西园先生游，得其精微奥妙。复在北平联络同志，相与探讨，以发扬拳术之真义；且性极侠义，故国术名家无不耳其名者。

民国以来，执教于保中、二师、河大三校，二十年矣。每日仍锻炼不懈，日复如一，故年已七旬，而精神矍铄，犹不减于当年。其热心教诲，尤足令人钦敬。教授之余，每道及当年侠义事，娓娓动听，殊足令人兴起。并特讲行意拳之精奥、意义、源流、支派、练习步骤及应用方法。余辄随时记载，数年来，竟得数篇。

近者海内贤豪，拳术专家，对于国术之提倡，不遗余力，而探讨悉皆公开。余曷敢密秘，兹特略加整理，及先公诸同好，以求海内国术家之指正。

中华民国二十三年四月
门人安国韩超群识于保中

黄柏年《形意拳械教范》自序

夫武术之道，由来久矣！上古之世，人与禽兽竞生存，力为之主，智为之辅。既而人与人争，鬭（斗）智角力，而武术遂肇始焉！是故炼气之学，见于庄华；角抵之戏，载在史册。班书《艺文志》，有手搏剑道诸篇，乃兵家技巧之一门。岳武穆《形意拳经》（秘本），有达摩栖止嵩山，发明见性强身之旨；其源虽不可分，其流亦必有所自来也。

欧西斯巴达，尚武国也，人多以流血为荣，流泪为辱，人人必咸有武健完全之资格。又角技术、鬭（斗）猛兽，所以重体育也。我国古代，攻防以器械为主；凡习武之士，莫不各有专长。如壮缪之刀、武穆之枪、项氏之剑，皆声震于一时，名重千古，其尤彰然较著者也。

惟是我国拳家，素守秘密，传习多用口授，不以笔述，致绝技妙诀散佚失传，而后学有向隅之叹。虽间有习得者，亦仅十之二三耳！岂能登峰造极，媲美先觉哉？噫！此固前人之胶执疑忌，实亦武术界一大缺撼也。

迨明有戚南唐之《纪效新书》，始有"拳经"；清初黄百家始著《内家拳法》。于是莘莘学子以资观摩，稍有入门之快捷方式矣！无如清末欧化东渐，火器出，军制改，我国争取他人之粗浅，而顿忘国粹之精深，而武术遂一蹶不振矣！嘻！可慨也！

夫须知军队之强弱，系乎兵之勇怯。兵怯，虽火器精巧，将无力以运用之；兵勇，虽徒手奋呼，或短兵相接，肉搏战场，亦能决最后之雌雄。是养兵之勇，为军队之急务也，明矣！然欲养兵之勇，非提倡武术不可，使国民人人有尚武之精神，方能教成健全之军队也。

今火器航空，虽均有进步，而杀敌致果，恐非利用白兵夜战不为功。故现在各军中，莫不视武术一道，至为重且要者也。查市坊出售各种拳书，不一而足，惜其内容非过泥于古，即不合于今；或文字深奥，学习不易，又难得一详明确切，便普及教育者耳！

余有鉴于斯，兹本余师李存义先生所受之岳《武穆拳经》，乃殚精竭虑，援古证今；由阵地之经验，编成《拳械教范》，并制成图式，详为解说。动作时将术语改为军语，文言变成白话，使学者一目了然，易于领悟，不致望洋兴叹。

教者手此一编，循序以进，可收普及之效，此为鄙人研究武术之一得，想亦诸同袍君子之所乐助欤。虽然 人之智力有限，武术之奥妙无涯，仓卒将事，刺谬难免，诸同袍君子幸赐教焉。

戊辰年十月

任邱黄柏年介梓识

李存义《岳氏意拳精义》董序

秀升于民七，奉山西警务处长，委任为山西官医院中医士。每于诊病之暇，尝喜研习吾国各派武术，如岳氏六合意拳、少林、五行、八卦、太极、公立拳、罗汉拳，及宋氏之内功、纳卦、神运、地龙拳等经。虽皆有各门授业之专师，大致仅得其皮毛，犹恨其习焉而未精也。何者？既服务医事，日与病人相周旋，营营于寒热表里，斤斤于补泻温凉，极劳、极苦、极沉闷。目所见多憔悴之色，耳所闻惟呻吟之声，使不研习武术，以舒吾襟怀，则我身久已酿成鬱（郁）症；故余之研习武术，则等于自服乌药陈皮也。

盖闻德育、智育、体育三者，为立身之要术，亦治国平天下之大经。凡古往今来之大英雄、大豪杰，莫不根基乎此。谚云：欲为健全之事业，必具健全之身体。所以，欲充其德智，而成大英雄、大豪杰，以平治天下国家者，必先由锻炼身心始。况吾国体育一道，发明最早。自伏羲画卦，内运先天之气，以存心意；外法鸟兽之迹，以为形势，内外交修之旨，于斯著焉。

慨自欧西火器流于中国，而武术之舞，几废不讲。虽文明国民，各有其独精之技，又为世罕觏。类如日本，尚能传其柔术，以炫于世；我中国之大，乃于先民所遗武术，罔知研索，岂非有心人大惜者乎？

现我国民政府，鉴于人民之日弱，逐竭力提倡国术，以资图强。然教者虽多，精者殊尠；或其间有一二杰出者，得其窍要，然非心性褊狭，即粗鄙不文。其教人也，语焉而不详，传焉而不精，使学者迷离恍惚，如堕云雾，而欲登堂入室，亦已难矣。

今春，山西民众教育馆来聘，担任国术教员。夏六月，又应山西国术促进会之聘，为国术教师。自忖医术资生，于此道敢云精进，幸渊源有自，未入歧途。公余时，逐将民三住天津武社会时，有该会总教务、直隶深县李存义老师伯，授有《岳氏意拳精义》一书，细为修正，编分上、下两册，付诸石印，以广李师之传。惟此书乃李师一生精力所述，深得个中精奥，非世之夸大虚誉者同日而语也。

如书中所述，三体式、八字诀、九歌等，及岳武穆九要论、十六要诀，并曹继武先生十法摘要、养气学论、练法规则等，皆意拳真正神髓。学者神而明之，会而通之，既足以祛病延寿，又可健身强国，非止免除衰弱之痛苦，且能自卫而卫人。盖练武者则身健，身健则魄力雄、意志强；魄力雄、意志强，则天下凡百事业，不难为也。

民国二十三岁次甲戌夏正
太谷董秀升序于并垣之养性轩

高降衡《形意拳基本行功秘法》自序

余幼时，最喜运动；读书之暇，尝习国术以自娱。然以派别悬殊，无所适从。

十五岁时，有乡人贾翁大俊者，好道学，精形意拳，声望素著，远近闻名。余仰其道，以师事之；赖翁耳提面命，历十数寒暑，而行功未敢间断。其所讲之理论及应用，至理名言，所谓集思广益、精通艺术者也。

其后游学苏州，得遇长隆镖局之镖师左炳兴君（晋文水人），时蒙君指导之。余于是益信国术之精奥玄妙，绝非旦夕可立待而成，是以益不敢自信，而愈觉不足。

乙亥之春，游并门，正值本省盛倡国术之际，务以发扬武德、健身强国为目的。各地各流，一时云集，诚可谓武术中兴，千载佳会；硕宿高隐，献艺社会，发扬秘技，此其时也。

余本不文，绝不敢饶舌以误世。然慨世之国术名家，偶有心得，必珍藏之陋习相演，今古皆然，而衣钵于是失其真传焉。

余有感于斯，就余师所传之形意拳基本行功之方法，及各路姿势之原意，和盘托出；间有参以己意者，亦为实际上所应有，断乎不敢臆度揣察也。

今将此一得半解之拙见，以贡献于世，愿作初学者入门之途径，及研究斯道者之一参考书可耳。倘蒙海内外方家有以指正，实所企幸。

中华民国二十四年春
晋祁县高降衡识于晋阳并州学院校舍

高降衡《形意拳基本行功秘法》王序

世之言拳技者，多称少林。而少林之传，以达摩为开山祖，至于今赖以不墜者，岳武穆公之功，为不可没。形意拳术，即公根少林而舒其独得之秘也。

惟自宋迄清，其间相传递嬗之迹，不可得详。而有清一代，称拳技之士，无不知有山西戴二闾者。戴承岳氏遗术，功行精挚，传遍南北，三晋梓乡，其徒尤众；今日吾国之娴是术者，皆其门人后进也。

吾尝考之，拳术自赵宋，而有"武当、少林"之分，武当祖张三丰先生擅太极功，于今亦盛行宇内。据昔贤遗谱，岳、张之传，皆自山西复见于世，是则吾晋自古多产拳勇豪侠之士；然民风淳朴，蕴珍自享，其淹没不彰者，抑岂少哉？

余性喜拳技，三晋武士，从游者甚多，因创"山西省国术促进会"，以健身强种为职志。闻祁邑高君降衡，精形意拳，得戴氏嫡传，窃喜其异于众也。旋以所著《形意拳基本行功秘法》，属序于余。

余检读一过，甚佩高君能以科学之方法，次第其浅深；以基本为成功圭臬，扼要导窍，以示学人，其功昔贤，嘉惠后进，实非浅鲜。至个人之功行卓异，犹余事也，发扬隐秘，开辟津梁，余与高君见之矣，是为序。

中华民国二十四年五月
山西汾阳新午王华杰

高降衡《形意拳基本行功秘法》李序

国术一道，由来已久。虽代有名流，然其教，多属口传；且尝授艺不授意，攻斯术者，若无专书以考，每抱向隅之叹！

近夫国民精神萎靡（靡）不振，西人称为东亚病夫。先知先觉者，为保存国粹，复兴民族计，感武术之需要，诚救国之药石，于是竭尽其力，以倡导之。向不轻视于人之拳谱精义，亦多见诸著述，公示于人耳。

余友高君殿卿，酷好斯道，精于形意拳。每工作之暇，必同二三知己，悉心研究，偶然兴高采烈，通宵达旦，未见有惰容。

乙亥之春，君将其所学，编定成册，定名为《形意拳基本行功秘法》。其练法，必先从根本着手。首站丹田，次练六合，使丹田之气灵活无滞；再将心神意气，手眼身法步，贯注一气，不有空隙，则内外六合成功。

其次本五行相生、相克之道，以究劈、攒、崩、炮、横五拳。精而后，再习形象，暨各种器具；务要伸缩自如，纵联敏捷，一发而人不及避。

且此拳，势虽单纯，不若花着可以悦人耳目。然一拳精，而后习以他拳，不令学者有贪多不确之弊，亦斯拳之所长也。若能循此基础训练法，纯功习练，左右互易，进退连环；须由熟而求精，尤以实用为贵，如此尚可造其极也。

是年，余流学并院，适君长院会计，时欲将其手著问世，询诸余志。余以此拳诚有裨益于社会，然个人于此道，向无研究，可谓寡闻浅见，故不敢妄言；仅就管见所及，而弁之于书端，聊作介绍可耳。

中华民国二十四年夏
古陶李乡亭敬叙于太原并州学院

高降衡《形意拳基本行功秘法》李序

拳术之于中国，由来久矣。高揉捷击，代有名家；草泽朝堂，各怀专技；师承虽各有自，运用初无不同。要而言之，拳术云者，实先民健体卫身之法耳。

有清以降，火器发明，战不用刀戟，人遂以拳术为无用，遞（递）相传演，颓然成风。数十年来，曾无以拳术倡于世者，呜呼！庸讵知拳术之效用，不仅在疆场之技击，而实以锻炼精忠之体魄乎。民气颓废，国难日亟，岂非吾民昧于拳术，精神不振之故耶！

祁县高先生，名降衡，字殿卿。少奇志，从同县贾大俊先生习拳术，尽得形意拳之精髓。既又游于大江南北，与海内英俊相切磋。归而拳愈精，志愈笃，常有提倡拳术，以挽狂澜之志；然数奇卒不得其机，每对知好，辄深太息。

甲戌乙亥间，国内咸知拳术之重要，遍设国馆，以为提倡。国术者，即拳术也，名以国术，岂谓拳术为中国特有之意欤？先生乃出其所学，著而成书，名曰《形意拳基本行功秘法》，详述形意拳之源流、宗派及初学练习之要着；学者遵而行之，必有其所至。

夫拳术精，体格必健；体格健，精神必强。聚四万万强健之人民，尚何有亡国灭种之患哉？果中国不亡，先生实有力焉。

文身体孱弱，夙从先生学；今先生出版是书，故略志数语，聊以述先生之志耳，是为序！

前察哈尔怀安县县长李允文谨序

第五卷

形意拳代表性典籍撮要

1.《九要论》

别名：武穆遗书
撰写时间：不详
作者：传为岳飞所著
出版：手抄本

2.《内功真经》全本四卷

作者：不详
收录时间：贞观二年三月十五日录
经文注解：山左琅琊王南溪（南溪子）
经文参订：海右珠山宗景房
出版：手抄本

3.《心意六合拳谱》

编著：戴龙邦
撰写时间：不详
出版：手抄本

4.《十法摘要》

别名：十法秘要
撰写时间：不详
作者：曹继武
出版：手抄本

5.《形意拳谱》

撰写时间：不详
编著：李洛能
出版：手抄本

6.《形意拳学》（上下合订）

出版时间：民国四年五月初版
编纂者：蒲阳孙福全
校阅者：陈慎先　吴心谷
印刷者：上海中西（新记）印务局
发行者：蒲阳孙寓

7.《形意武术教科书》（上中下三册）

时间：民国四年
印行：手抄本
作者：张兆东（兆东）口述
整理：乔庆春（善宜）

8.《武术研究社成绩录》

出版时间：中华民国七年
编辑者：武学研究社编辑部
校正者：河间　王俊臣
　　　　束鹿　李剑秋
印赠者：山右　戆夫
印刷者：保定印书馆

9.《心一拳术》

出版时间：民国七年
作者：李泰慧
出版：国立武昌商业专门学校讲义（内部版本）

10.《形意拳术》

出版时间：民国八年
作者：束鹿　李剑秋

11.《形意拳术抉微》

出版时间：民国十年一月初版
作者：刘殿琛
校对：门人　齐经堂
　　　　　刘亦琨
出版者：中国书店
发行者：北京市新华书店

12.《近今北方健者传》

原名：拳勇见闻录
著者：济南　杨明漪
校阅者：黄建亭

印刷者：直隶教育印书处
出版时间：民国十二年
分售处：济南布政司大街含英斋
　　　　天津大胡同世界书局
　　　　天津大胡同文华书局
　　　　天津元纬路广智书局

13.《拳意述真》（一册）

出版时间：民国十三年三月出版
编纂者：蒲阳孙福全
校阅者：陈慎先　吴心谷
印刷者：仁记印务局
发行者：蒲阳孙寓

14.《最新形意刺枪术》（全一册）

时间：民国十五年八月出版
编辑者：史伯龄
校正者：武学书局编辑部
印刷者：武学印刷局
发行者：武学书局

15.《内功十三段图说》（形意拳寓意揭示）

出版时间：民国十六年春印
编纂者：长安　宝鼎
助纂：京兆　李为
　　　定远　黎咸章
校正：江都　于鼎基
　　　津门　王襄
承印所：上海商务印书馆
发行：潼川积健武术社

16.《形意拳械教范》（国术丛书第一种）

初版：民国十七年
再版时间：1973年8月第一版
编著者：黄柏年
示范者：姜容樵

17. 《形意拳谱五纲七言论》（全一册）

出版时间：民国十八年一月再版
编辑者：吴桥　靳云亭
发行者：大东书局
印刷所：大东书局
总发行所：大东书局

18. 《形意六合拳撮要》

印刷时间：中华民国十八年一月一日印刷
出版时间：中华民国十八年二月一日出版
著者：定兴　朱国福
校者：吴县　唐范生
发行者：上海武学会
代销者：文明书局
印刷所：文明印刷所

19. 《形意拳术讲义》（一册）

出版时间：民国十八年十月初版
编辑者：河北束鹿　薛颠
　　　　河北冀县　高志仁
　　　　河北枣强　蒋馨山
校阅者：河北定兴　李子扬
　　　　河北深县　张春生
　　　　河北宝坻　李学志
印刷者：北平公记印书局
发行者：河北天津宋马录大津县国术馆

20. 《写真形意母拳》

出版时间：民国十九年一月初版
编辑者：沧县姜容樵
校阅者：钱砚堂　姚馥春　李景林　韩慕侠　张兆东　黄介梓　尚云祥　刘锦卿
发行者：世界书局
印刷者：世界书局

21.《形意杂式捶、八式拳合刊》

出版时间：民国十九年一月初版
编辑者：沧县姜容樵
校阅者：张兆东　李啸蠡　李芳辰　姚馥春　尚云祥　靳云亭
出版者：上海武学书局
发行者：上海武学书局

22.《形意五行拳图说》

出版时间：民国十九年一月印刷
编著：吴兴　凌善清
指导兼校阅者：吴桥　靳云亭
发行者：大东书局
印刷所：大东书局
总发行所：大东书局

23.《形意连环拳图说》

出版时间：中华民国二十年八月初版
编著：武进　章启东
校订者：任丘　萧镜泉
　　　　蒲阳　孙禄堂
　　　　新安　张景福
出版者：中华书局
印刷者：中华书局

24.《象形拳法真诠》

出版时间：民国二十二年四月初版
口述者：五台山灵空禅师
原著者：束鹿　薛颠
绘图者：天津　卢克捷
发行兼印刷者：天津益世报馆
发行所：天津县国术馆
总发行所：天津北大书局

25.《形意图解》

出版时间：民国二十二年七月初版

作者：北平　许笑羽

校阅者：闽侯　陈琦

发行者：北平　许笑羽

　　　　（北平阜成门内宫门口五条二十七号）

印刷者：美吉印刷社（南京四牌楼中市）

销售处：各省市大书局

26.《岳氏意拳五行精义》

出版时间：民国二十三年六月下旬

原述者：直隶深县　李存义

编辑者：山西太谷　董秀升

校对者：山西清源　李立训

印刷者：山西太原　范华制版印刷厂

总发行：山西太谷　董秀升

总售处：山西太原范华制版印刷厂　晋新书社

27.《岳氏意拳十二形法精义》

出版时间：民国二十三年六月下旬

原述者：直隶深县　李存义

编辑者：山西太谷　董秀升

校对者：山西清源　李立训

印刷者：山西太原　范华制版印刷厂

总发行：山西太谷　董秀升

总售处：山西太原范华制版印刷厂　晋新书社

28.《形意拳谱》正、续篇

出版时间：民国二十五年六月初版

作者：宝显廷订正纂述

校订：蓝枞昭

参订：黎咸章

29. 保定中学《国术讲义·行意拳谱》

别名：《行意拳讲义》

时间：约1934—1938年之间

作者：刘纬祥讲述

整理：韩超群

30.《五行连环拳谱合璧》

出版时间：不详
口述：深州　李存义
编录：广宗　杜之堂

31.《五行剑谱》

出版时间：不详
口述：深州　李存义口述
编录：广宗　杜之堂
出版：手抄本

32.《八字功拳谱》

出版时间：不详
口述：深州　李存义
编录：广宗　杜之堂
出版：手抄本

33.《飞跃剑谱》

出版时间：不详
口述：深州　李存义
编录：广宗　杜之堂
出版：手抄本

34.《连环剑、五行剑、三十六剑谱》

编著时间：不详
作者：李存义
缮图：杜之堂
出版：手抄本

35.《剑术》

编著时间：不详
原传：李存义
整理：黄柏年（介梓）
出版：手抄本

36.《形意林泉剑》

作者：阎伯群
出版：手抄本